Sharon McErlane

Unsere Liebe ist unsere Macht

Die Lehren der Großmütter

Sharon McErlane

Unsere Liebe ist unsere Macht

Mit dem Lichtnetz arbeiten

Bücher haben feste Preise.
2. Auflage 2021

Sharon McErlane
Unsere Liebe ist unsere Macht

First published by Net of Light Press 2009
unter dem Titel: Our Love Is Our Power

Übersetzt aus dem Englischen von Andreas Lentz

Titelillustration: Meraylah Allwood, www.meraylah.co.uk
Gestaltung: Dragon Design, GB

Satz und Gestaltung:
Dragon Design, GB
Bärenvignette: Meraylah Allwood
Gesetzt aus der Minion

Gesamtherstellung: Appel & Klinger, Schneckenlohe
Printed in Germany

ISBN 978-3-89060-777-1

Neue Erde GmbH
Cecilienstr. 29 · 66111 Saarbrücken
Deutschland · Planet Erde
www.neue-erde.de

»Wenn die Weisheit der Großmütter vernommen wird,
wird die Welt heilen.«

Indianische Weisheit

Inhalt

Arbeit mit den Großmüttern

Die Ermächtigungen und den Mantel der Geborgenheit kann jede weitergeben, die sie selbst erhalten hat. Die Weitergabe ist stets kostenlos. Die aktuellen Adressen der Frauen, die bereit sind, die Ermächtigung weiterzugeben, findet Ihr hier: **www.netoflight.org** und dann »Meetings«.

Ein Newsletter auf deutsch kann hier abonniert werden:
lichtnetz.in.deutsch@gmail.com
Bitte in den Betreff einfach »Newsletter bestellen« eingeben.

Netzwerk Schweiz: **https://netoflight.jimdosite.com**

Einführung
Die Rückkehr der Muttergöttin

Die Zeit der Erdveränderungen, welche in den Überlieferungen vorhergesagt wurden, ist *jetzt.* In solchen geschichtlichen Augenblicken kommt das Göttliche auf die Erde, um einzugreifen. In dem alten vedischen Text *Bhagavad Gita* sagt Krishna, wenn Unrecht herrscht und Dunkelheit die Erde bedeckt, dann wird das Göttliche kommen, um wieder Gerechtigkeit herzustellen. Dieser geschichtliche Augenblick wurde in vielen Kulturen als die Zeit betrachtet, in der die Muttergöttin auf die Erde zurückkehrt. Wir leben in einer Zeit, in der sich die Energien von Yin, dem weiblichen Prinzip, und von Yang, dem männlichen Prinzip, auf unserem Planeten verändern.

Wir leben in einem heiligen Universum. Erde, Wasser, Bäume, Tiere und Menschen schwingen mit der Gegenwart des Göttlichen. Es bedarf nur eines kleinen »Etwas«, um diese Präsenz herbeizurufen. Dieses kleine Etwas erschien mir eines Tages, als ich mit meinem Hund spazieren ging, in Gestalt des Großen Rates der Großmütter. Kurz nach diesem mein Leben verändernden Besuch begann ich, Frauen um mich zu versammeln, um die Botschaft der Großmütter mit ihnen zu teilen – und damit sie deren Ermächtigung empfangen, die Wiederverbindung mit der Yin-Energie.

Ein Aspekt des Göttlich-Weiblichen ist in Gestalt der Großmütter auf die Erde gekommen. Diese weisen Ältesten laden uns ein, mit ihnen zusammenzuarbeiten, um die Erde in einem Gleichgewicht zu halten. »**Wir werden die Energie von Yin wieder in euren Planeten zurückfließen lassen, ganz gleich, ob ihr mit uns zusammenarbeitet oder nicht**«, sagen sie. »**Aber wenn ihr euch entscheidet, daran mitzutun, habt ihr das Vergnügen, dabei zu sein.**« Ich habe dieses Vergnügen seit 1996, und die Zusammenarbeit mit dem Rat hat mein Leben gesegnet.

Seit Anfang 1997 treffen sich Frauen in meinem Haus, um die Botschaft der Großmütter zu hören, und bei der Arbeit mit diesen weisen Ältesten erlebten wir alle die Kraft des weiblichen Schöpfungs-Prinzips.

Diese Verbindung hat uns radikal verändert. Die Mission der Großmütter (und unsere) ist es, auf unserem geliebten Planeten, der zur Zeit unter einer Erschöpfung der Yin-Energie und einem Überschuss von Yang-Energie leidet, der weiblichen Kraft wieder Geltung zu verschaffen

Die Ermächtigung der Großmütter erfüllt eine Frau mit einer Festigkeit und Anmut, von der sie bisher nichts wusste, denn sie entzündet die Flamme des heiligen Yin im Herzen einer jeden Frau. Den Männern hingegen geben die Großmütter den Mantel der Geborgenheit, so dass sie spüren, wie es ist, von der Mutter gehalten und getröstet zu werden – etwas, das die meisten Männer in unserer Gesellschaft noch nie erlebt haben.

Wir, die es zu diesen weisen Lehrerinnen hingezogen hat, haben gesehen, wie sich unser Leben auf ebenso wunderbare wie praktische Weise verändert hat, und das veranlasst uns natürlich, ihre Botschaft mit anderen zu teilen, die sie wiederum an ihre Schwestern und Brüder weitergeben. Jetzt versammeln sich jeden Monat Großmütter-Gruppen auf der ganzen Welt, um ihre Botschaft und ihre Ermächtigung an andere weiterzugeben, und weil die Arbeit der Großmütter selbstlos ist, tun auch wir dies gerne ohne Gegenleistung.

Zu sehen, wie sich Botschaft der Großmütter über die ganze Welt verbreitet, ist sehr beglückend, aber am deutlichsten zeigt sich ihre Macht in den Veränderungen im Leben derjenigen, die sie anrufen. Von Anfang an sagten sie: »**Der größte Nutzen, den man aus unserer Botschaft ziehen kann, ist, sie zu leben.**« Dies ist unser Leitspruch.

Hin und wieder passiert etwas, das mir bewusstmacht, dass ich heute eine andere Frau bin; so ganz anders als damals, als ich den Großmüttern zum ersten Mal begegnete. Gestern sprach ich mit einer Freundin, die ich schon lange nicht mehr gesehen hatte, und sie fragte mich, ob die Arbeit mit den Großmüttern mich verändert habe. Erst stutzte ich, aber als ich kurz darüber nachgedacht hatte, sagte ich: »Ich bin jetzt ruhig und gefasst. Ich habe keine Angst mehr wie früher. Ich bin entspannt und zuversichtlich und weiß, dass ich auf dem richtigen Weg bin. Das kommt dir sicher seltsam vor«, sagte ich, »wenn du dich daran erinnerst, wie viele

Sorgen ich mir immer gemacht habe; aber tatsächlich ist es heute selten, dass ich an mir zweifle. Das«, sagte ich, »müssen die Großmütter sein.«

Ich weiß nicht, warum ich immer noch von Geschichten überrascht bin, die ich von den Wundern der Großmütter höre. Ich sollte mich inzwischen an sie gewöhnt haben. Menschen aus der ganzen Welt schreiben und erzählen mir, wie die Großmütter ihr Leben gesegnet, sie vor Schaden bewahrt, ihre Familien zusammengeführt oder Unfälle, Krankheiten und Katastrophen aller Art verhindert haben. Da ist zum Beispiel Sophie, eine schöne Frau in ihren Achtzigern, die etwa ein Jahr nach Empfang der Ermächtigung der Großmütter beim Einkaufen mit ihrer Tochter einen Schlaganfall erlitt. Da ihre Tochter wusste, dass ihre Mutter auf die Großmütter vertraute, schrie sie, als sie Sophie zusammenbrechen sah: »Großmütter, helft meiner Mutter!«

Es stellte sich heraus, dass es nebenan ein Krankenhaus gab, so dass die Sanitäter im Nu vor Ort waren. Und kaum hatten sie Sophie in die Notaufnahme gebracht, trat ein Spezialist in Aktion, der just an diesem Tag zu Gast war, um der Belegschaft eine neue lebensrettende Schlaganfallbehandlung zu vermitteln. Schon nach dreißig Minuten saß Sophie wieder aufrecht; ihre Genesung schritt so schnell voran, dass das Personal gar nicht mehr aufhörte, darüber zu reden; und als sie wieder nach Hause kam, gab es nur wenige Nachwirkungen. Heute läuft sie wieder, fährt Auto und führt Gespräche, wie sie es immer getan hat. Wenn sie erzählt, was ihr an diesem Tag passiert ist, schreibt sie ihre Genesung den Großmüttern zu. Und ihre Geschichte ist nur eine von vielen.

Die Großmütter geben dem scheinbar sinnlosen Leben einen Sinn und schenken traurigen Herzen Freude, aber ihre universelle Gabe ist die des Selbstvertrauens. Alle, die mit ihnen in Berührung kommen, werden von ihm erfüllt. Frauen, die sich für eher schüchtern halten, kommen aus sich heraus. Einige geben sogar Kurse oder bieten Seminare an. Ich mag es, das Staunen in ihren Gesichtern zu sehen, wenn sie mir erzählen, was mit ihnen passiert ist. Sie können gar nicht aufhören, sich darüber zu wundern.

Sie beginnen eine neue Laufbahn, lehnen sich gegen dominante Ehemänner, Mütter oder Vorgesetzte auf und übernehmen die Kontrolle über ihre Finanzen. Sie lassen Unsicherheit und Ängste und schlechte Gewohnheiten und Beziehungen hinter sich. Sobald sie die Liebe der Großmütter spüren, lieben sie ganz von selbst sich selbst und andere. Das Erstaunlichste ist, dass dies durch das geschieht, was die Großmütter »mühelose Anstrengung« nennen. Voll Freude entdecken sie, wie einfach und natürlich es wird, andere zu lieben und die Liebe anderer anzunehmen. »**Wenn eine Frau zu der Schönheit und Macht in ihr erwacht**«, sagen die Großmütter, »**wird sie blühen wie die Blume, die sie immer war und immer sein wird.**« Eine nach der anderen habe ich Frauen zur Blüte kommen gesehen und jetzt auch Männer.

Gerade als ich diesen Absatz zu Ende geschrieben hatte, rief eine der Frauen aus der Großmüttergruppe an, um mir zu sagen, dass sie morgens erst aufsteht, wenn sie Zeit mit den Großmüttern verbracht hat. »Wenn ich es vergesse und einfach aufstehe«, sagte sie, »geht der Tag in die Hose. Also bleibe ich liegen, bis ich mit ihnen gesprochen habe. Dann ist alles im Fluss.«

Die Großmütter sind liebevoll, freudig und lustig. Sie sind mitfühlend, zugänglich und werden jedem helfen, der sie anruft. Sie sind gekommen, um der Menschheit zu helfen, das Leben auf der Erde zu retten, und sie sagen, sie hätten keine Zeit zu verschwenden. »**Die Zeit ist jetzt**«, sagen sie; und wenn sie »jetzt« sagen, meinen sie nicht irgendeinen Zeitpunkt in der Zukunft. »**Das gegenwärtige Ungleichgewicht der Kräfte auf der Erde gefährdet alles Leben**«, sagen sie. »**Es ist an der Zeit, zum Gleichgewicht zurückzukehren, und dafür müssen die Frauen die Führung übernehmen. Frauen müssen den ersten Schritt tun. Es kann nicht anders sein.**« Die Großmütter meinen, was sie sagen, und sagen, was sie meinen, und sie reden nicht drum herum.

Viele Menschen haben mich gefragt: »Warum sind die Großmütter ausgerechnet zu dir gekommen? Was brachte sie dazu, sich für dich zu entscheiden?« Auf diese Fragen antworte ich immer: »Ich weiß es nicht«, denn ich weiß es wirklich nicht. Bevor sie auftauchten, hatte ich darum gebeten, etwas tun zu können, was mich weiterbringen würde und wo ich alle meine Fähigkeiten einsetzen konnte; auf all meinen Flammen kochen, sozusagen. Das mag ihr Erscheinen begünstigt haben, aber ich weiß es nicht. Als ich anfing, mit den Großmüttern zu arbeiten, stellte ich ihnen selbst diese Frage, aber ihre Antwort war immer: »**Warum nicht du?**« Nachdem ich das ein paar Mal gehört hatte, akzeptierte ich endlich, dass sie einfach jemanden brauchten für diesen Job, warum also nicht ich?

Die Mission der Großmütter ist, die Energien von Yin und Yang wieder ins Gleichgewicht zu bringen – und bevor ich sie traf, hatte ich auch schon eine Mission: Ich wollte mein Leben zu hundert Prozent im Dienst an Gott leben. Das meinte ich ernst. Ich war zu diesem Zeitpunkt Mitte fünfzig und hatte viele Jahre lang meditiert, spirituelle Wege erkundet und mehrere Reisen nach Indien unternommen. Als die Großmütter auftauchten, war ich geradezu besessen, ganz wild darauf, mit allem, was ich konnte, zu dienen, und ich konnte an nichts anderes mehr denken. Sie werden von dieser absoluten Hingabe gewusst haben.

Als ich mir vornahm, dem Göttlichen zu dienen, dachte ich nicht an die Großmütter. Bevor sie in mein Leben traten, hatte ich »Gott« als die Kraft, die Quelle oder den Einen betrachtet. Ich hätte nie gedacht, dass Gott sich in Gestalt eines Haufens charmanter alter Frauen zeigen könnte. Das Göttliche war ehrfurchtgebietend, da war ich mir sicher, und eine lebenslustige Gruppe alter Damen flößten mir keine Ehrfurcht ein – zumindest erst einmal nicht.

Im Laufe der Jahre lehrten mich diese weisen Frauen so viel; und es machte mich demütig und erquickte mich, immer wieder gezeigt zu bekommen, wie wenig ich wusste. Vielleicht kamen die Großmütter zu mir, weil sie wussten, dass sie nicht zu meinem Bild von »Gott« passten. Hätten sie sich für eine lockerere Frau entschieden, für eine, die aufgeschlossener war, hätten sie ihr wahrscheinlich nicht so sehr beim Vorankommen helfen können wie mir. Vielleicht gefiel ihnen die Herausforderung. Vielleicht, vielleicht… Weil mein Verstand gerne versucht, Dinge zu ergründen, rang ich lange mit der Frage, warum die Großmütter zu mir kamen – bis ich schließlich das Interesse an dieser Frage verlor.

Die Wahrheit ist, dass die Großmütter kamen, weil sie kamen. Und ich bin sicher, dass ich nicht die einzige bin, die sie in einer ihrer glorreichen Gestalten kennengelernt hat, nicht die einzige, die mit ihnen zusammengearbeitet hat. Die Großmütter sind schließlich göttlich, unbegrenzt, und mit der universellen Botschaft, die sie haben, bin ich sicher, dass sie durch viele von uns wirken.

Es ist jetzt (im Jahr 2009) mehr als zwölf Jahre her, dass sie auftauchten: an jenem Septembertag, als ich den Hund ausführte. Seitdem hat sich viel verändert – sicher habe ich mich verändert, aber auch andere Dinge. Bald nachdem die Großmütter aufgetaucht waren, wurde ich zu einer Schamanin geführt, die mir beibrachte, wie man zu anderen Ebenen der Realität »reist«, damit ich sie wiederfinden konnte. Bis heute wende ich diese Methode an, und ich habe auf diese Weise nicht nur von den Großmüttern, sondern auch von den Tiergeisthelfern der Unteren Welt gelernt. Ich habe diese Sitzungen immer in einen Recorder gesprochen, damit nichts von ihren Informationen verlorengeht, und das erste Buch der Großmütter, *Selbstermächtigung*, besteht im wesentlichen aus diesen Aufzeichnungen.

Die Energie auf der Erde verschiebt sich jetzt, und während dies geschieht, erscheinen die Großmütter und geben uns das Netz aus Licht. Schon früh baten sie uns, jedes Mal, wenn wir uns treffen, mit diesem Netz zu arbeiten, das das Leben auf unserem Planeten hält und erhält. »**Wir bitten euch, dies zu tun**«, sagten sie, »**denn das Lichtnetz wird der Erde in den Zeiten des Wandels, die auf euch warten, Halt geben. Es ist das Lichtnetz**«, sagen sie, »**das die Erde halten wird, wenn die Energien von Yin und Yang wieder ins Gleichgewicht kommen.**« Wie ein endlos leuchtendes Netzwerk breitet sich das Netz weiter aus, als das Auge sehen kann. Es bedeckt und wiegt die Erde, hüllt sie ein und durchdringt sie, während es sie hält. Dies ist das Netz, das der Erde Halt geben wird, wenn die Energien von Yin und Yang umherwirbeln, rütteln und schütteln und hin und her wogen, um wieder ins Gleichgewicht zu kommen.

»**Es wird Zerstörung geben in dieser Zeit der Kräfteverschiebungen**«, sagen die Großmütter, »**aber die Erde selbst wird nicht zerstört werden.**«

Sie bieten uns die Möglichkeit, Teil des Lichtnetzes zu werden, und bitten uns, unseren Platz in diesem leuchtenden und unseren Planeten tragenden Netzwerk einzunehmen. Das Lichtnetz wird von den Herzen derjenigen erleuchtet, die es halten, von den heiligen Orten auf Erden, von den Heiligen, Weisen und Avataren, die gekommen sind, um unseren Planeten in dieser Zeit zu schützen, und von all denen, die das Leben lieben und gerne dienen.

Selbstermächtigung erzählt die Geschichte, wie die Großmütter zu mir kamen und warum sie kamen, und es vermittelt grundlegende Werkzeuge für die Arbeit mit ihnen. Einige Monate nachdem die Großmütter aufgetaucht waren, begann ich, Treffen in meinem Haus abzuhalten, um ihre Botschaft und die Ermächtigung in die Energie von Yin weiterzugeben. Nachdem mehr als zweitausend Frauen die Ermächtigung der Großmütter erhalten hatten und dann auch Männer den Mantel der Geborgenheit erhielten, hörte ich auf zu zählen. Überall entstanden Großmüttergruppen. Es war eine Graswurzelbewegung geworden. Menschen hörten von einer Freundin von den Großmüttern oder lasen *Selbstermächtigung*, bildeten eine Gruppe und gaben die Ermächtigung an andere weiter. Bald darauf fanden auf der ganzen Welt Treffen statt, und das Buch der Großmütter wurde in andere Sprachen übersetzt.

Die Lehren der Großmütter sollen geteilt werden, und da ihre Arbeit noch nicht beendet ist, gilt es, sie weiter aufzuzeichnen. Fast jedes Wort, das die Großmütter an mich als Autorin richten, ist auch für die Leserinnen bestimmt. *Unsere Liebe ist unsere Macht: Die Arbeit mit dem Lichtnetz, das die Erde hält*, knüpft dort an, wo *Selbstermächtigung* aufgehört hat.

Unsere Liebe ist unsere Macht lehrt uns, wie wir mit dem Lichtnetz arbeiten können, um Teil davon zu werden. Aufbauend auf dem Fundament von *Selbstermächtigung* verankert dieses Buch die Präsenz des Lichtnetzes, damit es die Erde in diesen turbulenten Zeiten besser halten kann. Es bietet auch neue Lektionen von den Großmüttern, die uns helfen sollen, ihre Botschaft zu leben.

Glücklicherweise halten heute mehr von uns das Lichtnetz, als man meinen möchte. Diesen Menschen, deren Zahl von Tag zu Tag wächst, und dem Göttlichen in all seinen strahlenden Formen, das mit und durch uns arbeitet, ist dieses Buch gewidmet.

In Dankbarkeit

Die folgenden Personen haben eine wichtige Rolle bei der Arbeit der Großmütter gespielt wie auch bei diesem Buch. Vielen Dank an Pat O'Brien und Suzanne Stein für die Bearbeitung von *Unsere Liebe ist unsere Macht* und an Christan Hummel für ihre Geduld, mich in die Welt des Selbstverlages zu führen und bei hundert anderen Dingen zu helfen. An Jenneken Berends, Babs Rentjes, Seersha O'Sullivan, Ruth Frei, Nellie Perneel und Helena Enq'a, die viel dazu beigetragen haben, die Botschaft der Großmütter in ganz Europa zu verbreiten. An Lillian Reiter, J. D. Peterson, Karen Fernside, Anne Cressy, Jane Henderson, Lin Evanko und Pamela Falciani für ihre Unterstützung, ebenso den über hundert Leiterinnen der Großmütter-Gruppen auf der ganzen Welt und den neuen Frauen, die sich an die Spitze der Gruppen setzen. An Meinrad Craighead für ihre Anleitung und Inspiration und an Mahri Kintz, meine geliebte Freundin, die dieses Werk unermüdlich unterstützt und auch in den schwierigsten Phasen daran geglaubt hat. Ihre Liebe liegt im Herzen *dieses Buches.* Und schließlich Dank an meinen lieben Mann Roger, der vielleicht nicht immer verstanden hat, was ich tat, aber nie aufgehört hat, mich zu ermutigen, mit den Großmüttern weiterzumachen und meiner Führung und meinem Herzen zu folgen.

Es gibt andere, die daran mitgewirkt haben, dieses Werk zum Erfolg zu führen – zu viele, um sie hier alle zu nennen –, aber sie wissen, wer gemeint ist, und ich bin jeder von ihnen dankbar. Ich bin gesegnet, diese Arbeit mit einem engagierten Team zu tun, und ich schätze jede einzelne von ihnen.

KAPITEL 1

Wer ist der Macher?

»Jedes Mal, wenn ihr zusammenkommt, ist mehr Kraft in den Flügeln.«

An einem Septembermorgen im Jahr 1996 änderte sich mein Leben für immer. Ich dachte über meine eigenen Angelegenheiten nach und ging einfach mit dem Hund am Strand spazieren wie jeden Tag, als ich plötzlich von einer Gruppe alter Frauen unterschiedlichster Herkunft in ihrer heimischen Tracht umgeben war. Sie winkten mir zu und sangen. **»Wir sind der Große Rat der Großmütter«**, sagten sie und fügten hinzu: **»Wir sind gekommen, weil die Erde zu lange unter einem Übermaß an *Yang* und einem Mangel an *Yin* gelitten hat. Es ist an der Zeit, zum Gleichgewicht zurückzukehren, und dafür müssen Frauen die Führung übernehmen.«**

Zwei Tage nachdem sie mir erschienen waren, landete ein Steinadler in meinem Garten, und kurz darauf wurde ich zu einer Schamanin geführt, die mir beibrachte, wie man zu den Großmüttern reist. So begann mein Abenteuer mit diesen weisen Lehrerinnen. In kurzer Zeit wurde ich Schülerin der Großmütter, nahm auf und gab weiter, was sie mir beibrachten, und hielt diese frühen Lehren und Erfahrungen in meinem Buch *Selbstermächtigung* fest.

Nachdem die Großmütter in mein Leben getreten waren und mich mit ihrer Botschaft und ihren überraschenden Unterrichtsmethoden zum Handeln bewegt hatten, begann ich, in meinem Haus Treffen zu organisieren, um ihre Lehren weiterzugeben – und an alle, die sie wollten, auch ihre Ermächtigung in das weiblichen Prinzip der Schöpfung.

Die Treffen fanden über mehrere Jahre statt. Frauen brachten ihre Freundinnen, Töchter, Mütter, Schwestern mit, und mit der Zeit begannen einige, auch ihre Ehemänner oder Freunde mitzubringen. Jeden Monat gab es ein Treffen mit alten und neuen Gesichtern, und nach jedem Treffen erzählten mir viele der Teilnehmerinnen, was für eine Veränderung diese weisen Frauen in ihr Leben gebracht hatten und wie viel glücklicher und selbstbewusster sie jetzt waren, nachdem sie den Großmüttern begegnet waren. Eine nach der anderen berichteten die Frauen davon, wie das Empfangen der Ermächtigung sie mutiger, liebevoller, ruhiger und entspannter gemacht hatte – in einer von Stress geplagten Welt.

Sie waren dankbar, dass ich diese Botschaft überbracht hatte, und ich auch, aber die Vorbereitung und Durchführung dieser Treffen beanspruchte viel Zeit und Kraft. Es behagte mir nicht, Geld für diese Arbeit zu verlangen, und es war klar, dass ich meine Psychotherapiepraxis nicht vernachlässigen durfte. Manchmal hatte ich das Gefühl, das alles nicht mehr zu schaffen, und dann fragte ich mich, wo meine Prioritäten lagen. Wie sollte ich mit diesem neuen »Job« bei den Großmüttern umgehen? Als Monate und dann Jahre vergingen, fragte ich mich, ob die Abhaltung der monatlichen Meetings die Mühe wert war. Wie lange wollte ich so weitermachen? Nachdem ich mich einige Zeit damit gequält hatte, dämmerte es mir eines Tages, dass ich zu den Großmüttern gehen und sie fragen musste.

Inzwischen war mir zur vertrauten Gewohnheit geworden, was die Großmütter als »Reisen in andere Dimensionen« bezeichnen und andere »Schamanisches Reisen« nennen. Eine Schamanin brachte es mir kurz nach dem Erscheinen der Großmütter bei, und obwohl ich anfangs Angst vor dieser seltsamen Art der Wahrnehmung hatte, lernte ich mit der Zeit, meinen Lehrerinnen in der nichtalltäglichen Realität zu vertrauen und den Vorgang zu genießen. Die Großmütter, sagte die Schamanin, waren in der von ihr so genannten »Oberen Welt« zu finden. Sie lehrte mich, wie man in dieses Reich gelangt, und erklärte mir, dass ich, auch wenn ich dort hinkommen konnte, nur dann die Großmütter finden würde, wenn sie es zuließen. Ich hatte so etwas noch nie erlebt und kam an meine Grenzen. Doch weil dieser Weg des Lernens und Erforschens etwas war, das meinem Verstand nicht zugänglich war, bekam mir dieses Wagnis gut. Die Methode war nicht »rational«, und deshalb war ich gezwungen zu lernen: nicht durch Theorie, sondern durch unmittelbare Erfahrung.

Weil ich so außer mir war, nicht »die Kontrolle zu haben«, versuchte mein Verstand, herauszufinden, was passierte. Aber obwohl ich alles versucht habe, konnte ich nie voraussehen, was auf einer Reise zu diesen anderen Ebenen der Realität geschehen würde. So gab ich nach unzähligen Streitereien mit meinem Ego darüber, »wer hier die Kontrolle hatte«, schließlich auf und ließ mich von den Geistern führen, wie sie wollten. Fast alles in dem Buch *Selbstermächtigung* erwuchs aus diesen frühen Erfahrungen mit den Großmüttern und den Geisthelfern.

Meine »Reisen«, wie mein Mann sie nennt, waren für mich immer wieder überraschend. Die Geisthelfer der Oberen und der Unteren Welt sind hervorragende Lehrer, und sie zeigten mir schnell, dass ihr Horizont weit über den meinen hinausreichte. Sie lehrten mich durch Erfahrung. Was ich sah, schmeckte, roch, fühlte und hörte, wurde zu meiner Wahrheit. Ich hatte mich immer als kreativen Menschen betrachtet, aber nicht in meinen wildesten Träumen hätte ich mir die Lektionen ausdenken können, die sie vermittelt haben. Und weil jede Reise etwas Unvorhergesehenes war, war klar, dass ich mir diese Ereignisse nicht ausdachte. Ich reiste nur über die Grenzen meines Verstandes hinaus und fand heraus, dass es mir *gefiel.*

Auf dieselbe Weise, wie ich es zu Anfang gelernt hatte, begann ich meine nächste Reise zu den Großmüttern: Ich stellte mir vor, auf den Wipfel eines Baumes zu klettern, den ich liebte, und fühlte und sah, wie ich es tat. Doch als ich von seinen obersten Ästen absprang und in der Luft war, merkte ich, dass etwas nicht stimmte. Ich war es gewohnt, wie ein Vogel zu schweben, aber heute fühlte es sich an, als hätte ich einen kleinen Motor in meiner Brust, und der war es, was mich antrieb. Dieser motorgetriebene Flug war harte Arbeit. Meine Brust brummte wie verrückt, und anstatt wie ein Adler zu gleiten, flog ich jetzt wie eine Biene. Ich wusste nicht, warum das passierte, aber, dachte ich, es wird wohl einen Grund haben. Ich wusste ja inzwischen, dass *alles*, was in der nichtalltäglichen Realität geschah, Sinn und Zweck hatte. Ich musste einfach abwarten, bis sich herausstellte, was es war.

Mit meinen winzigen Flügeln schwirrte ich durch die erste Ebene der Oberen Welt, aber als ich dort ankam, war ich mir nicht sicher, wie ich durch die Membran kommen sollte, die mich von der nächsten Ebene trennte. Ich hatte das schon Hunderte Male gemacht, aber heute fühlte es sich an wie das erste Mal. So sehr ich auch mein Gehirn marterte, ich konnte mich nicht erinnern, wie man hindurchbricht.

Bevor ich dieses seltsame Rätsel lösen konnte, wurde ich durch die Membran hindurchgestoßen. In der Luft schwebend, verhielt ich kurz und sah das Tal der Großmütter unter mir liegen. Ich holte kurz Luft, dann stürzte ich hinab, mein Bienenkörper schoss auf den Boden zu. Bevor ich aufschlug, presste ich die Augen fest zusammen, und erst als endlich das Gefühl des Fallens aufhörte und alles wieder ruhig war, öffnete ich sie wieder; da fand ich mich flach auf dem Rücken liegend. Die Wucht des Aufpralls hatte meine Flügel und meinen Körper in die Erde gedrückt, und jetzt schauten nur noch meine Zehen heraus.

Als ich den Schock der Landung überwunden hatte, richtete ich mich auf und stellte erstaunt fest, dass ich nicht verletzt war. Das war ein spektakulärer Unfall gewesen; die Panik, die mich ergriffen hatte, als ich auf die Erde zu raste, war so lebhaft, dass ich vergessen hatte, dass ich auf Reisen war. Selbst jetzt konnte ich es kaum glauben. Was war passiert? Hätte dieser Unfall auf der Erde stattgefunden, wäre ich jetzt tot, aber weil er in der nichtalltäglichen Realität stattfand, hatte ich nicht einmal einen Kratzer.

»Was für ein Auftritt«, staunte ich, als ich vor die Großmütter trat, die heute in Adlergestalt vor mir standen. Zwölf riesige Vögel betrachteten mich Schulter an Schulter mit ernsten Blicken. Manchmal erschienen sie in menschlicher Gestalt und manchmal sahen sie so aus wie heute, und obwohl sie mir schon oft als Adler erschienen waren, ließen mich diese Raubvogelaugen immer wieder schaudern. Doch auf meinen Reisen in andere Dimensionen hatte ich gelernt, bei meiner ursprünglichen Frage zu bleiben, und so ließ ich mich nicht ablenken. Stattdessen schluckte ich hart und sagte: »Großmütter, zu der bevorstehenden Versammlung... soll ich diese Treffen weiterführen?«

Alle zusammen erhoben sie ihre Flügel, ihre majestätischen Köpfe neigten sich nach hinten und dann wieder vor. »**Ja**«, sagten sie und starrten mich über ihre Schnabelspitzen an. »**Die Versammlungen bringen Macht. Jedes Mal, wenn ihr zusammenkommt, habt ihr mehr Kraft in den Flügeln.**« »Okay«, antwortete ich, obwohl ich mir nicht sicher war, was »Kraft in den Flügeln« bedeutete. Von welchen Flügeln sprachen sie überhaupt? Ich sah sie verständnislos an, aber sie runzelten nur ihre Brauen und fixierten mich mit einem noch schärferen Blick. »Oh h h h«, flüsterte ich, als es mir endlich dämmerte, »sie meinen *die Flügel.* Die Treffen geben den gemeinschaftlichen Flügeln Kraft, die das Leben tragen. Die Zusammenkünfte unterstützen die Erde.« In der Hoffnung auf eine Antwort blickte ich zu ihnen auf, als mir dieser Gedanke kam, und sie nickten: »**Ja.**«

»Großmütter«, fuhr ich fort, »gibt es etwas, das ich bei diesen Treffen weitergeben soll?« Und als ich ihre Blicke sah, fügte ich schnell hinzu: »Außer eurer Ermächtigung, meine ich.« Dunkle Federn blitzten auf, und als die Luft machtvoll erzitterte, erbebte auch ich. »Vielleicht habe ich etwas Falsches gesagt«, dachte ich, als sie mich wieder mit diesem Blick bedachten. »Gibt es sonst noch etwas, das ich weitergeben soll?« wiederholte ich, und meine Stimme war nur noch ein Krächzen.

»**Macht**«, sagten sie und durchbohrten mich mit ihren Blicken. »Ihr wollt, dass *ich* Macht weitergebe?« presste ich heraus, verblüfft, dass sie das von mir erwarteten. Aber die großen Adler sagten nichts, starrten mich nur weiter an, bis ich schließlich stammelte: »Hmm, äh... wie mache ich das, Großmütter?«

»**Trommle für die Versammlung**«, sagten sie. »**Trommle und bitte dabei alle, sich vorzunehmen, mehr Macht zu übernehmen. Lasst das**

ihr Gebet sein: Macht zu erhalten für ihr eigenes Wohl und für das Wohl der Welt.«

Sie zeigten auf den Boden zu meinen Füßen, und als ich ihren Blicken folgte, sah ich, wie es sich vor uns ausbreitete: Bis weit in die Ferne funkelnd schwebte das Netz aus Licht. Hier war das große Netz, von dem die Großmütter gesagt hatten, dass es der Erde Halt geben würde, während sich die Energien von Yin und Yang verschoben. Kurz nachdem ich angefangen hatte, mit ihnen zu arbeiten, hatten sie mir beigebracht, wie man mit dem Lichtnetz arbeitet, und im Laufe der Jahre hatte ich gesehen, wie dieses leuchtende Netz fester und strahlender wurde, je mehr Menschen sich mit ihm verbanden.

Ich blickte jetzt auf seine funkelnde Ausdehnung, und da flüsterte jemand: »Netz aus Licht, Netz aus Licht, Netz aus Licht, Netz aus Licht.« »Ah!« sagte ich, und die Großmütter beobachteten mich, als ich langsam verstand. »Bei diesen Treffen wollt ihr, dass wir erst über das Lichtnetz meditieren, und dann, dass ich trommle, während alle um mehr Macht bitten. Ist das so?« fragte ich.

»**Wenn ihr diese Dinge in dieser Reihenfolge tut**«, sagten sie, »**wird die Macht, die jede empfängt, nicht nur sie, sondern auch das Lichtnetz anfüllen. Sie wird das Netz erweitern, mehr Yin-Energie in alle Beteiligten und auch in die Erde fließen lassen.**

Wenn sie um Macht bitten, müssen sie offen dafür sein, wie sie ihnen gegeben wird«, sagten sie. »**Erinnere sie daran. Wo in ihrem Körper nehmen sie sie auf?**« fragten sie, ihre großen Häupter wiegend. »**Wenn die Macht in sie eindringt, wird auch Heilung stattfinden. Wo findet Heilung statt?**« fragten sie. »**Wo gibt es einen Durchbruch? Wo Erwachen? Wo gibt es Öffnungen und Freigaben?**« fragten sie. »**Sie müssen sich der Reaktionen ihres Körpers bewusst sein**«, sagten sie und nickten mir aufmunternd zu.

»**Der Geist von Adler wird in den Raum kommen**«, sagten sie, und ich blickte überrascht auf. Aber bevor ich fragen konnte, was das zu bedeuten hatte, sah ich Adler in meinem Wohnzimmer fliegen. Seine starken Krallen berührten leicht den Kopf einer Frau, seine Flügel streichelten einen Mann, und dann schraubte er sich höher und kreiste über der ganzen Gruppe. Fasziniert behielt ich ihn im Auge, und während ich zusah, sprachen die Großmütter. »**Der Adler wird zu jedem fliegen und alles mitbringen, was er braucht. Wenn sie sich öffnen, um zu empfangen**«, sagten sie, »**wird jede von ihnen zu einem Lichtwirbel werden. Nach dieser Sitzung**«, sagten sie, »**wird Macht von ihnen ausgehen, wo sie auch sein mögen. Wo auch immer sie stehen – die Macht wird da sein. Wenn mehr und mehr Macht in sie eindringt, wird sie sie verändern und sie aufladen. Jede von ihnen wird ein wandelndes Gebet werden, ein Segen für alles und jeden, dem sie begegnen.**

Das ist das Potential dieser Arbeit«, sagten sie und warfen den Kopf zurück. »**Größe! Das Potential ist weitaus größer, als ihr es euch vorstellen könnt. Und was wir beschrieben haben, wird sich in jeder Person abspielen, die zu euren Treffen kommt**«, sagten sie und blickten mich an. Mit offenem Mund schaute ich zurück und versuchte aufzunehmen, was sie gesagt hatten. »**Je mehr diese Menschen sich im Zustand des wandelnden Gebets befinden, wenn sie zu diesen Treffen kommen, desto mehr Macht werden sie haben, anderen zu helfen; einige werden mehr und andere weniger haben.**«

Ich merkte, dass ich bei ihren Worten die Luft angehalten hatte. Sie fingen an, mich zu berühren und leicht mit den Spitzen ihrer Federn zu betasten, und sie blinzelten, während sie mich beobachteten, und sagten: »**Sprich darüber...**« Sie hielten inne, scheinbar auf der Suche nach den richtigen Worten. »**Nur Gutes reden**«, sagten sie schließlich. »**Sprich darüber, wie weise es ist, nur gute Gedanken zu denken, und sag allen, wie wichtig es für sie ist, ihre Herzen zu öffnen und alle negativen Bewusstseinszustände auszuschalten. Nur Gutes zu reden und zu denken, wird ihr Verhalten in Einklang mit dem Bewusstsein des wandelnden Gebets bringen**«, erklärten sie.

»**Das wandelnde Gebet lebt bereits in ihnen**«, erklärten sie, »**und sobald sie sich ihm öffnen, werden sie es erkennen und merken, dass sie nach Hause gekommen sind.**« Die Großmütter hatten uns schon beigebracht, wie wir in diesen Zustand gelangen, wie wir dieses »wandelnde Gebet« werden können, von dem sie sprachen. Ich hörte aufmerksam zu.

Zwölf Großmütteradler plusterten ihre Federn und standen noch größer da; ihre Haltung unterstrich die Bedeutung ihrer Worte. »**Ganz gleich, wie weit sich die Sprache, die Gedanken und Gefühle eines Menschen entwickelt haben**«, sagten sie und wiegten dabei ihre Köpfe, »**das wandelnde Gebet wohnt wartend in ihrem Herzen. Lass dich nicht vom Verhalten von jemandem täuschen, so merkwürdig es auch erscheinen mag**«, sagten sie. »**Was wir das wandelnde Gebet nennen, ist in jedem Menschen verborgen.**«

Als ich das hörte, fühlte ich mich etwas unwohl. »*In jedem* Menschen?« fragte ich. Dann fragte ich mich: Wie weit war ich selbst mit dem, was sie beschrieben? Ich fühlte mich nicht wie ein wandelndes Gebet; ganz und gar nicht. Wie konnte ich diese Lehre an andere weitergeben, wenn ich selbst sie nicht lebte? »Ich weiß nicht«, sagte ich zu mir und merkte zu spät, dass ich laut gesprochen hatte. Zwölf ernste Großmüttervögel unterbrachen meine Gedanken und sprachen laut im Chor: »**Es darf keine Zeit damit verschwendet werden, sich zu hinterfragen. Überhaupt keine**«, schimpften sie und starrten mich an, bis ich flüsterte: »Ja, Großmütter.«

»**Die Ausrichtung auf das Höhere hat schon begonnen**«, versicherten sie mir und tätschelten mich mit ihren Flügeln, »**und wenn man sich diese Ausrichtung wünscht, kommt sie einfach schneller.**« Sie streichelten mich behutsam und sagten: »**Verbringe deine Zeit damit, zu überlegen, wo du hinwillst, nicht darüber, wie weit du vom Ziel entfernt bist. Das ist der bessere Weg**«, sagten sie lächelnd und nickten. Da sah ich ihr verstehendes Lächeln, spürte ihr Mitgefühl und seufzte. Ich würde tun, was sie vorschlugen.

»**Jede Person, die sich zu diesen Treffen hingezogen fühlt, wird für diese Arbeit gebraucht**«, sagten sie. »Ja, Großmütter«, antwortete ich. Sie schwiegen einen Moment, und dann drehten sie den Kopf und schauten mir fragend in die Augen. »Warum starren sie mich so an?« fragte ich mich, aber sie hielten meinem Blick stand, und da wurde mir klar, dass ich ihnen nicht wirklich zugehört hatte. Ich merkte, dass mir der Atem stockte. Ich hatte darüber nachgedacht, wer zum nächsten Großmüttertreffen erscheinen würde. Was sie sagten, war ziemlich starker Tobak. –

»Sei ein wandelndes Gebet, verbanne negative Gedanken, rede nur gut.« Was wäre, wenn die Leute, die zum nächsten Treffen erschienen, dazu noch nicht bereit wären?

»Äh, Großmütter«, sagte ich, »diese Sache mit dem wandelnden Gebet«, stammelte ich, »ähm, ich glaube nicht, dass alle, die zu diesen Treffen kommen, so viel Einsatz bringen. Was ist, wenn die Leute...« Unbeeindruckt von dem, was ich sagte, starrten mich zwölf Großmütteradler ruhig über die Spitzen ihrer Schnäbel an. »**Nur jene, die wir rufen, werden kommen**«, sagten sie.

Ich dachte darüber nach. Sie hatten es schon einmal gesagt, und als ich an die vergangenen Großmüttertreffen dachte, musste ich zugeben, dass jedes Mal, wenn wir ein Treffen hatten, die richtigen Leute angezogen *worden waren.* Die Mischung von Menschen, die sie zu dieser Arbeit riefen, hat mich immer wieder erstaunt. Es waren Geschäftsleute, Hausfrauen, Karrierefrauen, »New Age«-Typen, Christen, Juden, Hindus, Buddhisten, Teenager, Straßenkinder, Nonnen, Priester, sogar ein paar Muslime – die unterschiedlichsten Menschen kamen durch meine Tür, um etwas über die Großmütter zu erfahren. »**Du bist stärker geworden**«, sagten sie und unterbrachen damit meinen Gedankengang, und als ich überrascht aufblickte, fügten sie hinzu: »**Andere wachsen auch.**«

Als sich ihre Worte setzten, begann ich wieder ruhiger zu atmen. Sie sagten, dass ich mit dieser Arbeit nicht mehr allein war; jetzt gab es andere mit ebenso starkem Engagement. Ihre Botschaft verbreitete sich, und wir bildeten ein Team, um sie weiter voranzubringen. Als mir diese Gedanken kamen, nickten zwölf nicht mehr wild aussehende Adler zustimmend.

»Großmütter, ich kann spüren, auf wie viele Arten ich meine Flügel jetzt bewegen kann«, sagte ich. Da sich mein Körper entspannt hatte, war ich mir meines Bienenselbst wieder bewusst geworden. »Wenn sich diese Flügel auf und ab bewegen«, sagte ich und bewegte sie auf Bienenart, »fühle ich ein Ziehen in meiner Brust«, erklärte ich. Begeistert von meiner Entdeckung, wartete ich auf ihre Antwort, aber sie lächelten nur höflich. Sie sahen etwas gelangweilt aus. »**Jede Person, die zu unseren Treffen kommt, hat eine Rolle bei dieser Arbeit zu spielen**«, sagten sie.

»**Sag ihnen das.**« Sie wechselten das Thema. Ich mochte die Entwicklung meiner Flügel faszinierend finden, aber darüber wollten wir heute nicht sprechen.

»**Bitte die, die zu dieser Versammlung kommen, für jeden Menschen zu beten, den sie sehen**«, sagten sie, »**nach dem Licht in jedem einzelnen zu suchen, ihn zu segnen und für ihn zu beten. Das ist es, was das Lichtnetz tut**«, sagten sie. »**So hält es die Erde und erhebt jeden einzelnen.**

Und wenn du jemanden findest, für den du nicht beten magst«, sagten sie, »**bitte uns, ihm zu helfen, und wende dann deine Gedanken schnell etwas Gutem zu. Verharre nicht, wo es Schmerz und Negativität gibt.**« Sie runzelten ihre Brauen. »**Bete stattdessen für jene, für die du beten magst, und übergib alle anderen uns oder irgendeiner Form des Göttlichen, die du liebst, und wende dann deine Gedanken etwas Gutem zu. Diese Art von Gebet belebt die Stränge des Lichtnetzes**«, sagten sie. »**Jedes Mal, wenn ihr euch von der Negativität zum Guten wendet, stärkt und verdichtet ihr das Lichtnetz, das die Erde hält.**« »Wow!« murmelte ich. »Sogar unsere Gedanken beeinflussen das Lichtnetz.«

»**Es ist nicht nötig, persönliche Liebe für alle zu empfinden**«, sagten die Großmütter und schauten vielsagend, und ich blickte fragend auf. »**Oftmals gibt es zu viele Blockaden in euren Erinnerungen, so dass ihr es nicht könnt**«, erklärten sie. »**Aber wenn du uns bittest, durch dich zu lieben, werden wir es tun. Es gibt jetzt einen großen Bedarf an dieser Liebe, also bitte darum**«, sagten sie. »Okay, Großmütter«, stimmte ich zu. »Ja, ich verstehe, was ihr meint. Wenn ich mich nicht dazu bringen kann, Liebe für jemanden zu empfinden, kann ich euch bitten, ihn zu lieben.« »**Und wann immer du bittest, werden wir diese Liebe durch dich schicken**«, fügten sie hinzu, »**auch in den schwierigsten Fällen.**

Jedes Mal, wenn du dich entscheidest, sowohl das Einfache als auch das Schwierige zu lieben, sagst du ›Ja‹ zum Leben«, sagten sie, die gefiederten Köpfe glücklich hin und her wiegend. »**Und jedes Mal, wenn du das tust, stärkst du die Energie von Yin auf deinem Planeten. Das ist es, was jetzt gebraucht wird**«, sagten sie. »**Das**«, alle Großmütter hoben einen Flügel, »**ist deine Arbeit.**«

Wieder sah ich mein Wohnzimmer, und wieder war es voller Menschen. Aber jetzt waren sie alle mit dem Lichtnetz verbunden, und als ich noch schaute, sah ich das Netz strahlender leuchten als zuvor; es sah aus, als hätte sich seine Strahlkraft verdoppelt.

»**Wenn du mit dem Trommeln fertig bist**«, sagten die Großmütter, »**bitte alle, über das Licht zu meditieren, das sie in das Lichtnetz geschickt haben. Dann bitte sie zu beobachten, wie dieses Licht zu ihnen zurückkehrt. Sie werden feststellen**«, sagten sie, »**dass mehr Licht zu ihnen zurückkehrt, als sie anfangs ausgesandt haben.**« Sie lächelten wissend, breiteten ihre Flügel aus und sagten: »**Der Moment des Gebens ist immer der Moment des Empfangens.**« »Großmütter«, sagte ich, »jedes Mal, wenn wir uns mit dem Netz aus Licht verbinden, gibt es einen Machtzuwachs, in uns und im Netz, nicht wahr?« Dann fragte ich: »Ist das Lichtnetz ein sichtbares Bild der Kraft des Gebets?« »**Ja**«, sagten sie.

Die Großmütter reckten ihre Hälse, hoben ihre Köpfe und sagten: »**Atme unsere Energie ein, während wir deine einatmen. Wenn wir einatmen, nehmen wir deine Energie auf, und wenn du einatmest, nimmst du unsere auf.**« Ich synchronisierte meinen Atem mit ihrem, und sofort schwoll ein Leuchten in mir. »So ist es, wenn ich meine Energie mit den Großmüttern in Einklang bringe«, flüsterte ich ehrfürchtig. Nachdem ich ein oder zwei Minuten lang so geatmet hatte, signalisierte mir der Trommelschlag auf meinem Recorder, in die Alltagswirklichkeit zurückzukehren, also wandte ich mich an die Großmütter und verbeugte mich dankbar. Und als ich mich vom Boden erhob, um in die Alltagswirklichkeit zurückzukehren, war ich so kraftgeladen, dass mein Flug ganz mühelos war, obwohl ich immer noch wie eine Biene flog.

Als ich die Aufnahme vom Besuch bei den Großmüttern abspielte, kam mir in den Sinn, dass sich mein Flug in die Obere Welt diesmal wie Arbeit angefühlt hatte, weil ich bei den Großmüttertreffen an »Arbeit« gedacht hatte. Mit meinen winzigen Flügeln als dieses *geschäftige kleine Bienchen*, hatte ich die Treffen als »meinen Job« angesehen. Mein Verstand ließ mich glauben, dass *ich* die Handelnde war, und dieses falsche Pflichtgefühl hatte das freudige Tun in Arbeit verwandelt. Ich musste darüber lachen, wie mein Ego mich dazu gebracht hatte, zu glauben, dass alles in *meiner* Verantwortung lag. Dann erinnerte ich mich an meine Bruchlandung. Die Großmütter hatten mir genau gezeigt, wohin mich diese Art zu denken geführt hatte.

Nachdem sie mir das Potential der monatlichen Treffen gezeigt hatten – wie wir mehr Macht in das Lichtnetz einspeisen, das die Erde hält –, war das alles keine Anstrengung mehr. Es war keine Arbeit, es war schlicht das, was ich tun *wollte.* Wieder einmal staunte ich über ihre Kunst, etwas zu vermitteln, und lachte laut über meine Yang-Fixierung: auf »Tun« und »Arbeiten«. Die Großmütter hatten nicht ein einziges Mal meine geschäftige Rolle als Biene angesprochen. Sie hatten mir auch keine Vorträge über meine Einstellung gehalten oder wie ich meine Rolle bei ihrer Mission missverstanden hatte, aber ich hatte gleichwohl verstanden, worum es ging.

KAPITEL 2

Die Kraft von Yin

»Wir atmen dich; Gott atmet dich.«

Das Thema Yin und Yang war etwas, das die Großmütter immer wieder aufgriffen. Das war auch nur natürlich, denn schließlich sind dies die primären Bausteine des Kosmos. Doch mein Verständnis dieser Energien war so mangelhaft, dass mich ihre Lektionen immer wieder überraschten. Anfangs hatte ich überhaupt keinen Begriff von Yin und Yang, und jetzt, nachdem ich über zwölf Jahre lang mit den Großmüttern gearbeitet habe, hatte ich immer noch Schwierigkeiten zu verstehen, wie sie zusammenpassten.

Beim nächsten Mal, als ich den Großmüttern wieder begegnete, stellte ich eine Frage über die Beziehung zwischen Männern und Frauen. Jedes Mal, wenn ich reiste, wollte ich etwas in Erfahrung bringen, das über mein persönliches Leben hinausging. Da ich schon lange verheiratet war, wusste ich, wie schwierig es sein konnte, das andere Geschlecht zu verstehen, aber ich wollte nicht nur meinen Mann und mich selbst besser verstehen, sondern das ganze Spiel von Frau und Mann. Hier konnten Yin und Yang völlig aus dem Gleichgewicht geraten sein.

Erst kürzlich hatte ich gesehen, wie sich dieses Ungleichgewicht in meiner Psychotherapiepraxis zeigte. Tatsächlich gab es da mehrere Paare, die sich ziemlich voneinander entfremdet hatten. Die Großmütter sagten, dass diese Probleme mit dem Ungleichgewicht von Yin und Yang auf unserem Planeten zusammenhängen, und weil diese grundlegenden Energien heute so in Unordnung sind, waren Missverständnisse zwischen den Geschlechtern an der Tagesordnung. Das war es, was ich in meiner Praxis sah.

Da schrien Ehefrauen vor Schmerz, beschimpften ihre Ehemänner und schluchzten hilflos, während ihre Ehemänner stoisch dasaßen – schockiert, verwirrt und emotional abgeschaltet. Die Paare waren unglücklich, ihre Kinder litten darunter und ihre Ehen war gefährdet. Als Therapeutin wusste ich, wie man solche Fälle mit den üblichen psychologischen Mitteln »behandelt«, aber diesmal wollte ich mehr. Wie kann man das Ungleichgewicht von Yin und Yang in menschlichen Beziehungen korrigieren? Wie könnten wir die Lektionen der Großmütter auf unser persönliches Leben anwenden? Dafür brauchte ich die Hilfe dieser weisen Frauen.

Als ich das nächste Mal in die Obere Welt reiste, erhob ich mich von meinem Baum, konzentrierte mich auf die Großmütter und bat sie, mich zu unterweisen. Heute kam ich mit einer Frage, die die Qualen vieler widerspiegelt. Das Ungleichgewicht von Yin und Yang war nicht nur Theorie. Es verursachte viel Elend.

Endlich erschien ihr Tal unter mir, und da waren sie. Heute erschienen sie als Frauen und standen in einem Kreis; sie warteten schon auf mich. »Großmütter«, sagte ich, als ich vor sie trat, »mir machen die heutigen Beziehungen zwischen Männern und Frauen Sorgen.« »**Uns auch**«, sagten sie. »Was wollt ihr mir dazu sagen?« fragte ich und bemerkte, dass sich meine Hände geöffnet hatten und die Position einer empfangenden Mudra bildeten.

»**Lass uns dich anfüllen**«, sagten sie und bewegten mich, mich zu ihnen auf den Boden zu setzen. »**Lass deinen Körper trinken, was wir dir geben**«, sagten sie. »Oh!« antwortete ich, »deshalb halte ich meine Hände wie eine kleine Schale.« »**Ja**«, nickten sie, »**dein Körper ist weise; er versteht, was geschieht, lange bevor dein Verstand es tut. Mit der Zeit wird auch dein Verstand das aufnehmen, was wir dir geben, aber jetzt ist es noch zu viel für ihn.**« Sie legten ihre Brauen in Falten, sahen mich ernst an und sagten: »**Vertraue deinem Körper.**

Empfange«, sagten sie und veranlassten mich, mich hinzulegen. »**Ein leeres Gefäß kann nichts geben. Lasse dich erst anfüllen«**, sagten sie. »**Lasse deinen Rücken, Gesäß, Beine, Herz, Arme und Hände sich füllen«**, sagten sie. Ich lag flach auf meinem Rücken mit offenen Handflächen an beiden Seiten und war bereit, genau das zu tun. »**Wenn du durch deinen Körper empfängst, wird sich deine Schwingung ändern. Fühle, wie die Veränderung beginnt.«** Als ich meine Aufmerksamkeit nach innen richtete, spürte ich es. Ich war größer und fester, während ich mich gleichzeitig leichter fühlte. »Was für eine Kombination!« staunte ich. »Wie kann ich fester und gleichzeitig leichter sein?«

Nach einer Pause sprachen die Großmütter wieder. »**Das Empfangen durch den Körper verlangsamt deinen Verstand so weit, dass du aufnehmen kannst, was wir geben«**, sagten sie. »**Und«**, fügten sie hinzu, »**durch den Akt des Empfangens kommt mehr Empfangen.«** Dann lächelten sie und streckten ihre Arme weit aus, und als sie mit Gesten das Empfangen darstellten, fühlte ich, wie sich mein Körper ausdehnte und mit ihnen in Einklang kam. Plötzlich war auch ich voller Freude, und mit jeder Sekunde, die verging, wurde ich weicher und weicher und immer größer. Später, als ich mir meine Aufnahme abspielte, hörte ich mich an dieser Stelle summen.

Ich schwebte in diesem glückseligen Zustand eine scheinbar lange Zeit, aber in Wirklichkeit waren es nur ein oder zwei Minuten, bis ich sie sagen hörte: »**Du kannst den Menschen nicht helfen.«** Das ließ mich aufhorchen, und ich blickte voll konzentriert auf. Sie schüttelten traurig den Kopf und sagten: »**Du kannst nicht heilend auf die Menschen einwirken, solange du nicht selbst von Yin-Energie erfüllt bist.«** »Ah«, seufzte ich, »ich verstehe. Deshalb fühle ich mich so weich und dehnbar. So fühlt sich Yin-Energie an.«

Sie nickten und sagten: »**Atme mit uns. Atme ein – und wenn du ausatmest, siehe, wie alles in dir, was bereit ist zu gehen, einfach geht. Alte Gedanken, Vorstellungen, Erinnerungen und Stress werden verschwinden«**, sagten sie und machten eine wegwerfende Handbewegung. »**Das ist alles. Atme ein und atme aus«**, sagten sie, und ihre Brust hob und senkte sich im Rhythmus mit meiner, »**und synchronisiere deinen Atem mit unserem. Wir atmen dich. Gott atmet dich**«, sagten sie und schauten mir zu, um sicherzugehen, dass ich mit ihnen in einem Rhythmus war. »**Einatmen und loslassen**«, sagten sie, und ich glich meinen Atem dem ihren an und ermahnte mich, wann immer ich ausatmete, alles Alte in mir loszulassen. »**Lass deine Atmung mühelos sein**«, sagten sie, und so war es.

Diese Atemübung war etwas anders als die vorherige. Die erste hatte zum Ziel, eine tiefere, vertrauensvollere Beziehung zum Göttlichen aufzubauen, das hieß, alles den Großmüttern zu überlassen. Mit der zweiten Übung folgte ich dem Atem in der Gewissheit, dass mit jeder Ausatmung alte Bewusstseinszustände abgestoßen wurden. Dieser hier war eher eine seelische Hausreinigung.

»**Jetzt schenke uns deine Aufmerksamkeit**«, sagten sie, und schnell blickte ich wieder auf. »**Wir sind in diesem Raum mit dir**«, sagten sie, »**und gleichzeitig schweben wir über diesem Raum. Wir sind hier**«, riefen sie und zeigten auf sich, »**und wir sind überall! Wir stehen hinter dir und vor dir, wir stehen links und rechts von dir.**« Sie lachten über den überraschten Ausdruck auf meinem Gesicht. »**Wir umgeben dich.**

Du«, sie zeigten auf mich, »**bist ein Teil der Großen Mutter.**« Meine Augen weiteten sich, und ich muss erschrocken ausgesehen haben, denn sie fingen an zu lachen. »**Die Mutter ist immer bei dir**«, versicherten sie. »**Lass dich von der Energie der Großen Mutter erfüllen. Und jedes Mal, wenn du beim Einatmen daran denkst, dich zu füllen, wirst du ihre Gegenwart in dir beleben. Wir, die Großmütter, sind mit der Mutter eins**«, sagten sie kichernd, »**und wir sind immer bei dir.**« Dann stemmten sie die Arme in die Hüften, wiegten sich gemeinsam hin und her und sangen: »**Immer sind wir bei dir. Hinter dir**«, sangen sie im Chor und wandten ihre Köpfe hin und her, »**um dich herum und vor dir. Überall**«, riefen sie, »**wir sind überall**«. Dann sagten diese liebenswerten, verspielten Großmütter mit einem schüchternen Lächeln: »**Wir warten auf deinen Ruf.**«

Ich schloss die Augen und betete darum, diese Wahrheit zu erfahren – zu wissen, dass die Großmütter und die Große Mutter immer bei mir waren, und sofort spürte ich die Gegenwart der Mutter in meinem Körper. Ich war riesig. Und erfüllt. Ich war erstaunt über meine ungeheure Größe. »Ich bin die Liebe«, sagte ich zu mir, meine Stimme überraschend selbstbewusst. »Das ist es: Ich bin die Liebe.«

Ich war auch machtvoll – ruhig und unerbittlich machtvoll. Mein Körper spannte sich mit einer Kraft, stark und voll. Ich war überrascht von der Selbstverständlichkeit, als wäre ich schon immer so gewesen. »Die Großmütter haben recht«, sagte ich zu mir und zu ihnen, »die Mutter *ist* in mir. Tatsächlich«, staunte ich, »kann ich nicht sagen, wo sie aufhört und wo ich anfange.« Ich verschmolz mit dem weiblichen Prinzip der Schöpfung; es war nicht aufzuhalten, und ich wollte es nicht aufhalten.

»**Lass die Mauern deines kleinen Selbst weicher werden**«, sagten die Großmütter mit liebevoller Stimme, als sie mich beobachteten. »**Lass sie durchlässiger werden und das kleine Selbst sich in das große Selbst ausdehnen, das du bist. Das ist es, was du bist**«, sagten sie, und ich konnte kaum atmen, so erstaunt war ich über das Gefühl in meinem Inneren. »**Dieses herrliche Selbst, das erweiterte, das über die Grenzen deiner Haut hinaus existiert, über die Grenzen deines Geistes und deiner Erfahrung hinaus – das bist du.**«

Das, wurde mir klar, als mein Herzschlag und meine Atmung sich wieder beruhigten, war das, was ich als die Große Mutter erkannt hatte. Und das war es, was ich fühlen sollte, als sie sagten, ich solle mich mit der Energie der Mutter anfüllen – mehr, viel mehr als mit meinem »Selbst«. »**Wenn die Hektik des Alltags dich wieder in Beschlag nimmt, magst du es vergessen**«, sagten sie und betrachteten mich liebevoll, »**aber das ist es, was du bist.**« Ich hörte es und bebte vor Freude. Ich hatte mich *noch* nie so groß und grenzenlos gefühlt. Ich war tief, ich war voll und alles auf einmal.

Als sie den Zustand sahen, in dem ich mich befand, sagten sie schnell: »**Bring deine Aufmerksamkeit zu deinem Körper zurück**«, und ich versuchte es. »Atme und fühle«, sagte ich mir, »atme und fühle«, und bald wurde ich mir des Gewichts meines Gesäßes auf dem Boden gewahr, der Position meiner Füße und meines Kopfes auf der Unterlage.

»**Du kannst eine andere Schwingung im Inneren spüren**«, sagten die Großmütter, »**die Schwingung des Erwachens und der Ausdehnung. Das bist du**«, lachten sie freudig. »Das *bin* ich«, sagte ich, meine Stimme voll Staunen, und während ich sprach, begann eine wellenförmige Bewegung im Inneren. Alles war summend und fließend. »**Diese Erfahrung gehört dir**«, sagten sie und nickten bekräftigend. »**Nimm sie an und werde eins mit deinem großen Selbst.**

Du bist großartig«, sagten sie und ignorierten meinen erstaunten Blick. »**Großartig!**« fuhren sie fort. »**Du bist viel mehr, als du je vermutet hast. Deine Natur ist Freude und Großherzigkeit.**« Ich hörte es und nickte, als habe ich verstanden, aber das hatte ich nicht. Ich konnte nicht alles aufnehmen. Was ich erlebte, übertraf bei weitem meine kühnsten Erwartungen. »Eins zu werden mit der Großen Mutter«, flüsterte ich, »wie kann das möglich sein?« Aber die Großmütter achteten meiner Verwirrung nicht.

Ich starrte sie verständnislos an, und als sie meinen fassungslosen Blick sahen, sagten sie: »**Ruh dich jetzt aus. Das reicht für einen Tag. Komm morgen wieder, und wir werden dir mehr beibringen.**« »Okay, Großmütter«, sagte ich, so erschöpft, dass mir die Worte kaum über die Lippen kamen. »Ich werde wiederkommen.« Und damit dankte ich ihnen, wandte mich ab und begab mich zurück in die Alltagswirklichkeit. Dann ging ich direkt ins Bett. Ich glaube, ich habe den ganzen Nachmittag geschlafen.

»Das bist du: das große Gefäß.«

Am nächsten Tag kam ich wieder. »Großmütter«, sagte ich, als ich vor sie trat, »ich bin zurück. Bitte zeigt mir mehr.« Sie beäugten mich genau, um sich davon zu überzeugen, dass ich tatsächlich bereit für mehr war. Dann nickten sie: »**Es ist Zeit, das Gefäß zu erleben, das du bist**«, sagten sie und begannen mit ihrer nächsten Lektion. »**Du bist das Gefäß, das die Liebe enthält**«, erklärten sie, »**das das Leben enthält und alles trägt, was lebt. Dein Fassungsvermögen ist unermesslich.**« »Was«, fragte ich, »bedeutet das, Großmütter? Ich verstehe es nicht«, stammelte ich, aber sie hielten mich nur fest im Blick und antworteten: »**Fühl es! Nimm dich selbst wahr.**« »Oh«, sagte ich, als es mir dämmerte. »Okay, Großmütter, okay«, sagte ich, »ich werde es tun«, und beim Durchatmen konzentrierte ich mich auf meinen Körper und begann in kürzester Zeit wieder anzuschwellen, diesmal so groß, dass es kein Ende für »mich« gab.

»**Das bist du!**« sagten sie mit vor Freude strahlenden Gesichtern. Offensichtlich hatten sie sich darauf gefreut, mir diese Erfahrung zu vermitteln. »**Dein Verstand hält dich so beschäftigt**«, lachten sie, »**rennt hierhin und dorthin, während er plappert und sich Sorgen macht. Er will etwas erreichen und immer haben**«, sagten sie, »**verstrickt sich ins Wünschen – das alles sind Tricks des Verstandes! Deine Gedanken halten dich so beschäftigt!**« Sie warfen ihre Köpfe zurück, und mit einem Lachen tief aus dem Bauch heraus riefen sie: »**Du hast vergessen, wer du bist!** ***Das*** **bist du! Fühle es! Das große Gefäß**«, sagten sie und unterstrichen ihre Worte mit heftigem Nicken, »**diejenige, die hält und gehalten wird.**

Nimm es an«, befahlen sie. »**Nimm diese Erfahrung so gründlich auf, dass du dich in deinem Alltag leicht daran erinnern kannst.**« Dann erhoben sie sich zu ihrer vollen Größe, und zwölf königliche Großmütter sangen: »**Diejenige, die hält und umfasst. Sie, die das annimmt, was vor ihr liegt, hält es und wird gleichzeitig gehalten. Wann immer du dich öffnest und dir erlaubst, das Gefäß zu verkörpern, bist du im Zustand des Haltens**«, sagten sie. »**Wenn du das Gewahrsein in dir zum Leben erweckst, dass du die bist, die alles enthält, wirst du eins mit der Großen Mutter.**« Sie verschränkten ihre Arme vor der Brust als wollten sie sagen: »Wage es nicht, uns zu widersprechen.«

»*Das* wird eine Weile dauern, bis ich es ganz aufgenommen habe«, sagte ich, aber die Großmütter lächelten und nickten bloß. »**Nimm dir jetzt einen Augenblick Zeit, jeden und alles, was dir in den Sinn kommt, einzuladen. Deinen Mann**«, sagten sie, »**deinen Sohn oder deine Tochter, ein Elternteil, einen Freund, einen Feind, eine Idee, eine Erinnerung – es ist ganz gleich, was oder wer kommt. Halte ruhig, was zu dir kommt. In der Weite deines Seins kannst du das tun. Du bist groß genug, um alles zu halten!**«

Ich tat wie geheißen; ich dachte an das Halten, wollte mich öffnen, um alles einzuladen, was kommen mochte. Und es dauerte auch nicht lange. Tatsächlich wurde es sehr bald ziemlich geschäftig, und ich beobachtete, wie eine Reihe von Menschen, Problemen und Geschichten durch meinen Kopf ging. Alles kam, das eine nach dem anderen, alles buhlte um meine Aufmerksamkeit, aber hier bei den Großmüttern war ich seltsam immun gegen ihren Charme. Es war wie im Kino. Normalerweise faszinierten mich meine Geschichten aus der Vergangenheit, aber hier und heute beobachtete, akzeptierte und »hielt« ich sie einfach, als sie auftauchten, eine nach der anderen, und nicht eine von ihnen fand meine Beachtung.

»**Wenn du durchs Leben gehst**«, sagten die Großmütter, »**bleib dir gewahr, dass du dieses haltende Gefäß bist, also halte einfach, was auch immer es sein mag. Halte es so, wie ein Becken Wasser hält oder wie ein Pflanzgefäß Erde hält. Wasser verändert nicht die Form oder Farbe eines Beckens; Erde verändert nicht die Größe oder Form eines Topfes. Ein Gefäß** ***ist***«, sagten sie. »**Es hält, es umfasst. Du hältst**«, sagten sie. »**Du wirst feststellen, dass es auf dieser Welt nichts gibt, dem du dich widersetzen oder das du bekämpfen musst, denn du umfasst alles!**« Und mit einer weiten Armbewegung sagten sie: »**Es liegt in deiner Natur, das Gefäß zu sein. Das ist Yin.**«

Ich fühlte es: Es stimmte, was sie sagten. »Ja, Großmütter«, sagte ich, aber kaum war es ausgesprochen, erschien ein waberndes Objekt vor uns. Es sah aus wie eine Acht. Energie schien in ihm und aus den beiden Seiten zu wabern – hinein und herum, heraus und herum, entlang der Kurven der Acht. Sie lag auf der Seite wie ein Unendlichkeitssymbol, während Energie durch sie floss. »**Was du siehst**«, sagten die Großmütter, »**ist das weibliche und männliche Prinzip in Harmonie. Die Unendlichkeitsbewegung hat ihren Ursprung in dem haltenden Zustand, den du gerade erlebt hast. Es ist die dem Gefäß innewohnende Kraft, die diesen rhythmischen Tanz stattfinden lässt.**« »Das ist interessant, Großmütter«, überlegte ich. »So, wie ihr es beschreibt, habe ich noch nie an den Akt des Haltens gedacht. Für mich ist ein Gefäß nur eine Sache, ein lebloses Ding, das dasteht. Aber was hier geschieht, ist etwas ganz anderes.«

Ich sah, wie die Großmütter das Gefäß füllten, erst mit Erde und dann mit Wasser. »**Das Gefäß, das du bist, ist von Leben erfüllt, und wann immer du dich entscheidest zu ›halten‹, erzeugst du eine wichtige Schwingung.**« Als sie sprachen, schimmerte Energie an den Seiten des Gefäßes, die es schließlich bis zum Rand anfüllte. Und sobald dies geschah, erschien das Unendlichkeitssymbol wieder. »Es ist die Schwingung des Haltens, die diese rollende Unendlichkeitsbewegung hervorruft«, sagte ich und wiederholte damit die Worte der Großmütter. Jetzt hatte ich es gesehen.

»**Ja**«, antworteten sie und lächelten breit. »**Was du siehst, geschieht immer nur, wenn Yin in vollem Umfang vorhanden ist. Dann fließen die Energien von Yin und Yang gemeinsam und tanzen in einem endlosen sich windenden Muster. Diese Bewegung ist das, was ihr das Unendlichkeitssymbol nennt.**« Sie verschränkten ihre Arme, ließen sich auf ihre Fersen zurückfallen und strahlten vor Glück. Ihre Freude muss ansteckend gewesen sein, denn als ich den fließenden Rhythmus der Acht beobachtete, fühlte ich ihr Glück auch und lächelte mit ihnen.

Nun begannen die beiden Hälften der Acht sich zu verweben und zu tanzen, auf einander zu und dann weg von einander. Ich blickte zu den Großmüttern hinüber, um sie zu fragen, was das bedeutete, aber sie hatten die Augen auf die Figur gerichtet, und als ich meinen Kopf umwandte, um darauf zurückzublicken, war da nicht mehr nur die Acht, sondern mein Mann und ich, die tanzten. Er bildete die eine Hälfte der Acht und ich die andere. Sein Gesicht strahlte vor Glück, als er auf mich zukam, und als er näherkam, fühlte ich, wie mein Herz jubelte. Dann begannen wir uns zu wiegen und uns zu umkreisen. Hin und her schaukelten wir, bis wir uns schließlich wie eine Reihe von Wellen überschlugen.

»Dieser Tanz der Unendlichkeit wird vom Licht angetrieben«, sagte ich voll Staunen, als Lichtstrahlen von einem Ende der Figur zum anderen schossen. Die Acht leuchtete – und ich auch. Während ich zusah, hatte ich ein so intensives Glücksgefühl, dass Tränen in mir aufstiegen, die alle Lichter herrlich unscharf erscheinen ließen, und als der Tanz schließlich endete, blickte ich zu den Großmüttern hinüber und sah, dass auch sie strahlten. Ihr Glück war so groß wie meines. »**Wir segnen dich**«, sagten sie, und ich verbeugte mich und küsste ihre Hände.

Ich stand für ein oder zwei Augenblicke bei ihnen und beobachtete die Acht, als sie sich zurückzogen. »**Wir segnen dich**«, wiederholten sie. »**Wir segnen euch alle, die ihr diese heilige Arbeit tut. Ihr reinigt eure Herzen, und euer Leben wird gesegnet sein.**« Dann hielten sie einen Moment inne und fügten hinzu: »**Diese Arbeit ist nur für Bestimmte.**« Wieder sagten sie mir, ich solle mir keine Sorgen machen, wer zu einem Großmüttertreffen kommen würde und wer nicht. Mein Job war einfach. Ich sollte ihre Informationen weitergeben und mich dann entspannen, weil ich wusste, dass *sie* die richtigen Leute anziehen würden, die zuhören würden.

Ich verbeugte mich mit einem langen, langsamen Diener und nickte zustimmend. Von nun an würde ich darauf vertrauen, dass sie die richtigen Leute für diese Arbeit gewinnen und nicht ich. Wenn ihre Botschaft nur für bestimmte Personen etwas war, mussten *es* jene sein, die sie aussuchten. Mit gesenktem Kopf stand ich ruhig vor ihnen, und während ich wartete, strömten Segnungen auf mich hernieder. Es fühlte sich an wie ein warmer Regen, der meinen Körper übergoss. Ich fühlte mich so sicher und beruhigt, dass ich für immer in dieser Position hätte bleiben können, aber wieder einmal war es der Trommelschlag, der mir signalisierte, in die Alltagswirklichkeit zurückzukehren. Und als ich zur Erde hinabtrieb, hörte ich die Großmütter sagen: »**Jetzt trägst du dieses Bewusstsein in dir.**«

»Gefäß sein«

Das Konzept der Frau als *Gefäß* hatte einen gewaltigen Einfluss auf mich. Nach und nach, als ich begriff, was es bedeutet, »Gefäß zu sein«, durchzog dieses neue Verständnis mein ganzes Leben, und damit begann ich, es zu leben. Als erstes fiel mir auf, dass ich Männer anders sah. Ich schien sie jetzt besser zu verstehen. Anstatt zu ihnen in Opposition zu gehen und mich in Machtkämpfe zu verstricken, wie ich es in der Vergangenheit so oft getan hatte, etwa darüber zu streiten, wer Recht und wer Unrecht hatte, merkte ich, dass ich Männer tatsächlich *mochte*, sie respektierte, sie guthieß und sogar liebte. Das geschah gleich nach dieser Reise zu den Großmüttern, und glaubt mir, niemand war erstaunter über meine neue Haltung als ich. Nicht nur mochte ich Männer, sondern ich mochte alle. Die Haltung des Gefäßes war so stark, dass ich nun bereit war, sie alle zu umarmen.

Während meiner Jahre mit den Großmüttern habe ich viel innere Stärke entwickelt. Nach dieser Reise war das jedoch eine ganz neue Ebene. Jetzt verstand ich, wie es sich anfühlt, eine Königin zu sein; die Überzeugung: »Du bist jemand«, wie es Menschen von königlichem Geblüt in sich tragen. Nach dieser Erfahrung *wusste ich,* was es heißt, die eigene Größe zu spüren. Die Qualität der Königin war eine, die auch ich in mir trug.

Als ich mich dem »Halten« öffnete und bereit war, Gefäß zu sein, und diese Lehre weitergab, half ich auch den anderen, aus dieser inneren Haltung, Gefäß zu sein, zu leben. Ich teilte die Botschaft mit einigen der Frauen in der Großmüttergruppe, und jenen, die sich dieser eigenartigen Vorstellung nicht öffnen mochten, teilte sie sich unterschwellig mit. Ob ich diese Wahrheit aussprach oder sie lebte, das wunderbare Gefühl, das vom »Halten« kam, wuchs und wuchs, bis meine Fähigkeit, Liebe zu geben und zu empfangen, einen Quantensprung tat.

»Mühelose Anstrengung«

Von Anfang an hatte die Arbeit mit den Großmüttern eine beruhigende, stabilisierende Wirkung auf mich. Sie ließen mich meine rastlose Hast vergessen, indem sie mich vom Glauben abbrachten, für alles verantwortlich zu sein; so fand ich in die Haltung einer schlichten Beobachterin. Als ich mehr zu einer Beobachterin als einer »Macherin« wurde, lernte ich zu schätzen, was das Leben mir brachte, anstatt mich zu bemühen, dass es mir »etwas brachte«. Und während meine Neigung nachließ, mir Sorgen zu machen und mich auf Eventualitäten vorzubereiten, wuchs seltsamerweise meine Fähigkeit, Dinge zu erledigen. Obwohl ich jetzt eigentlich weniger »tat«, erreichte ich mehr. Ich hatte von diesem Phänomen gelesen, aber jetzt lebte ich es. »**Mühelose Anstrengung**« nannten die Großmütter es. »**Vertraue in den Rhythmus des Lebens**«, sagten sie, »**und *tanze* mit dem Leben!**« Endlich lernte ich ein paar Schritte.

Als ich übte, was die Großmütter »Gefäß-Sein« nannten, spürte ich, wie es war, wie sie *zu sein*. Die Kraft und Beständigkeit, die mich erfüllte, wenn ich ruhig dasaß, mich als »Gefäß« sah und bewusst »hielt«, war immens. Wann immer ich das tat, wurde ich eins mit den Großmüttern, eins mit den Grundfesten des Lebens. Als ich in das »Halten« gelangte, gab es nichts, was ich nicht tun konnte, und niemanden, den ich nicht lieben konnte. Ich empfand mehr Verständnis und musste nicht mehr zornig urteilen. Diese Änderung in der Einstellung erstaunte mich, aber noch mehr überraschte es mich, als ich entdeckte, dass ich ein Verständnis für den Archetyp des Gefäßes in mir trug. Was die Großmütter »diejenige, die hält« nannten, war bereits in meinen Körperzellen verankert.

Das Gefäß vermittelte mir auch ein Verständnis von der Großen Mutter. Kurz nachdem die Großmütter in mein Leben getreten waren, begann ich, nach Informationen über den weiblichen Aspekt des Göttlichen zu suchen, denn bis ich die Großmütter traf, hatte ich weder Kenntnis noch wirklich irgendein Interesse am weiblich Göttlichen. Obwohl mich das heute entsetzt, wusste ich damals nichts über den weiblichen Aspekt der Schöpfung, und meine Unwissenheit war für mich in Ordnung. Ich war mit Gott dem Vater aufgewachsen, und soweit ich wusste, war das alles, was es gab.

Die erste Person, die ich traf, die die Große Mutter verstand, war Meinrad Craighead, eine feministische Künstlerin, die im Südwesten lebt. Als ich nach New Mexico reiste, um einen Kunstkurs bei ihr zu besuchen, öffnete sie mir die Augen für das weibliche Prinzip. Vorsichtig erforschte ich, was Meinrad »das weibliche Göttliche« nannte, und nach einer Weile fand ich den Mut, zu *ihr* zu beten. Auf meinen frühen Reisen zu den Großmüttern erschien die Mutter tatsächlich mehrmals. Ich sah sie, sprach mit ihr, und nach und nach konnte ich diesen bisher (für mich) unbekannten Aspekt der Göttlichkeit immer mehr lieben und verehren.

»Wir sind für alle gekommen«

Sobald die Großmütter mir diese Meditation vermittelt hatten, übte ich, ruhig zu sitzen, mich als Gefäß zu betrachten und auf die Art und Weise, die sie mich gelehrt hatten, zu »halten«. Stelle dir meine Überraschung vor, als ich beim »Halten« mit der Großen Mutter verschmolz. Und das geschah nicht einmal, sondern *jedes Mal,* wenn ich so meditierte. Ich war fasziniert, wie einfach es war. Es kam zu einer Verschmelzung. Jedes Mal, wenn ich mich entschloss, zu »halten« und ein Gefäß für das zu werden, was das Universum geben wollte, änderte sich mein Bewusstsein und ich spürte ihre Gegenwart. Nach und nach wurde mir klar, dass wir ein und dasselbe sind.

Die Wirkung, die das auf mich hatte, war tiefgreifend. Was meine Persönlichkeit ausmachte und die meiner Familie, Freunde und Mitarbeiter, wurde damit weniger wichtig. »Hä?« fragte ich mich. »Wen interessiert das?« Und die Wut verflog. Die Angst verblasste. Der Schmerz verging. Mein Stress nahm stark ab. Ich bin Psychotherapeutin von Beruf, und das Verhalten von mir und anderen zu analysieren, war nicht nur meine Arbeit, sondern auch meine private Fixierung. »Was war es, das meinen Sohn dazu gebracht hat, so zu reagieren?« fragte ich mich etwa. »Warum wurde ich von meiner Freundin gestern Abend so verletzt?« Ich hatte die meiste Zeit meines Erwachsenenlebens damit zugebracht, über solche Fragen nachzudenken in dem Glauben, dass die *Wahrheit* sich zeigen würde, wenn ich nur genug nachdachte und es lange genug untersuche.

Jetzt war es mir egal. Nichts von all dem interessierte mich so wie früher. Warum sollte ich mich, wenn ich mit der Mutter eins war, mit Wunden aus der Vergangenheit abgeben? Sie sollten nicht an mir haften bleiben. Wo ich früher Beleidigungen und Verletzungen immer wieder in Gedanken durchspielte, liefen sie jetzt meistens nur kurz über den Bildschirm meines Geistes und waren dann verschwunden. Ich will nicht so tun, als lebte ich jetzt ununterbrochen in diesem Zustand. Das tue ich nicht. Hin und wieder werde ich immer noch in eines der Dramen des Lebens hineingezogen; aber wann immer ich daran denke, über das Halten zu meditieren, ruhig dasitze und mich dem Bewusstsein des Gefäßes öffne, verblasst das Drama. Und wenn das geschieht, wird das Leben angenehmer. Ich bin sicher, dass auch ich angenehmer geworden bin.

Auch die Frauen, die zu unseren monatlichen Treffen und Zeremonien kamen, berichteten von Veränderungen in ihrem Leben. Indem wir im Buch *Selbstermächtigung* lasen, darüber sprachen und die Lehren der Großmütter in die Praxis umsetzen, vertieften wir unsere Verbindung zu diesen weisen Ältesten. Ehen und Freundschaften blühten auf, alte Wunden wurden geheilt und gesundes Selbstvertrauen wurde selbstverständlich.

Eine Frau, die das sehr gut illustriert, ist Kathy, die schon mehr als zehn Jahre zur Gruppe der Großmütter in Laguna Beach gehört. Sie ist mit einem hitzköpfigen Mann verheiratet, der gerne streitet, und da ihr Wesen sanft und unterwürfig ist, hatte sich ihr Mann angewöhnt, auf ihr herumzuhacken. Aber nachdem sie die Ermächtigung der Großmütter erhalten hatte, begann sie sich zu verändern. Wann immer er sie maßregelte oder beschimpfte, zog sie nicht mehr den Kopf ein, so wie sie es zuvor getan hatte, sondern sie trat einfach nur zurück und beobachtete sein Verhalten. Sie reagierte nicht auf ihn; sie »hielt« ihn einfach, wie ein Gefäß Wasser hält – ganz gleich, was er austeilte. Sie war nicht betroffen, beobachtete nur und »hielt«. Sie staunte über die Kraft, die ihr das gab. »Es ist mir egal, ob er wütend wird oder nicht«, erzählte sie. »Ich sehe, dass es nichts mit mir zu tun hat. Ich sehe nur zu, lasse die Großmütter mich und ihn halten«, sagte sie, »und wisst ihr? Es kommt nur noch selten vor. Ich glaube, als er sah, wie ich stärker wurde, wurde er ruhiger.«

Ein weiteres Beispiel ist Christine, eine schöne junge Frau, die in der Geschäftsführung einer Bank arbeitet und sich oft den Herausforderungen in ihrem »Yang«-Arbeitsumfeld stellen muss. Sie lacht darüber, wie sie, wenn sie mit den Top-Leuten in Meetings sitzt, die Großmütter und das Netz aus Licht anruft. »Ich fühle mich, als würde ich ein Doppelleben führen«, sagt sie. »Ich ziehe meinen Anzug an, gehe mit meiner Aktentasche rein, und niemand in der Bank hat eine Ahnung, dass ich mit den Großmüttern arbeite.« Sie betreut junge Frauen bei der Arbeit und zeigt ihnen mit ihrem Beispiel und ein paar ausgesuchten Worten etwas davon, wie Macht und Schönheit eins sind. Im vergangenen Frühjahr, mitten in einem Großmütter-Retreat, rief ihr Chef an, um ihr mitzuteilen, dass sie befördert würde. »Eine *große* Beförderung«, sagte sie mit leuchtenden Augen. »Ich schätze, ihnen gefällt, was ich tue.« Dann sagte sie mit einem geheimnisvollen Lächeln: »Es sind die Großmütter.«

In den letzten Jahren kamen auch Männer zu unseren Treffen. Zuerst überraschte mich das, weil ich dachte, diese Arbeit sei nur etwas für Frauen. Aber als ich die Großmütter fragte, sagten sie: »Wir sind für alle gekommen«, und zeigten uns, wie wir den Mantel der Geborgenheit an die Männer weitergeben können. Diese einfache Zeremonie bestätigt den Mann, er wird gesegnet und in der Umarmung von Yin gehalten. Nur wenige Männer kommen zu unseren Treffen, aber was für einen Unterschied es ist! Frauen merken, wie viel mehr Macht sie spüren, wenn bei den Ermächtigungszeremonien Männer dabei sind und uns unterstützen. Die Großmütter sagen: »**Yang, das von Yin gehalten und gestärkt wird, wird immer danach streben, das Leben zu fördern.**« Das ist es, was wir fühlen, wenn Männer bei uns sind und hinter uns stehen.

»Weil eine Frau in diesem Bewusstseinszustand anziehend ist, kommt alles zu ihr.«

Nachdem ich mehreren Gruppen die Gefäßmeditation beigebracht hatte, fragte ich mich, ob das tanzende Unendlichkeitssymbol Frauen und Männern helfen könnte, sich besser zu verstehen. Also ging ich zu den Großmüttern, um es herauszufinden. »Großmütter«, sagte ich, als ich vor ihnen stand, »wenn das Unendlichkeitssymbol etwas ist, das anderen nützt, dann erklärt es mir bitte. Wir brauchen eine Möglichkeit, Männer und Frauen zu verbinden.«

»**Wir werden es dir erklären**«, sagten sie. Ich verbeugte mich, und als ich aufblickte, sah ich, dass sie lange Kleider trugen, die über den Boden schleiften, wenn sie gingen. Ich folgte ihnen dichtauf und konnte nicht umhin zu sehen, wie anmutig ihre langen Röcke schwangen. Dann sah ich, dass sie in diesen Kleidern dem ähnelten, wenn sie als gefiederte Vögel erschienen – sie waren vornehme, aufrechte Gestalten. Sie mögen ihr

Aussehen von Reise zu Reise variieren, manchmal als Menschen erscheinen, manchmal wie große Vögel, aber wie auch immer sie sich zeigten, sie hatten eine Würde und natürliche Anmut, die ich im heutigen Leben selten erlebe. »Die Großmütter sind klassisch weiblich«, sagte ich mir.

Kaum waren die Worte über meine Lippen, drehten sie sich um und zeigten auf eine Gestalt, die hinter mir stand. »Oh«, sagte ich, als ich mich umdrehte. Die Gestalt war »ich«, aber dieses Ich saß auf einem Stuhl, mit erhobenen Handflächen und fest auf dem Boden aufgesetzten Füßen. Als ich »mich selbst« näher betrachtete, bemerkte ich, wie offen und entspannt mein Körper aussah. »**Ja**«, sagten die Großmütter, »**was du hier siehst, bist du selbst: als Gefäß.**«

Ich wollte fragen, was sie meinten, aber bevor ich etwas sagen konnte, *wurde* ich zu der Gestalt. Das erste, was mir auffiel, als ich diese Haltung annahm, waren meine gewölbten Handflächen. Dann wurde mir klar, dass nicht nur meine Hände, sondern mein ganzer Körper ein Gefäß war. Ich bildete eine Schale, und seltsamerweise gab mir diese gewölbte Stellung irgendwie ein Gefühl von Stärke und Stabilität. Je länger ich so dasaß, desto ruhiger und zufriedener wurde ich. »Großmütter«, sagte ich, »ich liebe diese Haltung in Schalenform. Jetzt spüre ich, was es bedeutet, ein Gefäß zu sein. Sogar meine Füße und Zehen sind angefüllt.«

Als ich weiter so dasaß, ruhig und still, begann ich zu summen, bis sogar meine Organe sangen. Ich schloss meine Augen, um die Vibration im Inneren zu genießen, und als ich sie wieder öffnete, war da wieder die liegende Acht. Nur bildete diesmal mein eigener Körper die eine Hälfte von ihr. Als ich auf die andere Seite blickte, sah ich undeutlich eine männliche Gestalt, die sich auf mich zuzubewegen schien. »Was ist das denn?« fragte ich mich, und dann wurde mir klar, dass ich, weil ich mit dem Gefäß eins und im Zustand des Haltens war, die männliche Gestalt zu mir hinzog. Ich war ein Magnet. Mit vollkommener Gelassenheit, als ob mir so etwas jeden Tag passierte, beobachtete ich, wie die Anziehungskraft die männliche Gestalt zu mir hinzog. Ich war unwiderstehlich. Genauso war es. Als ich erkannte, was geschah, dachte ich: »Das ist wie eine meiner

Kindheitsfantasien: unwiderstehlich und so. Lustig, oder?« sagte ich mir, aber ich lachte nicht. Ich war zu entspannt, um zu lachen.

Jetzt wurde der magnetische Zug stärker und begann, *alles* an sich zu ziehen! Nicht nur Männer, sondern alles. Es war nicht so, dass ich versuchte, etwas für mich selbst anzuziehen; durchaus nicht. Ich war einfach offen. Und weil ich offen war und gewissermaßen leer, *wollte* alles zu mir kommen.

Plötzlich erinnerte ich mich an das, was die Großmütter zuvor gesagt hatten: »**Die Unendlichkeitsbewegung hat ihren Ursprung in dem haltenden Zustand. Sie wird hervorgerufen von der dem Gefäß innewohnende Kraft.**« »Oh!« rief ich aus, als ich erkannte, dass *ich* dies getan hatte und wandte mich mit offenem Mund an die Großmütter. »**Ja**«, sagten sie, als sie meinen Rücken rieben, um mich zu beruhigen. »**Weil eine Frau in diesem Bewusstseinszustand anziehend ist**«, sprachen sie langsam, jedes Wort wägend, »**kommt alles zu ihr.**« »W-o-w-w«, flüsterte ich gedehnt. »Sie muss nichts ›tun‹. Alles kommt zu ihr.« Und während ich sprach, war mein Körper so ruhig und gelöst, dass meine Lippen die Worte kaum formen konnte.

Nach einigen Minuten der Stille hörte ich mich wieder sprechen. »Ja«, sagte ich, und diesmal klang meine Stimme kraftvoll. »Wenn eine Frau die Position des Haltens einnimmt, wogt die Energie zwischen Frauen und Männern hin und her. Es geschieht mühelos«, sagte ich, als ich zusah, wie es geschah. »Aber nicht nur Männer und Frauen sind von diesem Halten betroffen«, sagte ich, und meine Stimme überschlug sich fast, als Tiere, Menschen, Felsen – alles Mögliche – anfing, auf mich zuzukommen. »Die Position des Empfangens ist so magnetisch, dass sie *alles zu sich hin*zieht. Sie zieht *wirklich*!« rief ich aus. »Jeder und alles will an diesem Ort gehalten sein.«

»**Das Gefäß ist das Große Weibliche**«, sagten sie, »**also will natürlich alles bei ihr sein.**« Dann lachten sie warmherzig und umarmten mich. »Alles will, dass *ich* es jetzt halte«, sagte ich, verblüfft über meine Einheit mit der Großen Mutter. »Sie ist unwiderstehlich«, sagte ich, und nach einer Pause, in der die Großmütter mich fest im Blick hielten, berichtigte ich mich. »Ich bin unwiderstehlich«, sagte ich, die Worte kamen kaum über meine Lippen. Die Großmütter lächelten nur und sahen mich an.

»Dieses Gefäßsein...« sagte ich endlich, »erfüllt eine Frau ganz und gar. Und, Großmütter«, sagte ich, »es heilt auch Männer. Es macht sie ganz.« Während ich sprach, fragte ich mich, woher diese Worte kamen. »Die Energie eines Mannes wird vom Unendlichkeitssymbol angezogen«, fuhr ich fort, »wo sie die Frau umkreist und wieder aufgeladen wird. Dann bewegt sich die männliche Energie und bildet den zweiten Kreis, aber sie tut dies immer im Rhythmus mit der Energie des Weiblichen. Männer können dies nur, *weil* sie gehalten werden«, sagte ich und war über die Komplexität meiner Erklärung selbst erstaunt. »Yin ist das Mutterschiff«, fuhr ich fort. »Die kleineren Boote fahren auf Streifzügen von der Mutter weg und kehren dann dankbar zu ihr nach Hause zurück.« Ich hielt inne und starrte die Großmütter an, die mir ihr sanftestes Lächeln schenkten.

»Das ist so, so, so... vervollständigend?« sagte ich, suchte nach dem richtigen Ausdruck. Ich wusste nicht, ob »vervollständigend« ein echtes Wort war oder nicht, aber es war *das* Wort für das, was ich erlebte. »Es gibt nichts mehr, was ich jetzt brauche oder will, Großmütter«, sagte ich. »Das ist alles.« Ich war mir gewahr, dass ich in diesem Augenblick erfüllt und ganz war. Ich war bereit, in die Alltagswirklichkeit zurückzukehren; mehr als diese Erfahrung konnte ich nicht verlangen.

Nachdem ich gesagt hatte: »Das ist alles«, gab es eine kurze Pause, und nach einer Minute oder so hörte ich mich flüstern: »Wow!« Das Wort war kaum zu hören. Ich hatte versucht, meine Hand zu heben, um den Großmüttern zum Abschied zu winken, merkte aber, dass ich es nicht konnte. Ich konnte nichts bewegen. Es lag nicht in meiner Macht, in die Alltagswirklichkeit zurückzukehren – noch nicht, bis die tiefe haltende Kraft des Yin ihren Lauf genommen hatte. »Oh Mann«, murmelte ich, »ich kann mich nicht rühren. Ich muss hierbleiben, Großmütter«, sagte ich und sah sie verwundert an, »bis sich diese Energie in mir gesetzt hat.« Sie nickten und bedeuteten mir, ich solle warten; also beruhigte ich meine Gedanken und tat genau das. Und sie warteten mit mir – die ganze Zeit still lächelnd.

»Ich bin geerdet«, verkündete ich endlich, als ich eine tiefe Verbindung zwischen der Erde und mir spürte. »Tatsächlich«, sagte ich, »bin ich eingebunden.« Ich sah zu, und in der Ferne sah ich Pfeiler, die tief in die Erde geschlagen wurden. »Ich bin diese Pfeiler«, sagte ich zu mir, und erstaunt: »Oh, wie stark ich bin. Total geerdet«, verkündete ich. »**Das ist die Macht der Vollendung**«, sagten die Großmütter.

Ich schloss die Augen und ruhte mich etwas aus und hoffte, das, was ich gerade erlebt hatte, erst einmal verdauen zu können, und mit jedem Moment fühlte ich mich größer und tiefer und stärker in der Erde verankert. Schließlich gab ich auf. Es war viel zu viel passiert, als dass ich das alles jetzt nachvollziehen konnte. »Großmütter«, sagte ich und schüttelte verwundert den Kopf, »das war wirklich etwas.« »**Ja**«, sagten sie, »**du musst willens sein, eine Frau zu werden, um diese Arbeit zu tun.**« »Ja«, nickte ich. Ich verstand: Sich für das Bewusstsein des Gefäßes zu öffnen, ist keine Aufgabe für ein Mädchen. Es erforderte den Mut und die tiefe Hingabe einer Frau, einer großen Frau. So, wie die Großmütter uns zu sein hießen.

Auf dieser Reise teilten die Großmütter ein kraftvolles Geheimnis mit mir – die ursprüngliche Kraft der Frau. Nicht die auf Yang beruhende Macht, die in unserer Welt hochgehalten wird, sondern die *wirkliche* Macht: die Frau als Gefäß; diejenige, die den Ton angibt und die Dinge in Bewegung setzt. Die Frau, die Nabe des Rades, das Mutterschiff, diejenige, die hält. Diese Ideen sind unserer Kultur fremd, fremd in unserer Welt. Seit Jahrtausenden wird die Frau als das »zweite Geschlecht« behandelt: Sie ist »auch ein Mensch«, aber sie soll dem Manne folgen und ihren Platz kennen. Die Frau als Shakti, als das weibliche Prinzip, die Urkraft des Universums, dafür hat unsere Kultur noch keinen Raum.

Die Macht, die die Großmütter mich auf dieser Reise erfahren ließen, veränderte meine Weltsicht. Nachdem ich die Anziehungskraft des Magneten gespürt hatte, der ich wurde, als ich mich öffnete, um ein »Gefäß« zu sein, wurde mir klar, zu was für einer Kraft ich wurde, wenn ich auf das Große Weibliche ausgerichtet war. Die Frau ist eine unerschlossene und unentdeckte Macht, eine Kraft des Guten. Wir Frauen halten diese Energie auf natürliche Weise; sie ist unser Geburtsrecht. Es spielt keine Rolle, dass dies seit Äonen vor uns verborgen war, so dass die Macht der Shakti schlief. Nach dieser Reise habe ich wirklich verstanden, was die Großmütter meinen, wenn sie sagen: »**Die Energien von Yin und Yang verändern sich jetzt. Es ist an der Zeit, zum Gleichgewicht zurückzukehren, und dazu müssen die Frauen die Führung übernehmen. Es kann nicht anders sein.**«

KAPITEL 3

Das Netz aus Licht verstärken

»Eine klare Ausrichtung«

Wenn ich auf die Jahre zurückblicke, bin ich erstaunt, wie die Lehren der Großmütter auf die persönlichen und planetarischen Bedingungen eingehen und darauf, was jetzt nottut. Sie wirken im Kleinen in meinem Leben ebenso gut wie im Großen, im Leben des Planeten. Bei ihnen ist der Ausspruch »Wie oben, so unten; wie unten, so oben« immer zutreffend. Nach der Tragödie vom 11. September taten sie viel dafür, mich zu beruhigen und mich gleichzeitig zu lehren, wie man in einer schrecklich erschütterten Welt eine Kraft für den Frieden ist. Nachdem die Zwillingstürme gefallen waren, ging ich viele Male zu den Großmüttern und stellte die gleiche Frage: Was können wir tun, um das Trauma unserer Nation und der Welt zu heilen?

Bei einem solchen Besuch war ich kaum durch die Membran aufgestiegen, die die Alltagswirklichkeit von der ersten Ebene der Oberen Welt trennt, als Adler herbeikam und mich an einem Geschirr ergriff, das auf meinem oberen Rücken befestigt war. Das war schon einmal in der ersten Zeit mit den Großmüttern passiert, und jetzt hielt mich Adler erneut unter sich in der Schwebe. Diesmal sollte ich lernen zu fliegen wie er flog.

Ich breitete meine Flügel unter ihm aus, und ein Windstoß stob durch meine Federn. »Welche Geschwindigkeit!« rief ich aus, begeistert von der Schnelligkeit, aber ich konnte das Gefühl nur kurz genießen, denn er ließ mich fallen, und ich stürzte, fiel Hals über Kopf, bis es mir endlich gelang, mich wieder zu fangen. Mit hämmerndem Herzen in meiner Brust schaffte ich es mit Mühe, meine Flügel so weit auszurichten, dass ich in der Luft blieb, und für ein paar Sekunden hielt ich meinen Kurs, aber wenn ich jetzt auch schon weit unter Adler war, konnte ich selbst diese Höhe nicht mehr halten und trieb bald noch tiefer ab. Endlich war ich so weit unter den großen Vogel gefallen, dass ich ihn nicht mehr sehen konnte. Aber bevor ich um Hilfe rufen konnte, gab es einen Blitz aus Dunkelheit, und da war er unvermittelt zu meiner Linken. Mit einem durchdringenden Blick erfasste er meine Lage. »Richte dich nach mir«, sagte er. »Konzentriere dich! Richte dich klar aus!«

Ich hielt die Luft an, spannte meine Wirbelsäule und konzentrierte mich darauf, mich zu bewegen, wie er sich bewegte, zu fühlen, was er fühlte, denn ich wollte fliegen, wie er flog, und als ich merkte, wie sehr ich mich dabei anstrengte, bekam ich Kopfschmerzen. »Ausrichtung«, flüsterte ich mir zu, »Ausrichtung«, und bald konnte ich ihn wieder sehen, seine Flügel schlugen über mir. Das Gurtzeug war weg, und überraschenderweise gewann ich jetzt an Höhe, stieg auf, anstatt zurückzufallen. Etwas in mir hatte sich verändert. »Eine klare Ausrichtung«, rief Adler, und diesmal verstand ich, was er meinte. Ich sollte einen einzigen Punkt halten, nicht nur jetzt, sondern immer. Bei dieser Lektion ging es um mehr als das Fliegen.

»Okay«, rief ich zurück und fing dann an zu singen: »Die Großmütter, die Großmütter, ich will die Großmütter.« Eine Kraft baute sich in mir auf, und jetzt gab es keine Unklarheit mehr über meine Absicht. Ich war ganz konzentriert, absolut ausgerichtet. Plötzlich hörte ich mich ausrufen: »Es kommt, ich fühle es! Die Kraft, in der Luft zu bleiben, kommt!« Aus voller Kehle verkündete ich dem Universum: »Ich will die Ausrichtung auf Gott. Volle Ausrichtung! Ja!« rief ich, und in meiner Entschlossenheit hob mich die Kraft dieses »Ja« noch höher.

Adler war mein Lehrer, ein Meister von großer Intensität. Für einen Moment schwebte ich in der Luft neben ihm und fühlte, was er fühlte: furchtloses Selbstvertrauen. Klare Ausrichtung. Er nickte mir zu und schaute dann nach unten. Meine Augen folgten seinem Blick, und im Tal weit unten sah ich die Großmütter zusammenstehen und einen Kreis bilden. »Lass dich fallen!« rief er und kippte seine Flügel, so stürzte er hinab. Bevor ich darüber nachdenken konnte, was ich tat, stürzte ich mich hinterher und überließ mich dem Sturz – mit einem Schauder.

Ich raste dicht hinter ihm her, und als er bei den Großmüttern landete, glitt ich hinter ihm dahin mit meinen großen Krallen, die kaum den Boden berührten, bis ich inmitten der Großmütter zum Halten kam. Ich verbeugte mich, breitete meine Flügel zur Begrüßung aus und sagte: »Danke für den Adler, Großmütter. Danke für diesen Lehrer.«

Sie lächelten und nickten verständnisvoll, und schnell kam ich zum Zweck meines Besuchs. »Großmütter«, sagte ich, »die Leute kommen bald zu unserem Treffen. Dies ist eine *sehr* wichtige Zeit für uns«, sagte ich und hob die Stimme. »Es gibt so viel Leid, und alle, die zu diesem Treffen kommen, werden in ihren Herzen den Wunsch haben zu dienen. Benutzt uns, bitte«, sagte ich. »Bitte macht von uns Gebrauch. Wie können wir zu Diensten sein?«

Wieder nickten sie und traten auf mich zu, so nah, dass ich nur noch ihre Gesichter sehen konnte. Aber ich spürte ihre Hände auf meinem Kopf, meinem Hals, meinen Schultern und meinen Flügeln bis hin zu meinen Fußgelenken und Krallen. Sie segneten meinen Adlerkörper. **»Erinnere dich, wer du bist«**, sagten sie, als sie mich nah an sich hielten, **»erinnere dich daran.«** »Ich bin Adler«, flüsterte ich. »Ich bin Adler.« Dann nahmen sie selbst Adlergestalt an, und als ihre mächtigen Flügel sich hoben, folgten meine ihnen. Meine Federn hoben sich und meine Krallen griffen in die Erde, als mich wieder ein Schauder überkam.

Sie zeigten mir, wie man seine Krallen biegt, wie man sie spreizt und bei Bedarf mit ihnen zupackt. Ich sollte meine Position halten, wenn ich mit denen sprach, die zum nächsten Treffen kommen würden – meine wunderbaren Füße spreizten sich und verankerten mich. »Großmütter«, fragte ich, »was soll ich bei diesem Treffen sagen?« »**Erinnere sie daran, wer sie sind**«, sagten sie. »**Adler wird im Raum schweben und die Kraft verstärken. Bei jedem Schlag der Trommel wollen wir, dass sie sich geerdet fühlen und sich der Kraft bewusst sind, die sie durchströmt. Die Kraft, die sie alle besitzen, ist gewaltig**«, sagten sie. »**Sie verankern das Lichtnetz für den ganzen Planeten.**« Sie schauten mir fest in die Augen und fügten hinzu: »**Sag ihnen das.**«

Mein Denken kam nicht mit. »Whoa, Großmütter«, murmelte ich, aber sie waren nicht zu bremsen. »**Spüre, wie die Macht jetzt in deine Schultern kommt, wie sie in deinen Kopf gelangt**«, sagten sie drängend. »**Sie strömt von uns in dich hinein und bis ganz hinunter in deine Füße. Diese Kraft wird dich erden und verankern, damit du unsere Arbeit tun kannst.**« Sie nickten, dann blinzelten sie und schienen mich abzuschätzen. »**Von diesem Ort der Kraft im Inneren, von diesem Ort aus**«, betonten sie, und ich spürte, von meiner Brust ausgehend, eine rhythmische Bewegung, »**werden wir das Lichtnetz auswerfen. Sobald du daran denkst, das Netz auszuwerfen, werden wir es tun.**«

»Hmm«, murmelte ich, »als ich heute begann, wurde mir gesagt, ich solle mich mit Adler in Übereinstimmung bringen, und jetzt sagt ihr mir, ich solle mich mit euch in Übereinstimmung bringen. Alles richtet mich auf das Göttliche aus.« Ich sah sie fragend an, und sie nickten. »**Ja**«, sagten sie, »**das ist richtig.**

Betrachte dich als den Krug, den wir dir vor langer Zeit gezeigt haben«, sagten sie, »**den cremefarbenen Krug, der auf einem Tisch vor einem Fenster steht.**« (Sie bezogen sich auf die Meditation in *Selbstermächtigung.*) »**Wir erinnern dich daran, dass dieser Krug bis zum Rand mit Güte gefüllt ist. Und neben dem Krug steht ein Becher. Du bist dieser Krug**«, sagten sie. »**Wir werden dich anfüllen, und durch dich werden wir unsere Güte über alle und alles ausgießen.**

Sieh dir den Krug jetzt an, wenn er den Becher füllt«, sagten sie, und ich sah zu. »**Jetzt schau in den Krug. Er ist randvoll! Dieser Krug kann nie geleert werden. Wir füllen ihn**«, sagten sie, »**und wir werden ihn immer gefüllt halten.**« Sie sahen mich an, als wollten sie sagen: »Wage es, an uns zu zweifeln!« und ich antwortete: »Ja, Großmütter, ich verstehe.« »Lasst uns dich anfüllen«, sagten sie. »Nimm diese Haltung im Leben ein: Du bist der Krug, der nicht geleert werden kann. Du bist das Gefäß.

Wenn du diese Haltung eingenommen hast, tue alles, was du tust, von diesem Ort aus. Geh nicht alleine los, versuche nicht, das Leben zu verstehen und alles allein zu machen«, sagten sie kopfschüttelnd. »Das ist nicht nötig«, sagten sie, hoben ihre Köpfe und reckten sich zu ihrer ganzen Größe. »Denn dann wirst du dich erschöpfen, aber du brauchst nie wieder erschöpft zu sein. Wir werden dich anfüllen, wir werden dich immer anfüllen.

Von diesem Ort der Fülle aus«, sagten sie, »wirf jenen das Lichtnetz zu, die es dringend brauchen. Das Netz aus Licht wird sie daran erinnern, dass sie geliebt und im Licht gehalten werden. Wann immer du das Netz auswirfst, erinnerst du die Menschen daran, dass sie wertvolle Mitglieder der menschlichen Familie sind. Du lässt sie Teil des Lichtnetzes werden, das die Erde hält.

Wenn du das Lichtnetz über die Terroristen wirfst«, sagten sie, »tue es sanft, damit du nicht von ihrem Schmerz und ihrer Verwirrung betroffen wirst. Wenn du mit ihnen arbeitest, musst du dir bewusst bleiben, wie tief du verankert und wie fest du im Licht gehalten bist. Es wird dir möglich sein, diese Arbeit wirkungsvoll zu tun, und du wirst dabei geschützt sein. Durch dich werden wir das Netz aus Licht allen schicken, die es brauchen«, sagten sie. »Es wird sogar diese gequälten Seelen erheben und sie daran erinnern, wer sie sind.

Lass die Macht dich erfüllen«, sagten sie, »immer mehr Macht.« Ich saß still da und dachte daran zu empfangen, was zu mir kam, und als ich ganz voll war, konnte ich nichts mehr aufnehmen, und ich atmete tief aus. »Geh jetzt in die Mitte deiner Brust«, sagten sie.

»Oh!« rief ich aus und schrie dann: »Oh, mein Gott!« Denn kaum war mein Bewusstsein in meine Brust gewandert, sah ich, dass mein Herz *eine Rose geworden war:* eine tiefrosa Blüte mit einem himmlischen Duft. Blütenblatt faltete sich über Blütenblatt, immer wieder, bis diese unermesslich weite Rose über den Horizont schwappte. *Ich* war diese Rose, die nun die Welt bedeckte, und als ich sie sah und spürte, schwoll mein Herz vor Dankbarkeit an. Dann brach ich in Schluchzen aus.

Mein Körper begann zu zittern, als Wellen der Liebe mich überwältigten. »**Wir werden diese zarte Liebe ausdehnen**«, sagten sie und klopften mir auf den Rücken, um mich zu beruhigen, »**damit du dich von der Rose mitnehmen lassen kannst, während sie wächst. Nimm so viel von dieser Ausdehnung auf, wie du willst. Aber geh nur so weit, wie es sich für dich richtig anfühlt. Und denk daran**«, sie wedelten mit den Fingern vor meinem Gesicht, »**wir sind diejenigen, die diese Arbeit tun. Es gibt nichts, was du tun kannst, du kannst es nur erleben.**«

Als ich später diesen Teil der Aufnahme abhörte, war alles, was zu hören war, meine tiefe Atmung und ein gelegentliches Schluchzen oder erregtes Stöhnen. »**Wir werden nur so viel Ausdehnung zulassen, wie für dich richtig ist**«, sagten die Großmütter, »**nicht mehr. Die Steigerung ist gewaltig. Und wann immer du anfängst, so anzuschwellen, halte dich fest, indem du an deine Füße denkst. Wenn wir die Rose immer weiter und weiter ausdehnen, kommen wir immer wieder zurück, um nach deinen Füßen zu sehen**«, erinnerten sie mich. »**Wenn du das tust, wirst du nicht überwältigt, sondern kannst die Wellen der Weitung reiten und trotzdem geerdet bleiben. Denke immer daran, die Arbeit von uns tun zu lassen. Das ist der richtige Weg**«, sagten sie mit einem bekräftigenden Nicken und sahen sehr zufrieden mit sich aus. »**Und wenn du genug hast, kehre mit deinem Bewusstsein zu deinem Herzen zurück, dem Zentrum der Süße und Freude in dir.**

So wirst du zu einem Kanal für uns«, sagten sie, »**eine Steckdose in der Wand.**« Wieder sahen sie zufrieden mit sich aus, und auch mit mir. »**Immer verankert, immer fest, stetig und geerdet – genau hier und jetzt, damit wir mit und durch dich arbeiten können – genau hier und jetzt. Wenn du dich zu sehr in den Empfindungen der Ausdehnung verlierst, wirst du luftig und zu sehr in deinem Kopf bleiben. Wenn das passiert, verlierst du die Bodenhaftung, und wir können nicht mehr durch dich arbeiten.**« Dann ließen sie mich hinlegen und sagten: »**Wir werden dir beibringen, wie man das macht.**«

Ich war so davon in Bann geschlagen, wie es sich angefühlt hatte, diese unermesslich weite Rose zu sein, dass ich nur murmeln konnte: »Danke, Großmütter.« Sie massierten mir mit sanftem Klopfen den Rücken und sagten: »**Atme langsam und lasse dich jetzt in dir nieder. Wir sind auf dich eingestimmt. Wir stehen hinter dir, neben dir und vor dir. Wir umgeben dich mit unserer Liebe und unserem Licht. Du bist die unsere**«, flüsterten sie, als sie mich in ihren Armen wiegten. Ich schloss meine Augen, wie sie es mir befohlen hatten, und ruhte mich aus. Ich hatte gerade erst angefangen, meinen Dank zu stottern, als der Trommelschlag mir signalisierte, in die Alltagswirklichkeit zurückzukehren.

Ich kam zurück und fühlte mich ungewöhnlich ruhig, so voller Frieden, wie ich es nicht erinnern konnte. Ich kam nicht von dieser Rose los, und jedes Mal, wenn ich an sie dachte, war ich von Zufriedenheit erfüllt. Meine Frage an die Großmütter war: »Wie können wir jetzt zu Diensten sein«, und sie hatten mich daraufhin in die Ausdehnung und dann in die nächste Erweiterung getrieben. Erst ließ Adler mich in der Luft fallen und zwang mich, mich besser zu konzentrieren, als ich es je getan hatte. Als nächstes ermutigten mich die Großmütter, mehr Macht zu übernehmen und erweiterten dabei mein Herz weit über seine bisherigen Grenzen hinaus. Mir war die Antwort auf meine Frage gegeben worden, aber ich war noch nicht bereit, sie an andere weiterzugeben. Die Antwort auf die Frage: »Wie können wir helfen?« war Ausdehnung, aber es würde seine Zeit dauern, alles zu integrieren, was sie mir mitgegeben hatten. An diesem Punkt wurde meine Energie in mir verwandelt – in das Reservoir aus Kraft und Stille, das sich im Inneren aufbaut.

Jedes Mal, wenn ich die Großmütter besuchte, dehnten sie mich aus und forderten mich auf, über das hinauszugehen, was ich bislang getan hatte. Wenn ich auf diese Reise zurückblicke, erinnert sie mich an etwas, das ein Freund mir einmal erzählt hatte. Wir hatten uns Geschichten aus unserem Leben erzählt und uns gewundert, wie wir besonders schwierige Phasen durchgestanden hatten, als er sich mir zuwandte und ein altes

Sprichwort zitierte. »Geh!« sagte er. »Geh darüber hinaus. Geh über das Hinaus hinaus. Es lebe das Gehen!« Auch das war eine Antwort auf meine Frage.

»Wir werden das Netz aus Licht von euch allen an verschiedenen Orten auf der Erde auswerfen.«

Zwei Jahre später, am Jahrestag des11. September, kehrte ich mit einer ähnlichen Frage zu den Großmüttern zurück. Die Weltlage war, falls das noch möglich war, unsicherer als je zuvor, und ich war wirklich verzweifelt. Als ich endlich in ihr Tal kam, betrachtete mich der Große Rat ernst, und wie sie mich alle so ansahen, wurde ich mir meines Adlerselbst bewusst. Die Großmütter hatten auch Adlergestalt, und als sie mich ansahen, begannen sie mit den Flügeln zu schlagen. Schnell fielen meine Flügel in ihren Rhythmus ein, und als der Rhythmus akzentuierter wurde, durchzogen vertraute Schauer meinen Körper. Als sie endlich ihre Flügel anhoben und ihre Federn schüttelten, zitterten auch meine Flügel. Frostige Wellen durchfluteten mich, und ich fing an zu zittern; mir wurde so kalt, dass ich mich kaum noch konzentrieren konnte. Doch hielt ich mich an meiner Frage fest wie an einer Rettungsleine.

»Großmütter«, fragte ich, »was sollen wir in dieser schwierigen Zeit tun? Wie können wir euch zu Diensten sein?« »**Öffnet euch**«, antworteten sie, und an meinem Scheitel zuckte es. »**Öffnet euch**«, wiederholten sie und starrten mich an. »Großmütter, zeigt mir, wie«, bat ich. »Wie soll ich das machen?« »**Öffnet euch für uns**«, antworteten sie und schauten mir dabei fest in die Augen.

Nun war es nicht nur mein Scheitel, der zuckte, sondern alle meine Chakren begannen zu zucken, und sie öffneten sich sowohl vorne als auch hinten. Ich zitterte noch vor Kälte, klammerte mich aber trotzdem an meine Frage. »Zeigt mir, wie wir helfen können«, sagte ich, und wieder antworteten sie: »**Öffnet euch für uns.**« Diesmal spürte ich einen kleinen Stoß in meinem Herzen. »Oh!« rief ich aus und schreckte hoch, »mein Herz wird neu verdrahtet.« Es war so ein seltsames Gefühl: eines, das ich mir nie hätte vorstellen können. Die Großmütter verbanden sich mit mir und mit dem Netz aus Licht. Wieder hatte ich keine Ahnung, woher ich das wusste, aber so war es, und in diesem Moment war es mir gleich. Ich fror, ich war müde, und alles, was mit mir geschah, ging weit über mein Verständnis hinaus.

Für einen Moment ließen meine Augen von ihnen ab, und da sah ich das Netz aus Licht, das sich vor uns ausbreitete. Als ich es anschaute, hob sich eine Ecke des Netzes an und berührte jedes meiner Chakren leicht und verband meinen Körper mit sich. Fasziniert schaute ich zu, als es sich hoch in die Luft hob und sich schließlich mit den Großmüttern verband, die über mir standen. Sie hielten ihre Stränge in den Händen, und von dort, wo ich stand, sah es so aus, als wäre das Lichtnetz engmaschiger als zuvor. Es schien mehr Gewicht zu haben und schien mehrdimensional zu sein, war sowohl horizontal als auch vertikal. Es sah jetzt mehr wie ein Gitter aus als wie ein Fischernetz.

Ich sah zu, wie sie das Netz auswarfen, und als es davonflog, wurden meine Beobachtungen bestätigt. Es gab neue Lagen, die es sowohl verstärkten als auch vergrößerten. Als nächstes begannen sie, das Netz am Boden festzustecken, es an verschiedenen Stellen in der Erde zu verankern. Ich sah zu, wie sie es immer wieder auswarfen und dann feststeckten. »**Wir werden das Lichtnetz von euch allen an verschiedene Orte auf der Erde werfen**«, sagten sie, als ich es fliegen sah. »Sieh dir das an«, sagte ich überrascht, als es von mir in die Türkei flog.

Das Netz fächerte sich in alle Richtungen auf, und Punkt für Punkt klopften es die Großmütter in der Erde fest. Sie schienen *alles* mit dem Netz aus Licht zu verbinden. »Das ist neu«, sagte ich. »Vorher hatte das Netz horizontal ausgesehen, eher wie ein Fischernetz, aber jetzt«, staunte ich, »ist es vertikal *und* horizontal, es ist diagonal und es ist überall.« Während die Großmütter arbeiteten, überzog das Lichtnetz den Planeten immer weiter, wobei es die Erde von oben und unten überzog.

Nun begann es, Gruppen von Menschen miteinander zu verbinden, es berührte Einzelpersonen, Familien, Städte und ganze Länder. »**Jede von euch hat bestimmte Aufgaben zu erfüllen**«, erklärten die Großmütter, »**und wir werden durch euch arbeiten, damit sie erfüllt werden. Ihr seid durch das Lichtnetz auf heilige Weise mit verschiedenen Bereichen und**

Kulturen verbunden. Und durch euch werden wir mit diesen Völkern und Orten arbeiten.«

Ich hörte es und fragte mich, wie das funktionieren sollte. Ich hatte immer angenommen, wenn ich mit einem Volk arbeiten würde, wäre es das meiner Abstammung. Meine Familie stammt ursprünglich aus Polen, also hatte ich angenommen, wenn ich mit einer bestimmten Nation arbeiten würde, dann wäre es Polen. Aber die Türkei? »Die Türkei?« fragte ich. »Großmütter, warum die Türkei? Ich bin keine Türkin. Ich weiß nichts über diesen Teil der Welt, also warum arbeite ich dort?« Sie schüttelten den Kopf, kicherten und sagten: »**Freue dich daran, deine besondere Verbindung zu diesem Land zu erkunden, freue dich an dieser besonderen Aufgabe.**«

Bevor ich weiter fragen konnte, sagten sie: »**Bei unserer Mission legen wir jetzt eines drauf. Wir haben keine Zeit zu verschwenden. Und es wird keine Zeit verschwendet**«, fügten sie hinzu und schauten vielsagend. »**Du hast die Chance, wichtige Arbeit zu tun**«, sagten sie und nickten, während sie mit dem Finger auf mich zeigten, »**und Teil von etwas zu sein, das in dieser Welt einen Unterschied macht. Du kannst daran mitwirken, die Erde zu halten und das Leben in den Armen zu wiegen.**« »Danke, Großmütter«, sagte ich, »ihr wisst, was ihr tut, auch wenn ich es nicht weiß. Die Türkei mag für mich keinen Sinn ergeben, aber für euch hat das einen Sinn. Und das ist alles, was ich wissen muss.«

Ich sah zu, wie das Lichtnetz ein Unterstützungsnetz unter jedem Ort auf dem Planeten aufbaute. »Das ist erstaunlich«, wunderte ich mich, aber die Großmütter unterbrachen meinen Gedanken und sagten: »**Es passiert jetzt mehr, als du ahnst. Mehr, als du wissen musst**«, fügten sie hinzu, »**aber wenn du dich für diese Arbeit zur Verfügung stellst, wirst du dem Guten dienen. Du wirst allen Wesen dienen.**« Dann sagten sie leise, aber fest: »**Du bist nicht diejenige, die entscheidet, wem das Lichtnetz geschickt wird. Das sind wir. Die Arbeit, die wir gemeinsam tun, beschleunigt sich jetzt und muss selbstloser werden.**« »Ja, Großmütter«, antwortete ich, »ihr wisst, was zu tun ist. Benutzt mich, wie ihr es für richtig haltet.«

Sie nickten und beobachteten mich mit einem leisen Lächeln. »**Erlebe deine innere Kompetenz**«, sagten sie. »**Es ist Zeit.**« Ich blickte fragend auf. »Was bedeutet das?« dachte ich. »**Wann immer du das Lichtnetz hältst und aufrechterhältst, findet eine Vertiefung in dir und im Netz statt, eine Vertiefung und eine Erweiterung**«, fügten sie hinzu, betrachteten mich ernst und sagten: »**Der Klang von OM ertönt in eurem ganzen Wesen und ertönt im ganzen Universum.**« Und sobald sie das Wort »OM« sprachen, spürte ich seinen Schwingungsimpuls in der Umgebungsluft und auch in mir. Das Echo war so stark, dass die Zellen meines Körpers anfingen zu schwingen.

»**Deine Verbindung zum Lichtnetz lässt dich tiefer in dich eindringen**«, sagten die Großmütter, »**und verwurzelt dich an der Quelle des Lebens. Heute ist das Lichtnetz zu einem vielschichtigen, facettenreichen, mehrdimensionalen Lichtgewebe geworden**«, verkündeten sie.

Ihre Worte ließen mich weiter in mein Inneres eintauchen, und meine Atmung wurde langsamer, als ich in mir versank. Obwohl ich mir meines Körpers noch gewahr war, war mir auch bewusst, dass ich viel mehr als dieser Körper war. Ich konnte die Weite meines Seins spüren, und als ich das OM summte und im endlosen Meer im Inneren schwebte, sagten die Großmütter: »**Das Netz aus Licht wird der Erde Halt geben und ihre Zerstörung verhindern. Wir danken dir, dass du heute diese Arbeit getan hast. Es ist ein selbstloser Dienst, und wir danken dir dafür.**«

Ich war so bewegt von ihren Worten, dass ich nicht wusste, was ich sagen sollte. »Warum danken sie mir?« fragte ich. »Ich bin diejenige, die zu danken hat.« Als ich noch nach den richtigen Worten suchte, um ihnen meine Gefühle der Dankbarkeit auszudrücken, sagten die Großmütter: »**Fühl dich jetzt wie Licht, das aus deinem Herzen strömt. Fühle, wie es aus deiner Kehle fließt und sich über deine Arme, Hände und deinen Kopf ergießt.**« »Oh!« rief ich aus, als ich das alles fühlte. Ich war zu einer Fontäne geworden. Licht hatte sich über meinen Körper ergossen und durchströmte ihn, quoll auf und strömte hinaus.

»**Das Licht strömt aus deinem Dritten Auge**«, sagten sie, »**aus deinem Scheitel, durch deinen Solarplexus und durch die Rückseite, Vorderseite**

und die Seiten jedes deiner Energiesysteme. Das Licht pulsiert unter deinem Nabel, deinem Wurzelchakra, deinem Schambein und Anus und fließt durch deine Füße und Knie.« Sie hatten recht. Ich war in Licht getaucht, von einer schnellen, aufblühenden Ausstrahlung durchflutet. Sprachlos von der Plötzlichkeit und Kraft der Flut stand ich da, wo ich war, unverwandten Blickes.

»**Du bist ein Gitternetz aus Licht**«, lachten sie und freuten sich über meine Verblüffung. »**Das Licht strömt aus deinen großen Energiezentren und auch aus den kleinen. Heute haben wir ein Lichtnetz gebildet, um die Erde zu halten, und sicher und fest werden wir es halten.**« Dann blickten sie mich zärtlich an und fügten hinzu: »**Sicher und stabil werden wir dich festhalten.**«

»Großmütter«, sagte ich, »das ist zu viel. Ich bin überwältigt von all diesem Licht. Es fließt in mir, fließt durch mich hindurch und um mich herum, und ich bin nichts als Licht«, sagte ich erstaunt. Sie lächelten, als sie mich beobachteten, aber sie sagten nichts; sie schienen auf etwas zu warten. »Großmütter«, sagte ich schließlich, »obgleich ich so wenig von dem verstehe, was ihr tut, muss ich euch doch etwas fragen.« Ich hatte eine Frage, eine wichtige, für mich selbst und für alle. »Ich weiß, dass das Lichtnetz da ist, um uns Halt zu geben und der Erde Halt zu geben, aber uns wurde gesagt, dass es große Zerstörungen geben wird, wenn die Erde diese lang vorhergesagten Veränderungen durchläuft. – Großmütter«, sagte ich, »wird es sehr schlimm werden?«

»**Es wird Zerstörungen geben**«, sagten sie. »**Es wird Erschütterungen und Verluste geben, aber die Erde selbst wird nicht zerstört werden.**« Sie schüttelten die Köpfe, und da wusste ich, dass sie jetzt nichts mehr dazu sagen würden. Dann wiederholten sie: »**Wir danken dir, dass du heute diese Arbeit getan hast.**« Und wieder war ich so überwältigt, weil sie *mir* dankten, dass ich nur murmeln konnte: »Oh, Großmütter.«

Sie traten vor, umkreisten mich, breiteten ihre Flügel über mir und sagten: »**Ruhe dich aus! Du hast hart gearbeitet. Das Lichtnetz wird dich jetzt halten. Lass es dich halten, dich wiegen und dir Mut geben.**«

Ihre Worte trösteten mich, und als sie mich in ihre Flügel hüllten, war es wirklich Glückseligkeit. Als sie mich umarmten, begannen einige von ihnen, leicht auf mein Drittes Auge zu drücken – um mich mehr auf sich auszurichten. Als ich den Druck spürte, verstand ich, dass sie bei dem bevorstehenden Großmüttertreffen das gleiche mit allen tun würden, die kamen, und dass sie diese Menschen auch mit sich in Einklang bringen würden. Die Großmütter wählten nur diejenigen aus, die der Aufgabe gewachsen waren, mit ihnen zu arbeiten, und jede, die kam, würde diese weisen Lehrer näher kennenlernen.

»**Wir sind fürs erste fertig**«, sagten sie und wiegten mich in ihrer Umarmung. »**Ruhe dich aus in unserer Liebe.**« »Danke, Großmütter«, murmelte ich schläfrig, und ich muss für ein oder zwei Augenblicke eingenickt sein, denn ich wachte auf, als sich der Trommelschlag änderte: das Signal, in die Alltagswirklichkeit zurückzukehren. Als ich mich verabschiedete, berührten sie wieder sanft mein Drittes Auge. Ich wusste, dass diese Berührung eine Segnung war, und mit einem Herzen voll Glückseligkeit erhob ich mich und begann meine Reise zurück.

Mit dieser Lektion änderte sich mein Verständnis des Lichtnetzes. Bis dahin hatte ich – abgesehen davon, dass ich eine Verbindung mit dem Netz fühlte, wenn ich daran dachte, es auf andere zu übertragen – das Lichtnetz in meinem eigenen Körper nicht gespürt. Höchstens hatte ich eine warme Stelle in der Mitte meiner Brust erlebt. Ich hatte das Lichtnetz als ein Gebilde gesehen, das den Planeten unterstützte und mich unterstützte, aber ich hatte keine Ahnung von seiner Kraft und Reichweite. Nach dieser Lektion verstand ich, dass das Lichtnetz grundlegend war und eine Struktur für den gesamten Planeten bot und für jede Form von Leben auf ihm. Und obwohl es alle Teile unseres Planeten verband, war es auch in meinem Energiesystemen vorhanden. Die Großmütter hatten etwas von der Reichweite und dem Potential des Netzes demonstriert, aber es war zu viel für mich, jetzt alles aufzunehmen. Ich musste endlich loslassen und das Thema in ihre kompetenten Hände legen. Es würde Jahre dauern, bis ich es wirklich »verstand«.

»An diesem Tag ist das breite Spektrum der Menschheit besonders flexibel.«

Einige Tage später, während ich ruhig dasaß, meditierte und mich mit den Großmüttern verband, kehrte ich ohne besonderen Grund zum Thema des 11. September zurück. Mir kam einfach das Datum in den Sinn. Mein letzter Besuch bei ihnen war am Jahrestag dieses Datums gewesen. Es war meine Sorge um das Schicksal der Welt gewesen, die mich dazu gebracht hatte, zu ihnen zu gehen, und sie hatten meine Sorge als Sprungbrett benutzt, um mich über die viel größere Kraft und Reichweite des Lichtnetzes aufzuklären. »Hmm«, dachte ich, »ich frage mich, warum ich wieder an den 11. September denke.«

Da traten die Großmütter auf die »Leinwand meines Geistes«, lächelten wissend und sagten: »**Lasst uns dich über die Bedeutung dieses Datums unterrichten.**« »Oh!« rief ich aus, überrascht von ihrem plötzlichen Erscheinen. Dann, als sie auf meine Antwort warteten, erinnerte ich mich an meine Manieren. »Okay, Großmütter«, sagte ich. »Danke.«

Sofort hoben sie ein ungewöhnlich breites Gummiband und hielten es vor sich hin. »**An diesem Tag, am 11. September**«, erklärten sie, »**wird ein Breitband für die Menschheit aktiviert.**« Ich blickte erwartungsvoll auf. »**Mit der Zeit verfestigen sich die Muster, nach denen die Menschen leben. Sie werden starr**«, erklärten sie, »**aber an diesem Tag war es anders.**« Als ich sie ansah und ihnen zuhörte, kam mir in den Sinn, dass »das Breitband«, von dem sie sprachen, unsere Verbindung miteinander war, die Verbindung, die unter all unseren vielfältigen kulturellen Konditionierungen liegt. Und es ist diese Verbindung mit der tiefsten Grundlage, die es uns ermöglicht, die Starrheit zu überwinden, die uns oft in einer bestimmten »Lebensweise« feststecken lässt.

»**Weil die Ereignisse des 11. September so schockierend und der Verlust von Menschenleben so wahllos war**«, sagten sie, »**wurden der Schmerz und das Entsetzen dieses Tages von Menschen auf der ganzen Welt geteilt. An diesem Tag fühlte sich das ganze Spektrum der Menschheit betroffen. Danach konnten die Menschen Verbindungen miteinander knüpfen, die alle kulturellen und nationalen Grenzen überwanden**«, sagten sie und dehnten und entspannten das Band, während ich darüber nachdachte, was sie meinten. »**An diesem Tag, dem 11. September**«, sagten sie, »**ist das breite Band der Menschheit besonders flexibel.**

Praktisch gesehen, ermöglicht dieses Band einen engeren Kontakt im Kernbereich des Seins. An diesem Tag könnt ihr leichter über die oberflächlichen Beziehungen zu den tieferen Verbindungen kommen, die euch miteinander verknüpfen – nicht an Gewohnheiten oder Erwartungen gebunden«, sagten sie, »**sondern als Seelen, die sich zusammenschließen, um sich zu etwas Größerem zu entwickeln. Das ist eine elementare Verbindung**«, erklärten sie, »**und birgt eine Chance für Entwicklung, für wahre Evolution.**« Dann lächelten sie, schüttelten den Kopf über meinen fragenden Blick und gaben mir zu verstehen, dass sie vorerst nicht weiter darüber sprechen würden.

Als ich über ihre Worte nachdachte, erinnerte ich mich an das Lichtnetz und wie es das letzte Mal ausgesehen hatte. Es war dichter geworden und dehnte sich weiter in alle Richtungen aus – nach außen wie nach innen. Es war beweglicher und allgegenwärtiger als damals, als ich es zum ersten Mal gesehen hatte. Das »breite Band der Menschheit«, von dem die Großmütter sprachen, hatte zweifellos mit dieser Ausdehnung des Lichtnetzes zu tun.

Seitdem ich mit ihnen arbeitete, hatten mich die Großmütter immer wieder ermahnt, »das Netz auszuwerfen«, und in all den Jahren hatten ich und Tausende andere es getan. Was sie mir gerade mitgeteilt hatten, erinnerte mich wieder daran, wie wichtig das Lichtnetz war. Und ab heute würde ich, ob in einer Gruppe oder allein, jeden 11. September das Lichtnetz auswerfen. Das Lichtnetz und dieses »breite Band der Menschheit« erwachten zu ihrer grundlegenden Verbindung, und sie hatten viel miteinander zu tun.

KAPITEL 4

Die Welt erfassen

»Jeder sucht nach einer Stellung, sucht nach seinem Vorteil, bewacht eifersüchtig und erkundet gleichzeitig zaghaft.«

Als es mit den Großmüttern weiterging, drängten und weiteten sie mich in vielerlei Hinsicht. Ich wusste jetzt, dass das Lichtnetz »wirklich« war, und wusste auch, dass die kleinen Dramen, die sich in meinem Leben abspielten, eher unbedeutend waren. Aber hin und wieder geriet ich in ein Drama, ohne es gleich zu bemerken, und wenn das geschah, musste ich mich wieder auf das besinnen, was »wirklich« war. Die Großmütter waren mein Kompass, und ich achtete sehr darauf, in welche Richtung ich ging.

Jahrelang habe ich kontinuierlich an *Selbstermächtigung* gearbeitet. Die Großmütter teilen ihre Botschaften und Lehren mit allen Interessierten und ließen mich auch das Buch schreiben. Dies und die Durchführung der monatlichen Treffen wurden zum Schwerpunkt meines Lebens. Ich führte meine psychotherapeutische Praxis fort, ebenso meine Malerei und Bildhauerei und mein Familienleben, aber ganz gleich, was ich tat, mein Herz war immer bei den Großmüttern. Und wegen meiner Verbundenheit mit ihnen ging meine therapeutische Arbeit tiefer – und meine Kunst ebenso.

Obwohl diese Phase meines Lebens spannend war, war ich doch einsam und frustriert. Es gab niemanden, der wirklich verstand, was ich erfuhr, also hatte ich niemanden, mit dem ich darüber reden konnte. Ich war auch überrascht von den vielen Schwierigkeiten, mit denen ich zu kämpfen hatte, als ich den Großmüttern folgte. Ich hatte angenommen, dass das Universum bei einer Botschaft, die so rein und mächtig wie die ihre ist, alles daransetzen würde, ihre Verbreitung zu fördern. Dies war jedoch nicht der Fall.

Ich konnte niemanden finden, der das Buch veröffentlichte, und an je mehr Agenten und Verleger ich mich wandte, desto mehr Ablehnungen bekam ich. Endlich stand ich vor der Herausforderung, entweder einen Weg zu finden, *Selbstermächtigung* selbst herauszubringen, oder es wegzutun und zu vergessen. Aber das konnte ich nicht.

Auch bekam ich es mit Eifersüchteleien zu tun. Einige Frauen begannen, meine Beweggründe in Frage zu stellen und das, was ich tat, zu kritisieren und zu sticheln, weil ich wegen dieser Arbeit »etwas Besonderes« war. Auch das überraschte mich. Ich hatte erwartet, dass alle, vor allem die Frauen, die Liebe in der Botschaft der Großmütter spüren und sich von selbst für sie öffnen würden – und für mich, ihren Boten. Stattdessen versuchten einige von ihnen, das Vertrauen zu untergraben: Ich war schockiert. Nachdem dies ein paar Mal passiert war, begann ich mich zu fragen, ob ich mit dieser Arbeit weitermachen sollte oder nicht. Und dann hatte ich einen Traum.

Darin stand ich allein vor unserem örtlichen Kino, in dem ich als Sprecherin auftreten sollte. Mehrere Männer sollten vor mir sprechen, und während ich wartete, hörte ich zu, wie sie lang und breit ihre Theorien darlegten und sehr darauf drängten, ihre Ideen und Produkte zu verkaufen – so sehr, dass die Leute nach und nach das Kino verließen. Ich hatte Broschüren mit der universellen Botschaft der Großmütter im Foyer ausgelegt, die jetzt eine weitere Gruppe von Männern kritisch beäugte – Pastoren, Rabbiner und muslimische Kleriker, alle in dunklen Anzügen. In dem Traum fühlte ich, wie mein Mut durch die Sohlen meiner Füße aus meinem Körper sickerte, und als ich mich vom Kino abwandte, um nach Hause zu gehen, sah ich den vertrauten heiligen Mann, jenen im orangefarbenen Gewand, der mich jahrelang in meinen Träumen unterrichtet hatte. Er stand allein neben dem Eingang zum Kino und schien mich eingehend zu betrachten. »Ich weiß nicht, was ich tun soll«, sagte ich zu ihm und rang verzweifelt die Hände. »Das sind wichtige Männer, und sie erlauben nicht, dass ich spreche.«

Er sah mich streng an und antwortete: »Was wirst du tun? Losheulen?« Seine Worte erschreckten mich so, dass ich auf der Stelle erwachte. »Losheulen?« wiederholte ich. »Will ich das? – Nein«, sagte ich zu ihm und zu mir selbst, »das werde ich nicht.« Ich wusste nicht, wie ich den Mut finden sollte, die Arbeit der Großmütter fortzusetzen, aber ich war entschlossen, es zu tun.

Bald darauf begann Wolf – einer meiner Geisthelfer, die mir auf meinen Reisen in die Untere Welt erschienen waren – auch in meinen Träumen aufzutauchen. Manchmal sah ich ihn von Ferne und manchmal stand er einfach ruhig neben mir. Oft hat er mir Angst gemacht. Er war heftig und wild und manchmal schnappte er zu. Als er immer wiederkam, wurde mir klar, dass ich in die Welt der Tiergeister gehen musste, um herauszufinden, warum. Was wollte er?

Zur selben Zeit, als ich lernte, mit den Großmüttern zu arbeiten, begann auch die Arbeit mit den Tiergeisthelfern der »Unteren Welt«, wie die Schamanen sie nennen. Ich merkte bald, dass die Weisheit der Tiergeister ebenso wertvoll war wie die der Großmütter, obwohl sie anders geartet war. Auf meinen Streifzügen in die Welt der Tiergeister hatte ich Wolf nur ein- oder zweimal getroffen und immer nur, wenn ich in Begleitung von Bär war, meinem Haupttierlehrer. Aber jetzt schien es, als hätte ich mit Wolf allein zu tun. Als das klar wurde, beschloss ich, zu ihm zu reisen, um herauszufinden, was er wollte.

»Wolf, Wolf!« rief ich, als ich durch meine Öffnung in die Erde tauchte und hinabfiel, bis ich in das vertraute Gebiet der Unteren Welt gelangte. Da drängte ich mich durch dickes Laub und rief: »Wolf! Bitte komm.« Zuerst sah ich ihn nicht, spürte aber seinen warmen Atem. Überrascht wandte ich den Kopf, und da war er. »Wolf, ich kenne dich nicht besonders gut«, sagte ich, trat einen Schritt zurück und schaute ihm in sein kluges Gesicht, »aber du bist in meine Träume gekommen. Möchtest du etwas von mir?«

Wie ein verspielter Hund sprang er auf, legte seine Pfoten auf meine Schultern und sah mir in die Augen. »Bring es mir bei, Wolf«, sagte ich, »zeig mir, was du willst.« »Ich bin ein Lehrer«, sagte er, »vertrau mir.« Ich fing an, das dicke Fell an seinem Hals zu kraulen, und als er sich entspannte, kraulte ich seine Ohren. Dann, Pfoten und Arme umeinander, umarmten wir uns, den Kopf auf die Schulter des anderen gelegt. »Wolf!« lachte ich, als wir zu Boden fielen, uns umdrehten und in den Armen/Pfoten des anderen lagen. Es fühlte sich so natürlich an, so angeschmiegt bei ihm zu liegen, dass ich plötzlich das Gefühl hatte, ihn sehr gut zu kennen.

»Ich bin dein Beschützer«, sagte er. »Ruf mich.« Wie stark er ist, dachte ich, und wie geschmeidig. »Wolf«, sagte ich, als er mein Gesicht ableckte, »ich dachte, das könnte der Grund sein, warum du in meinen Träumen erschienen bist. Ich dachte, du wolltest vielleicht mit mir arbeiten. Als D. mich angriff«, sagte ich, »und du erschienst, dachte ich, du wärst vielleicht gekommen, um mich zu beschützen.« »Ja«, sagte er, »und es gibt noch andere. Du ziehst Eifersucht auf dich.«

Wir setzten uns auf, lehnten uns aneinander und blickten hinaus über eine Landschaft wie im Südwesten (der USA), und weil wir oben auf einer Hochebene saßen, konnten wir weit in die Ferne sehen. »Schau!« sagte er. Ich schaute, aber seine Augen waren schärfer als meine, und es dauerte eine Weile, bis ich sah, was er sofort gesehen hatte. In der Ferne rannten Tiere umher. Sie schienen überall zu sein. Ich beobachtete, wie die Rudel innehielten, als eine Einheit weiterliefen und dann wieder innehielten. »Rudel!« sagte ich, verblüfft von ihrer großen Zahl und der Art, wie sie sich fortbewegten: nie als Individuen, sondern immer als Einheit. Dann bemerkte ich, dass einige von ihnen aufrecht gingen und wohl keine Tiere waren. Waren es Menschen?

»Der Schleier zwischen dieser Wirklichkeit und der Alltagswirklichkeit wird für dich immer dünner«, sagte Wolf. »Deshalb sind deine Visionen nicht mehr so dramatisch wie früher. Du bist nicht mehr nur zeitweise im interdimensionalen Kontakt«, sagte er, »du bist die ganze Zeit verbunden.« Ich war mir nicht sicher, was er meinte, aber ich wollte so viel wie möglich von ihm lernen, also sagte ich: »Unterweise mich, Wolf, bring es mir bei!« »Ich bin Lehrer«, wiederholte er. »Pass auf.«

Die Rudel näherten sich einander, schnüffelten, umkreisten sich vorsichtig und schauten sich an. »So ist es nun mal«, sagte Wolf. »Jeder sucht nach einer Position, sucht nach seinem Vorteil, bewacht eifersüchtig und erkundet gleichzeitig zaghaft. Sie suchen die Zustimmung der anderen, aber sie vertrauen nicht.« Als ich das hörte, fragte ich mich, ob ich so war. Vielleicht war ich zu vertrauensselig. Vielleicht sollte ich wachsamer sein und mich besser schützen. War es das, was er mir zeigen wollte? »Nein«, knurrte er und beantwortete meine unausgesprochene Frage. »Kümmere dich nicht darum, dich selbst zu schützen. Ich werde das tun. Schau einfach zu.«

Er bewegte mich, vorzutreten, und dann, als er auf Höhe meiner linken Schulter war, ging er nicht einfach, sondern schritt stolz neben mir her. Bei diesen Bewegungen durchlief der vertraute Schauder des Wiedererkennens meinen Körper. »Wolf weiß, wie man beschützt und bewacht«, sagte ich, »hier kennt er sich aus, und er weiß, wie man wohlbehalten bleibt. Er wird auf mich aufpassen.« Mit strahlenden Augen und heraushängender Zunge lächelte Wolf sein Wolfslächeln. »Ich möchte, dass du dich auf mich verlässt«, sagte er. »Ohne mich ist es zu gefährlich für dich, aber mit mir wird sich alles regeln. *Er* hat mich geschickt«, sagte er und meinte den heiligen Mann. »Du sollst mich die ganze Zeit bei dir behalten.«

Er wies auf die sich langsam sammelnden Rudel in der Ferne, und als ich hinsah, wurde ich mir des Misstrauens bewusst, das sie beherrschte. »Dieses Misstrauen ist das, was wir auf der Erde ›die Suche nach der Nummer eins‹ nennen«, sagte ich. »Das ist hier so üblich, etwas, wonach viele sich richten.« »Aber du musst dich nicht danach richten«, antwortete Wolf. »Du kannst diese Art zu sein beobachten; es ist tatsächlich gut für dich, dir ihrer bewusst zu sein«, fügte er hinzu, »aber du musst sie nicht übernehmen.« »Danke, Wolf«, sagte ich voll Dankbarkeit für seine Bereitschaft, mein Beschützer zu sein. »Weil er diese Art zu leben so gut kennt, werde ich mit ihm an meiner Seite geschützt sein«, seufzte ich erleichtert.

»Gibt es noch mehr, was ich jetzt lernen soll?« fragte ich ihn. »Nein«, sagte er, machte daraufhin einen Luftsprung, rannte umher und raste hierhin und dorthin. Als er sich um sich selber drehte, seinen Schwanz jagte und Purzelbäume schlug, war er so hinreißend, so überaus lustig, dass ich vor Lachen brüllte. »Ich liebe dein Fell, Wolf«, sagte ich. »Ich liebe deinen kantigen Körper und dein füchsisches Gesicht. Allerdings viel größer als ein Fuchsgesicht«, korrigierte ich mich, »du hast einen tieferen und kraftvolleren Blick. – Oh«, rief ich aus, »jetzt weiß ich es: Ich identifiziere mich mit dir. Ich habe die gleiche Sehnsucht, die ich in deinem Gesicht sehe, Wolf. Du bist weise; du weißt, dass es im Leben mehr gibt, als man auf den ersten Blick sieht, und du willst dieses ›Mehr‹. Und mein Körper ist auch schmal, genau wie deiner.« »Wir passen zusammen«, sagte er.

Ich lehnte mich an ihn und ruhte mich aus. Wolf ist majestätisch; er ist auch bedrohlich, wenn es sein muss. Als er zum ersten Mal in meinen Träumen auftauchte, wusste er, wie er meine Aufmerksamkeit erregen konnte – er machte mir Angst. In beiden Träumen biss mich Wolf, im ersten war er es selbst, im zweiten Wolfswelpen; nicht fest, aber fest genug, um mich zu erschrecken und sicher zu sein, dass ich mich an das Gefühl erinnerte, wenn ich erwachte.

»Danke, dass du zu mir gekommen bist«, sagte ich. »Ich bin mir nicht immer bewusst, dass ich Schutz brauche. Es ist mir nicht so recht klar, und ich denke wohl auch nicht gerne darüber nach.« »Pass auf«, sagt er, und das war alles. Wieder spürte ich ihn hinter meiner linken Schulter, er stellte sich hinter mein Herz. Hier würde er auf mich aufpassen. »Aha«, dachte ich. »Ich sehe, wie es sein wird.« Er war jetzt so nah, dass wir fast verschmolzen, aber wann immer es nötig war, löste er sich ein wenig – gerade genug, um zu sehen und gesehen zu werden. »Danke, Wolf«, sagte ich. »Vielen Dank.«

»Gift kommt aus vielen Leben.«

Die Tiergeister sind überaus mitfühlend und geben uns viel – auf eine Weise, die weit über unser Verständnis hinausgeht. Und im Gegensatz zum Menschen sind sie selbstlos und mächtig zugleich. Sobald Wolf mich seines Schutzes versichert hatte, war ich meine Unschlüssigkeit los, denn ich wusste, dass er mich sowohl in der alltäglichen als auch in der nichtalltäglichen Wirklichkeit beschützen würde.

Kurz nach dieser Begegnung begann ich, mehr Zeit mit den mitfühlenden Tiergeistern zu verbringen als mit den Großmüttern. Das war eine Veränderung, denn in den Monaten vor Wolfs Erscheinen war ich so begierig darauf gewesen zu erfahren, was die Großmütter mir beizubringen hatten, dass ich immer weniger in die Untere Welt gegangen war. Ich war zu lernbegierig, wie sich herausstellte, denn indem ich die Hilfe der mitfühlenden Tiergeister ignorierte und mich stattdessen beeilte, immer mehr zu lernen, begann meine Gesundheit zu leiden, und bevor ich es recht wahrnahm, waren da wieder Kopfschmerzen, Rückenschmerzen, Schlaflosigkeit und Müdigkeit – nur weil ich schneller lernen wollte. Wie meine Freundin Katy gesagt hätte: »Du bist zu sehr yang.«

Von Anfang an hatten mir die Großmütter gesagt: »**Für jedes Mal, da du zu uns kommst, um zu lernen, gehe drei Mal zu den Tiergeisthelfern der Unteren Welt, um zu heilen.**« Weil ich viele Jahre lang unter körperlichen Schmerzen gelitten hatte, hörte ich auf sie – aber nur, bis sich mein Gesundheitszustand verbessert hatte. Als ich mich besser fühlte, »vergaß« ich, wie wichtig die Untere Welt war, und hätte wohl noch lange so weitergemacht, die Tierwelt außer acht lassend, wenn nicht Wolf da gewesen wäre – und Bär, der etwa zur gleichen Zeit in meinen Träumen auftauchte. Nacht für Nacht kam Bär, und als er schließlich zweimal in einer Nacht erschien, konnte ich ihn nicht mehr beiseiteschieben. Er würde so lange drängen, bis ich ihn besuchen kam.

Als ich durch meine Öffnung zur Unteren Welt tauchte, rief ich ihn den ganzen Weg den Tunnel hinab, und als ich den Ort erreichte, an dem er sich immer zeigte, sagte ich: »Bär, ich bin hier. Du hast gerufen, und ich bin gekommen.« Ich sah auf, und da war er. Er stand auf zwei Beinen, und als er auf mich zukam, überragte er mich. Ich hatte vergessen, wie groß er war, und als ich auf seine massige Gestalt blickte, sagte ich: »Zumindest glaube ich, dass du mich gerufen hast, Bär.« Je länger ich ihn ansah, desto mehr fragte ich mich, ob ich mich vielleicht geirrt hatte. Vielleicht war dieser nächtliche Besucher nicht *mein* Bär gewesen. Vielleicht war es nur eine Traumgestalt. »Warst du es, der…« begann ich, aber bevor ich ausreden konnte, packte er mich im Nacken und knurrte vor sich hin, dann trabte er durch den Wald, wobei ich wie ein Junges aus seinem Maul baumelte.

Als wir zu einer Lichtung kamen, drehte ich meinen Kopf ein wenig, damit ich sehen konnte, wo wir waren. Da rief ich schon »Whoa!« als er mich kurzerhand in einen Teich mit heißem Wasser plumpsen ließ. »Bleib da!« grunzte er und schlenderte davon. Das dampfende Wasser fühlte sich so gut an, dass ich mich darin treiben ließ und mit dem Schlamm am Ufer spielte, als Bär zurückkam. Er ging hin und her, warf mir besorgte Blicke zu, und mit jedem Schritt, den er machte, grummelte er.

Endlich erkannte ich, dass sein Knurren und seine Unruhe von seiner Sorge um mich herrührten, und ich schämte mich. »Ich war ja so dumm, nicht hierherzukommen«, sagte ich, als die Erleichterung, wieder bei ihm zu sein, mich übermannte. »Warum habe ich es immer so eilig, zu arbeiten? So eilig zu lernen?« fragte ich mich. »Warum hetze ich immer so?«

»Du hast vergessen, zu mir zu kommen«, sagte Bär, als er mich nach vorne bog und mir Schlamm auf meinen Rücken klatschte. Es fühlte sich wunderbar an, und an der Art und Weise, wie Bär das tat, erkannte ich, dass er nicht so sehr wütend auf mich war, weil ich die Tiere der Unteren Welt vernachlässigt hatte, sondern er wollte mir einfach nur helfen. Was auch immer es war, ich war so erleichtert, diese riesigen Pfoten wieder zu spüren, dass ich losheulen musste. »Ich hatte keine Ahnung«, sagte ich, »keine Ahnung, wie nötig ich es hatte zu kommen. »Umpf«, grunzte er, und mit einer Kralle schlitzte er die Haut an meiner Wirbelsäule auf und packte Schlamm darunter. »Ich muss das tun«, sagte er, und ich fragte mich: »Was meint er damit? Wo sind die Helfer, die normalerweise hier mit ihm arbeiten?« »*Ich* muss es tun«, betonte er, und ich verstand, dass aus irgendeinem Grund er derjenige war, der diese Arbeit tun musste.

»Oh, danke, Bär«, sagte ich. »Vielen Dank.« Er sagte kein Wort, noch hielt er inne, vielmehr schlitzte er auch die Rückseite meiner Beine auf und legte einen dampfenden Umschlag aus Blättern und Schlamm darauf, bis ich spürte, wie die Mineralien und Kräuter in meinen Körper sickerten. Als nächstes schnitt er die Unterseite meiner Füße auf, danach öffnete er meine Hüften und packte Schlamm auf meinen Bauch. Ich war jetzt ganz mit Blättern und Erde überzogen, und ihre Wärme und ihr Gewicht beruhigten alles in mir. »Viele Gifte«, sagte Bär, »viele Gifte hier.«

Er machte weiter, legte unerbittlich Schlamm auf mein Herz und tat mehr davon unter meinen Rücken. Er schlitzte meine Schläfen, den Kiefer und die Stirn auf, und mit der Zeit spürte ich, wie das, was er »die Gifte« nannte, aus mir hinausfloss. Das brachte mich zum Schluchzen, und ich weinte lange.

»Davon hatte ich keine Ahnung!« rief ich entsetzt aus, als er mit seinen großen Tatzen auf meine Leber und dann auf meine Milz drückte und eine tropfende Masse aus mir herausquoll. Ein übler Geruch stieg auf, während eine grünlich-schwarze Masse davonlief. Schnell tauchte Bär mich wieder in den Teich – und kurz tauchte er auch meinen Kopf unter. Ich lag eine Zeit lang im Wasser, und es war seltsam, denn obwohl ich sehen konnte, wie die Gifte aus mir herausflossen, verschmutzte dieses dunkle Zeug nicht den Teich, sondern es verschwand einfach, ohne die Farbe des Wassers zu verändern.

»Das Gift stammt aus vielen Leben«, sagte Bär. »Nicht du bist es, nicht das, was du jetzt bist. Es ist aus vielen Leben. Dinge, die vom Körper aufgenommen wurden, in ihn eindrangen und mitgeschleppt wurden. An all dem hast du keine Schuld«, sagte er und streichelte mich. »Das ist Seelenmüll.« Während er sprach, machte er weiter und hinderte die klebrige Dunkelheit, die aus meinen Zellen hervortrat, daran, irgendwo anders in meinem Körper Unterschlupf zu finden. Er arbeitete so hart, legte so viele Packungen auf und entfernte sie dann schnell, dass ich wieder weinen musste, aber diesmal aus Dankbarkeit. »Keine Zeit«, sagte er, »keine Zeit, dich zu trösten.« »Ich verstehe, Bär«, stieß ich zwischen den Schluchzern hervor, »und ich bin so dankbar.«

Er drückte und massierte, er zog mir Schleimschichten ab, und während er arbeitete, feuerte ich ihn im Stillen an, denn ich wollte so viel wie möglich von diesem schrecklichen Zeug hier zurücklassen. Schließlich sagte er: »Nur keine solche Eile. Versuch nicht, das alles jetzt loszuwerden. Es wäre mehr, als du ertragen könntest«, sagte er und brummte glücklich über sein Wortspiel.

Als er mir aus dem Wasser half, setzte ich mich mit gekreuzten Beinen an den Rand des Teichs. Die Sonne fühlte sich auf meiner feuchten Haut gut an, und ich döste und schlief fast ein. Aber ich schreckte auf, als ich Bär sagen hörte: »Dies ist eine Zeit des beschleunigten Wandels. Jetzt ist es Zeit für die Arbeit. Das«, sagte er, »ist der planetarische Wandel, von dem du gehört hast. Es sind alle betroffen. Tue deinen Teil«, sagte er und schenkte mir einen Blick von tiefer Ernsthaftigkeit. »Komm jeden Tag her, wenn möglich. Hierher oder zu den Großmüttern«, fügte er hinzu, »drei zu eins.«

»Es kommen große Veränderungen. Alle werden sie spüren.«

Zwei Tage später kehrte ich in die Untere Welt zurück, entschlossen, jetzt wieder an dieser Drei-zu-Eins-Formel festzuhalten. Es stand außer Frage, dass ich die Heilung der mitfühlenden Tiergeister brauchte. Ich war schon ruhiger und stärker, seit ich zu Bär und Wolf gereist war.

Ich betrat die Untere Welt so, wie ich es immer tat, und kaum war ich auf Bär getroffen, hob er mich auf den Rücken, drehte sich zum Weg um und lief los. Er hatte gesagt, dass dies eine Zeit des beschleunigten Wandels sei, und an seinem Verhalten sah ich, dass es stimmte.

Wir folgten einem Weg, der durch einen Wald und dann bald bergauf führte. Nicht lange, und vor uns erhob sich, wie aus dem Nichts, ein steiler Berg. Er tauchte einfach auf, aber Bär begann unerschrocken den beschwerlichen Aufstieg, während ich mich an ihm festklammerte. Nach einer Weile änderte sich die Atmosphäre, und statt grüner Bäume und blauem Himmel lag nun ein grauweißes Licht über allem. Ein winterlicher Nebel hatte die Bäume aufgelöst, sie unseren Blicken entzogen, und jetzt konnte ich nur noch undeutliche Formen sehen. Meine Nase britzelte von dem kalten Hauch, und als ich mich über Bär beugte, hörte ich das durchdringende Pfeifen des Windes. Ein Donner grollte in der Ferne und schwoll zu einem Brüllen an, als er immer näher und näher heranrumpelte. Endlich war ein Windstoß über uns, der in meine Haare fuhr und sie aufwirbelte und in meinen Augen brannte, aber ich konnte mich in Bärs Fell vergraben, also war mir warm genug.

»Sturmwolken«, knurrte Bär und runzelte die Stirn, »Sturmwolken.« »Oh«, schluckte ich. Wir waren jetzt mitten in diesen Wolken, ganz von ihnen eingehüllt, und als der Donner brüllte und die Erde unter uns erzitterte, klammerte ich mich fest an Bärs Rücken. »Es kommen große Veränderungen«, sagte er, »alle werden diese Veränderung spüren.« Dies, erkannte ich, war, was er beim letzten Mal, als ich ihn sah, angedeutet hatte. Ich krallte mich an seinem Fell fest, und jede Faser meines Körpers begann zu zittern. Nun wankten Felsen am Wegrand, rissen auf und stürzten von den Bergflanken hinab. Eine erschreckend dunkle Gestalt, wie ein urzeitlicher Vogel, flog über unseren Köpfen. Doch die ganze Zeit über bebte die Erde und ich erbebte mit ihr, aber weil ich auf Bärs Rücken saß, wusste ich, dass ich sicher war. »Zerstörung«, sagte er schließlich, »Zer-störung.« »Oh«, murmelte ich, »geht es darum, das Alte auseinanderzunehmen?« »Ja«, sagte er.

Das Alte wird auseinandergenommen, dachte ich, und Angst begann an mir zu nagen, aber bevor ich ihr nachgeben konnte, sagte Bär: »Du bist jetzt hier, um zu beobachten. Das ist alles.« Er erinnerte mich daran, dass es meine Aufgabe war, zuzuschauen, zu beobachten, was geschah, und nicht von den Zerstörungen um mich herum betroffen zu sein. Was hier geschah, geschah vorerst nur auf dieser Ebene der Wirklichkeit. Ich sollte daraus lernen. Nicht reagieren, sondern es mir nur ansehen.

Ich entspannte mich ein wenig bei diesem Gedanken, verspannte mich aber wieder, als Ruß auf uns niederging. Die Luft war voll davon, und als Partikel davon auf meinem Kopf und in meinem Gesicht landeten, rief ich: »Was *ist* das, Bär?« Entsetzen in meiner Stimme. »Dreck«, sprach er mit Abscheu, »Dreck. Er zeigt den Zustand der Dinge.« »Der Zustand der Dinge?« fragte ich, aber er sagte nur: »Dieser Zustand wird sich klären.« Und dann streichelte er mich und sagte: »Alles läuft so, wie es soll.«

Ich dachte über seine Worte nach. Etwas änderte sich, *es* kam zu einer großen Verschiebung, und dieser Schmutz war der Fall-out. Etwas Großes würde sich auf der Erde ereignen. Das fühlte sich so schwerwiegend an, so beängstigend, dass mein Mund trocken wurde. »Bär«, fragte ich schließlich, »was kann ich tun, um bei dieser Veränderung zu helfen? Bitte, Bär, wie kann ich helfen?« »Komm hierher in die Untere Welt«, sagte er, »und gehe zu den Großmüttern.« Er wiederholte, was er mir bereits gesagt hatte. Um mich bei Kräften und in meiner Mitte zu halten, musste ich lernen und heilen.

Allmählich hörte der Boden auf zu beben, der Dreck regnete nicht mehr auf uns herab und alles war wieder ruhig. Als die Vögel zu singen begannen, blieb Bär in der Mitte des Weges stehen und hob seinen Kopf, um in der Luft zu schnuppern. Dann tat er einen ruhigen, brummenden Seufzer und ging langsam den gewundenen Weg den Berg hinab. Er sah jetzt ganz entspannt aus. Er war gar nicht mehr in Eile, schien vielmehr belustigt zu sein. Er hielt an, um an einer Blume zu schnüffeln; dann rieb er seinen riesigen Hintern an einem Baum und trollte sich weiter seines Weges. »Hmmm«, dachte ich, als ich ihn beobachtete, »offensichtlich ist die Lektion dieser Reise vorbei – was auch immer es war.« Und dann fragte ich mich: »Was sollte das alles bedeuten?«

Ich saß rittlings auf Bärs breitem Rücken und ließ meine baumelnden Beine im Rhythmus seiner Schritte schwingen. Es war ein großes Vergnügen, so zu schaukeln, besonders nach dem hastigen Aufstieg auf den Berg und dem Schrecken des nachfolgenden Sturms. »Langsam dem Weg folgen«, sagte er, als er sich zu mir umblickte, »keine Eile.« »Ach so«, flüsterte ich. Bär zeigte mir, wie man langsamer wird, indem er mich den Rhythmus eines gemächlichen Tempos spüren ließ.

Er ließ sich Zeit, den Berg hinabzusteigen, und ich staunte, wie entspannt er war. Dann staunte ich, wie entspannt ich war. Kaum möglich, dass wir noch vor wenigen Minuten inmitten von Zerstörung, Aufruhr und Schrecknissen standen. Ich schüttelte den Kopf, um ihn klarzubekommen, und fragte mich erneut, was das alles zu bedeuten hatte. Ich war mir nicht sicher, aber ich wusste: Ein Sturm braut sich zusammen, und wenn er kommt, darf ich der Angst nicht nachgeben. Und vor allem muss ich *langsamer werden.*

Bär trug mich zum Waldrand, dort, wo der Fluss auf die Bäume trifft, und da setzte er sich hin, damit ich von seinem Rücken rutschen konnte. »Geh langsam«, sagte er und schlug mich sanft mit einer Tatze. »Das werde ich, Bär«, versprach ich.

Nach diesen Ausflügen in die Untere Welt war ich viel stärker; ich war auch neu inspiriert, die Botschaft der Großmütter mit der Welt zu teilen. Meine Reisen mit Bär hatten mir gezeigt, dass tatsächlich eine große Veränderung bevorstand. Die Veränderung, die so viele vorhergesagt hatten, würde stattfinden, und mir schien, je mehr Menschen die Botschaft der Großmütter kannten und sich entschlossen, mit ihnen zu arbeiten, desto leichter würde diese Veränderung vonstatten gehen.

»Bedecke die Welt.«

Ich kümmerte mich getreulich um die Arbeit der Großmütter, und obwohl die Verbreitung ihrer Botschaft mir große Freude bereitete, wurde ich regelmäßig entmutigt, weil nicht so viele Menschen, wie ich gehofft hatte, auf die Botschaft der Großmütter reagierten. Ist ihre Botschaft nur für ein paar wenige? fragte ich mich. Ist es meine Schuld, dass ihre Arbeit nicht so bekannt wird, wie ich es mir gewünscht hätte? Hatte ich alles getan, was ich konnte? Und wenn ich ganz entmutigt war, fragte ich mich sogar, ob ich mit dieser Arbeit weitermachen sollte und wenn ja, warum?

Ich rang viele Male mit diesen Fragen und ging regelmäßig durch Phasen des Selbstzweifels angesichts der scheinbar so langsamen Verbreitung ihrer Botschaft. Eine gewisse Enttäuschung brachte mich oft dazu, die Bedeutung dessen, was ich tat, in Zweifel zu ziehen und mich zu fragen: Wenn die Botschaft der Großmütter so wichtig war, warum verbreitete sie sich so langsam? Diese Zweifel und Fragen hielten eine Weile an, bis ich mir schließlich sagte: »Ach, gib es auf, Sharon. Du wirst das nie herausbekommen.« Dann dachte ich: »Ich liebe die Arbeit, also mache ich die Arbeit«, und wie ein Korken floppte ich aus dem Sumpf des Zweifels hinaus.

Als das Thema akut war, ging ich damit nicht zu den Großmüttern, um sie zu fragen. Denn inzwischen war ich so oft die Achterbahn des Zweifels gefahren, dass ich mich einfach entschied, es seinen Lauf nehmen zu lassen und einfach weiterzuarbeiten.

Dann, eines Tages während der Meditation, sprach meine innere Stimme aus heiterem Himmel zu mir und klärte mich über den Sinn meiner Reisen in die Obere und Untere Welt auf: Die Botschaft der Großmütter zu verbreiten, so hieß es, würde mich beschäftigen, indem sie mir etwas Sinnvolles zu tun gab und meinem Geist half, sich zu entwickeln. Diese Arbeit würde meine Schwingung erhöhen, und sie würde dies nicht nur für mich, sondern für alle tun, die sich entschieden hatten, mit den Großmüttern unterwegs zu sein. Ich hatte eigentlich gar keine Frage gestellt, aber das Universum hatte genau die Frage beantwortet, die unter der Oberfläche meines Geistes schwärte. Offensichtlich sollte der Wert der Arbeit der Großmütter nicht in Zahlen bemessen sein, sondern in der persönlichen Transformation.

Nach dieser Durchgabe ging ich wieder zu den Großmüttern, um mehr Arbeit zu erbitten. Ich wollte beschäftigt sein, und »Schwingungserhöhung« hörte sich gut an.

Als ich auf dem Weg in die Obere Welt von meinem Baum aufstieg, bemerkte ich diesmal, dass ich weiße Flügel hatte – schmal zulaufende, die ungewohnt anmutig und lang wirkten. Als ich hochstieg, schaute ich an mir hinab und sah, dass ich heute auch einen neuen Körper hatte, einen, den ich noch nie zuvor gesehen hatte. Ich sah aus wie ein Reiher oder ein Schwan. Als ich in ihr Tal segelte, fühlte ich mich auch anders, und als ich vor ihnen stand, merkte ich, dass ich auf einem Bein gelandet war.

Ich war fasziniert von meiner Verwandlung, aber entschlossen, mich durch mein ungewöhnliches Aussehen nicht vom Zweck dieses Besuchs ablenken zu lassen. »Großmütter«, sagte ich, als ich meine Flügel faltete, »ich will etwas zu tun, um mich zu beschäftigen, während sich mein Geist entwickelt. Ich brauche einen Job. Ich habe *Selbstermächtigung* beendet, und jetzt möchte ich wissen, was ich noch tun kann.«

Ich verneigte mich vor ihnen und beugte mich vor wie eine Ballerina, den einen Fuß nach vorne gestreckt, während meine Flügel sich über dem Boden spreizten. »**Siehst du, wie schön du bist?**« fragten sie und begannen, mich liebevoll zu streicheln. Ich stand still und ließ es geschehen, weil ich wusste, dass sie es wollten, aber es fiel mir schwer, still dazustehen und bloß zu empfangen. Mein Verstand dachte immer: Ich will sie umarmen, ihnen geben. Aber wann immer diese Gedanken auftauchten, flüsterten sie: »**Nein… empfange**«, bis ich mich allmählich genug entspannt hatte, dass ihre Berührung mich beruhigte und erdete. Da drang ihre Liebe in meine Füße und ebenso in meine Flügel bis hinab zu meinen gefiederten Fingerspitzen.

Ich fühlte mich so entspannt, so natürlich, dass ich mich streckte; ich krümmte meinen Hals, und mein Vogelkopf fing an, hin und her zu schaukeln. An dieser Stelle begann ich zu singen. Ich hatte nicht vorgehabt zu singen, aber plötzlich sang ich einfach. »Ich ziehe den Mond in mich hinein«, stöhnte ich, und kaum waren die Worte aus meinem Mund/Schnabel, begann das silberne Licht des Mondes am Himmel mit dem Weiß meines Körpers zu verschmelzen. Erstaunt, was da geschah, hob ich einen Fuß, um einen Schritt zu tun, und dabei fiel mein Blick auf meine Vogelzehen. »Ah!« rief ich überwältigt aus.

Ich beugte mein Bein weiter und beobachtete, wie es nach und nach – Knie, Knöchel und Ferse – herabkam. Meine Flügel waren ebenso faszinierend, und vom Rhythmus der Bewegungen in meinem neuen Körper durchdrungen, begann ich zu intonieren: »Maranatha, maranatha.« Ich rief Christus. »Christos«, betete ich – und erschrocken über das, was ich gerade von mir gehört hatte, sagte ich: »Warte mal. Was mache ich hier?« Aber ganz gleich, was ich dachte, ich schien keine Kontrolle über meine Stimme zu haben, und immer wieder drängte sich das Wort »Christos« aus mir heraus.

Dies ging eine Minute oder länger so weiter, bis sich der Himmel plötzlich mit weißen Vögeln füllte. Meine Augen huschten zu den Großmüttern, die nickten, um mich zu besänftigen, und dann beobachtete auch ich den Himmel. Mein Schrei »Christos« hatte sie gerufen. Große weiße Vögel, die aussahen wie ich, flogen aus allen Richtungen herbei, sie erfüllten die Luft. »Es ist wie beim Bosque del Apache, wenn die Schneegänse ziehen«, sagte ich, »aber diese Vögel kommen auf meinen Ruf!« Und als ich weiter in den Himmel schaute, begannen Scharen von ihnen zu landen und sich am Boden zu verteilen.

»Christos?« fragte ich die Großmütter: »Warum bringt sie dieser Ausruf herbei?« Sie nickten wie die weisen Lehrer, die sie sind, und sagten: **»Du rufst die Gegenwart des Christos, die Gegenwart des Christus-Bewusstseins herbei.«** Sie neigten ihre Köpfe, schenkten mir einen Blick von unendlicher Güte und sagten: **»Du rufst die Menschen dazu auf, Gott zu werden.«** »Oh!« brachte ich nur heraus und dachte: Welch eine Verwegenheit! »Woher kam mir dieser Gedanke, Großmütter?« fragte ich. »Das wäre mir doch nie in den Sinn gekommen.« Aber sie lächelten ihr geheimnisvolles Lächeln und sagten nichts mehr.

Ich wartete, aber sie sagten immer noch nichts, also versuchte ich es erneut. »Großmütter«, sagte ich, »das ist schrecklich schön. Die Vögel und alles«, fügte ich an, »aber ich weiß nicht, was das alles bedeutet. Und Großmütter«, sagte ich und erinnerte mich an den Zweck dieser Reise, »was ich wirklich will, ist, dass ihr mir meine Arbeit zeigt. Deshalb bin ich heute zu euch gekommen.« Sie lächelten wissend, nickten einander zu und sagten: **»Das ist deine Arbeit.«**

»Was?« fragte ich verwirrt über ihre Antwort, aber obwohl ich sie mit dieser Frage in den Augen anstarrte, sagten sie nichts. Schließlich, da sie keine Hilfe waren und weil ich nicht wusste, was ich sonst tun sollte, begann ich auf die Schar zuzugehen, die auf dem Boden lagerte. »Es gibt so viele von ihnen, und wie schön sie sind!« sagte ich, als ich zwischen sie trat. Die Vögel beobachteten mich interessiert, und als ich sie genauer betrachtete, sah ich, dass ihre Federn meinen sehr ähnlich waren. »Großmütter«, sagte ich, »was hat das zu bedeuten? Warum sind wir uns so ähnlich?« Dann erinnerte ich mich an den Zweck meiner Reise und fragte erneut: »Was ist meine Arbeit, Großmütter? Zeigt mir, was ich tun soll.«

Nach und nach erhoben sich die Vögel wieder in die Luft. Eine Schar von ihnen beschrieb einen Bogen nach rechts, und als ich ihnen zusah, wurde mir klar, dass ich kurz vor ihrem Abheben meine Flügel nach rechts bewegt hatte. Nun bewegte ich meine Flügel nach links, und eine weitere Schar hob nach links ab. Wie auch immer ich meine Flügel bewegte, so bewegten sie sich. Wenn ich nach links wies, flogen sie nach links. Wenn ich meine Flügel hochhob, flogen sie hoch. »Ich fühle mich wie ein Dirigent«, sagte ich.

Plötzlich und ohne Vorwarnung erhoben sich auch meine Flügel und hoben mich vom Boden. Ich glitt mühelos davon, und dabei folgten mir die anderen, bis wir ein riesiges V am Himmel bildeten. Als wir flogen, blickte ich über meine Schulter, und so weit ich sehen konnte, schlugen weiße Flügel im Takt. In einer riesigen Formation kreisten wir über dem Land unter uns, und als wir endlich zur Landung ansetzten, spürte ich, wie meine Flügel so weit ausgefächert waren, dass sie die Erde bedecken mussten.

Als ich den Boden unter meinen Füßen spürte, wusste ich, dass ich gelandet war. Dann blickte ich an mir hinab und sah, dass meine Flügel noch weit gespreizt waren, und bemerkte auch, dass sich etwas zwischen meinen Federn bewegte. Ich beugte meinen Kopf, um meine Flügel zu untersuchen, und fand Babys, die sich dort niederließen! Unter meinen Flügeln versammelten sich die Jungen aller Arten – Neugeborene, Kätzchen, Welpen, verschiedene Kleintiere. Als ich auf diese seltsame Szene blickte, fiel mir wieder ein, dass ich in der Nacht zuvor so etwas geträumt hatte. Und jetzt war es hier! Meine Flügel waren so weit gespreizt, dass Hunderte von Jungen dort Zuflucht finden konnten. »Oh!« rief ich aus: »Wenn alle Vögel hier dasselbe täten, würde alles auf der Erde genährt werden.« Und dann dämmerte es mir. »Großmütter«, fragte ich, »ist das meine Arbeit? Ist es das, was ihr mir zeigt?«

Die Großmütter konnten sich vor Lachen kaum halten und gestikulierten. »**Hättet ihr gedacht, dass sie jemals dahinterkommen würde?**« fragten sie. Allerdings war ich immer noch zu verwirrt, um in ihr Lachen einzufallen. »Großmütter«, seufzte ich, »ich bin es leid, hinter all dem einen Sinn zu suchen; ich verstehe es immer noch nicht. Alles, woran ich denken kann, ist, dass ich eine Gruppe leiten soll und dass wir nährend tätig sein sollen.« Sie schwiegen, nickten aber verständnisvoll. Dann beugten sie ihre Schultern vor, hefteten ihre Blicke auf mich und schauten mich erwartungsvoll an.

»Oh!« flüsterte ich, als das Verständnis endlich kam: »Es geht um das Ausbreiten der Flügel, nicht wahr?« fragte ich. »Ich muss allen von der Kraft in diesen Flügeln erzählen.« »**Ja!**« riefen sie und waren erleichtert, dass ich endlich anfing zu begreifen, worum es bei dieser Lektion ging. »**Lehre das die Frauen. Sie können zu großen Vögeln werden und erleben, was es bedeutet, andere zu schützen und ihnen eine Zuflucht zu sein. Das Unterbewusstsein versteht Sinnbilder, denn wenn es auch nicht auf Worte achtet, spürt und kennt es die Kraft einer großen Spannweite. Es versteht, dass Flügel dem Schutz und dem Genährtsein dienen**«, sagten sie. Wieder machten sie die Kraft von Yin anschaulich.

»**Sprich zuerst von der Macht der Symbole**«, sagten sie. »**Nimm den Krug und den Becher, das Netz aus Licht und unsere anderen Lehren als Beispiele. Der große geflügelte Vogel ist ein weiteres. Dieses Sinnbild wird sie in ihre Eigenmacht bringen**«, sagten sie und nickten weise. »**Es wird sie davon frei machen, sich allein zu fühlen, indem es sie ihre Verbindung miteinander und das gemeinsame Ziel erfahren lässt. Auf diese Weise werden sie zu Werkzeugen der Bemutterung, des Genährtseins und des Schutzes.**

Wenn sie sich auf ihre Flügel konzentrieren«, sagten die Großmütter, »**sollen sie unser Licht spüren, das durch sie hindurchleuchtet, denn unsere Arbeit beruht auf Dienen; die Kraft in diesen Flügeln wird dem größeren Wohl dienen. Die Flügel sind das Vehikel für Kraft und Fürsorge auf der Erde.**«

Dann zeigten sie mir mein menschliches Selbst, wie es vor der Gruppe von Frauen in Laguna Beach steht und wie ein Vogel im Flug mit den Flügeln schlägt. Es sah lächerlich aus, und als ich mich so sah, schaute ich die Großmütter flehentlich an. »Zwingt mich nicht dazu«, sagte ich mit den Augen. Sie schürzten ihre Lippen, wandten den Blick ab und sagten: »**Lass sie es versuchen, und du probierst es mit ihnen. Doch, doch**«, sagten sie über mein Aufbegehren, »**du musst es erst vormachen, um ihnen**

zu zeigen, wie es geht. Viele dieser Frauen haben diese Kraft in sich selbst noch nie gespürt. Bitte sie, mit ausgestreckten Armen zu stehen und dies schweigend zu tun. Wir werden dich führen.«

»Ich werde es versuchen«, sagte ich und fand mich damit ab, wie ein Narr auszusehen. »**Ja, versuche es**«, antworteten sie. »Hmmm«, murmelte ich. »Wenn wir alle das mit geschlossenen Augen tun, würde es uns vielleicht leichter fallen.« Ich überlegte, als ich die Großmütter sagen hörte: »**Bedecke die Welt.**« Schnell blickte ich auf, aber ihre Blicke waren nicht auf mich gerichtet, sondern auf den Horizont. Sie schienen etwas da draußen zu beobachten.

»Diese Arbeit, die wir mit euch tun, ist Teil einer Bewegung, nicht wahr, Großmütter?« fragte ich sie, selbst überrascht von der Idee, die mir plötzlich in den Sinn gekommen war. »**Ja**«, sagten sie. Dann drehten sie sich um und zeigten auf einen Vogel, der ganz still auf einem Ast in unserer Nähe saß. Ich beobachtete diesen Vogel einige Augenblicke lang: Er rührte sich nicht, bis er ohne Vorwarnung davonflog. Aus dem Augenwinkel bemerkte ich ein Lächeln, das die Münder der Großmütter umspielte, und als ich mich an sie wandte, brachen sie in Gelächter aus. »Eine Bewegung«, sagte ich zu ihnen, »Großmütter, ich verstehe. Der Vogel bewegte sich. Das *ist* eine Bewegung, nicht wahr?« »**Ja**«, sagten sie noch einmal und sahen ein wenig selbstgefällig aus. Die Großmütter lieben es, mit Worten zu spielen.

Nun zeigten sie auf eine andere Szene. Diesmal standen die Frauen zusammen unter den Bäumen in meinem Hintergarten, und als ich hinschaute, sah ich einen Lichtschein, der in jeder Frau und um sie herum leuchtete. Das Licht wurde so hell, dass ich die Gestalt, die es umschloss, kaum erkennen konnte, und ich starrte mit so viel Konzentration, dass ich vergaß zu atmen. Als ich merkte, dass ich den Atem angehalten hatte, atmete ich bewusst aus und dann tief wieder ein, und als ich das tat, streckte sich mein Rücken, während meine Arme zu ungeheurer Reichweite anwuchsen. Ich blickte überrascht auf die Großmütter, und sie sagten lachend: »**Diese Arbeit wird deine Vorstellung davon, wer du bist, erweitern, dir deine wahre Größe zeigen.«**

Da hörte der Trommelschlag auf, und als sein Rhythmus wieder schneller wurde und mir signalisierte, in die Alltagswirklichkeit zurückzukehren, tat es einen Schlag auf mein Drittes Auge. Dieser Rhythmus hallte durch meinen ganzen Körper, und konzentrische Lichtringe begannen sich von meiner Stirn zu lösen, was mir ein seltsames Gefühl von Kreisen und Ausdehnung gab. Und in diesem angenehmen, aber seltsamen Zustand verbeugte ich mich vor den Großmüttern und verabschiedete mich fürs erste. Adler würde mich begleiteten, und als ich die Großmütter zum Abschied anschaute, sah es so aus, als würde Adler lächeln. »Was?« staunte ich. »Adler lächeln nicht«, aber als ich im Wipfel meines Baumes landete, sah ich mich selbst und lächelte auch. Ich sah aus wie ein großer weißer Reiher.

Beim nächsten Großmüttertreffen tat ich genau das, was sie gesagt hatten – vermittelte die Kraft des Bildes des Vogels mit den ausgebreiteten Flügeln. Wir standen draußen und übten es. Zuerst schlossen wir die Augen und meditierten darüber, wie ein großer Vogel seine Flügel ausbreitet, und dann öffneten wir unsere eigenen Arme (Flügel) auf dieselbe Weise. Zuerst fühlte ich mich unwohl, da stand ich vor vierzig Frauen, und für einen Moment musste ich fast nervös loslachen. Aber ich tat es nicht, und sie auch nicht.

Die Großmütter hatten recht. In dieser Haltung steckte Kraft, und als wir mit ausgestreckten Oberarmen dastanden und unsere Ellenbogen so gedreht hatten, dass unsere Handflächen nach oben zeigten, spürten wir das Herrschaftliche in dieser Haltung. Sie gab uns ein Gefühl von Majestät und Königtum. Das war die Haltung der alten Göttin von Kreta mit den sich um ihre Arme windenden Schlangen. Wir spürten die Kraft der Haltung, und weil wir diese Übung gemeinsam durchführten, war die Erfahrung um so stärker.

Danach berichteten die Frauen, was für ein Gefühl der Verbundenheit diese Übung ihnen vermittelt hatte – Verbundenheit mit einander und ein Gefühl von »Ich werde nicht bewegt« in ihnen selbst. Auch Selbstvertrauen, enormes Selbstvertrauen. Wenn man so dastand, war es unmöglich, sich für klein oder unwürdig zu halten. Wir erkannten, dass wir einen weiteren Schritt in das taten, was die Großmütter »Schönheit ist Macht«* nennen, indem wir die Gegenwart von Yin in uns annahmen und würdigten.

* Im ersten Buch der Großmütter, *Selbstermächtigung*, wird in einem eigenen Kapitel dargelegt, dass wahre Macht mit Schönheit einhergeht, und wahre Schönheit Macht ist.

KAPITEL 5

Macht übernehmen

»Du musst Macht übernehmen – jetzt!«

Jedes Mal, wenn ich zu den Großmüttern oder zu den Tiergeisthelfern ging, wurde ich ermutigt zu wachsen und manchmal sogar dazu genötigt. Manche meiner Erfahrungen dort waren sanft, andere heftig. Sie schienen das Angebot gerade so weit zu variieren, dass ich immer wieder zu ihnen kommen musste. Zu viel Drama auf einmal hätte mich erschöpft, während zu viel liebevolle Hilfestellung mich vielleicht gelangweilt hätte. Was auch immer sie taten, es erfüllte seinen Zweck, denn ich war stets bestrebt, immer mehr von ihnen zu lernen, und nie, *nie* war mir langweilig.

Bär erschien mir oft in meinen Träumen; hin und wieder tauchte er mehrmals in einer Nacht auf, und nach einer jener Nächte, in denen er mehr als einmal kam, stand ich morgens mit dem Entschluss auf, zu ihm zu reisen. Ich fand ihn am anderen Ende des Tunnels wartend mit einem entschlossenen Ausdruck auf seinem Gesicht. »Bär«, sagte ich, als ich ihn sah, »du bist wieder in meinen Träumen erschienen. Was möchtest du?« Er hielt einen Moment inne und schien über meine Frage nachzudenken, dann kam er unversehens auf mich zu, warf mich auf seinen Rücken und hastete den Weg entlang. Als ich seine Dringlichkeit spürte, klammerte ich mich mit Armen und Beinen an ihm fest und drückte mich in sein Fell. Er kletterte eine Böschung hinab, wobei er Felssteine löste, die mit uns ins Wasser platschten, aber das hielt ihn überhaupt nicht auf. Unerschrocken stürzte er sich ins Wasser und schwamm mit der Strömung, um auf die andere Seite zu gelangen, dann eilte er weiter.

Wir waren nicht weit gekommen, als plötzlich steile Gipfel vor uns aufragten, die mich an die Berge erinnerten, die ich einmal in der Provinz Woolong in China gesehen hatte. Auf einer unserer letzten Reisen waren Bär und ich auf einen steilen Berg gestoßen, aber diese waren viel zerklüfteter mit weniger Bäumen. »Wo sind wir?« fragte ich, aber er lief weiter, und sein Schweigen gemahnte mich, bei meiner ursprünglichen Frage zu bleiben. »Bär, warum bist du in meinen Träumen erschienen?« fragte ich, aber wieder blieb er stumm, während er uns beharrlich nach oben schleppte. Das Gefühl der Dringlichkeit wuchs und wuchs, bis mir meine Nackenhaare zu Berge standen.

Aber Bär schritt unaufhaltsam weiter. Jetzt kletterte er auf ein Hochplateau, und obwohl ich im amerikanischen Südwesten mehrmals in einer ähnlichen Landschaft gestanden hatte, spürte ich, dass die Energie hier eine andere war. Es war eine andere Gegend. »Das ist die Steppe«, sagte ich und fragte mich, woher ich das wusste. »Asien – China, Mongolei, irgendwo im Osten«, und als ich das vor uns liegende Land in Augenschein nahm, sah ich in der Ferne so etwas wie Banner. Von dort, wo ich stand, sahen sie aus wie kleine Stöcke, die hier und da in der Ebene aufragten. Und als ich meine Augen beschattete, um besser zu sehen, erkannte ich, dass sich Massen von Menschen um die Banner versammelt hatten.

»Bär, warum bist du in meinen Träumen erschienen?« fragte ich noch einmal. Als Antwort reckte er seine Nase in die Luft, witterte eingehend und knurrte: »Etwas Böses braut sich zusammen.« Das holte mich in die Gegenwart zurück, und ich holte keuchend Luft. »Wenn das hier passiert, Bär«, sagte ich, »wenn sich hier etwas Böses zusammenbraut, zeig mir, was wir tun können. Sag es mir«, sagte ich gepresst. »Das Böse sammelt sich dort.« Er wies auf die Banner. »Pass auf«, sagte er, und dann, sich leicht nach rechts drehend, wies er auf die weite Ebene, die sich vor uns erstreckte.

Ich heftete meinen Blick auf die bunten Gräser, die im Wind wogten, und beobachtete sie. Das Wogen wurde stärker, und dann teilte sich das

Gras. »Pferde«, flüsterte ich, als Herden von ihnen in die Ebene strömten und in unsere Richtung liefen. Füchse, Rappen, Falben, Pintos, Braune und Schimmel rannten auf uns zu. Sie wieherten sich zu, als sie auftauchten, und das Dröhnen ihrer Hufe hallte in meinen Ohren wider. Weiter wogten sie heran und wirbelten eine große Staubwolke auf, die in der Luft über ihnen hing.

Die Pferde kamen in einer weiten Diagonale näher, Reihe um Reihe galoppierten sie über das Land. Eine Gruppe raste von links herbei, und von rechts kam eine Herde quer. Kaum war eine Herde an uns vorbeigedonnert, kam die nächste. Welle für Welle überspülte die Ebene, sich verquirlend, wenn sie zusammentrafen. Ich beobachtete die Muster, die sie schufen, während sie liefen, ihre Würde und Anmut machten mich sprachlos. Dann nahm ich eine Herde von Schimmeln in den Blick, die sich in unsere Richtung bewegten, und plötzlich erinnerte ich mich an die Vision des großen Medizinmannes Black Elk und an die mythische Bedeutung von »Pferd«.

»Das Pferd ist ein Symbol für Macht«, sagte ich, wandte mich an Bär und fragte: »Warum erscheinen Pferde hier?« Bär gab ein tiefes Brummen von sich, schlug sich auf die Brust und sagte: »Du musst die Macht ergreifen – jetzt!« Er sprach so nachdrücklich, dass ich aufsprang. »Ja«, knurrte er, als ich ihn mit weit aufgerissenen Augen anstarrte, und nickte mit dem Kopf, während sein großer Körper von einer Seite zur anderen schwankte. Er sah so ernst aus, dass all die Liebe, die ich für ihn empfand, in meinem Herzen groß wurde. Er spreizte seine Tatzen in einer Geste der Weitung und sagte: »Du musst vortreten und bereit sein, mehr Macht zu haben.«

Die Intensität seines Blicks ließ keinen Zweifel, dass ich es tun musste. »Okay«, antwortete ich schnell, so schnell, dass ich selbst überrascht war, »ich bin dabei.« Und ohne weiteres tat ich einen kleinen Sprung und schwang ein Bein über eines der weißen Pferde in unserer Nähe. Ich konnte kaum fassen, dass ich es getan hatte, aber bevor ich es mir anders überlegen konnte, packte ich seine Mähne mit einer Hand und sprang auf seinen Rücken. Jetzt *stand* ich, und als ein anderes Pferd herbeikam, setzte ich auch einen Fuß auf dessen Rücken. So begann ich zu reiten, jeder Fuß auf einem Pferderücken. »Das ist verrückt«, murmelte ich, entsetzt über meine Kühnheit. »Wie in aller Welt mache ich das nur?« Aber meine Beine standen felsenfest, und jedes Mal, wenn die Hufe des Paares auf den Boden schlugen, strömte donnernd Macht in mich ein.

»Ich bin ein Wagenlenker ohne Wagen«, sagte ich, als ich ihre Mähnen packte und losgaloppierte. Die Sonne brannte auf meinen Rücken, und als ich ihre durchdringende Wärme spürte, erinnerte ich mich an ein Bild, das ich einmal vom Sonnenwagen gesehen hatte. Dann fiel mir ein, dass die Sonnenscheibe hinter mir den Wagen bildete. »Das ist ja wie der Wagen in der Bhagavad-Gita, der mit dem Lord Krishna auf das Schlachtfeld fuhr«, sagte ich. »Hum... ein Schlachtfeld«, überlegte ich. Dann schluckte ich und sagte: »Was, wenn das ein Schlachtfeld ist?« Kalte Schauer liefen mir den Rücken hinab, und mit großen Augen wandte ich mich um und richtete meinen Blick auf Bär. »Ist es das?« fragte ich. »Ist das ein Schlachtfeld?« »Ja«, sagte er.

Ich sprang von meinen Reittieren ab, lief zu Bär, blieb abrupt vor ihm stehen, und mit all der Kraft, die ich aufbieten konnte, verlangte ich: »Bär, *warum* bist du in meinen Träumen erschienen?« Wieder zeigte er auf die Ebene, aber diesmal sah ich, wie die Herden, die sich dort versammelt hatten, sich nun in der Mitte zusammenfanden und Staub aufwirbelten, während sie sich in Position brachten. Irgendwie wusste ich, dass sie sich auf die Schlacht vorbereiteten. »Ja«, sagte Bär, »es ist Zeit, im Licht zu stehen.« Und mir direkt gegenüber nahm er mich fest in den Blick und brüllte: »Steh im Licht!«

Ich war sprachlos und fassungslos, und für einen Augenblick spürte ich nur die Hitze der Sonne. Hinter mir brannte die Sonnenscheibe, die ich als Wagen gesehen hatte. Als ich wieder ihre Hitze spürte, sagte ich: »Die Sonne ist die Quelle; sie ist das Licht«, und als ich das sagte, schossen Tausende von Strahlen aus ihrer Aura. Im selben Moment sagte jemand: »Lass die Kräfte des Lichtes aufmarschieren.« Ich wandte mich an Bär und fragte: »Was bedeutet das?« Aber kaum waren die Worte aus meinem Mund, verstand ich es. Die Menschen, die sich von der Arbeit der Großmütter angezogen fühlen, *sind* Kräfte des Lichts. Wo immer sie stehen, wohin sie auch gehen, sie halten das Licht fest.

Plötzlich tauchten Frauen auf, die schon viele Jahre lang mit den Großmüttern gearbeitet hatten, und als wir zusammenstanden, bildeten wir eine lange Reihe. Ich beobachtete, wie eine nach der anderen vortrat und einen Mantel erhielt. Er war eine Art Armierung und sah aus wie eine goldene Rüstung. Als der Mantel mir über den Kopf gezogen wurde, stellte ich fest, dass er gemacht war, um meine wichtigen Organe, besonders mein Herz abzudecken. Der Mantel schimmerte goldgelb und bestand aus einem flexiblen Gewebe, das Schutz bot. Sorgsam umschloss er das Herz, aber seine Aura schützte auch Kopf, Arme, Hände und den übrigen Körper und bot eine leichte, aber vollständige Panzerung.

Nun erschienen die Großmütter und standen neben uns. »**Was ihr als böse bezeichnet, erscheint in vielerlei Gestalt**«, erklärten sie. »**Wenn es auftritt, zeigt es sich nicht als Ungeheuer. Es wird selten als böse erkannt. Das Böse ist unscheinbar und klein, oder zumindest erscheint es zunächst klein**«, sagten sie und nickten bedächtig. »**Es nagt an euch: als Zweifel, als Dumpfheit oder Beschäftigung mit unwichtigen Dingen, mit Dramen und Traumata des Lebens. Das ist böse**«, sagten sie, »**weil es euch Kraft raubt. Wann immer ihr das Eine aus den Augen verliert, gebt ihr dem, was ihr das Böse nennt, die Möglichkeit zur Einwirkung. Deshalb geben wir euch diese Schutzhülle. Dieses goldene Kettenhemd aus Licht wird euch aufrecht halten und in Übereinstimmung mit dem Göttlichen.**«

»Ooohhh«, rief ich aus, »es macht wohl unbesiegbar.« Das war genau das richtige Wort für die Sicherheit, die ich empfand. »**Bringt anderen bei, wie man die Welt aus dieser Position der Macht und des Schutzes beobachtet**«, sagten sie. »**Wenn ihr in die Rüstung aus Licht gehüllt seid, ist es leicht, die heimlichen Wege des Bösen zu beobachten und doch nicht davon betroffen zu sein. Dann werdet ihr merken, wie das Böse euch ablenkt und anzieht, wie es Sorgen, Ängste und Geschäftigkeit erzeugt. Ihr werdet dabei zusehen können, wie es sich in euren Geist einzuschleichen versucht.**« »Ja, Großmütter«, sagte ich. »Erklärt es uns.«

»Ihr müsst jetzt ruhig sein und das Licht leuchten lassen«, sagten sie, während Bär zustimmend nickte. **»Meidet die Angst, meidet Klatsch und Tratsch und verbringt viel Zeit mit den kleinen Dingen. Tut die Arbeit eures Lebens.«** Sie schauten mich gleichmütig an. **»Tut, was vor euch liegt. Und bleibt immer in der goldenen Umhüllung, die wir euch heute gegeben haben.«**

Nun wurde ich mir wieder des Mantels gewahr, der leicht auf meinem Körper lag und sich an meine Gestalt anschmiegte. **»Die Rüstung aus Licht wird sich für diejenigen, die sie tragen, gut anfühlen«**, sagten sie, **»sie passt sich den Konturen des Körpers an.«** Dann wandten sie sich einander zu und lachten, und ich hörte sie sagen: **»Wir liefern es, ihr wendet es an.«**

Die Großmütter warfen uns liebevolle Blicke zu, aber nach einer Weile schienen sie sich zu besinnen. **»Die Dunkelheit auf Erden nimmt jetzt zu. Das ist der Sturm.«** Ich erinnerte mich an die wütenden Wolken, die sich über dem Berg zusammengebraut hatten, die Bär und ich vor ein paar Tagen gesehen hatten. »Meint ihr, der Sturm zieht heran?« fragte ich mit vor Schreck schriller Stimme. **»Du hast nichts zu befürchten«**, sagten sie und streichelten mich mit ihren Flügeln. **»Bleibe im Licht und lasse dich nicht vom Sturm ablenken. Lass ihn toben und brüllen, wie er will, du aber bleibst im Licht!«** »Ja, Großmütter«, sagte ich, fragte mich aber, ob ich das schaffen würde. Wenn der Sturm mich umtoste, würde ich seinem Druck standhalten?

In die Zweifel hinein, die mich überkamen, sagten sie: **»Halte einen Moment inne und fühle deinen Körper. Schau, wie das Licht in dir aufsteigt, und fühle, wie es schimmert und vibriert. Dieses Licht ist nicht nur ein Schutz«**, sagten sie, **»obwohl es das natürlich auch ist, sondern es dient zugleich als Leuchtfeuer. Und dieser Aspekt des Lichts ist wichtig.**

Wenn andere das Licht sehen, gehen sie in Resonanz damit und erwachen zu seiner Gegenwart in sich selbst. Wann immer ihr euch also in die Rüstung aus Licht kleidet, helft ihr euch selbst, und ihr helft vielen.« Lächelnd hoben sie die Hände und sagten: **»Ihr gebt den Menschen etwas, wonach sie sich richten können.**

Ihr wurdet berufen«, sagten sie und sahen die von uns, die vor ihnen standen, genau an. »**Jede von euch ist zu dieser Zeit aufgerufen, standhaft zu bleiben, das Licht zu halten und von ihm gehalten zu werden.**

Zudem ist es wichtig, sich der Tricks des ›Nicht-Lichts‹ gewahr zu sein, sich daran zu erinnern, dass diese Tricks subtil und selten offenkundig sind.« Sie hielten einen Moment inne, um sicherzugehen, dass ich die Bedeutung ihrer Worte verstanden hatte, und sahen mir dann in die Augen. »**Bitte darum, darauf aufmerksam gemacht zu werden, wie das Böse dir begegnet. Bitte darum, dass man es dir zeigt, wenn es versucht, sich an dich heranzumachen.**« Sie beobachteten mich genau, um zu sehen, wie ich auf diese Botschaft reagierte. »Ja, Großmütter«, sagte ich, und dann schloss ich die Augen und bat darum, dass mir gezeigt wurde, wie mir das Böse begegnet. Mein Magen krampfte sich zusammen. Sobald ich die Frage stellte, überkam mich große Angst. Ich fühlte mich verloren, allein in einer Welt, in der mich niemand verstand. Das Erlebnis war so real, das Gefühl so stark, dass mir schwindelig, sogar übel wurde.

»**Dieser Gedanke, der Glaube, dass du ganz allein bist auf der Welt**«, sagten sie, »**hat dich oft zum Verzweifeln gebracht. So kommt das, was wir das Böse nennen, zu dir und nährt dich. Es ist wichtig, dass du das weißt**«, fügten sie hinzu, »**damit du darauf achtgeben kannst.**« »Ja, Großmütter«, sagte ich. Mir war so mulmig, dass mir meine Stimme fast versagte. »**Das ist deine Erfahrung**«, sagten sie, »**und jeder Mensch, der darum bittet, gezeigt zu bekommen, wie sich das Böse ihm nähert, wird eine andere Erfahrung machen. Sage bei der nächsten Versammlung, dass sie alle tapfer sein sollen, und stelle ihnen die Frage, wie das Böse sich ihnen nähert. Sie werden ebenfalls eine Antwort bekommen, damit auch sie wachsam sind und darauf achten, wie die bösen Würmer ihren Weg in sie hineinfinden. Das**«, sagten sie wissend nickend, »**ist der Beginn der Freiheit.**«

Ich zitterte immer noch von meinem Kontakt mit dem Bösen, richtete aber meine ganze Aufmerksamkeit auf das, was sie sagten. »**Wenn du die Frage stellst, lass dich nicht von dem Drama ablenken, das das Böse erschafft, sondern halte an der Wahrheit fest. Du nimmst einfach wahr,**

wie das Böse in dein Leben tritt.« Und sie fügen hinzu: »**Diese Lektion ist nichts für schwache Nerven.**« »Ja«, flüsterte ich. Tatsächlich war diese Lektion nichts für schwache Nerven; ich fühlte mich immer noch unwohl und benommen. Ich seufzte, tat ein paar Atemzüge und fragte: »Großmütter, gibt es noch etwas, das ich jetzt wissen soll?« »**Wisse, dass wir bei dir sind**«, sagten sie und strahlten mich mit einer solchen Warmherzigkeit an, dass meine Augen sich mit Tränen füllten.

Zu überwältigt, um zu sprechen, schaute ich einfach sie und Bär an, und als meine Blicke auf ihnen ruhten, kam mir in den Sinn, dass, wann immer Bär in einem meiner Träume erschien, er etwas kundtun will. Er ruft mich vielleicht zu den Großmüttern oder zu den mitfühlenden Tiergeistern, aber er ruft. »Ich muss mich daran erinnern«, sagte ich. »Wann immer er auftaucht, ist es Zeit, sie zu besuchen.«

Diese Lektion über die Wege des Bösen und wie man es erkennt, war eine der wichtigsten Lehren, die mir zuteilwurden. Und da ich die Wege nun kannte, wie sich das Böse in mein Leben schlich, war ich auf der Hut. Wann immer dieses schmerzhafte, aber vertraute Gefühl aufkam, allein und eine Außenseiterin zu sein, sagte ich mir: »Oh nein, das bist du nicht.« Dann würde ich mich an die Großmütter wenden, ihnen das nagende Gefühl übergeben und weitermachen. Mit der Zeit fiel es mir immer leichter, und obwohl ich es manchmal noch vergaß, erfuhr ich, dass das Böse, sobald es entlarvt war, seine Macht verlor und davonschlich.

Nach dieser Reise wurde ich mir meiner wachsenden Macht gewahr. Das war etwas, was ich vorher nicht kannte – ein Gefühl von Standhaftigkeit, aber mehr als nur Standhaftigkeit. Bär hatte mir gesagt, dass ich bereit sein muss, mehr Macht zu übernehmen, weil die anstehende Aufgabe es erforderte. Ich hatte dazu ja gesagt, war auf den Pferden der Macht geritten, und nachdem ich das getan hatte, war ich nicht mehr dieselbe. Immer wieder kam mir eine Zeile aus einem alten Bürgerrechtslied in den Sinn: »Wir werden nicht weichen, wir werden nicht weichen«, sang ich bis zu dem Tag, an dem ich erkannte, dass es für mich nicht: »Wir werden nicht weichen« heißen musste, sondern: »Ich *kann* nicht weichen.«

Es war jetzt eine Entschlossenheit in mir, die bald zum Dauerzustand wurde. Standhaft und geerdet wusste ich, dass nichts mich davon abhalten konnte, die Arbeit fortzusetzen, die die Großmütter mir auftrugen. Ein Gefühl der Sinnhaftigkeit hatte mein ganzes Leben ergriffen: Jetzt hatte ich eine Mission.

»Du wirst diesem Ort das Gleichgewicht von Yin und Yang bringen.«

Die Gegenwärtigkeit von Macht und die damit verbundene Standfestigkeit wurden real und durchdrangen allmählich jeden Winkel meines Lebens. Es war keine bewusste Sache. Es passierte einfach; wie ein Elefantenbaby ist es herangewachsen. Und mit dieser Beständigkeit kam natürlich auch das Vertrauen. Das waren Qualitäten, die ich in reichlichem Maße brauchte, denn die Großmütter stießen mich in die schwierigeren Bereiche des Lebens. Ich hatte keine Ahnung gehabt, wie überfällig meine letzte Reise zu Bär gewesen war. Er hatte mich gelehrt, wie wichtig es ist, auf die Angst und das Böse zu achten und sie genau zu beobachten, damit man nicht reflexartig auf sie reagierte.

Die ganze Zeit über, als ich in andere Ebenen der Wirklichkeit reiste, die Treffen abhielt und *Selbstermächtigung* schrieb, versuchte ich zugleich, ein normales Leben zu führen: mit Klienten arbeiten, Abendessen zubereiten, mich mit Freunden unterhalten, malen und im Garten werkeln. Mit meiner Familie sprach ich selten über das, was ich lernte, weil es sie nicht interessierte und es nur bestimmte Freunde gab, mit denen ich darüber sprechen konnte. Doch durch tägliche Osmose sickerte die Botschaft der Großmütter in mein Leben und das meines Mannes ein. Unsere Kinder waren zu der Zeit schon nicht mehr im Haus, so dass Roger der Mensch war, der am meisten von den Veränderungen durch die Großmütter betroffen war. Nach und nach begann er die Wirkung dieser weisen Wesen auf unser Leben zu verstehen und wertzuschätzen. Und statt sich von meiner gewachsenen Macht und meinem Selbstvertrauen bedroht zu fühlen, gefiel es ihm.

Während all unserer Ehejahre hatten wir unsere freie Zeit genutzt, um weite Reisen zu unternehmen, und bevor die Großmütter kamen, hatte ich mich genauso auf diese Unternehmungen gefreut wie Roger. Weil wir gerne das Unerwartete entdeckten, hatten wir eine Vorliebe für exotische, abgelegene Ziele. Aber nachdem ich einige Zeit damit verbracht hatte, in die nichtalltägliche Wirklichkeit zu reisen, hatte das normale Reisen nicht mehr denselben Reiz wie früher. Roger war jedoch immer noch von fremden Ländern fasziniert, so dass wir, als es Zeit für einen Urlaub war, abreisten.

Im Januar würden wir nach Angkor Wat in Kambodscha und dann weiter nach Burma fahren. Weder war dieser Urlaub meine Idee gewesen, noch hatte ich diese Länder ausgewählt. Wieder einmal war ich nur »mit dabei«. Es war Roger, der Angkor Wat, »eines der Weltwunder«, sehen wollte, und da sich die politische Situation in Burma ein wenig beruhigt hatte und das Land nicht allzu weit von Kambodscha entfernt war, wollte er es ebenfalls erkunden. Am Tag vor unserer Abreise wurde mir klar, dass diese Reise mehr beinhalten könnte, als die Reisebroschüren versprachen; vielleicht gab es etwas Besonderes zu lernen oder zu tun an diesen abgelegenen Orten. Also ging ich im letzten Moment zu den Großmüttern und fragte nach.

Mit meiner Frage im Sinn landete ich in ihrem Tal und war überrascht, als ich sie mit dem heiligen Mann dort stehen sah. Die Großmütter und der heilige Mann erschienen nicht oft zusammen, aber bevor ich sie begrüßen konnte, kamen sie alle auf mich zu und umringten mich eilig; sie kamen so nah heran, dass die Großmütter mich zu umarmen schienen, während der heilige Mann sich über meinen Kopf erhob, wo er etwas schuf, das wie ein Lichtschirm aussah. Obwohl ich darüber etwas verblüfft war, blieb ich bei meiner Frage und sagte: »Meine lieben Lehrer, wir reisen morgen nach Kambodscha und Burma, und ich möchte wissen, ob ich euch zu Diensten sein kann. Ich möchte immerfort dienen«, fügte ich hinzu, »auch im Urlaub.« »**Wir wissen es**«, kicherten die Großmütter und rückten näher zusammen, um ihren Kreis zu schließen. Jetzt fühlte ich sowohl ihren Schutz als auch ihre Liebe. Ich mochte auch das behagliche, behütende Gefühl dieses Lichtschirms.

Wie schon mehrmals zuvor, gingen sie mit mir an den Rand einer Klippe, zeigten in die Ferne und sagten, ich solle hinschauen. Zuerst sah ich nur die Weite des blauen Himmels, aber als ich meinen Blick senkte, bemerkte ich die hügeligen Schluchten, Berge und Täler, die sich bis zum Horizont hinzogen. »Viele Welten«, sagte der heilige Mann, als er darauf wies, »und morgen gehst du in eine davon. Wir schicken dich und Roger in eine andere Welt.« Ich wandte mich mit einem fragenden Blick an ihn, aber er ignorierte mich, also schaute ich zu den Großmüttern. Sie schwiegen aber auch, betrachteten mich mit unbewegter Miene, bis mir schließlich klar wurde, dass es in diesem »Urlaub« um die Energien von Männlichem und Weiblichem gehen sollte. Ich würde mit Yin und Yang arbeiten. Stimmte das? fragte ich mich. Ich blickte auf, und der heilige Mann nickte zustimmend.

»Setz dich dort hin und bete mit Roger an diesen Orten«, sagte er, »und rufe uns an.« So wusste ich, dass auf dieser Reise, wenn ich entweder die Großmütter oder den Heiligen anrief, beide antworten würden. Das gab mir ein beruhigendes Gefühl, und ich lächelte ihnen dankbar zu. Sie reagierten jedoch nicht, sondern sahen sehr ernst aus.

»**Die Energien des Männlichen und Weiblichen in diesem Teil der Welt sind seit Äonen aus dem Gleichgewicht**«, sagten die Großmütter und schüttelten ihre Köpfe. »**Die Frau wurde nicht so wertgeschätzt, wie sie sollte.**« Das machte sie sehr besorgt. »**Weil du und dein Mann in Harmonie miteinander seid**«, erklärten sie, »**wirst du dieser Gegend das Gleichgewicht von Yin und Yang bringen.**« »Oh«, sagte ich, »es klingt, als würdet ihr uns einen Auftrag erteilen.« Sie nickten und lächelten, und mit einem erwartungsvollen Lächeln fügten sie hinzu: »***Tara* wird dich begrüßen.**«

Ich holte tief Luft. »Tara!« rief ich aus. »Tara wird mich begrüßen?« Aber sie sagten nichts, lächelten und nickten einfach. Grüne Tara, Schwarze Tara, Weiße Tara, dachte ich, die legendäre Göttin in all ihren Gestalten. Schon Jahre zuvor hatte ich von ihr gelesen und gehört, aber ich verstand nicht wirklich, wer sie war. Ich wandte mich an die Großmütter, um nach dieser Göttin des Ostens zu fragen, und da sah ich sie. Sie tanzte direkt vor ihnen. Anmutig in ihren Bewegungen, hatte sie eine sanft gerundete Gestalt wie eine lebendig wirkende Statue aus der Khmerzeit. »Sie sitzt in Angkor Wat«, sagte ich mit Bestimmtheit, und als ich sprach, wurde mir bewusst, dass ich wieder einmal etwas »wusste«, ohne zu verstehen, wie ich es wissen konnte. »**Sie tritt hervor, sie tritt hervor. Tara tritt hervor**«, antworteten die Großmütter.

»**Wohin du auch gehst, du wirst unsere Botschaft mitnehmen**«, sagten sie. Sie wechselten das Thema, und als sie von der tanzenden Göttin wegschauten, verschwand sie. »**Roger wird dich begleiten und beschützen, denn ihr zusammen tut das Werk des großen Yin.**« »Roger wird mich beschützen?« fragte ich. »Warum… warum brauche ich Schutz?« Aber sie blieben stumm. Schließlich sagten sie: »**Yin und Yang werden wieder in Harmonie sein an diesen Orten**«, und sie verschränkten ihre Arme, während sie ihre Köpfe wiegten, um ihren Worten Nachdruck zu verleihen. »**Das ist eine heilige Reise**«, sagten sie und fügten schnell hinzu: »**Teile nicht alles, was wir dir sagen, mit ihm.**« Ich sah, wie sie mich anguckten, und verstand. Wenn ich jetzt schon über alles sprechen würde, wäre es vielleicht zu viel für ihn. Es könnte ihn überwältigen.

»**Wir werden auf dich aufpassen**«, sagten sie lächelnd und nickten mir zu, um mich zu beruhigen. »**Wir schicken dich auf diese Mission, so wie wir dich damals nach Frankreich geschickt haben.**« »Hmm«, murmelte ich, »ich erinnere mich.«

Weniger als zwei Jahre nachdem die Großmütter in mein Leben getreten waren, unternahmen meine Freundin Pat und ich eine Pilgerreise durch die Berge Mittelfrankreichs auf der Suche nach den Schwarzen Madonnen. Meinrad Craighead, die Künstlerin und Lehrerin, mit der ich in New Mexico zusammengearbeitet hatte, machte mich mit den Orten der vorchristlichen Mütterverehrung bekannt, die heute durch mittelalterliche Statuen der Madonna und des Kindes kenntlich sind, aus unbekannten Gründen meist schwarz. Pat und ich interessierten uns für das weibliche Schöpfungsprinzip, das im Mittelalter in Europa aufgetaucht war, und wollten das Thema untersuchen. Ich hatte eine grobe Karte erstellt, die auf Meinrads Vorlesungsunterlagen beruhte, und wir folgten ihr und schlängelten uns auf unserer Suche durch Städte, Dörfer und kleine Weiler in den Bergen. Wir hatten nur wenige Tage, aber da Frankreich einst ein Zentrum der Mutterverehrung war, fanden wir eine ganze Reihe von ihnen.

Im ältesten Teil von Clermont-Ferrand, einer Industriestadt in den Bergen Mittelfrankreichs, stießen wir auf zwei starke Plätze der Mutterverehrung. Dies war unsere erste Erfahrung ihrer Macht, und es war ernüchternd und erschreckend, inmitten dieser unwirtlichen städtischen Umgebung der Mutter zu begegnen. Aber da war sie: Mittelalterliche Statuen der Jungfrau und des Kindes kennzeichneten die beiden Plätze in Clermont-Ferrand. Der eine befand sich vor einem Brunnen in der Krypta der alten Hafenkirche im ältesten Teil der Stadt und der andere in der Kathedrale, hoch auf einem Hügel, auf dem auch eine Statue von Vercingetorix steht, dem gallischen Fürsten und Anführer der Kelten.

Ein kalter Aprilwind trieb uns durch die Tür, und wir zündeten Kerzen an, zuerst in der Hafenkirche und dann in der Kathedrale. Da saßen wir vor der Statue der Jungfrau und des Kindes; wir riefen die Großmütter an, die Jungfrau Maria und die Gegenwart der ursprünglichen Mutter dieses Ortes, beteten für die Erde und baten alle Formen der Mutter, in dieser Zeit zu erscheinen, um ihre Kinder zu retten – um diesen alten Ort wieder mit der ihm zustehenden Kraft zu erfüllen. Unsere Gebete wurden erhört, und als Wellen sich erhoben und um uns herumwirbelten, saßen wir da und zitterten. Ab und zu kam jemand aus der Stadt, um für ein paar Minuten zu beten, aber wir blieben still sitzen, so auf unsere Mission bedacht und von den Wellen der Macht absorbiert, die von diesen Orten ausgingen, dass unsere Knie weich waren, als wir schließlich gingen.

Wir taten überall dasselbe, sei es in den kleinen Dörfern Orcival und Marsat, in der kleinen Stadt Les Puys en Vallie oder hoch oben auf den Felsklippen bei Rocamadour. Und jedes Mal, wenn wir sie anriefen, antwortete die Mutter. Inzwischen war klar, dass wir zu diesen Orten hingezogen worden waren, um ein bestimmtes Werk zu tun – um die schlafende Kraft von Yin zu erwecken, die jetzt nicht mehr schlafen würde.

Und überall, wo wir hingingen, führten und beschützten uns die Großmütter.

Als wir wieder auf dem Rückweg nach Paris waren, hatten wir ein Verständnis davon, worum es bei diesen Stätten der Schwarzen Madonna ging. Da die Urkraft der Großen Mutter für das Patriarchat der katholischen Kirche zu groß war, wurden die Stätten mit einer Kirche, Kapelle oder Kathedrale überbaut. Die Kraftplätze waren respektiert worden, aber ihr Zweck und ihre Potenz waren verdeckt. Aber sie gehörten immer noch der Mutter, und wir hatten eine kleine Rolle dabei gespielt, sie wieder zu aktivieren. So kamen wir wieder nach Paris, weiser und voll Ehrfurcht, dass wir auf so wunderbare Weise benutzt wurden. Und wir waren den Großmüttern dankbar, die uns die Reise ermöglicht und uns den ganzen Weg geführt hatten.

»**Diese Reise in den Osten**«, sagten die Großmütter, »**hat einen anderen Zweck als die, die du nach Frankreich unternommen hast. Der Zweck dieser Reise ist es, die weiblichen und männlichen Energien auszugleichen**«, sagten sie *und* sahen mich durchdringend an, um sich zu vergewissern, dass ich es verstanden hatte. »**Die Energie von Yin ist jetzt ständig in dir**«, erklärten sie, »**und diese lebendige Energie wird die in Kambodscha, Burma, Thailand und Japan noch schlafende Energie von Yin aufwecken. Überall, wo du bist, wird die Energie von Yin sein, und so wird jeder Ort, den du besuchst, anfangen zu erwachen. Die Energie deines Mannes wird während dieser Arbeit Wache stehen**«, erklärten sie, und ich fragte mich erneut, was das alles mit »Schützen« und »Wachen« zu tun hatte. »**Es ist gut, gemeinsam auf heilige Weise zu reisen**«, sagten sie, und während sie sprachen, schienen sie mich zu durchleuchten. Ich war überwältigt und irritiert von ihrer Erklärung und fragte mich wieder einmal, was das alles zu bedeuten hatte.

»**Sie freuen sich darauf, dass du kommst**«, sagten die Großmütter unvermittelt, lächelten und schauten mich wissend an. »Sie?« Ich blinzelte, aber sie sagten nichts, fixierten mich nur weiter mit diesem durchdringenden Blick, bis ich begriff, dass »sie« die weiblichen Göttinnen und Geistwesen dieser Weltgegend waren. Sobald ich das erkannte, spürte ich die ungeduldige Erwartung dieser Gottheiten und wurde von Gefühlen übermannt. »Oh«, schluckte ich mit tränenerstickter Stimme. »Sie sind schon so lange bereit zu erwachen.« Die Großmütter nickten verständig und überschütteten mich mit ihrem liebevollen Lächeln.

Der heilige Mann kam jetzt dazu, und mit ihm sagten die Großmütter im Chor: »**Wenn du an diesen Orten betest, sprich von der Harmonisierung, die jetzt zwischen den Energien von Yin und Yang stattfindet. Sprich über das große Bedürfnis nach Harmonie zwischen Männern und Frauen. Sag das laut**«, sagten sie. »**Als Paar verkörpern du und dein Mann diese Harmonie, und ihr werdet sie deshalb überall mit hinnehmen. Bitte Roger, an jedem Ort, den ihr besucht, mit dir zu beten, und während ihr betet, ruft uns und den Buddha an.**« »Das werde ich, das werde ich«, versprach ich, und es war klar, dass wir auch Buddha anrufen mussten, denn er wird in diesen Ländern sehr verehrt. »**Überall, wo du hingehst, wirst du einen heiligen Weg gehen. Sei dir stets bewusst: Es ist eine heilige Reise**«, sagten sie mit ernster Miene. »**Ihr wurdet hier hergerufen – zusammen.**«

Ich war fassungslos, wie bedeutend diese Reise offenbar war, die ich bisher als bloßen Urlaub betrachtet hatte, aber ich verbeugte mich tief, und als ich meinen Kopf hob und ihnen in die Augen sah, spürte ich meine eigene Würde und Macht. Der heilige Mann und die Großmütter schickten sie zu mir zurück und baten mich, sie anzunehmen, und ich bekam ein Gefühl von Bedeutung. »Die Großmütter werden dich in Licht und Macht hüllen«, sagte der heilige Mann, »du hast nichts zu befürchten.« »Ich habe nichts zu befürchten«, wiederholte ich, und als ich ihm in die Augen sah, wusste ich, dass es stimmte. Er hielt mich in seinem Blick, und die Kraft seiner Botschaft bewegte sich tief in mir, bis mir meine Arme und mein Oberkörper kribbelten.

Dann sprachen die Großmütter. »**Schreibe an alle, die an der Verbreitung unserer Botschaft beteiligt sind**«, sagten sie, »**und erzähle ihnen vom Zweck dieser Reise. Bitte sie, dich im Lichtnetz zu halten, während du unterwegs bist.**« »Ja, Großmütter«, sagte ich. Ich war dankbar für die Unterstützung und dass ich diese Reise teilen konnte.

Nun zeigten die Großmütter und der heilige Mann nach unten, und als ich ihrer Gebärde folgte, sah ich unsere blaue und grüne Erde im Weltraum kreisen. »Oh«, rief ich aus, als sie mir zeigten, welchen Effekt das Erwachen von Yin im südostasiatischen Teil der Welt haben würde. Das Eindringen von Yin-Energie würde eine Art Schale unter dem Mittleren Osten schaffen und ihn von einer Seite stützen. Die Arbeit dieser Reise würde helfen, diesen unruhigen Teil der Welt zu halten. Zusammen mit den Großmüttern, dem Heiligen und denen, die mit uns arbeiteten, würden wir ein Stützgebilde unter dem Mittleren Osten knüpfen. »Ja«, sagten sie, »das wird eine sanfte Eingrenzung der… kriegerischen Energie dort sein.« Und als ich schnell aufblickte, sagten sie: »**Wir werden bei dir sein.**«

Ich war so begeistert von dem, was sie mir gezeigt hatten, und war mir der Bedeutung dieser Reise so bewusst, dass mein Körper anfing zu zittern, aber in diesem Moment hörte der Trommelschlag auf. Das war mein Signal, und ich wandte mich um, um zu gehen, aber auf meiner Rückreise bemerkte ich, dass irgendwie die Großmütter und der heilige Mann noch bei mir waren. Selbst als ich durch die Ebenen der Oberen Welt abstieg, konnte ich sie noch sehen. »Ich verstehe es«, flüsterte ich. »Sie sind jetzt bei mir und werden es immer sein.« Dieser Gedanke gab mir einen Trost, den ich in den kommenden Wochen brauchen würde.

Während dieser Reise rief ich die Großmütter und den heiligen Mann ununterbrochen an. Die Energie in und um Angkor Wat erwies sich als überraschend bedrohlich; eine Schwere bedrückte das Land. Da ich mich auf Angkors bauliche Schönheit, seine architektonische Bedeutung und Geschichte konzentriert hatte, hatte ich nicht bedacht, wie die Schwingung dieses Ortes aussehen mochte. Aber die Tempel, Denkmäler und die Landschaft um diese großartige Stätte herum sind Zeugen der abscheulichsten Folterungen und Leiden, die der Mensch ersonnen hat, und ich konnte sie spüren. Das Gefühl der Unterdrückung war so stark, dass ich oft kaum Luft bekam. Kriege, vor allem aber der Völkermord durch das Pol-Pot-Regime in den 1970er Jahren, drückten die Seele dieses schönen Landes nieder.

Wir besuchten die Ruinen um Angkor Wat, Schreine, die sowohl den Hindus als auch den Buddhisten heilig sind, und wie uns aufgetragen worden war, beteten wir an den meisten von ihnen. Eines Tages, als Roger nicht bei mir war, betrat ich allein mit unserem Führer einen Tempel. Er sprach so schlechtes Englisch, dass ich nicht verstand, was er sagte, aber er zeigte immer wieder auf die Mauern des Tempels, sah mich auffordernd an und lachte. Ich erkannte nichts an den Wänden und verstand nicht, was er sagte, also lächelte ich einfach wie die unwissende Touristin, die ich war, und folgte ihm hinein.

Der Eingang des Tempels war den anderen ähnlich, die wir gesehen hatten, aber nachdem wir ihn durchschritten hatten, verwandelte sich die Halle plötzlich in einen Tunnel. Bald wurde es dunkel und stickig, und als wir Tunnel um Tunnel durchwanderten, begann meine Kopfhaut zu kribbeln. Es war so eng, dass man schwer Luft bekam, und als ich der Anwesenheit einer gespenstischen Energie gewahr wurde, bekam ich wirklich Angst. Innerlich rief ich nach den Großmüttern und dem Heiligen und verstärkte das Singen des Gayatri-Mantras, der alten Fürbitte um Schutz und Erleuchtung. Sobald ich sie anrief, umgaben mich die Großmütter, und der heilige Mann bedeckte mich mit seinem Lichtschirm, und so wusste ich mich trotz der dunklen Energie des Ortes in Sicherheit.

Der Führer beobachtete, wie ich auf seine »Tour« reagierte, aber jetzt, da ich wusste, dass er ein Spiel mit mir spielte, wollte ich nicht zeigen, wie verängstigt ich war. Als ich schließlich das Wort »Yama« fand, das im Tunnel eingemeißelt war, begann ich zu verstehen. Wir befanden uns in einem alten Krematorium der Khmer, einem Ort, der Yama, dem Gott des Todes, geweiht war.

Als wir schließlich wieder ans Tageslicht gelangten, konnte ich sehen, wie stolz der Führer darauf war, dass er sich mit dieser Touristenlady so einen Spaß gemacht hatte, während die Touristenlady einfach froh war, dass es vorbei war. Die Energien des Todes und der Angst hingen in diesem Tempel und um ihn herum, aber die Großmütter und der heilige Mann hatten mich flankiert, umhüllt und beschützt. Dieser dreiste Führer hatte mir eine Lektion erteilt. Von diesem Tag an, wenn ich einen Tempel, eine Kirche, ein Museum oder einen Ort betrete, an dem alte Energie lauert, rufe ich die Großmütter und den heiligen Mann an. Die festsitzende dunkle Energie dieser Orte schafft eine Öffnung für das, was man »böse« nennt, aber ich lernte, dass sich diese Tür niemals öffnet, wenn sie mich umgeben.

Das Gefühl in Burma war ganz anders als in Kambodscha – nicht so bedrückend, aber auf eine andere Weise schwer. Ein totalitäres Regime kontrollierte das Land, und es gab keine Freiheit. Leere, Hoffnungslosigkeit und Angst lagen in der Luft, aber zumindest hat Burma keinen Massenmord von der Größenordnung Kambodschas erlebt. Und die Menschen, denen wir sowohl in den Städten als auch auf dem Land begegnet sind, waren freundlich und einladend. Weil sie von der Militärdiktatur so isoliert und von der Welt abgeschnitten sind, waren ihnen Touristen nicht gleichgültig, sondern sie freuten sich, unsere westlichen weißen Gesichter zu sehen. Ich war noch nie so einer Unschuld begegnet, so offenen Menschen. Jedes Mal, wenn wir mit unserem Auto an ihnen vorbeifuhren, lächelten sie so vorbehaltlos und offenherzig, dass ich den Tränen nahe war.

Eines Tages nahm uns unser burmesischer Reiseleiter mit auf eine Wanderung durch einen Dschungel, mehrere Stunden von Yangon oder Rangun entfernt, wie es früher genannt wurde. Nachdem wir mitten im Dschungel waren, sagte er uns, dass er sich eine »sichere« Zeit für unsere Wanderung ausgesucht hatte, denn Tiger durchstreifen diesen Dschungel während der »unsicheren« Zeiten. »Oh«, sagte ich und versuchte, entspannt zu bleiben, während ich die Großmütter und den Heiligen anrief.

Hier am Ufer eines Flusses trafen wir auf primitive Gestalten hinduistischer Götter und Göttinnen, die in die Steine der Böschung gehauen waren. Diese Arbeit stammte offenbar aus einer Zeit, bevor der Buddhismus zur vorherrschenden Religion in Burma geworden war, und da wir auf unserer Wanderung niemanden trafen, nahmen wir an, dass dieser Ort nicht viel besucht war. Hier, am Ufer des Flusses, lagen Vishnu und seine Gemahlin Lakshmi seit Hunderten oder vielleicht tausend Jahren ungestört. Wir standen da und beteten bei ihnen und baten diese Aspekte der Göttlichkeit, die Energien von Yin und Yang auf Erden zu segnen und zu harmonisieren.

Am nächsten Tag bestiegen wir ein Dampfschiff den Irrawaddy hinunter und machten später einen Gang durch die verlassenen Tempel von Bagan. Dann kehrten wir nach Mandalay zurück und hielten in dem Moment bei einem Kloster an, als tausend buddhistische Mönche für ihre eine Mahlzeit des Tages eintrafen. Unser Reiseleiter führte uns dann zu einem verarmten Kloster, wo dem Anschein nach die sanft lächelnden Nonnen nie genug zu essen bekamen. An diesem Abend sahen wir im Puppentheater ein Stück, in dem die Geister von »Gut« und »Böse« miteinander kämpften. Überall, wo wir waren, bin ich mit den Großmüttern und dem Heiligen gegangen, habe für alle gebetet, die wir getroffen haben, und habe fortwährend das Gayatri-Mantra gesungen. Diese Reise nach Südostasien war kein Urlaub, sondern eine Reihe von heiligen Tagen, und auf der Heimreise wurde mir klar, dass ich in meinem Leben in einem »Urlaub« noch nie so hart gearbeitet hatte. Gewiss hätte ich es ohne die ständige Anwesenheit und den Schutz der Großmütter und des Heiligen nicht tun können – und nicht ohne Roger, meinen Mann.

KAPITEL 6

Einen heiligen Raum halten

»Es gibt nur einen Fels. Es gibt nur einen Gott.
Derselbe Fels, derselbe Gott liegt allem zugrunde.«

Mit den Großmüttern unterwegs zu sein, war aufregend und erfüllend. Allerdings gab es Zeiten, in denen es fast mehr war, als ich verkraften konnte. Ich wusste nie, wo oder von wem meine nächste Lektion kommen würde, geschweige denn, was sie sein würde. Sie konnte von den Großmüttern kommen, von Bär, von einem anderen Tiergeist oder von etwas, über das ich in der »normalen« Realität gestolpert bin. Lernen war überall, das Leben war ein Minenfeld voller Überraschungen, und wenn etwas sicher war, dann, dass ich für nichts davon verantwortlich war.

Eines Tages, als ich ein altes Tagebuch durchging, das ich aufbewahrt hatte, stieß ich auf einen Traum, den ich ein paar Jahre zuvor hatte. Darin wollte ich zu Fuß Indien verlassen und trug zwei Steintafeln. Ich war mir nicht sicher, ob ich sie entdeckt hatte oder ob sie mir gegeben worden waren, aber sie waren kostbar, und ich hatte sie in einen Sack gepackt, damit ich sie tragen konnte. Es waren spirituelle Lehren, in Stein geritzt, und *sie waren schwer*! Ich schleppte sie einen Hügel hinauf, als ich plötzlich an der indischen Grenze ankam. Vor mir ragte ein Metallzaun auf, von Stacheldraht gekrönt. Ich müsste darüberklettern, um die Grenze zu überwinden. Und als ich das erkannte, wusste ich, dass ich mit meinem Gepäck nicht über den Zaun kommen würde.

In dem Traum war mir bewusst, dass ich weitermusste, und so war ich gezwungen, eine schwierige Entscheidung zu treffen. Ich würde die Tafeln zurücklassen müssen. Neben dem Zaun lag ein Haufen Schutt – Möbel, Behälter verschiedenster Art, Zeug, das andere zurückgelassen hatten, bevor auch sie die Grenze überwanden. Mit Bedacht legte ich meinen Sack auf den Haufen und wandte mich schweren Herzens zum Gehen. Doch kurz vor dem Übersteigen des Zaunes drehte ich mich noch einmal um und schaute auf die Last, die mir so lieb und teuer war, als ich aus dem Augenwinkel etwas Seltsames bemerkte. Auf dem Stoff des Sackes befanden sich Symbole. Ich sprang vom Zaun, den ich gerade hinaufgeklettert war, stülpte den Sack um und leerte ihn, um ihn zu untersuchen. Die Schrift auf den Tafeln war irgendwie in den Stoff eingedrungen! Nun enthielt der Sack selbst die Essenz dieser alten Lehren. Ich brauchte die Steintafeln nicht! Die Lehren waren in den Stoff geätzt. Verblüfft von diesem Wunder hob ich den leeren Sack auf, wickelte ihn mir um und kletterte über den Zaun.

Dieser Traum ereignete sich mehr als ein Jahr, bevor die Großmütter in mein Leben traten, und hier war ich und las ihn wie zum ersten Mal. Alles an mir war hellwach, als ich erkannte, was mir das zu sagen hatte: Ich musste nicht mehr die formalen Traditionen und Lehren der Vergangenheit mitschleppen. Ich brauchte keine in Stein geätzten Lektionen mehr, ihre Essenz war genug. In den letzten fünfzehn Jahren hatte ich sieben Reisen nach Indien unternommen. Seit über dreißig Jahren meditierte ich regelmäßig und hatte die meisten Religionen der Welt studiert. Der Traum sagte mir, dass es nicht mehr notwendig war, die schwere Last der schriftlichen Überlieferung zu tragen. Die Arbeit der Großmütter war der Jutesack; praktisch und bodenständig, enthielt er die Essenz all dieser Lehren.

Der Traum bestätigte, was ich schon lange vermutet hatte: dass das Werk der Großmütter eine Destillation der alten spirituellen Wahrheiten der Welt ist. Diese weisen Frauen sind gekommen, um uns die Wahrheiten des Lebens vor Augen zu führen, in der Hoffnung, dass wir diesmal zuhören und aufpassen. Ihre Botschaft beinhaltet die Essenz der Veden, Sutren und anderer heiliger Texte sowie den heiligen Glauben der indigenen Völker. Ich hatte mich schon lange gefragt, ob das wohl so war, aber als ich den Traum las, wusste ich es.

Kurz darauf fand ich in einem anderen Tagebuch einen weiteren Traum. Dieser war genauso aufschlussreich wie der erste. Darin stand ich hoch auf einem Hügel und blickte auf Inseln in einer Bucht hinunter. Einige der Inseln erhoben sich kaum über die Wasserlinie, während andere weit über den Meeresspiegel hinausragten. Der Archipel, bestehend aus Hunderten von Felsen, erstreckte sich bis weit in die Ferne.

Als nächstes schwamm ich unter Wasser und erkundete die Ufer der Inseln, die mir am nächsten lagen. Das Wasser war hell, so klar, dass ich jeden Fisch sehen konnte und jeden Riss und jede Spalte in den Felsen. Ich tauchte tief, und als ich weiter forschte, entdeckte ich, dass diese sogenannten »Inseln« überhaupt keine Inseln waren. Sie waren keine getrennten Landmassen, sondern aus dem gleichen Gestein. Unter der Oberfläche der Wellen befand sich eine ununterbrochene Felsmasse. Erst wenn man sie von oben betrachtete, erschienen sie getrennt und unterschiedlich.

Als ich ihre grundlegende Einheit betrachtete, sprach eine Stimme und sagte: »Es gibt nur einen Fels. Es gibt nur einen Gott. Derselbe Fels, derselbe Gott liegt allem zugrunde.« »Ja«, stimmte ich zu, »es gibt nur einen Gott. Es gibt nur eine Wahrheit, aber sie zeigt sich zu verschiedenen Zeiten auf unterschiedliche Weise.« Im großen Meer des Lebens, wie auf den Inseln, die ich gesehen hatte, erheben sich verschiedene Religionen und zeigen sich von Zeit zu Zeit, aber es ist wichtig, sich daran zu erinnern, dass jede von ihnen Teil desselben zugrundeliegenden Felsens, also Gottes ist und jede nur ein Stück dieses Felsens zeigt.

Diese Träume waren ein Geschenk, und ich fühlte, dass das Universum, indem es sie mich entdecken ließ, »ja« sagte. »Mach weiter mit der Arbeit der Großmütter.« Ihre Botschaft ist praktisch und universell, ihre Lektionen bereichern den Alltag, ihre Ermächtigung hat eine nachhaltige Wirkung, und ihre Lehren stehen jedem offen. Keine Religion, sondern eine Lehre der praktischen Universalität. »Ja!« antwortete ich dem Universum.

»Halte einen heiligen Raum.«

Kurz nachdem ich diese Entdeckungen gemacht hatte, tauchte Bär wieder einmal auf, als ich schlief. »Du bleibst zu lange weg«, knurrte er, als ich endlich in die Untere Welt gereist war, um herauszufinden, warum er mir erschienen war. »Folge mir«, war das einzige, was er sagte.

Er drehte sich um und schlurfte davon, und ich folgte dicht hinter seiner lieben, vertrauten Gestalt. Er ging aufrecht, und als ich ihm folgte, kam mir aus irgendeinem Grund eine schreckliche Geschichte in den Sinn, die ich in der Zeitung gelesen hatte: von Menschen in Sibirien, die zahme Bären schlachteten. Als ich mich daran erinnerte, schnaufte ich und krümmte mich. Bär muss etwas gespürt haben, denn er blieb stehen, starrte mich mitleidig an und gestikulierte dann, dass ich mich beeilen sollte. Schnell kehrte ich in die Gegenwart zurück und rannte los, um ihn einzuholen. »Das ist das erste Mal, dass ich nicht auf Bär reite«, sagte ich mir, als ich den Pfad hinter ihm hinunterlief. Als er auf alle Viere fiel, wurde mir klar, dass es schwierig sein würde, ihn einzuholen, und obwohl ich meine Anstrengungen verdoppelte, fiel ich bald immer weiter hinter seine enteilende Gestalt zurück. Schließlich blickte er über seine Schulter, und als er sah, wie sehr ich mich anstrengte, mit ihm Schritt zu halten, wartete er und nahm mich auf den Rücken.

Jetzt begann er *wirklich* zu rennen. Er war ein Fellblitz im Wald, und seine Schritte waren so weit, dass er im Laufen eine gerade Linie bildete. Ich hielt mich auf seinem Rücken fest und kauerte mich wie ein Jockey zusammen, und als wir weiter dahinflogen, waren wir wie ein einziger Körper. Als wir schließlich aus den Bäumen auftauchten und das Sonnenlicht uns wieder traf, hörte ich mich sagen: »Bär, warum hast du mich gerufen? Warum hast du gerufen?«

Bevor er antworten konnte, war es plötzlich dunkel. Bär hatte sein Tempo überhaupt nicht verändert; wir liefen immer noch, aber jetzt rasten wir unter einem Sternenhimmel dahin. Ich war entschlossen, mich nicht von dieser Verwandlung vom Licht zur Nacht ablenken zu lassen, und wieder stellte ich meine Frage, aber wieder schwieg er. Schließlich hielt er so abrupt an, dass ich von seinem Rücken auf den Boden rutschte.

»Komm her«, sagte er und bat mich, ihm zu folgen. Dann drehte er sich um, ging zwischen zwei Bäumen hindurch und verschwand im Wald. Ich blinzelte und schaute um mich, aber es war so dunkel, dass ich nichts erkennen konnte, also trat ich mit einem ängstlichen Gefühl an die Stelle, an Bär zuletzt gestanden hatte. Völlige Schwärze umhüllte mich, und mit ausgestreckten Händen tastete ich mich vorsichtig vorwärts. Schließlich kam ich zu einer Öffnung mit einem schwachen Lichtschein, wo es eine Art Lichtung zu geben schien. Es gab hier keine Bäume, obwohl Hunderte von undeutlichen Formen auf dem Boden lagen, aber ich konnte nicht erkennen, was sie waren. »Oh!« rief ich aus, als ich über eine von ihnen stolperte und hinfiel.

Als ich mich nach vorne beugte, packte meine Hand etwas, das sich wie ein menschliches Bein anfühlte. Ich ertastete seine Konturen, und als ich zu einem Fuß kam, gab ich ein leichtes Quietschen von mir. Ich war über eine Leiche gestolpert! Ich erhob mich, und jetzt stand ich in einem schwachen winterlichen Licht. Ich blinzelte und schaute mich um und konnte erkennen, dass all diese Formen Körper waren! Seltsam verdrehte und verzerrte Gestalten lagen überall – so viele, dass ich entsetzt schnaufte. Die meisten waren nackt, und wenn auch ab und zu eine von ihnen eine leichte Bewegung machte, lagen die übrigen ganz still. Über eine von ihnen war ich gestolpert.

Plötzlich war Bär wieder an meiner Seite. »Oh, Bär!« Es schüttelte mich, ich brach vor ihm zusammen und wimmerte, als er mich in die Arme nahm. Endlich konnte ich sprechen. »Oh, Bär«, sagte ich, »was ist das für ein Ort? Er tut meinem Herzen weh. Bitte!« rief ich. »Ich kann es nicht ertragen« (engl. »I can't bear it.«), und kaum hatte ich es ausgesprochen, begriff ich die doppelte Bedeutung von »Bär« (engl. »bear«: der Bär, das Tier, und engl. »to bear«: tragen). »Der Bär macht beides«, flüsterte ich. »Der Bär *ist* beides«, staunte ich, als ich mein Gesicht in sein Fell kuschelte.

Er machte leise gurgelnde Geräusche in seiner Kehle und zeigte dann auf die Körper, die um uns herum lagen. »Du musst da durch«, sagte er und massierte sanft meinen Rücken. Dann schritt er aus, und diesmal folgte ich dichtauf, entschlossen, ihn nicht enteilen zu lassen. Und bei jedem Schritt, den ich tat, betete ich für mich und für die erbarmungswürdigen Wesen, die um uns herum lagen. Nicht ein einziges Mal nahm ich meine Augen von Bärs Hintern, sondern blieb dicht hinter ihm und vertraute darauf, dass er wusste, wohin wir gingen, bis wir endlich aus den Bäumen hervortraten und wieder ans Tageslicht kamen.

»Ich verstehe nicht, was das war, Bär«, sagte ich, als wir zusammen in der Sonne standen. Der Schrecken der Szene saß tief. Ich wollte schon fragen, warum wir einen solchen Ort passieren mussten, aber ich hielt inne, als ich mich daran erinnerte, dass ich meine ursprüngliche Frage nicht aus den Augen verlieren sollte, ganz gleich, was geschah. »Okay, Bär«, sagte ich, holte tief Luft und fragte: »Warum hast du mich gerufen?« Wieder blieb er stumm, drehte sich einfach um und ging, und ich folgte ihm.

Nun bahnten wir uns einen Weg durch eine Menschenmenge, aber *das* waren lebende, sich bewegende Menschen. Einige sprachen miteinander, während andere stillstanden und, ihre Augen vor der Sonne schützend nach oben blickten. Ich legte meinen Kopf ebenfalls in den Nacken, damit ich sehen konnte, was sie sahen: Was sie anstarrten, war eine hohe Stange, die weit über unsere Köpfe ragte.

Bär und ich standen in der Menge und schauten zu, wie Gruppen von Tänzern vortraten und begannen, um den Stab herumzutanzen. »Was ist das für eine Stange?« fragte ich Bär. Er sah mich mit gerunzelter Stirn an, als wollte er sagen: »Nun, was denkst du, was es ist?« bis ich sagte: »Ich hab's! Das ist ein Sonnentanz!«

Ich beobachtete aufmerksam, wie die Tänzer, die den Stab umkreisten, ihre Haut durchbohrten und, an Rohhautstreifen hängend, losrannten, hochsprangen und durch die Luft zu fliegen schienen, so entschlossen in dem, was sie taten. Es war so intensiv und *real,* wie sie sprangen und flogen, dass mir mein Herz bis zum Halse schlug. In ihren Gesichtern las ich, dass dieser Tanz ein Darbringen war – etwas zum Wohle aller. Die Tänzer waren hingegeben und tanzten, um Leid zu lindern.

Die Szene vor uns war fesselnd, und als ich dem Tanz folgte, bemerkte ich, dass Bär und ich nicht die einzigen waren, die zusahen. Die leidenden Gestalten, die wir beim Durchqueren jenes dunklen Ortes gesehen hatten, waren auch da. Nicht mehr auf dem Boden liegend, standen sie ehrfürchtig da, die Augen auf die Tänzer gerichtet, und als ich die Not in ihren Blicken erkannte, war ich tief berührt und verstand, dass ein wichtiger Grund für den Sonnentanz der war, die Leidenden zu trösten.

»Es gäbe keinen solchen Tanz, wenn es nicht die Leidenden auf Erden gäbe«, sagte eine Stimme. »Ja«, antwortete ich, »sich selbst zum Wohle aller darzubieten, ist eine seltene und schöne Sache. Es erhebt und verwandelt jene, die leiden, ebenso, wie es die Tänzer erhebt und verwandelt. Sie alle sind erhoben durch die Reinheit dieses Opfers«, sagte ich. Wieder einmal sprach die Wahrheit durch mich, und obwohl ich nicht verstand, wie es geschah, war ich so glücklich, etwas Sinnvolles gesagt zu haben, dass es mir gleich war. Jetzt verstand ich, dass es ohne Leiden weder große Erhebung noch Schönheit geben konnte. Ein heiliges Muster war hier am Werk, ein Plan, weit über mein Verständnis hinaus, und einen kurzen Augenblick lang sah ich ein wenig davon.

Bär unterbrach meine Überlegungen, als er sich an mich wandte und sagte: »Bereite dich vor.« Seine Worte holten mich wieder in die Gegenwart zurück. »Ja, Bär?« sagte ich und fragte mich, was er damit meinte. »Bitte zeig mir, warum du mich gerufen hast.« »Es wird viel Leid geben«, sagte er und senkte den Kopf, um mir direkt in die Augen zu schauen. »Biete dich selbst als ein Licht an und bleibe in diesem Licht. Biete dich selbst als einen Weg des Lichts an«, sagte er, »als einer der Sonnentänzer. Singe und tanze im Licht, biete deine Brust dar und opfere dich.« »Was?« fragte ich, schockiert von seinen Worten: »Wovon redest du?« Er schaute mir ins Gesicht und kicherte, als er den Kopf schüttelte. »Oh«, sagte ich beruhigt, »wenn du sagst, dass ich meine Brust darbieten soll, meinst du das bildlich. Du meinst nicht, dass ich mir wirklich etwas in die Haut stecken soll.«

»Du musst deine Brust durchbohren – dein Herz«, erklärte er, »mit Wahrheit. Du darfst nur die Wahrheit darbieten.« »Wie soll ich das tun, Bär?« fragte ich, voll konzentriert auf das, was er sagte. »Das wird dir gezeigt werden«, sagte er, »du bist bereit.« Und dann legte er seine große Tatze auf mein Drittes Auge und drückte sanft darauf.

Die ganze Zeit, während er sprach, ging der Sonnentanz weiter, und die Luft war von einem kraftvollen Gesang erfüllt. Die Luft zitterte, als viele Stimmen sich erhoben und zusammenklangen. Dieser Gesang schien die Luftmoleküle aufzuladen und die Schwingung des Ortes zu verändern, und als der fortdauernde Klang sich veränderte, spürte ich eine Veränderung auch in meinem Körper.

Das war faszinierend, und ich wollte es länger erleben, aber Bär holte mich erneut zurück ins Jetzt. »Steh und liebe«, knurrte er. »Liebe – ganz gleich, was passiert.« Dabei stampfte er mit Nachdruck auf den Boden. »Stehe in Liebe«, wiederholte er, »nicht vergessen.« »Ich weiß, wie wichtig das für ihn ist«, murmelte ich. »Ich *muss* mich daran erinnern.«

»Mach weiter mit der Arbeit der Großmütter«, sagte er, und als sich die Menge vor uns auftat, sah ich hinter denen, die in unserer Nähe standen, die Großmütter, die dasaßen und für die Sonnentänzer trommelten. Sie waren Teil dieses Transformationsritus; tatsächlich war es ihre Anwesenheit, die den Rahmen oder die Grundlage für die Opferhandlung bildete.

Bär legte mir eine Tatze auf die Schulter und zog mich zu sich heran, und so standen wir zusammen, beobachteten den Tanz, beteten zusammen und hielten einen heiligen Raum. Plötzlich hörte ich die Worte: »Halte einen heiligen Raum«, aus den Felsen und der Erde zu unseren Füßen erschallen. »**Ja, ja**«, sagten die Großmütter lächelnd und nickten: **»Das ist es, was ihr alle tun müsst. Sag allen, die mit uns arbeiten, dass sie einen heiligen Raum halten, ihn beanspruchen und wahren sollen.«**

Kurz bevor sie sagten: »beanspruchen und wahren«, sah ich das Lichtnetz im Hintergrund funkeln. Es lag unter dem Sonnentanzpfahl, unter den Tänzern und Trommlern, und als die Großmütter sagten: »Das ist es, was ihr alle tun müsst«, ergoss sich ein Regen aus farbiger Asche über das Netz und verwandelte seine Farbe von Blau in ein kräftiges Rosa. Als ich diese Verwandlung beobachtete, regneten weiterhin wogende Aschehaufen auf das Netz, die es beschwerten, so dass es nach unten sank und sich am Mittelpunkt der Erde festmachte. Das Lichtnetz war nun im Erdkern verankert! Als ich über das, was ich gesehen hatte, nachdachte, wurde mir klar, dass es die Entscheidung war, einen heiligen Raum zu halten, der diesen Regenguss überhaupt erst möglich gemacht hatte. Das hatte den Wandel in Gang gesetzt. Ich war so verblüfft über die Ungeheuerlichkeit dessen, was ich sah, dass ich nicht sprechen konnte, sondern die Großmütter nur anstarrte.

Sie lächelten mir zu, lachten miteinander und sagten dann: »**Es spielt keine Rolle, was du unternimmst oder was du isst.**« »Was?« fragte ich und schüttelte ungläubig den Kopf: »Sprechen sie von jetzt?« Ich stand ein oder zwei Augenblicke da, wartete darauf, dass sie sich erklärten, und dachte, ich hätte sie wohl missverstanden, aber sie ignorierten mich. Als sie weiterredeten, sagten sie: »**Diese Dinge haben eine gewisse Bedeutung im Leben, aber im großen und ganzen sind sie ziemlich unwichtig.**« »Oh«, sagte ich, »sie sagen mir, dass ich mir keine Gedanken machen soll, ob ich Vegetarierin bin oder nicht. Warum?« Ich fragte: »Sprechen sie davon? Was hat das mit dem Halten eines heiligen Raumes zu tun?« »**Worauf es einzig ankommt, ist, einen heiligen Raum zu halten**«, sagten sie. »**Das muss deine Absicht sein.**« »Okay, Großmütter«, sagte ich, »okay. Ich verstehe schon. Ihr meint, *dies ist das erste.* Alles andere ist zweitrangig.« »**Ja**«, sagten sie.

»**Tritt jetzt vor**«, sagten sie, »**und stell deine Füße fest auf den Boden.**« Ich sah, wie sie es taten, und mir fiel auf, dass sie beim Vortreten zuerst mit ihrem linken Fuß aufkamen. »**Der Gedanke beim Vorwärtsgehen**«, sagten sie, »**ist, Energie nach unten zu schicken, um sie in der Erde zu versenken. Tue nur einen Schritt mit jedem Fuß**«, sagten sie, »**und wenn du es tust, denke und sage: ›Hier halte ich einen heiligen Raum.‹ Du kannst auch sagen: ›Ich halte einen heiligen Raum zu meinem Wohl und dem Wohl aller Wesen.‹**

Vergiss nicht, diesen Schritt zu tun«, sagten sie. »**In den kommenden Zeiten werden viele in Panik geraten, aber das brauchst du nicht.**

Entscheide dich einfach dafür, diesen Raum zu halten, und tue es. Halte«, sagten sie und schauten mich an, »**und sag anderen, sie sollen dasselbe tun. Sende das Gesuch aus, dass jene, die sich dazu berufen fühlen, sich verpflichten, den heiligen Raum zu halten. Sobald du diese Verpflichtung bewusst eingegangen bist – egal was passiert, egal wo du dich befindest –, wirst du dir stets gewahr sein, dass du diesen Raum hältst.**«

Bär hörte zu, als sie sprachen, und nickte zustimmend. Ich tat es den Großmüttern nach, und sobald ich mit dem linken Fuß auf den Boden trat, spürte ich, wie richtig es war. Ich war in der Erde verwurzelt. Stärke und Entschlossenheit erfüllten mich, und Angst und Zagen waren verflogen. »Ja«, flüsterte ich, »in einem heiligen Raum gibt es keinen Platz für Angst. Es fühlt sich an, als würde alles von mir tatsächlich zu einem heiligen Raum *werden*«, rief ich verwundert aus, und Bär grummelte: »Ja«.

»Großer Bär! Großartiger Bär!« rief ich mit einem Mal. Meine Stimme hob sich und fiel beschwörend wieder ab. Ich hatte noch nie solche Geräusche gemacht und war selbst erschrocken. Doch meine Stimme machte weiter. »Großer Bär vom Berg«, rief ich, »großer, großer Bär, ich verehre dich.« Aber der Bär, den ich jetzt anrief, war nicht mein »Bär«, sondern ein mythischer, ein Riesenwesen aus einer anderen Zeit. Als ich weiter sang, als ich dieses Tier aus der Vergangenheit rief, erschien plötzlich ein Bär, der mindestens zehnmal so groß war wie ein gewöhnlicher. Der Koloss bewegte sich mit dem linken Fuß nach vorne, und genau wie zuerst die Großmütter und dann ich es getan hatten, beanspruchte auch *sie* den heiligen Raum. Denn es war Ursa, die Bärenmutter, und als ich sie diesen Schritt tun sah, richtete sich mein Körper automatisch auf ihren aus. Auch die Großmütter richteten sich auf sie aus, wir alle wurden eins mit der großen Bärenmutter und sie mit uns. »Was bedeutet das?« flüsterte ich den Großmüttern zu. »Passiert das wirklich?«

»**Jetzt ist nicht die Zeit zum Zweifeln und Infragestellen**«, sagten sie und zogen mich kurz hoch, »**keine Zeit, darüber nachzudenken, was dir gegeben wird. Die Zeit ist gekommen**«, sagten sie mit einem grimmen Ausdruck. »**Es ist Zeit, vorzutreten und den heiligen Raum einzufordern.**«

»Ja, ja, Großmütter«, sagte ich, »ihr habt Recht. Ich fordere ihn ein, ich fordere ihn ein.«

»Deshalb habe ich dich gerufen«, brüllte Bär, so laut, dass mir die Haare zu Berge standen. Und so antwortete er endlich auf meine Frage: »Deshalb bin ich in deinen Träumen erschienen.« »Oh, danke, Bär«, sagte ich mit einem Kloß im Hals. »Danke, dass du mich gerufen hast, danke, dass du mich nicht aufgegeben hast.« »Ich werde nie aufgeben«, grummelte er und schlug mich leicht mit einer Tatze. »Komm bald wieder her«, sagte er und knurrte dann fröhlich vor sich hin; danach ging er zu den Großmüttern hinüber, trat vor sie und verneigte sich tief vor ihnen.

Eine Zeitlang sah ich Bär und den Großmüttern beim Tanzen zu, war so glücklich, sie zusammen zu sehen. Sie tanzten und umkreisten sich und waren mit einer solcher Freude und Verspieltheit dabei, dass ich mit ihnen lachte und mich dann hinsetzte und vor Glück weinte. Bald gingen die Großmütter auf mich zu und sagten: »**Den Schritt zu tun, einen heiligen Raum zu halten, und dies öffentlich zu tun, wird deine Entschlossenheit stärken. Es wird dir bewusst machen, was es heißt, Stellung zu beziehen**«, sagten sie, »**und sich zu entscheiden, nicht in den vergänglichen, windelweichen Aktivitäten des täglichen Lebens gefangen zu sein, sondern jetzt und für immer den heiligen Raum einzufordern – für dich selbst und für alle Wesen**«, sagten sie mit tiefem Gefühl in ihrer Stimme. »**Dieser Schritt**«, so sprachen sie, »**kann nur in selbstloser Liebe getan werden. Das**«, sagten sie, »**ist, was es bedeutet, Großmutter zu werden**«, und mir tief in die Augen schauend, fügten sie hinzu: »**Das ist es, was jetzt gebraucht wird.**«

Tränen flossen mir die Wangen hinab, als ich das hörte. Mein Herz war bis zum Platzen gefüllt, und ich wollte ihnen sagen, wie sehr ich sie liebte, wie viel sie mir bedeuteten, wie wunderbar sie mein Leben gemacht hatten, aber in diesem Moment änderte sich der Trommelschlag. Sie lächelten und ließen mich wissen, dass sie meine Gefühle verstanden und dass ich nichts sagen musste. Dann begannen sie und Bär, sich zu verabschieden. Ich verbeugte mich vor ihnen und winkte, und als ich mich umdrehte, löste sich Bär vom Tanz, lief auf mich zu und warf mich auf seinen Rücken. Er würde mich zurücktragen. Als wir an den vertrauten Fluss kamen, umarmten wir uns. »Ich bin dir so dankbar, Bär«, sagte ich, und als wir uns hielten, fühlte es sich an, als würde er mit mir verschmelzen. »In gewisser Weise ist es auch so«, sagte ich später zu mir, »denn ich weiß, dass ich seine Kraft in mir trage.«

KAPITEL 7

Stellung beziehen

»Wehe nicht mit den Winden des Wandels.«

Ich habe so viel bekommen, sowohl von den Großmüttern als auch von den mitfühlenden Tiergeistern. Jedes Mal, wenn ich die nichtalltägliche Wirklichkeit besuchte, zeigten sie mir, wie man die Wahrheiten lebt, von denen ich vorher nur gelesen oder gehört hatte. Wenn ich dann in die Alltagswirklichkeit zurückkehrte und die Weltlage betrachtete, wie sie war, fiel mir auf, dass diese Besuche auf den anderen Ebenen nicht nur die großen Wahrheiten des Lebens vermittelten, sondern auch einen dringend benötigten Ausgleich in mein Leben brachten.

Die Botschaften, die ich in der nichtalltäglichen Wirklichkeit erhielt, gaben mir Hoffnung und Sinn, während die Weltnachrichten mir manchmal das Gefühl gaben, dass es keine Hoffnung mehr gab. Oft war ich so überwältigt von negativen Nachrichten und Lügen, dass ich mich fragte, wie ich die Botschaft der Großmütter in »dieser« Welt leben sollte. »Wie«, fragte ich mich, »kann ich in meiner Mitte bleiben und ›lieben, ganz gleich, was passiert‹?« Schließlich begab ich mich zu ihnen, um zu fragen, ob es etwas gab, was ich tun könnte, um auch in dieser Zeit noch hilfreich zu sein.

Als ich in ihrem Tal landete, spreizten sich meine Flügel und ließen mich sanft herab, und als ich in die Mitte ihres Kreises trat, rief ich: »Großmütter, helft! Gibt es etwas, das wir in dieser Zeit noch tun können, außer einen heiligen Raum zu halten?« Ich war in diesem Moment so verzweifelt, dass ich die Worte kaum über die Lippen bekam. »**Ja**«, antworteten sie sogleich, kamen auf mich zu und drückten fest auf mein Drittes Auge.

»**Beziehe Stellung**«, sagten sie. »**Sprich, aber sprich deine Wahrheit aus einer Position der Macht.**« »Ja, Großmütter«, sagte ich, »aber wie mache ich das? Wie spreche ich aus einer Position der Macht?« »**Sprich nie im Zorn**«, sagten sie und hoben mahnend einen Finger, »**aber halte den heiligen Raum, steh stolz darin und dann sprich. Wenn du nicht in der Lage bist, dein Gleichgewicht zu halten und einen heiligen Raum zu halten, sprich nicht**«, sagten sie, schürzten ihre Lippen und schüttelten die Köpfe. »**Trage nicht zur gegenwärtigen Erregung in der Welt bei. Sprich stattdessen in Weisheit, sprich vom Frieden und, was am wichtigsten ist, sei friedvoll.**« Sie holten tief Atem, und als sie mich ansahen, sagten sie: »**Solange du nicht friedvoll bist, nicht einen heiligen Raum hältst, ihn lebst und atmest, sprich nicht.**« »Ja, Großmütter«, murmelte ich und nickte mit großen Augen.

»**Wenn du dich dabei ertappst, in Wut oder Angst zu geraten**«, sagten sie, »**hör auf, was auch immer du tust, ziehe dich in dich selbst zurück und ruf uns. Die Zeiten, in denen du lebst, stellen eine große Prüfung dar**«, sagten sie und nickten feierlich. »**Überall, wo man hinschaut, sieht man die Energie von Yang, wie sie Amok läuft.**« Sie sprachen jetzt schnell und wild gestikulierend. »**Yang greift nach dem, was ihm in den Weg kommt. Es ist gierig, immer gierig nach mehr. Es möchte auch dich packen und dich in die Raserei treiben**«, sagten sie, und jetzt war ihre Rede von solcher Kraft, dass sie fast bedrohlich wirkte. »**Aber in Raserei getrieben zu werden, wird die Energie des Immer-Schneller von Yang bloß füttern**«, sagten sie und zuckten die Achseln, als ihre Stimmen wieder leiser wurden.

»**Da die Energie von Yang immer mehr außer Kontrolle gerät, wird sie immer verführerischer und smarter**«, sagten sie, und jetzt hatten sie einen listigen Ausdruck im Gesicht. »**Es wird versuchen, dich auf verschiedene Weise an den Haken zu bekommen. Wenn du also deinen**

Frieden verlierst, deinen Sinn für Verwurzelung und deine Haltung der Macht verlierst, ziehe dich zurück!« Sie hoben ihre Hände, die Handflächen nach außen. »**Denke an deine ursprüngliche Entscheidung, einen heiligen Raum einzunehmen und ihn zu halten, ihn zu halten.**

Rufe uns«, sagten sie, »**rufe uns immer. Wir werden dich ausfüllen und verankern, bis du zu einem Koloss wirst, zu einem Leuchtfeuer, das den heiligen Raum hält und hält und hält.**« Ich hörte und sah zu, fasziniert von ihrer Darbietung. »**Oooommmm**«, sangen sie. »**Deine Hingabe, den heiligen Raum zu halten, ist wie das Om. Die Haltung, die du eingenommen hast, wird tief und breit Resonanz finden.**« Sie breiteten ihre Arme aus. »**Sie wird innerhalb und außerhalb deines Körpers widerhallen. Sie wird das Netz aus Licht verankern**«, betonten sie, ihre Köpfe schwangen vor und zurück, »**und das Gewebe des Seins dieses Planeten stärken.**

Was jetzt in eurer Welt geschieht, wird euch auf die Probe stellen«, sagten sie und verengten die Augen. »**Alles, was dir bisher beigebracht wurde und was du erlebt hast, kam aus der Yang-Perspektive, und dieser Konditionierung wegen willst du in einer Zeit wie dieser etwas tun. Wir sagen dir**«, nickten sie selbstbewusst, »**mach dir keine Sorgen. Stattdessen sei gut. Sei gut. Sei du selbst und lebe dein Leben, das im Göttlichen verwurzelt ist. Sei es**«, lächelten sie und hüllten mich in ihre Schals. »**Die Winde des Wandels werden versuchen, dich in diese oder jene Richtung zu drängen**«, sagten sie und hoben ihre Köpfe; sie schienen im Wind zu wittern. Dann sagten sie: »**Die Yang-Energie rennt wie verrückt und verbreitet überall Unruhe.**

Wehe nicht mit den Winden des Wandels«, sagten sie gebieterisch, »**sondern halte, halte; halte einen heiligen Raum, und wenn du in dir ruhst, dann sprich. Sag, was dir in diesem Augenblick gegeben ist. Gib den Worten, die kommen, eine Stimme. Was du in einem solchen Moment sagst, wird richtig sein. Du musst es nicht vorher berechnen**«, fügten sie mit einem Lächeln hinzu. »**Wir werden durch dich sprechen.**

Ruf immer das Göttliche an und bete für alle. ›Lasst alle auf der ganzen Welt glücklich sein‹«, sangen sie. »**Bete das immer wieder oder sprich andere Gebete, die du liebst. Rezitiere die Zeilen, die dir Trost spenden.**

Solche Gebete haben Macht und tun enorm viel Gutes. Halte einen heiligen Raum und ruf uns an«, sagten sie und erinnerten mich erneut daran, sie immer zu rufen. »Wir haben es dir schon einmal gesagt und erinnern dich jetzt wieder daran: Oft trägt das, was in eurer Welt falsch zu sein scheint, in sich den Samen des Richtigen. Die Dinge sind nicht so, wie sie scheinen.

Es findet jetzt eine immense Veränderung statt«, erinnerten sie mich, »die Verschiebung von Yin und Yang. Und du bist zu einem großen Werk berufen«, nickten sie mit nachdenklicher Miene. »Du bist berufen, die Botschaft zu verankern, die wir überbringen. Während du dies tust, wirst du deinen Planeten mit der ruhigen Energie von Yin erfüllen. Und du wirst es tun, wann immer du dich Yin öffnest und einen heiligen Raum hältst.

Dieser Krieg, über den du dich so ärgerst, ist weniger wichtig als die Arbeit, die dir übertragen wurde«, sagten sie, und ich sah sie ungläubig an. »Es gab in der Vergangenheit Tausende und Abertausende von Kriegen«, erklärten sie, »und jetzt ist wieder Krieg.« Sie vermittelten mir, dass der gegenwärtige Krieg nicht der schlimmste Schrecken war, den die Menschheit sich angetan hatte, sondern einfach der bisher letzte. Als sie sahen, dass ich verstand, was sie sagten, hoben sie ihre Köpfe und schauten nach oben.

»Wir sind bei dir«, sagten sie. »Vergiss nicht, dass dein Herz versprochen hat, mit dem Göttlichen eins zu sein, dass du versprochen hast, in Gemeinschaft mit dem Göttlichen zu leben und daran festzuhalten. Wenn du dich dann«, fügten sie hinzu, »dazu hingezogen fühlst, etwas zu tun, tue es – solange du einen heiligen Raum halten kannst. Zum Beispiel, wenn du mit einer Gruppe von Menschen zusammen bist – bete. Das Gute, das aus Gebeten erwächst, die von einer Menge ausgesandt werden, ist unermesslich. Aber wenn du irgendwann wütend oder ängstlich wirst und deine Mitte verlierst, dann ziehe dich zurück, bis du wieder einen heiligen Raum halten kannst.

Jedes Mal, wenn du dich entscheidest, einen heiligen Raum zu halten, wird deine Haltung stärker und du wirst stärker. Zuerst wirst du

dich ertappen, wie du in den heiligen Raum hinein und aus ihm hinausschlüpfst – besonders aus ihm hinaus«, lachten sie. **»Wenn das passiert, erinnere dich an deine Verpflichtung, mit dem Göttlichen eins zu sein, ganz gleich, was geschieht. Deswegen hast du das Gelübde ja überhaupt abgelegt, einen heiligen Raum zu halten«**, erinnerten sie mich.

»Wir werden dir helfen, deine Wahrnehmung zu erweitern, damit es dir leichter fällt, im heiligen Raum zu leben und ihn zu halten, und wir werden dich warnen, wenn du von Irrwegen der Yang-Energie eingefangen wirst. Wann immer du merkst, dass du deine Mitte verloren hast, rufe uns, und wir werden dich wieder nach Hause bringen. Das ist dein Zuhause«, sagten sie nickend und lächelnd. **»Du«**, sie zeigten auf mich, **»bist eins mit dem Göttlichen. Diesen Raum zu halten, nährt das Leben, das ist deine Arbeit.«** Dann strichen sie ihre Handflächen, als wollten sie sagen: »Mehr ist nicht nötig«.

»Ein Zuhause zu werden, mit dem andere in Resonanz gehen, wird auch ihnen guttun. Wann immer du die Entscheidung triffst, im heiligen Raum zu stehen, schaffst du ein Zentrum der Ruhe in der Welt. Wenn andere dein Beispiel sehen, beruhigen sie sich leichter, zentrieren sich und kommen selbst nach Hause. Aber ohne dein Zutun, ohne etwas, das man ständig sehen und nachvollziehen kann, können sie sich nicht erinnern, wer sie sind.« Ich lauschte gebannt, so gebannt, dass ich zu atmen vergaß. Mein Herz sang, während sie sprachen, aber mein Verstand verhedderte sich, versuchte, ihre Lektion zu behalten und gleichzeitig die richtige Box zu finden, um sie dort abzulegen. Jede Zelle in meinem Körper streckte sich, zu empfangen, was mir gegeben wurde.

»Geh in jede Aktivität, die dich ruft«, fuhren sie fort. **»Wir werden dich bei allem, was du tust, unterstützen. Das ist unsere Mission, und du hast dich in sie eingebracht, so dass wir dich natürlich unterstützen werden. Wir lieben dich sehr, und wir werden dir immer helfen.«** Ich sah die Tiefe der Liebe in ihren Augen, als sie sprachen, und hatte einen Kloß im Hals. Ich war es nicht gewohnt, dass mich jemand mit einem so unverstellten Gefühl ansah.

»Wisse, dass Druck und Zug der Yang-Energie jetzt sehr groß sind. Seit langem kennt die Erde nichts anderes als dieses Ziehen. Euch allen wurde beigebracht, in einer Yang-Welt zu leben. Sei dir dessen gewahr. Aber in letzter Zeit hast du auch die Beharrungskraft von Yin kennengelernt. Jetzt ist es an der Zeit, an diesem immer vertrauteren Ort zu leben. Du kannst dich auf uns verlassen«, erinnerten sie mich, **»und auf die tiefe Quelle von Yin in dir selbst.«** Dann umarmten sie mich und sagten: **»Wir segnen dich. Wir segnen dich.«**

Wieder drückten sie auf mein Drittes Auge; ihre Berührung beruhigte und erdete mich. »Danke, oh danke, Großmütter«, weinte ich, und sie lachten fröhlich und drückten mich an sich. Eine nannte mich »Kleine«, als sie mein Haar glättete. **»Unser kostbares Kind«**, sagten sie, **»du bist eine von uns.«**

Ich sah sie mit fragendem Blick an. Sie nannten mich »ihr kostbares Kind« und sagten gleichzeitig, dass ich eine von ihnen sei. »Wie kann beides wahr sein?« fragte ich mich. Ich stand einen Moment lang bloß da, und dann schossen mir Gedanken wie herabstürzende Vögel in den Kopf, und wie sie kamen, sprach ich sie laut aus. »Hier auf Erden sind wir zu unserem Besten kostbare Kinder«, sagte ich. »Wir haben eine Naivität im Leben, obwohl es eigentlich nur die Grenzen des irdischen Lebens sind, die zu dieser Naivität führen. Wenn wir endlich in der Lage sind, über die Illusion unseres irdischen Lebens hinauszugehen, sind wir nicht mehr naiv.

Es ist in Ordnung, auf der Erde zu leben und ein kostbares Kind zu sein«, fuhr ich fort. Und während ich sprach, erwachte die Liebe zu meinem naiven Selbst und ließ mich erkennen, wie lieb und zärtlich dieser kindliche Teil von mir war. Denn in diesem Moment konnte ich über den Schleier der irdischen Illusion hinausblicken; ich konnte das Kindliche lieben, musste nicht verurteilen, wer ich war: jene, die von Zeit zu Zeit in die Illusionen des Lebens auf Erden verstrickt ist. »Es ist alles Teil des schönen Spiels des Lebens«, sagte ich zu mir und staunte, dass ich es sehen konnte. »Es ist einfach so, wie es auf der Erde ist.«

Die Großmütter lehrten mich, einen leichteren Umgang mit mir selbst und dem Leben zu haben, mehr zu beobachten und weniger zu bewerten. Weil das, was sie lehrten, immer überraschend kam und gegen vieles von dem verstieß, was ich als Erwachsener zu glauben gelernt hatte, musste ich ständig alte Ideen und Überzeugungen loslassen. Ich hatte einmal einige ziemlich starke Meinungen und Vorstellungen gehabt, aber ich konnte nichts mehr ernst nehmen – schon gar nicht mich selbst. Und es gab auch nichts, von dem ich mir eigentlich sicher war, dass ich es wusste.

So trieb ich in einem Boot ohne Ruder und ohne die Möglichkeit, es zu lenken, einen Fluss hinab. Ich konnte den Menschen im Vorbeigehen zuwinken und die seltsamen Dinge beobachten, die in der Strömung um mich her auftauchten – bis der Strom des Flusses sie und alles andere davontrug. Abhängig von der Geschwindigkeit der Strömung bewegte sich mein Boot manchmal langsamer und manchmal schneller, aber wie auch immer es voranging, das Leben war eine ziemliche Fahrt, eine, über die ich keine Kontrolle hatte. So dachte ich, es sei wohl das Mindeste, sie zu genießen.

»Die Wahrheit liegt in der weiteren Weltsicht.«

Bei meinem nächsten Besuch bei den Großmüttern ging es wieder um meine Reaktion auf die Zeit, in der ich lebte. Ich trat vor sie und sagte: »Ich habe immer noch Angst vor der Gier und Verlogenheit in meinem Land, Großmütter. Ich kann nicht anders. Wie kann ich, wie können wir alle in diesen schwierigen Zeiten eine Hilfe sein?« Sie wandten sich mir zu und betrachteten mich mit einem so ernsten Blick, dass mir ganz unbehaglich wurde, aber sie ließen nicht nach, durchbohrten mich einfach mit ihren Blicken, bis ich erkannte, dass sie mich nicht verurteilten oder bewerteten, sondern mich stattdessen mit ihrer Energie tränkten.

Schließlich sprachen sie. »**Konzentriere dich auf das Wirkliche, nicht auf das Unwirkliche**«, sagten sie. »**Das Wirkliche ist das, was dauert. Es ist an der Zeit, deine Anhaftungen loszulassen und nur an dem festzuhalten, was wirklich ist.**« An der Art und Weise, wie sie mich ansahen, erkannte ich, dass es an der Zeit war, meine Vorstellung davon loszulassen, wie das Leben sein sollte. Mein ganzes Leben lang hatte ich für eine faire und gerechte Welt gearbeitet und mich für die weniger Glücklichen eingesetzt. Das waren Grundwerte – Teil meiner Identität –, und jetzt sagten mir die Großmütter, ich solle sie loslassen und meine Weltsicht erweitern. Ich hatte keine Ahnung, was das für mich bedeuten würde, aber ich hatte genug Vertrauen in sie, um zu sagen: »Okay, Großmütter. Ich werde es versuchen.«

Jetzt holten sie »das Gewebe des Seins« hervor, das seidige Material, das die Essenz des Lebens auf der Erde ausmacht. Das Gewebe des Seins ist das wirkliche »Zeug«, das dem zugrunde liegt, was wir in unserer Welt als »wirklich« betrachten. Als die Großmütter es mir offenbarten, sah ich, dass dieses schöne Muster überall ausgebreitet war, und bemerkte Bewegungen, die sich darunter abspielten. In *Selbstermächtigung* nennen es die Großmütter »kleine Steinchen, die unter dem Gewebe des Seins stecken«.

Als ich fasziniert auf diese kleinen Buckel starrte, bemerkte ich, wie sie unter dem Stoff herumrollten, zusammentrafen und dann an verschiedenen Stellen wieder auftauchten. Ich beobachtete dieses Bewegungsspiel und erinnerte mich an die Großmütter, die sagten: »Aktivitäten wie diese sind das, was für die Wirklichkeit gehalten wird«, und das bedeutet, dass wir uns nicht auf den göttlichen Stoff konzentrieren, der unser Leben ausmacht, sondern auf die kleinen Bewegungen unter dem Stoff. Wir vergessen, dass wir eins mit Gott sind und identifizieren uns stattdessen mit dem Vergänglichen und sagen: »Ich bin Sekretärin. Ich bin zu dick. Ich bin ein ungeduldiger Mensch.« Die Identifikation mit dem, was die Großmütter »diese kleinen Steinchen« nennen, verursacht uns endlose Schmerzen und schneidet uns von der Wahrheit unseres Seins ab. Denn wir *sind* das Gewebe des Seins.

Die Großmütter nickten verständnisvoll und sagten: »**Wir möchten, dass du bei dem bevorstehenden Treffen über die Wirklichkeit des Gewebes des Seins und die Unwirklichkeit der Bewegungen unter ihm sprichst.**« Ich sollte diese Lektion über Wirklichkeit und Unwirklichkeit des Lebens noch einmal hören, damit ich mich besser erinnern konnte, wenn ich darüber sprach.

»Mach zuerst die Meditation mit dem Lichtnetz«, sagten sie, »und erkläre genau, was es ist. Es ist schließlich das Netz, das die Welt hält und die Welt über die kommenden Veränderungen hinweg halten wird. Erinnere sie daran, dass sie Teil des Lichtnetzes sind und einen leuchtenden Platz darin einnehmen. Und von diesem Platz im Lichtnetz aus geben sie der Erde Halt.

Wenn ihr euch versammelt«, sagten sie, »sage ihnen, sie sollen sich im Raum umsehen und sich daran erinnern, dass sie alle das Lichtnetz halten. Es gibt jetzt viele, die, nachdem sie unsere Ermächtigung erhalten haben, dieses Netz bewusst halten, und Tausende, nein, nein, Millionen mehr«, verbesserten sie sich, »die das Lichtnetz unterstützen. Jede von euch ist Teil von etwas Großem, etwas, das bei weitem größer ist als das persönliche Selbst.

Das ist das Netz aus Licht, das die Welt halten und dem Planeten in den kommenden Zeiten Halt geben wird«, wiederholten sie. »Die Energien von Yin und Yang werden sich ändern«, sagten sie und hielten mich mit ihren Blicken fest, bis sie sahen, dass ich verstanden hatte. Diese kritische Zeit, von der ich so viel gehört hatte, lag nun vor uns. Jetzt war es nicht mehr zu leugnen.

»Halte deine Weltsicht weit. Die Wahrheit liegt in der weiteren Weltsicht«, sagten sie und wogen jedes Wort. »Wenn du dich zusammenziehst und deinen persönlichen Sorgen oder den neuesten Schreckensmeldungen anheimfällst, musst du dich auffangen«, sagten sie und schüttelten die Köpfe. Ich verstand: Das war genau das, was mir so oft passiert war. Ich war dem anheimgefallen, was sie »die neuesten Schreckensmeldungen« nannten.

»Wenn du wieder in deiner Mitte bist«, sagten sie und schenkten mir ein besänftigendes Lächeln, »tritt in deinen heiligen Raum und halte das Netz aus Licht. Vereinige dich mit dem, was wirklich ist, und lass dich von dem tragen, was wirklich ist«, sagten sie, legten ihr Kinn auf die gefalteten Hände und blickten mich eine lange Minute unverwandt an.

»Wir werden alle, die zum Treffen kommen, umschließen und den Versammlungsraum versiegeln. Sie werden alle unsere Gegenwart spüren und ihre Ausrichtung auf uns. Diese Arbeit ist *selbstlos*«, sagten sie und schauten mir fest in die Augen. »**Bei diesem Treffen wird jede von euch die Gelegenheit haben, Selbstlosigkeit einzuatmen und Selbstsucht auszuatmen**«, sagten sie. »**Wir werden euch einladen, das Größere, Stärkere und Aufrechte einzuatmen und das Unentschlossene, Kleine und Bedürftige auszuatmen; einzuatmen, was erweitert und geerdet ist, und alles, was spröde, hart und nervös ist, auszuatmen. Ihr werdet unsere liebevolle Umarmung einatmen**«, sagten sie, »**ebenso die Kraft der Stille – die tosende Kraft der Stille.**

Wir werden euch helfen, die Kraft der Stille zu halten«, sagten sie und hoben den Blick, als betrachteten sie etwas in der Ferne, »**denn dort werden wir euch erfüllen. Ihr werdet uns in der pfadlosen, endlosen Kraft der Stille finden können.**« Ich lauschte und atmete leise aus und fühlte, wie sich mein Körper öffnete und entspannte, als ich es tat. Offenbar verstand mein physisches Selbst, was die »tosende Kraft der Stille« bedeutete.

»**Fühl jetzt unsere Berührung.**« Als sie mich hielten, falteten sich ihre Arme und Flügel um mich. »**Ihr werdet diese Umarmung erleben, wenn ihr euch der Gegenwart im Inneren zuwendet. Dasein wird in Stille gehalten.**« Und als ich zuhörte, »sah« ich die Stille, von der sie sprachen. Sie war wie der Himmel, den man durch die blattlosen Äste eines Baumes sieht. Die Äste mögen voller Zweige sein, aber es ist der Himmel (die Stille), der sie einrahmt. Ich beobachtete den stillen Himmel, der das Muster von Baum und Ast enthielt. Er war Hintergrund und Fundament, und obwohl der Himmel keine Aufmerksamkeit beanspruchte, hielt er alles. Und als ich den Himmel erforschte, spürte ich, wie dieser Ort der Stille in mir immer größer und stärker wurde.

»**Um ein Reservoir an Macht aufzubauen, musst du Zeit in Stille verbringen, und dort, in der Stille deines Herzens, wende dich dem Dasein zu.**« Als sie mich eingehend betrachteten, um zu sehen, ob ich ihnen folgen konnte, sagten sie: »**Atme jetzt ins Dasein. Es ist in deinen Füßen, in und auf deiner Haut. Das Dasein ist dein göttliches Selbst. Du kannst es in deinem Haar und auf deinen Schultern spüren. Es ist überall. Du hältst das Dasein und wirst von ihm gehalten**«, sagten sie und lächelten über den erkennenden Blick auf meinem Gesicht. »**Und wenn du dich**

darauf konzentrierst, wirst du an Macht gewinnen.« Dann fügten sie hinzu: »**Wenn wir durch dich arbeiten sollen, muss das Dasein in dir wachsen.«** »Ja, Großmütter«, sagte ich, nickte und schaute sie an.

»**Wenn du in der Stille sitzt, werde dir deines Körpers gewahr**«, sagten sie, und folgsam wandte ich meine Aufmerksamkeit nach innen. Ich hatte schon früher gemerkt, dass ich ein stetes Summen oder Sirren in mir hörte, wenn die Großmütter mich auf eine neue Bewusstseinsebene stießen. Das Summen war wieder da. Sie lächelten und sagten: »**Denke daran, dich weiter dem Dasein zu öffnen**«, und das Summen oder Sirren nahm zu. Als es noch stärker wurde, nahm mir seine Kraft fast den Atem, und die Großmütter sagten: »**Jetzt erlebst du die Kraft der Vereinigung mit dem Göttlichen. Hier kann man leben**«, sagten sie mit einem breiten Lächeln. »**Dies ist dein Platz, und von hier aus kannst du mit anderen Verbindung aufnehmen.«**

Ich war so überwältigt von dem Klang und dem Gefühl in meinem Körper, dass ich nicht wusste, was ich sagen sollte, und als sie meinen Zustand bemerkten, sagten sie: »**Es gibt nichts darüber zu sagen, noch gibt es etwas, was du tun musst. Wir legen dir ans Herz, einfach in die Stille zu gehen und im Dasein zu leben. Das ist es**«, sagten sie. »Das ist es«, wiederholte ich, »das ist es.« »**Jedes Mal, wenn du das tust, wirst du dir der Tiefe und Weite deines Seins gewahr**«, sagten sie und nickten weise. »**Du wirst dir gewahr, dass du eins bist mit dem Gewebe des Seins. Wir sind gekommen, um dir dies zu vermitteln, damit du mithelfen kannst, Yin und Yang wieder ins Gleichgewicht zu bringen. Die Macht des Daseins ist eine der grundlegenden Gaben des Yin. Sie gehört jetzt dir.**

Auch wenn der Schwerpunkt unserer Arbeit nicht auf dem Handeln liegt, ist es ab und zu erforderlich zu handeln. Auch unsere Arbeit wird nicht durch Worte vollbracht«, fügten sie hinzu und genossen meinen Blick verwirrter Aufmerksamkeit, »**obwohl manchmal Worte gesprochen werden müssen. Wirkliche Arbeit wird getan durch das Sein**«, betonten sie, »**nicht durch Tun. Anstatt nur zu reden und zu handeln, bewege dich in die Kraft der Stille und öffne dich dort für die Schwingung des Daseins. Wenn ihr euch das nächste Mal trefft, meditiert darüber. Und**

wenn die Meditation vorbei ist und du die Augen wieder öffnest, sei dir gewahr, dass alle, die mit dir im Raum sitzen, eins sind mit dem Dasein.« Lächelnd und leicht den Kopf schüttelnd sagten sie: »**Seid eins.**«

Ich war mir nicht sicher, ob ich alles verstand, was sie gesagt hatten, aber ich wusste, was sie mir beibrachten, war richtig, denn etwas in mir antwortete mit »Ja« darauf. Ich konnte die Wahrheit in den Zellen meines Körpers spüren. Endlich atmete ich mit einem »Puuhh« aus und lächelte die Großmütter an, und wieder einmal zeigten sie auf das Gewebe des Seins. »**Wann immer du über die Gewebe des Seins meditierst, lass deinen Körper weicher werden und sich damit verweben. Die weiche, flexible Qualität des Stoffes wird dir viel beibringen. Der Stoff ist in der Lage, sich auszudehnen, sich zusammenzuziehen und zu tun, was immer nötig ist, um sich an Veränderungen anzupassen.**« Ich betrachtete eingehend seine tiefblaue Farbe und seine seidige Elastizität, während er sich mit der Bewegung bewegte und dann wieder in Ruhe war. Und als ich das sah, erkannte ich, dass dies Eigenschaften waren, die ich für mich selbst wollte. »Ja«, sagte ich, »ich werde gerne über die Gewebe des Seins meditieren, Großmütter. Ich danke euch. Ich danke euch vielmals.«

Sie lächelten und nickten zustimmend, und dann fassten sie sich an den Händen und begannen zu tanzen. Dabei legte sich eine blaue Gaze über ihre Gestalten, und darin eingehüllt tanzten sie vor mir hin und her. Ich lachte, als mir auffiel, dass sie wie Balletttänzerinnen aussahen. »**Siehst du, wie gut sich die Elastizität des Gewebes des Seins für den Tanz eignet?**« sagten sie. »Ja, Großmütter«, antwortete ich. »**Sich mit dem Gewebe zu bewegen, ist ein Abenteuer**«, lachten sie, als sie hin- und hersprangen und herumwirbelten.

Ich beobachtete sie in ihrem Spiel und bewunderte ihre Anmut, und dann hielten sie direkt vor mir an, und als sie ruhig dastanden, schienen sie mich zu mustern. »**Dein Verstand will die Dinge kontrollieren**«, sagten sie, »**aber dein Geist will sich nicht festlegen.**« Ich hob meinen Kopf und blinzelte sie an.

»**Dein Geist kennt sein Zuhause**«, sagten sie und nickten leise, um mich zu beruhigen, »**und sein Zuhause ist Ausdehnung. Die Erweiterung deines**

Herzens wird dir die größte Freude deines Lebens bereiten. Und das Herz kann«, sagten sie, »**in einer statischen oder kontrollierten Umgebung nicht erweitert werden.**

Du bist bereit, deine Anhaftungen daran loszulassen, wie etwas zu sein hat«, sagten sie, und als ich das hörte, hoffte ich, dass sie richtig lagen. Ich hoffte, dass ich bereit war, meine alten Wege hinter mir zu lassen. Ich war es leid, Kontrolle auszuüben, Angst zu haben. Ich wollte mehr Liebe in meinem Leben, mehr Leben. Ich war immer noch zu sehr an viel zu viele Dinge gebunden. Ich hoffte bloß, ich könnte loslassen.

»**Der Verstand fürchtet die Ausdehnung**«, sagten sie, »**er will festhalten.**« Sie machten schnelle, greifende Bewegungen mit den Händen, während sie das sagten, und zeigten so, wie mein Verstand versuchte, mein Herz zu kontrollieren. »**Jedes Mal, wenn sich der Verstand an etwas klammert, drückt er das Herz und klemmt es ein wenig zu, so dass der Fluss der Liebe und des guten Gefühls in ihm nachlässt. Der Verstand erzeugt Angst**«, erklärten sie, »**und jetzt, da sich die Zeiten des beschleunigten Wandels nähern, fixiert er sich auf Angst. Das ist seine Natur**«, sagten sie, zuckten mit den Achseln, dann hoben sie die Hände, als wollten sie sagen: »Nun, was erwartest du eigentlich vom Verstand? »**Sein vorrangiger Wunsch ist es, zu kontrollieren.**

Aber deine Seele!« riefen sie, und ihre Stimmen schwollen an vor Freude, als sie das sagten. »**Es ist deine Seele, die durch dein Herz spricht, und deine Seele ist glücklich, sich zu bewegen. Deine Seele ist furchtlos. Sie wünscht sich Größe, sie sucht Wachstum und Offenheit**«, sagten sie und wählten jedes Wort sorgfältig. »**Und wann immer sich Herz und Seele in Bewegung setzen, überschwemmen sie dich mit Liebe. Das ist die Freude am Leben**«, riefen die Großmütter. »**Du hast nichts zu befürchten.**« Sie schüttelten den Kopf, als sie meine Hände nahmen. »**Du bist Teil des Gewebes des Seins! Du bildest das Netz aus Licht. Sei dir dessen stets bewusst und lass die Dramen der Welt spielen, während du in der Liebe bleibst.**« »Ah«, seufzte ich, »während ich in der Liebe bleibe.«

»**Wir werden dich einhüllen**«, sagten sie, und als sie mich in die blaue Gaze hüllten, fühlte ich, wie sich mein Herz erhob. Freude überkam mich, und ich begann zu singen. »**Atme ein**«, sagten sie, »**und fühle die Ausdehnung in das Gewebe des Seins. Das ist deine Erweiterung**«, sagten sie. »**Das ist deine Essenz!**« Ich muss schockiert ausgesehen haben angesichts meines Gefühlsausbruchs, weil sie plötzlich anfingen zu lachen. Das vergrößerte nur meine Verwirrung, und als sie sahen, dass ich ihre Heiterkeit nicht verstand, lachten sie noch heftiger. Schließlich fingen sie an zu kreischen und sich ihre Seiten zu halten, und jedes Mal, wenn sie mir wieder in mein verdattertes Gesicht sahen, verdoppelte sich ihre Heiterkeit.

»**Du hast nicht einmal Worte dafür**«, keuchten sie endlich, als sie wieder sprechen konnten. »**Wenn wir sagen, wovon du ein Teil bist, bleiben selbst diese Worte hinter dem zurück, was wir dir zu sagen versuchen. Das bist du**«, lachten sie wieder und konnten sich vor Freude nicht lassen. »**Der Stoff des Seins, das bist du. Deine Essenz ist Freude! Immer mehr Freude.**« »Oh«, sagte ich mit leiser Stimme. Ich war immer noch verwirrt, aber ich fing langsam an zu begreifen.

Wieder ernst geworden, kehrten sie zu ihren Unterweisungen zurück. »**Spiele deine Rolle im Leben**«, sagten sie. »**Tue, wozu es dich drängt. Wir wissen, dass du deine Rolle gut spielen willst; wir wissen, dass du dir selbst treu sein willst, folge deinen Eingebungen. Das ist das Richtige, aber gerade jetzt**«, sie sahen mich liebevoll an, »**lass dein Herz im Gewebe des Seins ruhen. Du musst dich eine Weile ausruhen, damit du dich hier wie zu Hause fühlen kannst. Du wirst in deinen Geist hineinwachsen**«, versicherten sie mir. »**Das**«, sagten sie und zeigten auf den Stoff des Seins, »**ist, was du bist und immer schon warst.**«

Als ich von dieser Reise zurückkam, stieg ich ins Bett, zog mir die Decke über den Kopf und blieb da. Dieses Geschäft des »Erwachens« war harte Arbeit. Ich war es nicht gewohnt, zurückzutreten und meinen Verstand zu beobachten. Zurückzutreten, wie es die Großmütter mir geraten hatten, erforderte eine Distanz und Objektivität, die ich noch nie hatte. Bis sie in mein Leben kamen, hatte mein Verstand so ziemlich freie Hand gehabt und mich rund um die Uhr dazu gebracht, meinen Vorstellungen und Urteilen zu folgen.

Die Großmütter hatten jedoch eine andere Agenda. Sie führten mich immer wieder in die Position der »Zulassenden« – die es anschaut und wertschätzt, das Leben – alles Leben. Diese Position war nicht schön für eine wie mich, die es gewohnt war, das Leben zu kontrollieren – nicht, dass ich jemals gut darin gewesen wäre – und die Neigung zu kontrollieren, war immer noch stark. Ich glaube, es war dieser innere Kampf – Kontrolle oder Verzicht auf Kontrolle – der so anstrengend war. Jedenfalls landete ich nach einer solchen Reise erschöpft im Bett.

KAPITEL 8

Grabe dich ein

»Wann immer du dich an die Wirklichkeit hältst, stärkst du das Lichtnetz, das die Welt hält.«

Die Großmütter waren unbeirrbar. Niemals dachten sie klein, noch würden sie es bei mir dulden. Sie riefen mich stets dazu auf, ganz die zu sein, die ich sein konnte, mich so weit zu recken, wie ich konnte. Und immer wieder sagten sie mir: »**Du bist mit uns eins.**«

Während ich mit ihnen unterwegs war, spürte ich, dass es stimmte, und dieses Gefühl blieb mir dann noch eine Weile erhalten, aber wenn ich in meinen Alltag zurückkehrte, verlor ich es bald. Die Großmütter forderten dasselbe, was Jesus zweitausend Jahre zuvor von seinen Anhängern verlangt hatte: In der Welt zu sein, aber nicht von ihr. Sie drängten darauf, uns nicht vom Göttlichen getrennt zu sehen, während wir hier auf der Erde weilten. Und obwohl alles in mir auf diese Aufforderung mit Ja geantwortet hatte und ich von ganzem Herzen nichts anderes wollte, als in diesem Zustand der Einheit zu leben, lenkte mich das Leben immer wieder ab. Dann verlor ich jedes Mal mein inneres Gleichgewicht und vergaß, dass ich eins mit ihnen war.

Schon lange war mir klar, nicht die Art »spiritueller« Mensch zu sein, der mit seinem Kopf in den Wolken lebte. Ich hatte zu viele von diesen Leuten gesehen. Es waren normalerweise nette Menschen, aber sie neigten dazu, am Rande der Gesellschaft zu schweben; mit der »realen«

Welt kamen sie nicht gut zurecht. Ein solches Leben gefiel mir nicht. Ich dachte: Jeder von uns ist aus einem bestimmten Grund auf die Erde gekommen. Auf diesem Planeten geboren zu sein, war gewiss kein Irrtum; wenn ich also meine Zeit hier damit verbringe, mich von der »Welt« zurückzuziehen, was sollte das? Außerdem war ich nicht mönchisch veranlagt. Ich wollte praktische Spiritualität leben: »Holz hacken, Wasser holen« – in Einheit mit dem Göttlichen, *in* der Welt sein, aber nicht *von* ihr. Das wollte ich; bloß wusste ich nicht, wie.

Früher einmal war ich stolz darauf, über die Ereignisse in der Welt auf dem laufenden und sowohl politisch als auch sozial aktiv zu sein. Jetzt hingegen hatte ich Schwierigkeiten mit der Lawine an Negativität, die mich jedes Mal mitriss, wenn ich eine Zeitung aufschlug oder den Fernseher einschaltete. Ich glaubte, ich müsse wissen, was in der Welt passiert, aber ich merkte, dass ich, wenn ich mich zu sehr mit der »Welt« abgab, meinen hart erarbeiteten Gleichmut verlor. So sehr ich es auch versuchte, ich konnte angesichts der täglichen Schrecken in den Nachrichten nicht ungerührt bleiben, die von Menschen verursachten Katastrophen und Grausamkeiten machten mich ganz krank. »Wie«, fragte ich mich, »konnte ich an dieser Welt teilhaben, ohne von den Schrecknissen verschlungen zu werden?« Da war es wieder. Wie *in* der Welt sein und nicht *von* ihr?

Als ich das nächste Mal zu meinen weisen Lehrerinnen ging, steckte ich mitten in diesem Dilemma. »Großmütter«, sagte ich, als ich bei ihnen ankam, »bitte sprecht auf leicht verständliche Weise mit mir. Wir leben in einer Zeit äußerster Grausamkeit; Grausamkeit an Menschen, Tieren, allem – einfach an allem. Es ist so schrecklich, Großmütter«, sagte ich, und die Tränen liefen mir über das Gesicht. »Ihr sagtet, wir sollen für alle beten«, sagte ich, »und das tun wir. Aber Großmütter«, fragte ich mit verzweifelter Stimme, »funktioniert es wirklich? Großmütter«, fragte ich, »was nützen unsere Gebete wirklich?«

Sie sahen mich mitfühlend an, kamen langsam auf mich zu und umschlossen mich mit ihren Flügeln, und sobald ich zugedeckt war, wurde mein Atem ruhiger, und Wärme kehrte in meine Brust zurück.

Nach einer Weile öffnete ich meine Augen und sah zu ihnen auf, aber alles, was ich sehen konnte, waren Federn; ich war so von Flügeln bedeckt, dass ich ihre Gesichter nicht sehen konnte! Als ich mich endlich soweit befreit hatte, dass ich meinen Kopf heben konnte, lächelten sie mich an und sagten: »**Dein Glaube muss gestärkt werden.**«

Auf der Stelle begannen sie, an meiner Wirbelsäule zu arbeiten. Sie ermunterten mich, gerade zu stehen, kneteten und streckten sie, bis sich meine Wirbelsäule nach oben bog und durch die Oberseite meines Kopfes stieß. Gleichzeitig verlängerten sie sie nach unten, bis sie durch mein Steißbein und dann weiter nach unten stieß, direkt durch die Erdkruste. Nun bildete mein Rückgrat eine erstaunlich lange Linie, und seltsamerweise fühlte sich diese verlängerte Verbindung irgendwie vertraut an. Mir fiel ein, dass die Großmütter mich schon einmal so gestreckt hatten; das war, als sie mich zum ersten Mal über das Gewebe des Seins unterrichtet hatten.

»Oh, Großmütter!« sagte ich erstaunt. »Ich bin eine Säule, oder vielleicht ist es eher so, dass ich an einer Säule ausgerichtet bin (ich konnte nicht sagen, welche), die in den Himmel und weit hinaus in den Raum reicht. Ich bewege mich in verschiedene Welten«, sagte ich voll Verwunderung, »und gleichzeitig reiche ich hinab, hinab, hinab«, sagte ich, und meine Stimme wird mit jedem »hinab« leiser. »Bis zum Mittelpunkt der Erde«, staunte ich, »bis zur Magmaschicht.« »**Und weiter**«, lächelten sie und hoben die Achseln, als ob das ganz alltäglich wäre.

Obwohl ich verblüfft war über das, was in meinem Körper vorging, hielt ich mich irgendwie immer noch an meine Frage und flüsterte leise: »Was nützen diese Gebete? Was nützen sie?« wiederholte ich. Ich sang meine Frage, als ich aus dem Augenwinkel bemerkte, dass aus der Säule, die Teil meiner Wirbelsäule oder mit ihr verschmolzen war, Ranken wuchsen! »Was?« rief ich erschrocken aus, aber als ich genau hinsah, rief ich: »Oh! Ich verstehe. Diese Ranken erstrecken sich über Zeit und Raum. Sie durchdringen die Vergangenheit, die Gegenwart und die Zukunft. Sie *verknüpfen* sie«, flüsterte ich.

Als ich diese sich ausbreitenden Linien genauer betrachtete, sagten die Großmütter: »**Es ist das Netz aus Licht, das wirklich ist.**« »Oh!« rief ich aus. »Ist das das Lichtnetz, das ich sehe, Großmütter?« »**Ja**«, antworteten sie, und als ich wieder hinschaute, bemerkte ich, dass überall dort, wo die Ranken meine Wirbelsäule berührten, ein Lichtpunkt war. Schließlich sagte ich: »Großmütter, es sieht so aus, als wäre ich Teil des Lichtnetzes. Meine Wirbelsäule«, fragte ich, »ist sie mit dem Lichtnetz verbunden?« »**Ja**«, sagten sie.

Ich wandte mich erwartungsvoll zu ihnen um und wartete auf eine ausführlichere Erklärung, aber stattdessen sagten sie: »**Beobachte die Dramen der Welt von hier aus. Die Plünderung der Wälder**«, sagten sie, »**die Kriege, die Gierigen, die nach allem grapschen.**« Ich erkannte den Zusammenhang zwischen diesem und meiner Wirbelsäule und dem Lichtnetz nicht, aber sie wollten mich nicht ansehen, also konnte ich nicht mehr fragen. »Okay, Großmütter«, sagte ich schließlich und wandte mein Gewahrsein den irdischen Dramen zu.

Als ich die Geschehnisse beobachtete, die mich immer wieder aufregten, wurde mir klar, dass ich mit den Großmüttern verbunden war und mit all denen, die mit ihnen arbeiteten. Zusammen bildeten und hielten wir das Lichtnetz, das trotz all dessen, was sie »die Dramen« nannten, immer noch die Erde trug.

Ich richtete meine Aufmerksamkeit auf das gewaltige Netz, und kurz bemerkte ich eine blitzartige Bewegung darunter. Es fand eine Verschiebung statt. Als ich es fasziniert anstarrte, konnte ich durch das Netz sehen: die Überschwemmungen, Stürme, Feuersbrünste, menschliche Trauer und Wut, das Töten und die Verletzungen aller Art. Das Lichtnetz lag über und unter all diesen Ereignissen und hielt sie alle. Zitternd vor Entsetzen über das, was ich gesehen hatte, wandte ich mich wieder den Großmüttern zu, die mich ruhig ansahen. »**Das Drama ändert sich von Zeitalter zu Zeitalter. Es ändert sich von Jahr zu Jahr**«, sagten sie und schauten mir in die Augen, »**aber das Muster des Lebens ändert sich nie, noch Kette und Schuss des Lichts, das das Leben an seinem Platz hält. Was jetzt auf der Erde gebraucht wird**«, sagten sie und ließen ihre Blicke weiter auf mir ruhen, »**ist, Kette und Schuss wieder wahrzunehmen. Das ist das Muster, das alles hält.**

Aber das schlechte Benehmen, das du jetzt siehst …«, sagten sie, und ich fing an, unkontrolliert zu lachen. »Schlechtes Benehmen!« rief ich. »Großmütter, ihr nennt diese Dinge schlechtes Benehmen! Die Regierung belügt uns – schlechtes Benehmen!« Ich war so außer mir über die Art, wie sie dieses (wie mir schien) schreckliche Verhalten beschrieben, dass ich für einen Moment vergaß, was sie gesagt hatten. »Großmütter?« sagte ich, als ich mich endlich wieder beruhigt hatte und mein Herz wieder normal schlug, fuhren sie fort: »**…resultiert aus Panik. Schlechtes Benehmen rührt immer von Angst her**«, erklärten sie. »**Diejenigen, die von Panik getrieben sind, haben ihre Verbindung zu Kette und Schuss des Lichts verloren**«, sagten sie, ihre Stimmen voller Mitgefühl. »**Und in ihrem verlorenen Zustand greifen sie nach allem, in der Hoffnung, sich an etwas festhalten zu können.**«

Dann wandten sie sich mir zu und sagten: »**Wenn du in dem bist, was wirklich ist, wenn du davon gehalten wirst und dich daran hältst, dann tust du viel. Du zeigst anderen, was es bedeutet, das Leben zu bejahen, ohne es in Besitz zu nehmen. Das ist eine tolle Sache**«, sagten sie und nickten zur Bekräftigung. »**Wann immer du dich an die Wirklichkeit hältst, stärkst du das Lichtnetz, das die Welt hält.**«

Sobald sie sagten: »**an die Wirklichkeit hältst**«, begann ein summendes Geräusch und schwoll in mir zu einem Gesang an. Und als ich es hörte, wurde ich mir der starken Stellung – horizontal und vertikal – gewahr, in der ich mich befand, da sich meine Wirbelsäule weit hinaus ins Universum und in die Erde hinein erstreckte. »Oh!« stieß ich hervor. »Jetzt verstehe ich. Jetzt kann ich es sehen und fühlen. ›Stärkt das Lichtnetz‹ sind nicht bloß Worte. Es passiert! Ich fühle es!« Mein Rücken war jetzt eine so starke Stütze, dass es sich anfühlte, als hätte ich ein Stahlseil in mir.

Ich wurde auch der horizontalen Seile gewahr, die ich ein paar Minuten zuvor gesehen hatte, jene, die als Ranken begonnen hatten. Mit jeder Minute waren sie immer größer geworden, immer mehr von ihnen streckten sich von dieser verlängerten Wirbelsäule aus. »Oh!« rief ich aus. »Jetzt teilen sich die vertikalen Seile über meinem Kopf und unter meinen Füßen!« Ich verschmolz mit dem Lichtnetz. Ich konnte kaum glauben, dass es geschah, aber es war so. Ich war zu einer riesigen netzartigen Kreatur geworden und wurde immer riesiger.

Aber die Großmütter lächelten einfach und sagten: »**Alle Not auf der Erde wird durch Angst und Gier verursacht, indem man auf lächerlich kleinliche Weise versucht, das zu kontrollieren, was niemals zu kontrollieren ist.**« Sie würden nicht von dem abweichen, was zu lehren sie gekommen waren. »**Kriege werden aus Angst geboren**«, sagten sie, »**Gier wird aus Angst geboren.**«

Dann wandten sie sich an mich und sagten: »**Diese Arbeit, die du mit uns tust, geht tief und ist unsichtbar.**« »Was?« fragte ich. »**Diese Arbeit, die du mit uns tust, bleibt größtenteils unerkannt**«, erklärten sie und fügten hinzu, »**und das ist ihr größter Segen.**« »Was, Großmütter?« fragte ich und schüttelte ungläubig den Kopf. »Das ist ihr größter Segen? Es ist ein Segen, dass so wenige Menschen von euch wissen?« Aber bevor ich weiterreden konnte, sprachen sie wieder.

»**Andere erkennen vielleicht nicht, was du tust, aber sie fühlen es**«, sagten sie. »**Sie spüren, dass etwas sie beeinflusst, sind sich aber nicht sicher, was es ist oder woher es kommt. Sie fühlen sich einfach besser**«, sagten sie und lächelten glücklich. »**Sie fühlen sich geerdet, sie fühlen sich erleichtert, und etwas Gutes erwacht in ihnen. Wenn dies geschieht**«, sagten die Großmütter, »**werden sie selbst mit dem Lichtnetz verbunden. Nur weil du da bist.**« Sie hoben ihre Köpfe und lächelten breiter.

»**Es ist ein großer Segen, dass diese Arbeit mit uns verdeckt stattfindet. Auf diese Weise nährt sie dein Ego nicht**«, lächelten sie und schauten auf meine Reaktion, »**weil niemand dich bemerkt. Und weil niemand dich wahrnimmt, belasten die Menschen dich nicht, indem sie sich an dich binden wollen. Du kannst dich um die Arbeit der Mutter kümmern, ohne Zeit zu vergeuden. Und dabei**«, lachten sie, »**kannst du in eine tiefere Verbindung mit der Lebenskraft kommen. Mit Gott.**«

Sie verschränkten ihre Arme vor der Brust und sagten: »**Du fragst uns: Was bewirken wir wirklich Gutes mit diesen Gebeten?**« Mit einem wissenden Lächeln antworteten sie: »**Achte auf das, was zu dir kommt. Jeden Tag kommt viel Gutes zu dir, und des meisten bist du dir nicht gewahr**«, sagten sie sanft. »Das Gebet erhöht immer deine Schwingung, und wenn deine Schwingung sich erhöht, kann das Gute zu dir kommen.«

Dann fügten sie hinzu: »Achte nicht nur auf all die Segnungen, die das Leben mit sich bringt, sondern auch darauf, wie du auf sie reagierst, wenn Schwierigkeiten auftauchen. Sieh«, sagten sie, »wie gut du dich von den Schlägen erholst, die das Leben jedem Menschen zufügt. Diese Stürme ziehen sich durch alle Leben«, sagten sie, »aber wenn sie dich treffen, schau, wie du reagierst. Auch das wird dir sagen, was du Gutes tust«, sagten sie, und dabei wiegten sie ihre Köpfe.

»Hier ist ein Beispiel«, sagten sie. »Wenn dich ein Sturm trifft und du dich schneller erholst als in der Vergangenheit oder du nicht so reagierst wie zuvor, löst sich eben dieser Sturm ein wenig. Er verliert etwas von seiner Kraft. Dann«, fügten sie hinzu und lächelten bei dem Gedanken, »wenn dieser Sturm weiterzieht, wird er für den nächsten nicht so verheerend sein, auf den er trifft.

Wir raten dir, dass du deinen Fortschritt auch daran misst, wie die Menschen auf dich reagieren. Kurz gesagt, die Menschen werden sich in deiner Gegenwart wohlfühlen«, und meinen verwirrten Blick bemerkend, fügen sie hinzu: »Ja, so einfach ist das. Achte darauf, wie die Menschen auf dich reagieren, und wenn dein Ego versucht, sich damit aufzublasen und sagt: ›Oh mein Gott, ich bin etwas Besonderes! Seht mich an!‹ dann erkenne einfach, dass das dein Ego tut, und vergewissere dich schnell deiner Verbindung mit uns.« Sie nickten und lächelten selbstbewusst und sagten: »Wir werden dir helfen, dich vom Griff des Egos zu lösen. Zuerst helfen wir dir, dir der Fortschritte bewusst zu werden, die du machst, und dann helfen wir dir, deine Bindung daran loszulassen.«

»Okay, Großmütter, okay«, sagte ich, »ich glaube, ich kann euch folgen.«

»Es wird dir viel mehr Freude bereiten, mit uns zu sein, als du je erfahren hast oder bekommen wirst, wenn dir das Ego schmeichelt«, lachten sie, und jetzt lachte ich mit ihnen. Ich *wusste,* dass es stimmte. »Wir sagen dir, dass du uns lieb und teuer bist«, sagten sie, »in der Tat bist du etwas Besonderes. Keine zwei Blumen in einem Garten blühen auf die gleiche Weise«, sagten sie und sahen mich von oben bis unten an, »und es macht

uns Freude, dich in Schönheit und Macht blühen zu sehen. Du blühst, weil du mit dem Göttlichen eins bist«, sagten sie und hoben ihre Blicke, zufrieden mit sich selbst und mit mir. »**Du blühst, weil du eins mit uns bist.**

Du bist jetzt schön und wirst immer schöner«, sagten sie, und obwohl ihre Worte mich verwirrten, wusste ich irgendwie, dass es stimmte. Ich war jetzt zwölf Jahre älter als an dem Tag, an dem sie aufgetaucht waren. Ich näherte mich dem Alter, das zeigten die Falten, und doch *fühlte* ich mich schöner denn je.

Sie lächelten verständnisvoll und sagten: »**Genieße deine Einheit mit der Quelle, der Quelle deiner Schönheit-gleich-Macht. Dann, wenn du die Welt im Umbruch siehst – oh, so viele Schrecken, oh, so viele Trauma**«, äfften sie meine Reaktion nach, »**und du fragst dich, was du tust, erinnere dich an diese Einheit. Wir wissen, dass du den Leidenden helfen willst, und wir finden das gut. Du willst Menschen weiterbringen. Deine Verbindung zum Netz aus Licht drängt dich, etwas zu tun.**« »Ja, Großmütter«, sagte ich, »ich habe diesen Drang.«

»**Fühle uns jetzt bei dir**«, sagten sie und erhoben ihre Hände, um mein Denken anzuhalten. »**Wir sind in allen Fasern und Nerven deines Körpers. In gewisser Weise bist du ein elektrisches Feld, durch das wir uns bewegen, Signale geben und empfangen. Wir senden Liebe in dieses Feld, und wir geben dir die Kraft, mehr zu lieben. Solange du es wünschst, werden wir deine Fähigkeit zu lieben, zu verstehen, zu halten und zu nähren erweitern.**« Tränen strömten über meine Wangen, als ich das hörte, und ich konnte nur stammeln: »Ja, ja, ja.«

»**Wir schauen zu, wie du dich in deinem Leben bewegst**«, sagten sie, und jetzt standen sie um mich herum wie Hühner, die ihre Küken bewachen. »**Wir sehen, dass du manchmal deine eigene Größe vergisst.**« Ich wollte widersprechen, aber sie winkten ab und fügten hinzu: »**Aber wir vergessen nie. Wir sehen, wer du bist. Wir können dich sehen, weil du mit uns eins bist. Du hältst die Welt im Licht und wirst zugleich im Licht gehalten. Du bist das Lichtnetz. Erinnere dich daran**«, sagten sie, »**und jetzt ruh dich aus. Lasst uns die ganze Arbeit tun.**« Und sie nahmen mich in ihre Arme und Flügel und sagten: »**Heute hast du eine große Erweiterung erlebt. Du wirst hineinwachsen, aber im Moment ruhe erst einmal aus.**« Sie lächelten ihr beruhigendstes Lächeln, und ich nahm sie beim Wort und ruhte mich aus. Tatsächlich schlief ich ein, bis mich der Wechsel des Trommelschlags weckte und mir signalisierte, in die Alltagswirklichkeit zurückzukehren.

»**Denke daran, dich fest zu verwurzeln, deine Füße in der Erde verankert.**«

Ein paar Wochen später bat ich sie erneut, uns einen Weg zu zeigen, wie wir in dieser immer gewalttätigeren Welt bestehen können. »Ich brauche eine Stabilisierung«, sagte ich. »Ich denke, wir alle brauchen sie. Großmütter«, fuhr ich fort, »praktisch gesprochen: Was sollen wir jetzt tun?«

Sie sahen mir in die Augen, und ohne einen Moment zu zögern sagten sie: »**Grabt euch ein.**« Und dann begannen sie, in der Erde zu scharren wie riesige Adlerhühner. Der Boden flog in Fetzen, als sie sich buchstäblich »eingruben«, und sie sahen so komisch aus, als sie sich eingegraben hatten, dass ich anfangen wollte zu lachen, aber ich unterdrückte es, als ich sah, wie ernst sie waren. Als sie ihren seltsamen Tanz in der Erde fortsetzten, wurde mir klar, dass sie wollten, dass ich sie wörtlich nahm. »**Denke daran, dich fest zu verwurzeln**«, sagten sie, »**deine Füße in der Erde verankert. Verankere auch dein Hinterteil**«, sagten sie und schüttelten ihre Schwanzfedern zur Bekräftigung.

»**Wir werden einen Stab aus Licht durch diejenigen von euch schicken, die diese Arbeit tun; er wandert durch eure senkrechte Mittelachse und durchdringt die Erde. Wenn ihr eure Verbindung zu eurem Planeten vertieft, werdet ihr es schaffen, ihn immer mehr im Licht zu halten, während die Erde euch gleichzeitig umarmen und unterstützen wird. Kein Herumirren mehr an der Oberfläche der Dinge**«, lachten sie, gruben sich ein und verankerten sich ruhig und still. »**Wir werden nicht bewegt**«, sangen sie, »**wir werden nicht vom Licht fortbewegt werden.**

Du bist ein Stab aus Licht«, sagten sie und hielten mich fest im Blick, bis ich die Kraft ihrer Botschaft spürte. Sie hatten recht. Ich war tief verankert, von Kraft durchdrungen. »Wow!« flüsterte ich, als die Vibration im Inneren so stark wurde, dass sogar meine Zähne schmerzten. »Was nun, Großmütter?« fragte ich und hoffte, dass ich damit umgehen könnte, was es auch sein mochte.

»**Fühle das Licht**«, sagten sie, »**das hinten, vorne und an den Seiten aus dir herausstrahlt. Es strahlt auch aus deinem Scheitel und ergießt sich aus deinen Füßen. Du vibrierst vor Licht.**«

Ich war wie eine Stimmgabel – wurde von der Kraft, die durch mich hindurchschoss, in Schwingung versetzt. »**Deine Schwingung wird sich verändern, wenn du dich auf diese Weise ausrichtest**«, sagten sie. Sie hatten den fassungslosen Ausdruck in meinem Gesicht gesehen, und um mich zu beruhigen sagten sie jetzt: »**Achte darauf, wie Energie in und um dich herum schwingt. In den kommenden Zeiten wird dir diese Schwingung immer vertrauter werden. Es wird sich wie Daheim anfühlen.**

Grabt euch ein«, wiederholten sie. »**Lasst das, was um euch herum passiert, geschehen, und während es passiert, erkennt, dass ihr selbst ungerührt bleibt. Es ist wahr**«, lachten sie und klopften mich leicht mit ihren Flügeln. »**Ihr seid durch das Licht verankert, und ihr verankert das Licht. Spürt, wie die Erde ihre Verbindung zu euch begrüßt, wie sie euch unterstützt. Wir können einen gemeinsamen Seufzer der Erleichterung hören, der nach oben geht**«, lachten sie. »**Endlich! Endlich ist sie nach Hause gekommen. Es ist eine wunderbare Partnerschaft und ein vertrautes Gefühl, das du mit der Erde hast. Diese Verbindung wird dich nähren.**«

»Wow«, flüsterte ich und schüttelte den Kopf. Die Wahrheit war offenkundig in jedem Wort, das sie sprachen, aber mein Verstand mühte sich, das alles zu verstehen, um es irgendwie zu analysieren und zu *erklären*.

Ich war kurz davor, ihnen eine Frage zu stellen, als sie sagten: »**Erkenne, dass der Verstand und alle mentalen Dinge ihren Platz in der Welt haben. Es liegt in der Natur des Verstandes, ›warum‹ zu fragen. Die mentale Ebene ist ein Teil des Lebens auf der Erde**«, erklärten sie, »**aber ein Verstand, der nicht im Gleichgewicht ist mit Herz und Instinkt, wird dich aus der Verbindung mit dem Göttlichen lösen. Also**«, betonten sie, »**musst du nicht jede Frage beantworten, die dein Verstand stellt, ihm nicht auf all seinen Wegen folgen.**

Es liegt in der Natur des Verstandes, außerhalb von sich zu suchen. Da der Verstand nach Sinneseindrücken sucht, will er natürlich immer etwas Neues, sei es physisch oder mental. Wenn du deinen Verstand dich kontrollieren lässt«, sagten sie und plusterten sich empört auf, »**wird er deine ganze Energie auf die Außenwelt richten. Und dieser ständige Blick nach außen wird deine Verbindung zum Kern deines Seins schwächen. Es wird auch deine Verbindung zur Erde schwächen.**« »Also ist der Verstand nicht mein Freund, ist es das, was ihr mir sagen wollt, Großmütter?« Sie schüttelten den Kopf. »**Nein.**« Und dabei lächelten sie grimmig.

»**Jetzt, da du das weißt**«, sagten sie, »**erinnere dich des Lichtstabs, der dich in der Erde verankert, wann immer du deiner Geschäftigkeit und des Gewirrs und der Eile gewahr wirst, deiner Sorgen oder angstvollen Vorkehrungen – all dessen, was dich vom Jetzt abbringt.**« »Ja«, antwortete ich, »das werde ich.« Und als ich daran dachte, wie ich in der Erde verankert war, seufzte ich erleichtert auf. »Ahhhhhh«, sagten wir alle im Chor. »**Ja**«, sagten sie, »**grabe dich ein. Wenn du deine Verbindung mit der Erde aufrechthältst, wird dich das halten – ganz gleich, was um dich herum passiert.**«

Dann schüttelten sie ihre Federn aus, reckten ihre Hälse und bogen ihre Köpfe nach hinten, so dass ihre Schnäbel nach oben zeigten. So stolzierten sie umher und sagten: »**Denke dir die Verbindung zur Erde als deine Nabe, deinen Heimatort. Immer für dich da. Und wann immer du von diesem Zuhause in die Welt des Verstandes und der Aktivitäten reist – was du tun wirst**«, nickten sie bedächtig, »**wisse, dass du jederzeit nach Hause kommen kannst. Das Zuhause geht nie weg**«, sagten sie mit einem verständnisvollen Blick, »**es ist immer da.**«

»Immer da«, sagte ich, »immer da«, und aus irgendeinem Grund dachte ich noch einmal an den ersten Teil der Frage, mit der ich heute gekommen war. »…gibt es etwas, was wir tun können, um zu helfen?« Ich wandte mich mit diesem Gedanken an sie, aber sie zuckten die Achseln und gestikulierten, als wollten sie sagen: »Nun… das ist es, was du tun kannst.« »**Es gibt keine wichtigere Arbeit als diese**«, sagten sie schließlich und verschränkten ihre Arme und Flügel vor der Brust, um deutlich zu machen, dass das jetzt alles war, was sie zu sagen hatten.

Sie standen still da und betrachteten mich aus dem Abstand, öffneten dann ihre Flügel und hüllten mich ein. »**Wir segnen dich**«, sagten sie. »Ahh«, seufzte ich, als ich mich in die gefiederte Weichheit sinken ließ. »**Ruh dich jetzt aus. Ruhe mit uns.**«

Ich versuchte noch einmal, über das Gefühl zu sprechen, von der Energie der Zeit, in der ich lebte, überwältigt zu werden, aber sie sagten nur: »**Grabe dich ein.**« Und danach war Schweigen, bis sie schließlich sagten: »**Das ist genug. Das wird reichen.**«

Damit stolzierten sie davon und ließen mich ausruhen, und bald begannen sie gemeinsam zu tanzen, summten aus tiefer Kehle, während sie stampften und schritten. Als ich sie verhalten murmeln hörte, wurde mir klar, dass sie vom Krieg im Irak und in Afghanistan als der »Regenwolke« sprachen. »**Die Regenwolke**«, sangen sie immer und immer wieder und tanzten weiter. Ich beobachtete sie, und es war klar, dass die Regenwolke, was auch immer es war, keine Macht hatte, ihren Tanz aufzuhalten. Es war einfach eine dunkle Wolke, und als ich zusah, begannen Tropfen zu fallen, erst sanft und dann in einem wahren Guss.

Sie tanzten weiter, lächelten, scharrten in der Erde und summten dabei aus tiefer Kehle. Offensichtlich genossen sie es. »**Die Regenwolke ist ein natürlicher Teil des Lebens**«, sagten sie, senkten ihre Köpfe und summten noch lauter. Das war alles, was sie zu diesem Thema sagen würden, und irgendwie fühlte ich, es war genug. »Danke, Großmütter, danke«, rief ich, und als ich mich zum Gehen wandte, küsste mich eine von ihnen auf den Scheitel.

»Wenn du an deinem Lichtort stehst, wird die gesamte Matrix des Lebens angehoben.«

Ungefähr eine Woche später, als ich noch an ihre Fähigkeit zu tanzen dachte, ganz gleich, wie das Wetter war, geschah etwas Interessantes. Ich war auf dem Weg zu einer spirituellen Buchhandlung, wo ich einmal die Woche aushalf: ein schöner Ort mit einem Gebetsraum, in dem man zu jeder Tageszeit sitzen konnte, und wo die Gewinne aus dem Verkauf an wohltätige Einrichtungen ging. Auf dem Weg dorthin beschloss ich, vorher in unserer Buchhandlung in der Nachbarschaft vorbeizuschauen, um zu sehen, ob sie bereit wären, das Großmütterbuch zu verkaufen. Ich hatte überlegt, dass sie, da ich eine Autorin vom Ort war, vielleicht sogar bereit sein könnten, eine Signierstunde zu veranstalten.

Etwa zwei Wochen zuvor hatte ich dem Eigentümer dort ein Exemplar von *Selbstermächtigung* hinterlassen und gesagt, dass ich wiederkommen würde, wenn er Gelegenheit gehabt hätte, es sich anzusehen. Ich hatte noch gar nichts unternommen, um das Buch der Großmütter zu bewerben – weil ich nicht wusste, wie, und weil ich Angst vor Ablehnung hatte –, und als ich mich dem Laden näherte, war ich einigermaßen nervös. Ich hatte das Gespräch mit dem Buchhändler vor mir hergeschoben, und als ich den Laden betrat, hielt ich mir einen aufmunternden Vortrag. »Ich bin eine Autorin vom Ort, und die Großmütter sind tatsächlich in Laguna Beach erschienen, also sollte er sich glücklich schätzen, ihr Buch zu empfehlen«, sagte ich mir. »Es gibt keinen Grund, warum er *Selbstermächtigung* nicht gerne verkaufen wird.«

Ich hätte nicht falscher liegen können. Als ich ihn fragte, was er von dem Buch hielt, sagte er mir, dass er nicht nur nicht bereit war, eine Signierstunde zu veranstalten, sondern dass er das Buch nicht einmal in seinem Laden führen wollte. *Selbstermächtigung,* sagte er, sei nicht die Art Buch, die ihn interessierte.

Als ich aus der Tür ging, versuchte ich, so zu tun, als würde es mir nichts ausmachen, aber eine Wand der Ablehnung hatte sich vor mir aufgebaut. Die Großmütter hatten mir versichert, dass *Selbstermächtigung* ein gutes Buch sei, eines, das vielen Menschen helfen würde, so dass die Ablehnung, die ich gerade erfahren hatte, ein Schock war. »Was ist los?« fragte ich mich. Und dann: »Was soll ich aus dieser Zurückweisung lernen?« Als ich losfuhr, schüttete ich den Großmüttern mein Herz aus – redete und redete, und nachdem ich mir das alles von der Seele geredet hatte, hörte ich ihnen zu.

»**Wir ärgern uns nicht darüber**«, sagten sie, »**und das solltest du auch nicht. Das Leben ist voller Ablenkungen. Behalte dein Ziel im Auge. Das Buch ist gut**«, versicherten sie mir. »**Wisse das und halte daran fest**«, und das war alles, was sie sagen wollten. Danach war alles, woran ich mich bei unserem Gespräch erinnern konnte: »Behalte das Ziel im Auge«. Das war ein vernünftiger Rat, aber was bedeutete es in diesem Fall?

Als ich im spirituellen Buchladen ankam, parkte ich mein Auto, begrüßte die anderen und machte mich an die Arbeit. Ich füllte die CD-Abteilung wieder auf und begann dann mit dem Saubermachen. Es gab viel Abfall, den man nach draußen tragen musste, und als ich hin und her ging, bemerkte ich eine Krähe mit grauen, ausgefransten Federn, die sich in der Nähe des Müllcontainers auf den Boden kauerte. Sie taumelte seltsam, schleppte sich den Bürgersteig entlang, und nachdem ich eine Weile zugesehen hatte, wusste ich, dass sie krank war – vielleicht sogar im Sterben lag. Ein Schwarm hatte sich in den Bäumen in der Nähe versammelt und krächzte lautstark, und ab und zu segelte eine von ihnen herab und versuchte, auf die kranke Krähe einzuhacken. Ich war wütend, dass sie den hilflosen Vogel angriffen, und ließ alles fallen, um mich in der Nähe der Krähe zu halten, die sich nun kaum noch bewegte. Die anderen riefen und krächzten sich gegenseitig etwas zu, kamen aber nicht näher, solange ich da war.

Schließlich flogen sie weg, und als die Lage sich beruhigt hatte, nahm ich meine Arbeit wieder auf, tat den Abfall in die Tonne und ging zurück in den Laden. Aber ich sah alle paar Minuten nach ihr, um mich zu vergewissern, dass sie nicht belästigt wurde. Dies tat ich über eine Stunde, und jedes Mal, wenn der Schwarm zurückkam, nahm ich meinen Platz neben der jetzt sterbenden Krähe ein. Schließlich, als sie sich nicht mehr bewegte und eine Zeit lang mit offenen, glasigen Augen stillgelegen hatte, flogen die anderen weg, und alles war wieder ruhig.

Ich war tief berührt vom Todeskampf der Krähe und fühlte mich irgendwie mit dem Vogel verbunden. Ich ließ ihn liegen und ging zurück in den Meditationsraum, wo ich einige Blütenblätter und heilige Asche nahm und sie nach draußen brachte, um die Krähe damit zu bestreuen. Ich habe ihren Körper nicht bewegt, weil ich gelesen hatte, dass man das gleich nach dem Tod nicht tun sollte. Mit einer süßen Traurigkeit in meinem Herzen beendete ich meine Tätigkeit in der Buchhandlung, und bevor ich ging, fragte ich die Verantwortliche, ob sie den Körper des Vogels entsorgen würde, bevor sie nach Hause ging. Sie versprach es.

In den nächsten Tagen dachte ich viele Male an die Krähe, und als ich in der folgenden Woche wieder dort war, war das erste, was ich tat, nachzusehen, ob ihr Körper noch da war. Ich dankte der Mitarbeiterin für die Beseitigung, aber sie sagte, sie habe es ganz vergessen. »Das ist seltsam«, dachte ich. »Ich frage mich, wer den Kadaver weggebracht hat.« Ich musste die Frage jedoch beiseite lassen und wieder an die Arbeit gehen, aber jedes Mal, wenn ich mit einer Ladung Abfall nach draußen kam, konnte ich nicht anders, als auf die Stelle zu schauen, an der sie gelegen hatte, und mich zu fragen, was mit ihr passiert war.

Als es Zeit war zu gehen, ging ich aus der Vordertür und blickte ein letztes Mal auf die Stelle, an der ich die Krähe mit Rosenblättern zugedeckt hatte. Und dort, wo sie gelegen hatte, schimmerte jetzt eine schwarze Feder, seidig und vollkommen. Ich machte auf dem Absatz kehrt; ehrfürchtig hob ich die Feder auf und nahm sie mit nach Hause. Etwas war dort geschehen, etwas Magisches. Mein Verstand kapierte es nicht, mein Herz aber wohl, und ich spürte den Segen der Krähe.

Als ich nach Hause kam, legte ich die Feder auf den Altar im Garten, an dem wir die Ermächtigung der Großmütter feiern. Der Geist der Krähe und der Krähenmutter, des weiblichen Aspekts des Göttlichen, wie er von den Indianern des Südwestens verehrt wird, würde nun bei jeder unserer Ermächtigungszeremonien anwesend sein.

Als ich daran dachte, was sich an diesem Tag ereignet hatte, fühlte sich mein Herz weich und voll an. Die Zurückweisung durch den Buchhändler schien nun weit entfernt. Die sterbende Krähe war ein Geschenk gewesen und warf mich zurück auf das, was wirklich war. Mit ihr hatte ich an etwas Wahrhaftigem teilgehabt, und dieses Etwas hatte mich voll Staunen zurückgelassen.

Kurz darauf reiste ich zu den Großmüttern, und als ich mit ihnen meinen Platz im Kreis einnahm und auf ihre schönen Gesichter schaute, bemerkte ich, dass unsere Augen auf gleicher Höhe waren. Ich hatte die Großmütter noch nie zuvor aus diesem Blickwinkel gesehen, und als ich dort saß, wurde mir klar, dass sie mir zeigten, dass wir gleichwertig sind. **»Erzähle die Geschichte der Krähe denen, die zum nächsten Treffen kommen«**, sagten sie, **»teile mit, was sie dir bedeutet. Sprich darüber, wie wichtig es ist, sich auf die Wahrheit auszurichten, darauf, voranzukommen, sich immer vorwärts zu bewegen – ganz gleich, was passiert«**, fügten sie hinzu und sahen mich nachdrücklich an. »Aha«, murmelte ich, »diese Erfahrung, zuerst mit der Ablehnung und dann mit der Krähe, war ein Test – eine Gelegenheit, das ganze Bild in den Blick zu nehmen. Danke, Großmütter. Danke für diese Unterweisung.«

»Lass diese Unterweisung im Mittelpunkt deines nächsten Treffens stehen«, sagten sie, **»damit alle erleben können, wie wir sie führen. Wenn ihr alle auf eurem Weg vorangeht, mögt ihr euch der irreführenden Natur all der Ablenkungen bewusstwerden. Denn ihnen zum Trotz«**, sagten sie und hoben den Finger, **»wird die Führung des Göttlichen dich voranbringen, immer weiter. Wenn du durch das Leben gehst, sieh den Irrgarten«**, sagten sie, **»er hat eine Wirkung auf deinen Körper. Er ist so eingerichtet, dass er dich verwirrt. Und er führt immer in eine Sackgasse.«** »Oh«, sagte ich, »ihr meint nicht ein Labyrinth wie das in der Kathedrale von Chartres, wo man hindurchgeht, betet und meditiert. Davon sprecht ihr nicht, denn dort nutzt man das Labyrinth, um sich auszurichten und innerlich zu wandeln. Ihr sprecht von einem Irrgarten wie dem, in dem der Minotaurus des Alten Kreta lauerte und darauf wartete, Menschen zu verschlingen.« **»Ja«**, sagten sie.

»Der Irrgarten des Lebens besteht aus Anziehung und Abstoßung.« Mit den Händen zogen und drückten sie, um es zu veranschaulichen. **»Geräusche, die dich stören, Ärgernisse aller Art. Deine Reaktionen auf geliebte Menschen, deine Reaktionen auf verhasste Menschen, deine Reaktionen auf schmerzliche Ereignisse in der Vergangenheit, deine Angst vor der Zukunft – all das. Es hat alles eine Wirkung und ist Teil des Irrgartens.**

Um ein Gefühl dafür zu bekommen«, sagten sie, **»werde dir der Sehnsüchte bewusst, die an dir ziehen, und all der Ablenkungen, die unter**

der Oberfläche deines Bewusstseins lauern. So bekommst du ein Gefühl für den Irrgarten. All diese Ablenkungen versuchen stets, dich aus dem gegenwärtigen Augenblick zu reißen«, glucksten sie, »sie wollen dich erschrecken oder dich drängen, dies oder jenes zu tun. Kurz gesagt, im Irrgarten des Lebens wirst du alles finden, was dich davon ablenkt, dich auf deine Einheit mit dem Göttlichen auszurichten.

Vergangene und gegenwärtige Beziehungen lauern im Irrgarten. Deine Träume, Ambitionen, Misserfolge, Neigungen und Abneigungen«, fügten sie hinzu, »alles ist da. Jede Ablenkung ist ein Weg im Irrgarten, und eine jede führt in eine Sackgasse. Eine Sackgasse.

Wenn du dir das anschaust, wirst du bis in deine Kindheit sehen, alles das, was ›hätte sein können‹, ebenso wie: ›Warum musste das passieren‹, du wirst es alles sehen können. Aber über dem Irrgarten zu stehen«, sagten die Großmütter und lächelten verschwörerisch, »ist der Weg zu Gott. Dieser Weg«, nickten sie wissend, »ist da. Er ruft dich.

Auf deiner Reise durch das Leben werden wir bei jedem Schritt des Weges bei dir sein, dich halten und führen. Wir sind in jedem Augenblick da und stehen bereit, um dich mit unserer Gegenwart zu erfüllen. Wenn du dich von uns halten und umfangen lässt, werden wir uns gemeinsam leicht durch die Pfade des Irrgartens hindurchbewegen. Es ist ein Irrgarten«, sagten sie, »das ist wahr. Aber du bist nicht allein.

Die Vergangenheit ist vorbei!« riefen sie und klatschten in die Hände. »Verschwende deine Kraft nicht, indem du zurückschaust auf das, was nicht mehr ist. Wir sind jetzt hier bei dir, und gemeinsam kommen wir leicht voran. Du wirst immer stabiler, und wenn du dich in unserer Umarmung entspannst, wirst du diese seelische Festigkeit spüren. Ja«, sagten sie, »du bist auf dem richtigen Weg. Und solltest du dich einmal verirren und in einer der Sackgassen landen, dann rufe uns einfach, und wir werden dich auf den richtigen Weg geleiten.«

Die Großmütter nahmen meine Hände in ihre und sagten: »Wenn wir zusammen gehen, merke, wie klar dieser Weg vorgezeichnet und wie hell er ist. Du steigst auf, und weil du dich jetzt weit genug über dem befin-

dest, was unten liegt, wird es dir leichtfallen, beim Hinabschauen all die wimmelnden Aktivitäten und Ablenkungen im Irrgarten zu sehen. So ist es in einem Irrgarten; ein Irrgarten soll verwirren.

Siehst du«, erklärten sie, »**wenn du bei uns bist, bist du in einer anderen Dimension. Von hier kannst du den Irrgarten gut beobachten, scheinbar mitten darin umhergehen, und bist doch nicht in seinen Irrwegen gefangen.**«

Ich hörte aufmerksam zu und betrachtete den Irrgarten von hier aus. Und dabei bemerkte ich, dass ich *tatsächlich an zwei Orten gleichzeitig* war. Ich war mir des Irrgartens sehr bewusst, ich war sogar bis zu einem gewissen Grad darin. Ich wusste das, weil ich mir der Ablenkungen bewusst war, die die Großmütter erwähnt hatten. Bei all dem Kommen und Gehen in meinem Kopf schwirrte mein Hirn von Aktivität.

Ich spürte auch das Vorhandensein von emotionalen Auslösern aus meiner Vergangenheit. Da war mein Vater, der gestorben war, als ich vier war. Ich hatte Jahre und unzählige Therapiesitzungen damit zugebracht, meine Beziehung zu ihm zu verstehen. Die Suche nach meinem Vater stellte eine der Sackgassen im Irrgarten dar.

Ich hatte auch meine Herkunft erforscht und in meiner Ahnenlinie nach etwas gesucht, das mir helfen würde, den Sinn meines Lebens zu verstehen. Eines Tages sah ich Generation um Generation meiner Vorfahren, die Linien, die weit in die Vergangenheit Mitteleuropas zurückreichten. Danach kam meine Mutter mit einem ihrer unkontrollierten Wutanfälle und nach ihr kam ein früherer Freund, der mir als junge Frau das Herz gebrochen hatte. Als ich den Irrgarten im Auge behielt, kamen mir diese und viele andere Szenen ins Bewusstsein. In weniger als einer Minute bemerkte ich Angst, Bedauern, Schuldgefühle, Scham, Sehnsucht und eine Reihe anderer unschöner Emotionen, aber das Interessante war, dass ich nicht von ihnen erfasst wurde. Es war wieder dieses Gefühl, im Kino zu sein. Ich war anwesend, aber an nichts gebunden. Als ich den Irrgarten beobachtete und die vertrauten Sackgassen betrachtete, in denen ich mich in der Vergangenheit verirrt hatte, lächelte ich. Diesmal hatte ich mich nicht darin verlaufen.

Auch die Großmütter lächelten und sagten: »**Du machst deine Sache gut. Wir sind mit deinen Fortschritten zufrieden. Wir lieben dich sehr. Spüre unsere Liebe zu dir, fühle sie bis in jede Zelle deines Körpers.**«

»Oh!« rief ich aus. Dann schloss ich meine Augen, wandte meine Aufmerksamkeit nach innen und spürte, wie leicht mein Körper war – und wie viel größer als gewöhnlich. Die Großmütter ließen dieses Gefühl der Ausdehnung oft aufkommen.

»**Lass unsere Liebe jetzt aus dir herausfließen. Lass sie zu den Menschen fließen, die im Irrgarten des Lebens gefangen sind. Lass diese Liebe zu allen fließen, die irgendwo in einer Sackgasse stecken. Versuche aber nicht, sie zu retten.**« Sie hoben mahnend eine Hand. »**Jeder Mensch hat sein eigenes Zeitmaß, seinen eigenen Weg. Du darfst dich nicht in seine Angelegenheiten einmischen. Lass einfach unsere Liebe und unseren Segen durch dich ihm zufließen. Lass sie fließen**«, wiederholten sie. »**Das wird ihnen den Weg ebnen. Es wird sie sozusagen ›losmachen‹**«, sagten sie und verzogen das Gesicht.

Ich begann, mich als Kanal oder Flussbett zu sehen. Die Großmütter waren das Wasser, während ich der Ort war, den es durchfloss. Schnell flutete ihre Liebe das Flussbett, sie rauschte dahin und umspielte und erfüllte alles auf ihrem Weg.

»**Wenn du an deinem Lichtort stehst, unsere Liebe fühlst und sie dann fließen lässt, wird die gesamte Matrix des Lebens angehoben**«, erklärten sie. »**So einfach ist das. Wir bitten dich, ein beständiger Ort der Liebe auf Erden zu sein**«, sagten sie, lehnten sich zurück und beobachteten mich.

»Ja, Großmütter, ja«, sagte ich. »**Lass uns dich halten und, während wir dich halten, erfreue dich an der Liebe, die von dir auf andere ausstrahlt.**

Wir möchten dich erinnern, dir Zeit zu nehmen: Freue dich deines Lebens. Freue dich an dem Buch, das du geschrieben hast. Es ist wie ein Apfelkern«, sagten sie. »**Das Buch stammt von schönen Früchten und wird schönere Früchte hervorbringen. Und diese werden sich dann vervielfachen.**« Während sie sprachen, erhoben sie segnend ihre Hände, und da sah ich den Baum, von dem sie sprachen. »Oh, Großmütter!« sagte ich. »Es ist der Baum des Lebens! Und *er* trägt wunderbare Früchte. Das

Buch ist auch so eine Art Frucht«, sagte ich zu mir und zu ihnen, und als ich sprach, hörte ich, wie wahr es klang. Dann sagte ich: »Und weil *Selbstermächtigung* nun da ist, steht diese Wahrheit bereit, in viele Herzen gepflanzt zu werden.«

KAPITEL 9

Eine andere Frau

»Du kannst eine Frau von enormer Macht und Weisheit sein.«

Nach acht oder neun Jahren der Großmüttertreffen begannen auch Männer plötzlich, sich für die Arbeit der Großmütter zu interessieren. Ab und zu bestellte einer von ihnen ein Buch oder kam zu einem Treffen: mit seiner Frau, Mutter oder Freundin. Zuerst war ich mir nicht sicher, was ich mit ihnen machen sollte. Obwohl ich wusste, dass die Botschaft der Großmütter für alle da war, wusste ich nicht, ob Männer an unseren Treffen teilnehmen oder nur zuschauen sollten. Ich hätte nicht gedacht, dass sie sich für diese Arbeit interessieren könnten. Denn eigentlich hieß das Buch zuerst *Selbstermächtigung: Die Großmütter sprechen zu den Frauen.* Doch in letzter Minute änderten die Großmütter meine Meinung, und so ließ ich »zu den Frauen« weg, weil sie mich daran erinnerten, dass ich sonst die Hälfte der Menschheit außen vor ließ.

Als ich den Männern zuhörte, die zu unseren Treffen kamen, begann ich zu verstehen, wie sehr auch sie nach der liebevollen Energie der Mutter dürsteten. Da habe ich die Großmütter gebeten, uns etwas speziell für sie zu geben. Die Großmütter hatten keinen Zweifel daran gelassen, dass die Ermächtigung nur für Frauen war, aber vielleicht gab es auch etwas für Männer. Der Mantel der Geborgenheit war die Antwort der Großmütter, und wenn wir in einer einfachen Zeremonie die Männer darin einhüllten, kamen vielen von ihnen die Tränen.

Dies erwies sich als universelle Reaktion, denn nachdem wir eines Abends einen Großmütter-Workshop in Litauen abgehalten hatten, rief ein Mann, der an diesem Abend dabei war, am nächsten Tag meinen Verleger an, um zu erzählen, dass er vom Mantel der Geborgenheit so tief beeindruckt war, dass er die ganze Nacht am Telefon hing, um die Ermächtigung und den Mantel der Geborgenheit an Freunde in Sibirien und Moskau weiterzugeben. Als er uns das erzählte, fand ich nicht den Mut, ihm zu sagen, dass nur Frauen die Ermächtigung der Großmütter weitergeben sollten. Er war von Liebe erfüllt gewesen und hatte aus ganzem Herzen gehandelt, und so dachte ich, das würde für sie in Ordnung sein.

Bei einem weiteren Treffen in Litauen mit einer Gruppe von Architekten, Bauherren, Physikern und Militärangehörigen, die etwas über die Großmütter wissen wollten, hielten wir die Zeremonie unter einigen Tannen ab und gaben den Frauen unter ihnen die Ermächtigung und den Männern den Mantel der Geborgenheit. Am nächsten Tag läutete das Telefon wieder. Diesmal war es ein Quantenphysiker, ein Mann, den seine Entdeckungen berühmt gemacht hatten. Er erzählte uns ganz gerührt: »Mein ganzes Leben lang habe ich nur über mein Gehirn gelebt. Ich bin berühmt für meinen Verstand«, sagte er, »und so kam ich zu dem Schluss, dass mein Verstand alles ist, was ich bin. Aber nun, da ich den Großmüttern begegnet bin, ist mein Herz offen. Ich bin so dankbar und möchte jetzt etwas tun, um der Großen Mutter zu helfen.« Als wir das hörten, sahen wir uns mit Tränen in den Augen an. Das letzte, was ich von ihm hörte, war, dass er an einer Art Generator arbeitete und einen Weg suchte, die Energie von Yin zu stärken, damit alle die Gegenwart der Großen Mutter spüren konnten.

Die Großmütter sind gekommen, um die Energien von Yin und Yang auf unserem Planeten zurechtzurücken, und diese beiden Ereignisse in Litauen haben mich stark an den Schmerz gemahnt, unter dem die Menschen leiden, weil sie von der nährenden Yin-Kraft abgeschnitten sind. Sie erinnerten mich auch an die tiefe Sehnsucht jedes Menschen nach der Liebe der Mutter. Und als ich mit den Großmüttern arbeitete, wurde mir klar, dass ein wertvoller Teil dieser Energieverschiebung in der Wiederherstellung des Gleichgewichts in den Beziehungen zwischen den einzelnen Frauen und Männern lag. Roger und ich waren auf unserer Reise nach Burma und Angkor Wat mit der Nase darauf gestoßen worden.

Im Laufe der Zeit haben mich die Großmütter in vielerlei Hinsicht verändert. Die überarbeitete Version meiner Selbst erwies sich als eine ruhigere, freundlichere und duldsamere Person – eine, die sich mehr um alles und jeden kümmerte – auch um sich selbst. Ich mochte sie viel lieber als die Person, die ich vor den Großmüttern war. Es gefiel mir, sie zu sein; das Yin in meinem Leben gab mir einen Frieden und eine Zufriedenheit, die ich bis dahin nicht gekannt hatte. Jetzt fühlte sich das Leben für mich wie »genug« an. Anstatt Kraft in die Jagd nach dem nächsten Ziel, dem nächsten Wunsch, dem nächsten Ding zu stecken, wie ich es in der Vergangenheit so oft getan hatte, genoss ich einfach *jeden gegenwärtigen Moment.* Dankbarkeit wurde alltäglich, und das Leben war eher Vergnügen als Anstrengung.

Ich war froh, mein persönliches Gepäck loszulassen und dieses neue, bessere Ich zu werden, aber als ich diese Reise begann, wusste ich nicht, dass, indem ich mich veränderte, sich auch meine Beziehung zu meinem Mann verändern würde. Das erste, was mir auffiel, war, dass der Machtkampf, der unsere Ehe beherrscht hatte, weniger wurde, bis er schließlich fast verschwand. Durch meine Arbeit mit den Großmüttern lernte ich meinen Mann schätzen und verstand ich ihn sogar fast. Ich sage »fast«, weil ich nicht glaube, dass ich jemals irgendjemanden richtig verstanden habe. Dafür sind die Menschen zu vielschichtig, aber die Art Mann, die Roger jetzt war, ergab einen Sinn für mich.

Was ich jedoch nicht erwartet hatte, war seine Reaktion auf meine Wertschätzung. Und die übertraf alle meine Erwartungen. Als ich mich zurückhielt und ihn einfach so akzeptierte, wie er war, veränderte *er* sich. Plötzlich verstand *er mich*! Zu diesem Zeitpunkt waren wir vierzig Jahre verheiratet, und mit einem Mal waren wir uns näher denn je. Es gab mehr Liebe, mehr Spaß und viel mehr Verständnis zwischen uns. Was bei mir zu Hause geschah, erstaunte mich, und ich muss es wohl ganz den Großmüttern zuschreiben. Was mich aber besonders begeisterte, war die

Tatsache, dass meine Erfahrung gar nicht ungewöhnlich war. Andere in der Großmüttergruppe erzählten mir ähnliche Geschichten.

Carol war seit über zwanzig Jahren mit einem Mann verheiratet, den ich für sehr schwierig hielt. Ich kannte die beiden fast schon seit ihrer Heirat, und seitdem gab es die Geschichten über seine Schikanen und Wutanfälle und sein Bedürfnis nach Kontrolle. Aber im letzten Jahr hatte sie mehrfach berichtet, dass Richard sanfter wurde. »Weißt du«, sagte sie eines Tages, »ich glaube, er ist jetzt anders, weil ich anders bin. Die Großmütter«, versicherte sie, »haben das vollbracht.«

Das klang ein wenig zu gut, um wahr zu sein, und ich war skeptisch. Sie jedoch beharrte darauf, dass es stimmte und sagte: »Ich streite nicht mehr mit ihm, und er behandelt mich jetzt auch nicht mehr so wie früher.« Eines Tages berichtete sie: »Nächste Woche ist unser 23. Hochzeitstag, und wir haben heute darüber gelacht, was für ein Wunder es ist, dass wir immer noch zusammen sind.«

Ich hörte es, aber weil ich Richard mehrmals schlimm ausrasten gesehen hatte, konnte ich es nicht recht glauben. War es Wahrheit oder Fantasie? Ich blieb bei meiner düsteren Ansicht, bis sie eines Tages sagte: »Ich kann es einfach nicht fassen. Mit Richard zusammenzuleben hat sich als das einfachste herausgestellt, was man sich vorstellen kann.« Niemand, dachte ich, würde so etwas sagen, wenn es nicht tatsächlich eine Veränderung gegeben hatte.

Es gab noch andere, die Geschichten von Entspannung, Heilung und Harmonisierung in ihrer Beziehung zum anderen Geschlecht erzählten. Doch neben den guten Dingen, die ich persönlich und durch das Leben der Frauen in der Großmüttergruppe erlebt hatte, wusste ich auch viele Dinge über die Beziehungen zwischen Frau und Mann, die nicht so gut waren. Ich konnte es jeden Tag sehen, nicht nur in den Nachrichten, sondern auch in meiner Praxis. Und jetzt, da meine eigene Ehe relativ harmonisch war, beunruhigte mich das mangelnde Gleichgewicht zwischen den Geschlechtern, von dem ich hörte und das ich sah, *wirklich.* Es schien mir jetzt vermeidbar, (dieser ewige alte Kampf der Geschlechter), ja, sogar vollkommen überflüssig.

Als ich das nächste Mal zu den Großmüttern ging, trat ich mit diesem Thema an sie heran. »Großmütter«, sagte ich, als ich vor ihnen stand, »bitte lehrt mich, was ich über die wahre Macht der Frau sagen soll. Wie kann ich es so darstellen, dass die Leute es kapieren und ich auch? Ich weiß, dass die Frauen, die zum nächsten Treffen kommen, das möchten.« Dann hielt ich inne und sagte: »Ich möchte es auch.« Als ich nach den Worten für meine Frage suchte, wurde mir klar, wie sehr ich mich danach sehnte, das weibliche Prinzip zu verstehen. Das Thema Yin lag mir noch immer fern. Als ich jetzt darüber sprach, öffnete ich meine Hände vor den Großmüttern und überlegte, ihnen die gesamte Angelegenheit vorzutragen.

Sie lächelten und zogen mich an sich, und als sie mich ergriffen, flammte Licht auf und funkelte in der Luft über uns. Kleine Kugeln prallten auf meinen Kopf und liefen in Kaskaden an mir herab, bis ich vollständig von schimmerndem Licht bedeckt war und die Großmütter aus diesem überwirklichen Kokon heraus ansah.

Sie betrachteten mich eingehend, kicherten und sprachen leise miteinander, dann sagten sie: »**Komm mit uns**«, und nahmen mich an die Hand. »**Wir werden dir etwas zeigen**«, und sie zogen mich in ein Schlafwagenabteil, wo ich mich mitten unter sie setzte. Ich war schon einmal mit einem solchen Wagen gefahren: als ich zum ersten Mal in die Untere Welt kam. Aber weil ich diesmal mit den Großmüttern zusammen war, spürte ich nicht die Angst, die ich damals empfunden hatte.

Der Zug schnaufte, und mit einem scharfen Ruck fuhren wir los. Ich schaute auf die Landschaft, durch die wir fuhren, und mir fiel auf, dass auch diesmal die Szenen schnell wechselten. Eine Zeit lang donnerten Büffel neben uns her, liefen mit dem Zug, als wären die Großmütter und ich in einem alten Western. Tierherden liefen über das Grasland, und als ich genauer hinschaute, sah ich, dass nicht nur Büffel neben uns herrannten, sondern auch andere Tiere: Pferde, Elche, Rinder, Rehe und einige, die ich nicht kannte.

Die Eisenbahngleise zogen sich nach links; wir folgten nun einem Flusstal, und es ging weiter bergab. Weit in der Ferne, durch die Bäume, sah ich Wasser aufblitzen, und als wir näherkamen, sah ich, dass es sich um ein riesiges Gewässer handelte. »Oh«, sagte ich, »das ist ja das Meer.« Als der Zug zum Halten kam, kletterten die Großmütter und ich hinaus, gingen ein kurzes Stück und standen dann am Rand des Wassers.

Als wir auf das Meer hinausblickten, sahen wir nur das endlose Blau von Meer und Himmel. Ich blickte zum Horizont, und wenn ich genau hinsah, konnte ich Schiffe erkennen, alte Schiffe mit vollen Segeln. Wir hielten uns an den Händen und beobachteten schweigend, wie sie immer kleiner wurden, bis sie schließlich hinter dem Horizont verschwunden waren. Die ganze Zeit über leckten die Wellen an unseren Füßen, zerrten sanft an uns, und ich dachte, wie schön es war, so ruhig dazustehen und einen solchen Moment mit den Großmüttern zu teilen. Und obwohl ich keine Ahnung hatte, was das alles zu bedeuten hatte, war es schön, und das reichte mir im Augenblick.

Ich watete ein Stück ins Meer, und das Wasser begann, an meinen Beinen zu ziehen. Als ich seinen Zug spürte und dem Plätschern der Wellen lauschte, kam mir das Wort »Meer« (engl. »Sea«) in den Sinn. Sea/see (Meer/sehen), sagte ich mir. »Hinausschauen aufs Meer«, (Looking outward to sea.) murmelte ich, »hinausschauen, um zu sehen. (Looking outward to see.) Oh!« sagte ich und machte große Augen, als ich erkannte, dass dies zweifellos wichtig war, denn die Großmütter spielen gerne mit Worten. »Das ist es«, rief ich aus. »**Ja**«, sagten sie und betrachteten mich liebevoll. »**Aber schau nicht hinaus, um zu sehen**«, stellten sie meine Interpretation richtig, »**schau nach innen, um zu sehen.**« »Schau nach innen, um zu sehen«, dachte ich, und wir setzten uns zusammen im Sand nieder. Ich schloss die Augen und sammelte mich, bereit zu »sehen«, wie sie es vorgeschlagen hatten.

Der Rhythmus der Wellen wiegte mich, und als ich mich langsam entspannte, wurden meine Sinne lebendig. Jetzt schmeckte ich Salz auf meinen Lippen, fühlte Feuchtigkeit auf meinem Haar und im nassen Sand unter mir. Eine Brise wehte über das Wasser, brachte einen frischen, leicht beißenden Duft, und beständig brannte die Wärme der Sonne auf mich nieder. »Oh, wie wunderbar es ist«, flüsterte ich, »hier zu sein. Nicht nach etwas zu suchen, überhaupt nicht nach außen zu schauen«, sagte ich. »Ich bin einfach nur hier.« Und in diesem Moment fühlte ich nur noch die Einheit mit dem Himmel, die Einheit mit der Erde und dem Meer.

»**Die Frau ist das Meer**«, sagten sie in die Stille. »**Die Frau ist die Erde**«, fügten sie hinzu, und dann: »**Die Frau ist.**« Danach war alles wieder ruhig. Sie wandten sich zu mir um, schauten mir in die Augen und sagten: »**Yin ist.**« Sie wirkten ungewohnt bedachtsam, und als ich mich über ihren Ernst wunderte, sagten sie: »**Sei, was du bist.**« Und wiederholten: »**Sei, was du bist**«. »Ja, Großmütter«, sagte ich und saß ruhig da, atmete gleichmäßig und lauschte dem Schlappsen des Wassers. »Es ist alles da«, sagte ich endlich. »Es ist alles hier. Tief in meinem Körper, tief in meiner Seele und meinem Verstand – es ist alles da. Ich bin ganz«, und tief luftholend fügte ich hinzu: »Ich bin genug.«

Dann standen sie auf und sahen auf mich herab. »**Das ist das Geschenk von Yin. Das ist, was wirklich ist; das ist, was dauerhaft und ewig ist.**« »Ja, Großmütter«, nickte ich. »Ich verstehe.« Und das tat ich.

»**Frauen haben Zugang zu diesem Bewusstseinszustand und können hier wohnen**«, sagten sie mit ernster Miene. »**Das liegt in der Natur der Frau. Sobald sie aufhört, sich vormachen zu lassen, dass sie außerhalb von sich suchen muss, kann sie alle Zeit in Vollendung leben.**« Sie schüttelten den Kopf, lächelten mir geduldig zu und sagten: »**Bitte uns, dir zu helfen, an diesen Ort der Vollendung in dir selbst zu gelangen. Das ist dein Geburtsrecht.**« »Danke, Großmütter«, murmelte ich und verbeugte mich tief. »Ich nehme es an. Ich nehme mein Geburtsrecht an.«

»**Wir sind glücklich**«, sagten sie, als sie mich liebevoll ansahen. Und an ihrem Blick erkannte ich, dass es sie glücklich machte, wenn wir uns weiten lassen, um zu empfangen, was zu geben sie gekommen sind. Sie waren glücklich, weil sie mein Glück spürten. »**Wann immer du uns rufst, öffnen wir dir die Tür**«, sagten sie, und ich lächelte dankbar. »**Halte, halte, halte**«, sagten sie, mich im Blick behaltend. »**Bleib bei uns. Nicht abtreiben, sondern diesen Zustand der Erfüllung halten.**« Sie hatten mich erwischt, merkte ich. Ich war im Begriff einzunicken. »Warum«, fragte ich mich, »mache ich das? Warum schlafe ich so oft ein in ihrer Gegenwart?«

»**Freu dich, endlich zu Hause zu sein**«, sagten sie; dabei schüttelten sie den Kopf zum Zeichen, dass sie meine Frage nicht beantworten würden. »Ja, Großmütter«, murmelte ich, und dann gab es nur noch Stille, während ich dasaß, absorbiert von dieser Gabe der Vollendung.

Schließlich sprachen sie wieder. »**Sollte dein Verstand versuchen, dich abzulenken und dich von diesem Ort in dir selbst abzubringen, rufe uns an, und wir werden dich umarmen und festhalten. Halte**«, sagten sie noch einmal. »**Halte**«, und als sie das Wort aussprachen, fühlte ich, wie etwas in mir einrastete. Ich hatte mich entschieden, *diese* Wirklichkeit anzunehmen, *diesen* Ort der Vollendung zu halten, und mein Körper ließ mich wissen, dass die Verschiebung tatsächlich stattgefunden hatte. »**Tue das für dich selbst. Tue es aus Freude, für die du geboren wurdest.**« »Ja, Großmütter«, sagte ich noch einmal. Ich wollte die Zeit nicht damit vertun, einzuschlafen, und ich wollte die Zeit nicht damit vertun, mich zu fragen, weshalb ich einschlafe. Offensichtlich war das nicht wichtig. – Wichtig war dieser Zustand der Erfüllung.

Sie umrundeten mich und sagten: »**Dies ist dein Platz. Lebe an deinem Platz. Es ist der richtige**«, versicherten sie mir. Nachdenklich nickend, sagten sie: »**Es ist nur die Energie von Yang, die behauptet, du bräuchtest etwas außerhalb von dir, und das**«, betonten sie, »**ist eine große Lüge.**

Nimm an, was auch immer im Leben zu dir kommt, und genieße so viel davon, wie du kannst, und wisse gleichzeitig, dass es nichts gibt, was du außerhalb suchen musst. Alles ist schon da«, sagten sie und massierten sanft meinen Rücken. »**Du kannst jetzt ganz leben. Du kannst jetzt eine Frau von großer Macht und Weisheit sein. Wenn du sie willst, werden wir sie dir geben.**« »Ja, Großmütter«, sagte ich, als ich sie mit großen Augen ansah. »Das ist es, was ich will.«

»**Achte darauf, wie es sich anfühlt, Zugang zu der innewohnenden Macht-gleich-Schönheit zu haben**«, lächelten sie wissend. Sie waren so glücklich, dass ich nicht anders konnte, als sie anzustrahlen. »Großmütter«, sagte ich, »ich kann es in mir spüren, und ich bin euch so dankbar.« »**Wenn du willst**«, sagten sie und sahen mich erwartungsvoll an, »**werden wir dir noch mehr geben.**« »Ja, ja, ja«, antwortete ich schnell, »bitte gebt mir so viel, wie ich vertragen kann.« Und kaum waren die Worte gesprochen, fiel ich in einen tiefen Schlaf.

Ich wachte auf, als ich sie sagen hörte: »**Manche entscheiden sich, ihre Lebenskraft zu vergeuden, indem sie dem nachjagen, was ihnen eingeredet wird, dass sie es haben müssten.**« Sie schüttelten den Kopf, und ich konnte sie fast sagen hören: »Was für eine jämmerliche Verschwendung.« »**Aber weltlichen Dingen nachzujagen**«, dabei schüttelten sie den Kopf noch heftiger und rümpften ihre Nasen, »**ob Geld, Männern, Dingen, Status oder Macht – wird deine Energie bloß schwächen; wird dich aufspalten und dich brüchig machen.**«

Beim Zuhören musste ich an Menschen denken, die ich kannte (Frauen und Männer), die ihr Leben so zugebracht hatten: immer auf der Jagd nach etwas. Ich hatte gesehen, was mit ihnen passiert war, und die Großmütter hatten recht. Sie waren brüchig geworden. Ich schüttelte den Kopf, dachte, wie traurig das war, und es überkam mich ein Unbehagen. Wen wollte ich zum Besten halten? Diese Leute waren nicht die einzigen, die das getan hatten. Der Grund, warum ich verstand, wie es war, war, dass auch ich den weltlichen Dingen nachgejagt war.

Die Großmütter müssen meine Gedanken gelesen haben, denn sie sagten sofort: »**Denke an die Zeit, als auch du außerhalb von dir selbst gesucht hast, an die Zeit, als du auf der Jagd warst.**« Sie fixierten mich mit ihren Blicken, während sie sprachen, und ich wartete darauf, dass sie weiter darauf eingehen würden, aber als sie schwiegen, wurde mir klar, dass sie erwarteten, dass ich es *jetzt* täte.

Schnell suchte ich in meiner Erinnerung nach einem Ereignis, als ich auf der Jagd war, als ich eine Getriebene war, eine Zeit, als ich völlig von Yang-Energie geleitet worden war. Ich musste nicht lange überlegen. Der Stress, den ich beim Aufbau meiner Psychotherapiepraxis gehabt hatte, kam mir sofort in den Sinn. Das Sondieren von Möglichkeiten, die endlosen Treffen, das Netzwerken, die Notwendigkeit, mich selbst zu »verkaufen« – die Ängste, die mich wie eine kratzige Decke bedrückt hatten. »Oh«, sagte ich schaudernd, »ich habe diese Anspannung schon lange nicht mehr gespürt.«

Sie lächelten begütigend und sagten: »**Du hast, als du dir diese Zeit in Erinnerung gerufen hast, ihre Wirkung in deinem Körper verspürt. Deine Atmung änderte sich, und die Spannung in dir stieg. Das ist es, was das Suchen im Außen mit dir macht. Das**«, sagten sie und schüttelten ihre Köpfe, »**ist die große Lüge der Welt. Die Suche nach etwas da draußen hat noch nie einen Menschen glücklich gemacht.**«

Sie nahmen mich bei der Hand und zogen mich zu sich auf den Strand. »**Spüre jetzt die warme Sonne auf dir und wende dich innerlich unserer Gegenwart zu**«, sagten sie, und dankbar dachte ich an sie in mir, besonders in meinem Herzen, und ein beruhigendes Leuchten sickerte durch meinen Körper. »**Wir sind mit dir und in dir. Wir sind die Lebenskraft, die in dir schwingt, der Rhythmus des Lebens, der in allen Zellen deines Körpers und in deinem Geist zirkuliert. Fließe in Harmonie mit uns, fließe in Harmonie mit allem, was ist. Ausdehnen, ausdehnen**«, sangen sie und ließen ihre Hände kreisen. »**Vertiefe dich in deine Essenz.**«

Nach ein paar Minuten verkündeten sie: »**Du bist vollkommen. In diesem Moment und in jedem Moment, egal, was die Welt dir sagt, du bist vollkommen.**« »Ahh…«, seufzte ich. Meine Dankbarkeit wuchs, und ich schaukelte hin und her. Die Großmütter hatten recht. Ich war vollkommen.

»**Bitte uns, dir zu zeigen, wie du auf diese Weise leben kannst**«, sagten sie und blickten mich fest an, »**unter unserer Obhut, damit dieser Ort der Vollendung für dich zum Zuhause wird. Wir werden es tun**«, versprachen sie und nickten mir aufmunternd zu. »**Wenn du dich diesem Ort zuwendest, wirst du ein Segen für die Erde sein.**« »Oh, ja, Großmütter, ich will so leben«, sagte ich, und sie öffneten ihre Arme und nahmen mich auf. Und als sie mich an sich drückten, regneten Segnungen auf uns herab.

Ich blickte sie an, so voller Liebe, so voll Staunen; denn nun wusste ich, dass ich vollkommen war. Und als der Trommelschlag anzeigte, dass es Zeit war, in die Alltagswirklichkeit zurückzukehren, kamen sie mit mir. Als das Trommeln schließlich ganz aufhörte und ich die Augen wieder öffnete, waren sie da und standen in meinem Zimmer um mich herum. Als sie die Überraschung in meinen Augen sahen, sagten sie: »**Wir werden dich nicht verlassen**«, und ich war so glücklich, sie bei mir zu haben, in meinem Haus, dass ich zu platzen meinte. Aber sie schüttelten leicht den Kopf, als wenn dies das alltäglichste der Welt wäre, und sagten: »**Von nun an werden wir immer bei dir sein.**«

Nach dieser Sitzung war ich so voll Glück, dass ich Stunden brauchte, um wieder »normal« zu werden. Ich schwebte und dachte an die Großmütter, die zu jeder Zeit bei mir sein würden – mit mir einkaufen, im Auto mitfahren, bei meinen Sitzungen mit Klienten dabei sein. »Jetzt wird das Leben«, sagte ich mir, »noch mehr zum Abenteuer.«

Es dauerte jedoch nicht lange, bis mein skeptischer Verstand einsetzte. Ein paar Tage nach diesem Besuch fragte ich mich: »Wie können sie die ganze Zeit bei mir sein? Wie kann das wahr sein? Die Großmütter sind schließlich göttlich«, dachte ich. »Wie können sie also ein Teil meines Alltagslebens sein? Sie sind göttlich. Ich bin gewöhnlich. Wie funktioniert das?« Alte Konditionierungen, die Muster des Getrenntseins, meldeten sich wieder, und mein Verstand arbeitete auf Hochtouren.

Immer wieder arbeitete ich mich an diesem Konzept ab (war ich von den Großmüttern getrennt oder war ich eins mit ihnen), aber immer, wenn ich darauf zu sprechen kam, lachten sie bloß. Sie verstanden, wie schwer es für einen Menschen ist, die Konditionierungen hinter sich zu lassen, aber sie wussten auch, dass ich diese Muster irgendwann loswerden würde. Sie würden so lange warten.

Das Ringen mit meinem Verstand ging weiter, bis ich endlich erkannte, dass sie bei mir waren, ganz gleich, ob ich verstand, wie das möglich war, oder nicht. Ich könnte endlos darüber nachgrübeln, aber die Großmütter würden nicht verschwinden. Endlich musste ich akzeptieren, dass es sehr viele Dinge gab, die ich nie verstehen würde, und das war eines davon. Und sobald mein rationaler Verstand seinen Klammergriff löste, konnte ich das Abenteuer wieder genießen.

»Deine gerade Wirbelsäule lässt uns wissen, dass du bereit bist, uns zu empfangen.«

Als ich das nächste Mal zu ihnen ging, hatte ich das Thema so weit hinter mir gelassen, dass ich die Aufmerksamkeit von mir auf die Welt im allgemeinen richten konnte. Ich wollte wissen, was wir heute tun konnten, in einer Zeit, in der so viel Negativität herrschte, dass viele der Verzweiflung anheimfielen. »Großmütter«, fragte ich, »was können wir tun, um uns und der Erde zu helfen, sich in Richtung Licht und Güte zu bewegen, besonders in dieser Zeit? Ich brauche eure Führung«, sagte ich, »und alle anderen auch.«

Sie nickten verständnisvoll, und das erste, was sie sagten, war: »**Fühle deine Macht.**« Ruhig wandten sie sich um und wiesen auf eine Frau, die hinter uns saß, die Füße in der Erde verwurzelt und ihre Hände fest auf den Knien. Ich betrachtete sie einen Moment und merkte, wie stabil sie aussah. »**Ja**«, sagten sie, »**mindestens einmal am Tag so sitzen, mit geradem Rücken, auf dem Boden gepflanzten Füßen und Händen auf den Knien. Dann ruf uns**«, sagten sie mit wissendem Gesichtsausdruck. »**Deine gerade Wirbelsäule lässt uns wissen, dass du bereit bist, uns zu empfangen.**

Wenn du diese Haltung einnimmst, wirst du sofort unsere Macht spüren. *Deine* Macht«, berichtigten sie sich. »**Und wenn du das tust, wirst du die Kraft der Einheit mit dem Göttlichen halten. Rufe das Göttliche an, und du wirst sofort deine Verbindung spüren.**« Ich tat wie geheißen, nahm die Haltung ein und rief sie an. Dann schloss ich meine Augen, bereit zu warten, aber die Antwort kam so unmittelbar, dass ich meine Augen aufriss.

»**Wellen der Macht werden über dich hereinbrechen, sich um dich sammeln und in die Erde strömen, wenn du das tust**«, erklärten sie. Stumm nickte ich meine Zustimmung. Ich hatte die Macht gespürt, die sie beschrieben. »**Du fühlst sie**«, sagten sie und bestätigten mir, dass ich es mir nicht einbildete. »**Diese Wellen werden von oben, von unten, von hinten und von vorne in dich eindringen, und sie werden durch die Seiten deines Körpers eindringen. Wann immer du diese Position ein-**

nimmst und uns anrufst«, sagten sie und nickten nachdrücklich, »**triffst du die Wahl, große Macht zu verankern.**« »Ja, Großmütter«, sagte ich und dachte: »Wenn das mal keine Untertreibung, ist.«

»**Jedes Mal, wenn du das tust, wirst du zu einem Durchlass, an den sich andere anschließen können; du stellst ihnen die Quelle zur Verfügung.**« Ich muss von dieser Verantwortung verängstigt ausgesehen haben, denn sie sagten schnell: »**Du brauchst dir keine Sorgen zu machen, dass du ausgenutzt wirst. Du wirst zu einer Quelle der Macht. Macht wird durch dich anderen zufließen, aber das wird dich nicht entleeren, weil du selbst an die Quelle angeschlossen bist. Du wirst nicht aus deinem eigenen Vorrat geben**«, erklärten sie, »**sondern aus unserem, und unser Vorrat ist unbegrenzt. Sich selbst als einen Durchlass für die Quelle zu betrachten, ist eine gute Meditation für dich in dieser Zeit.**« Dann lächelten sie aufmunternd und beobachteten mich still.

Ich dachte darüber nach – ein Durchlass zu sein – nicht die Quelle, sondern gewissermaßen nur die Steckdose in der Wand. Ich entsann mich des ersten Mals, als sie das angesprochen hatten. Es war 1998, und ich stand vor der Schwarzen Madonna in Chartres. Ich war in die Krypta der alten romanischen Kirche hinuntergegangen, unter der Kathedrale, und starrte voll Ehrfurcht auf die Statue der Mutter, als ich eine Steckdose in der Kirchenwand bemerkte. Die sah an diesem altehrwürdigen Ort so fehl am Platz aus, dass ich meine Augen nicht von ihr wenden konnte. Da sagten die Großmütter, dass all jene von uns, die mit ihnen arbeiten, wie diese Durchleitung sind. Sie bieten Zugang zum hohen Strom des Göttlichen, eine Durchleitung, an die man sich anschließen kann.

Mir gefiel die Idee, eine Durchleitung zu sein. Es hat mich sehr erleichtert. Ich, die ich so pflichtversessen war, konnte endlich loslassen. Ich musste lediglich an die Großmütter denken und sie anrufen und dann zusehen, wie *sie* die ganze Arbeit machten. Und als ich darüber nachdachte, spürte ich wieder die Erleichterung, Empfängerin zu sein, nicht »Geberin«.

»**Wenn du dieses Jahr deine Weihnachtsbeleuchtung aufbaust, denk daran**«, sagten sie, und ich blickte überrascht auf. »**Achte darauf, wie**

du eine Lichterkette an eine andere anschließt«, sagten sie. »**Du kannst einen ganzen Baum auf diese Weise erleuchten. Solange eine Leitung eingesteckt ist, beziehen die anderen den Strom von dort. Solange du mit dem Göttlichen verbunden bist, werden die Menschen Zugang zu göttlicher Energie bekommen, indem sie in deiner Nähe sind. Es gibt nichts, was du tun musst, damit es passiert**«, kicherten sie, als sie an meine Sucht zu »tun« dachten. »**Du gehst einfach umher und zündest Lichterketten an.**

Jedes Mal, wenn du mit verankerten Füßen und einem geraden Rücken dasitzt und uns rufst, wird dir deutlich gewahr, wer du bist. Die Menschen in deiner Nähe werden sich wohlfühlen, und selbst diejenigen, die nicht körperlich anwesend sind, werden sich vielleicht einer besseren Stimmung gewahr. Und weil du mit dem Göttlichen vereint bist«, erklärten sie, »**wird alles, wo du hinschaust, und alles, woran du denkst, gesegnet**«.

»Wow!« flüsterte ich, als mir klar wurde, was sie meinten. Das war die Haltung der Statuen der schwarzen Madonnen, die ich in Frankreich gesehen hatte. Wirbelsäule gerade, Füße fest auf der Erde und Hände auf den Knien. »Das kann kein Zufall sein«, flüsterte ich bei mir. »Wenn wir so dasitzen und dann an andere denken, erlaubt es diesen anderen, sich in die Macht der Großmütter zu begeben. Nicht nur ich«, sagte ich, »sondern jeder Mensch oder jede Situation, an die ich denke. Das ist die Kraft der Mutter.« Ich wandte mich zu ihnen um, meine Augen groß vor Staunen, aber alles, was sie sagten, war: »**Die Macht sprudelt ganz natürlich aus jedem, der an die Quelle angeschlossen ist.**« Sie zuckten mit den Schultern, als ob dies etwas wäre, das jeder wüsste, und sagten: »**Wir ermutigen dich, mit gerader Wirbelsäule dazusitzen, wann immer du kannst, und vor allem, wenn du das Netz aus Licht auswirfst.**«

Die Großmütter waren im Lehrmodus, denn sie holten kaum Luft, bevor sie weiterredeten. »**Wenn du dich irgendwann von dem, was du in der Welt um dich herum siehst, beunruhigt fühlst, nimm diese geerdete Haltung ein und gehe auf der Stelle ins Gebet. Und wir versprechen, dass wir (oder eine Form des Göttlichen, die du liebst) erscheinen, sobald du**

an das Göttliche denkst. Und dann verbinden wir dich mit der Quelle. Wenn es stressig wird, singe das Om und setze dich ruhig hin. Die summende Schwingung des Om wird zusätzliche Kraft bringen, nicht nur dir, sondern der ganzen Situation, an die du denkst.« Ich nickte. Das schien alles Sinn zu ergeben. Die Frequenz meiner Schwingung würde sich erhöhen und ebenso die Frequenz von allem, was mit mir verbunden war. Der Klang von Om würde das Feld stärken. »Was für ein Unterschied wäre das für die Welt«, sagte ich und fing an, es mir auszumalen. Eine erhöhte Schwingung, genug Nahrung für die Menschen, ein Ende der Gewalt, ein Ende der Grausamkeit, liebevoller Umgang…

Die Großmütter unterbrachen meine Gedanken und sagten: »**Wir sagen nicht, dass es notwendig ist, dass du in dieser geerdeten Position sitzt, um für andere zu beten oder ihnen Segnungen zu senden. Es ist auch nicht notwendig, das Om zu tönen. Aber**«, fügten sie hinzu, »**dies beides wird es deinem Körper erlauben, voller an den heiligen Ereignissen teilzuhaben. Und so zu tönen, wird deine Arbeit stärken. Du wirst immer mehr Freude daran haben, auf diese Weise zu arbeiten**«, versicherten sie mir, »**und was immer du in solchen Momenten erlebst, wird tief in deine Zellen und ins Gedächtnis dringen.**

Dein Körper wird sich daran erfreuen. Jedes Mal, wenn du es tust, wird dein Körper Heilung erfahren. Und zur selben Zeit, in der du Heilung erfährst, wirst du sie auch an andere weitergeben.« Dann grinsten sie mich an und sagten: »**Es wird mühelos passieren.**

Das ist simple praktische Arbeit«, sagten sie, »**die dir helfen wird und auch allen anderen.«** Sie lächelten wieder, und ich sah, wie zufrieden sie mit dieser Unterweisung waren. »Danke, Großmütter, dass ihr es so deutlich gemacht habt«, sagte ich, und dann setzte ich mich hin und fing leise an Om zu singen, begab mich immer tiefer in einen Zustand der Kommunion. Nach kurzer Zeit wurde mir klar, dass ich felsenfest wurde. Dieses Gefühl wuchs und wuchs, bis ich mich so geerdet fühlte, so sehr Teil von allem und jedem, dass ich mein Gefühl der eigenen Identität verlor. Und an diesem Punkt wurde mir klar, dass ich mich nicht bewegen konnte, nicht einmal eine Hand heben konnte ich. Als ich dort wie ein großer

Monolith saß, sagte ich schließlich: »Natürlich kann ich mich nicht bewegen. Es gibt kein ›Ich‹ mehr, das die Bewegung ausführen könnte.«

Als mir das alles durch den Kopf ging, saßen auch die Großmütter ruhig da und schienen die Dinge zu überdenken. Endlich sprachen sie. **»Die schwerwiegenden Probleme und Ereignisse in der heutigen Welt werden noch eine Weile andauern. Schenk ihnen nicht zu viel Aufmerksamkeit.«** Abwehrend schüttelten sie den Kopf. **»Diese Ereignisse, die so verheerend erscheinen, markieren den Zerfall alter Energiemuster und Lebensweisen auf der Erde. Anstatt sich mit diesen Problemen zu beschäftigen, werde zu dem göttlichen Durchlass, der du bist. Voller Macht, damit alle, die in deinen Orbit kommen, von der Quelle empfangen können. Stell dich in die Gemeinschaft mit uns und bleib da so oft wie möglich«**, sagten sie und sahen mich ernst an. **» Schrecken und Verderbtheit dieser Zeit, die dich so sehr bekümmern, werden vorübergehen. Halte an deiner Vereinigung mit uns fest. Wir bitten dich, dies zu tun, um deinetwillen und auch um aller anderen willen.«**

»Ja, Großmütter«, sagte ich und nickte und hoffte, als ich »ja« sagte, dass ich es schaffen würde. Sie verengten ihre Augen und sagten: **»Wann immer du dich mit uns vereinigst, wirst du spüren, wie wir uns hinter dir aufstellen.«** Und kaum hatten sie das gesagt, da spürte ich es auch schon. Ein Dutzend Großmütter standen jetzt hinter mir und hielten mich so gerade und ruhig, dass mich nichts hätte umwerfen können. Das war die Kraft, die ich brauchte, um meine Ausrichtung auf das Göttliche aufrechtzuerhalten – egal was passierte. Ich atmete tief durch, um ihre Macht in mich aufzunehmen, und merkte, dass ich aufrechter dastand. »Danke, Großmütter«, sagte ich, »ich *werde* es tun.«

»Wann immer du mit uns atmest, wird heiliger Boden, wo du stehst.«

Mein Verständnis und meinen Glauben vertieften die Großmütter bei jedem Besuch, aber nach diesem trat eine deutliche Veränderung ein. Ich hatte immer gewusst, dass ihre Weisheit tief ist, aber jetzt konnte ich die Tiefe in mir spüren. Ich konnte kaum glauben, was aus mir wurde – diese unerschütterliche Frau, die in der Lage war, »Ja« zum Leben zu sagen. Hier traf ich eine Entscheidung. Ich wollte immerfort so leben, nicht bloß in diese Vereinigung hinein- und wieder aus ihr hinausschlüpfen, mich von Zeit zu Zeit berühren lassen, nur um wieder in das »normale« Leben zurückzukehren. Ich wollte es *leben.* Ein paar Tage später beschloss ich, wieder zu ihnen zu gehen und um mehr zu bitten.

Als ich in ihre Gegenwart kam, sahen sie mich an und sagten: »**Wir sind bei dir. Es gibt keinen Moment, in dem wir es nicht sind.**« »Oh!« stieß ich hervor. »Sie gehen auf meine Frage ein, bevor ich sie überhaupt gestellt habe.« »**Es ist dein Verstand, der dir die Erfahrung der Einheit mit uns verweigert. Dieser geschäftige, geschäftige Verstand**«, kicherten sie und sahen mich liebevoll an. »Wow!« murmelte ich. »Schon wieder lesen sie meine Gedanken.«

»**Erkenne, dass wir dich allezeit mit unserer Liebe umhüllen. Wir sind jeden Augenblick bei dir. Wir sind eben jener Atem, den du atmest. Das Göttliche haucht dir in jedem Moment deines Lebens Leben ein.**« Ich musste erneut kurz keuchen, weil ihre Worte so wahr klangen. »**Atme jetzt mit uns**«, sagten sie, und ich synchronisierte meinen Atem mit ihrem. »**Erlaube uns, dich zu atmen. Fülle deine Lungen mit uns und spüre die Freude und den Segen, den es dir bringt. Jedes Mal, wenn du einatmest, werden wir in dich einströmen, und wenn du ausatmest, ziehen wir dich in uns hinein.**«

Ich wandte meine Aufmerksamkeit nach innen und bemerkte, dass ich es besonders liebte, wenn die Großmütter mich in sich hineinzogen. Jedes Mal, wenn ich ausatmete, fühlte ich eine tiefe Verbindung mit ihnen, bis ich endlich den Bewusstseinszustand erreichte, den ich so liebte. Es war ein Gefühl, dass es keine Barrieren gab, und als ich diese Freiheit fühlte, fragte ich mich, ob das etwas wie Samadhi oder Befreiung war. Ich hatte von Samadhi gelesen, und was ich jetzt erlebte, schien der Beschreibung zu entsprechen. »Hmm«, dachte ich, »ich frage mich, ob…«, aber bevor ich meinen Satz beenden konnte, verloren meine Gedanken sich im Nichts –verschwanden einfach. Und als das passierte, fühlte ich mich noch freier, so erhoben, dass es mir egal war, wie der Zustand genannt wurde. Ich hatte keinerlei Interesse, der Frage nachzugehen. Was auch immer es war, wie auch immer die Leute es nannten, es war mir egal. Ich wollte nur, dass es immer weiter und weiter und weiter anhielt...

Sanft holten mich die Großmütter in die Gegenwart zurück, als ich sie sagen hörte: »**Wir sind im Blut deines Körpers.**« »Oh«, ich schreckte auf, »das sind die Großmütter, die ich fühle. Samadhi oder wie auch immer es genannt wird, das sind *sie!*« »**Jede Zelle in deinem Körper schwingt durch unsere Gegenwart**«, sagten sie und lächelten über meine Reaktion, »**und das gilt in jedem Moment deines Lebens.**

Wir werden dich leiten, und wir werden es in dem Tempo tun, das für dich richtig ist. Wir werden dich nie überfahren«, sagten sie kopfschüttelnd, »**aber wir werden immer deiner Spur folgen und dir so viel Verbindung mit dem Göttlichen geben, wie du willst, so viel, wie du bereit bist zu empfangen.**« Dann verschränkten sie die Arme vor der Brust und wiegten sich auf ihren Fersen hin und her – glücklich über das, was sie gesagt hatten.

»**Das Atmen mit uns bietet deinem Körper Nahrung, deinem Geist und deiner Seele. Wann immer du mit uns atmest, wird heiliger Boden, wo du stehst. Immer dann ist der Raum, den du einnimmst, geheiligt. Und das einzige, was dich daran hindert, jeden Moment deines Lebens in Heiligkeit zu leben, ist, dass du vergisst, an das Göttliche zu denken.**« Zwölf Großmütter hoben ihren Kopf, sahen mich von der Seite an und fragten: »**Nun, ist das nicht einfach?**

Wenn du an uns denkst und deine Hand an einen Baum legst, wird dieser Baum geheiligt. Wir sind bereits im Baum anwesend, aber das Göttliche zu erkennen ist wichtig.« Als ich darüber nachdachte, fragte ich mich: »Haben sie gemeint, dass der Baum nur dann heilig ist, wenn ihn jemand als heilig erkennt?« Ich sah sie mit dieser Frage im Hinterkopf an, aber sie lachten mich aus und schüttelten den Kopf.

»**Wenn du keine Augen hast, kannst du keine Schönheit sehen; und wenn du die göttliche Gegenwart in der Welt nicht erkennst, lebst du dein Leben blind. Wenn du dein Leben blind lebst, übersiehst du nicht nur das Göttliche, sondern hast auch nicht mehr die Möglichkeit, die**

Gegenwart der Göttlichkeit für dich und andere zu verstärken. Das Ziel des Spiels des Lebens ist es, die Göttlichkeit in allem zu erkennen.« Und mit einem geheimen Lächeln auf den Lippen sagten sie: »**Wir möchten, dass du in diesem Spiel sehr gut wirst.«**

Mein Kopf rauchte. »Denke an uns, wenn du deine Hand auf einen Baum legst, und dieser Baum wird geheiligt ... lebst du dein Leben blind... das Ziel des Spiels des Lebens...« Was bedeutete das alles? Überwältigt starrte ich sie an, ohne zu verstehen, aber sie lächelten einfach, schüttelten den Kopf und sagten: »**Du musst in deinen Geist hineinwachsen.**

Beginne damit, dir anzugewöhnen, uns alleweil zu rufen. Atme mit uns, gehe mit uns und fahre mit uns. Iss mit uns und schlaf mit uns. Wir sind deine Geliebten«, sagten sie und lächelten aus tiefstem Herzen. »**Wir sind deine Geliebten**«, betonten sie, »**und du bist unsere. Es gibt keinen Unterschied**«, sangen sie, als sie mich in ihre Arme nahmen.

»**Sei geliebt**«, sangen sie und sagten dann: »**Sei geliebt. Lass dich lieben**«, sangen sie wieder, als sie sich im Rhythmus ihres Liedes hin und her wiegten. Ich lauschte ihnen, summte mit, bis ich allmählich ihren friedlichen Zustand übernahm, und als ich endlich loslassen konnte und mir keine Gedanken mehr machte über das, was sie gesagt hatten, zerstreute sich meine Beunruhigung.

»**Jedes Mal, wenn du es zulässt, unsere Liebe zu spüren, wirst du erkennen, dass alles geliebt ist. Alles, was lebt, hat nur einen Wunsch, und der ist, geliebt zu werden. Das gilt für alle und alles auf der Welt. Und...**«, sagten sie und freuten sich über das, was sie mir zu sagen hatten, »**es gibt nichts, was du tun musst, um das zu erreichen. Man kann nicht lieben, indem man versucht zu lieben**«, kicherten sie angesichts der Absurdität der Idee. »**Tatsächlich wird die Art Liebe, wie wir sie beschreiben, nie mit Mühe verbunden sein. Du kannst weder gut sein noch kannst du lieben, indem du es versuchst**«, sie lachten laut auf, »**aber wann immer du das Göttliche anrufst und dich für seine Gegenwart öffnest, bist du liebevoll und gut. Du bist all dies und noch mehr. Es geschieht ganz von selbst.«** Wieder erinnerten sie mich an die Macht der »mühelosen Anstrengung«

und daran, nicht zu vergessen, das Göttliche zu rufen. »Warum?« fragte ich mich erneut, »ist es so schwer, sich daran zu erinnern?«

»**Der Schleier zwischen euch und dem Göttlichen wird immer dünner**«, sagten sie und setzen damit ihre Erklärung fort, »**immer dünner. Und jedes Mal, wenn du mit uns atmest, löst sich der Schleier für eine kurze Zeit auf.**« Wieder schloss ich meine Augen, und als ich spürte, wie die Wellen des Atems in mir emporstiegen und wieder hinabsanken, wurde mir klar, dass dieser konzentrierte Atem mich meinen geliebten Lehrerinnen immer näherbrachte. Ich bebte vor Erregung. »**Wir vereinen uns jetzt mit dir**«, sagten sie, meine Wahrnehmung bestätigend, »**wir gehen ineinander über. Genau wie Pudding**«, kicherten sie, und ich musste gleichfalls kichern. Es fühlte sich ein wenig wie Wackelpudding an, irgendwie wabbelig. »**Wenn du zu einer solchen Zeit lächelst**«, sagten sie, »**ist es unser Lächeln. Wenn du jemanden liebst, ist es unsere Liebe. Wir sind eins**«, sagten sie, traten zurück und beobachteten mich still.

»**Du hättest nie gedacht, dass dein Leben so einfach sein könnte, oder?**« fragten sie, neigten ihre Köpfe und blickten mich über ihre Nasenspitzen an. »**Du dachtest, du müsstest dich abmühen – hart arbeiten im Leben.**

Es ist aber gar nicht so. Unsere Arbeit ist leicht. Vor langer Zeit sagte Jesus: ›Mein Joch ist leicht. Meine Last ist klein.‹ Das ist es, worüber wir sprechen. Sobald du dich entschieden hast, dich uns oder jeglicher Form des Göttlichen zu öffnen, wird es dich auf jedem Schritt des Weges begleiten. Wir alle werden es tun«, versprachen sie und schauten mir in die Augen. »**Du kannst in liebender Gemeinschaft mit dem Göttlichen leben, und du kannst es bis ans Ende deiner Tage tun.**

Wenn ihr zusammenkommt, weil ihr eine tiefere Verbindung mit dem Göttlichen wünscht, und euch dann nach innen wendet und die Süße unserer Gegenwart erlebt, füllt ihr euch mit dem Göttlichen und verankert es auf Erden.« Sie sahen mich an, um zu sehen, ob ich etwas dazu zu sagen hatte, aber ich schwieg. Der Gedanke, das Göttliche auf Erden zu verankern, hatte mich innehalten lassen. Ich sah die Großmütter nur an, wartete und atmete.

»Wir werden jetzt dein Drittes Auge berühren«, sagten sie, **»um dir diese Erfahrung einzuprägen. Auf diese Weise wird sie immer mit dir sein. Schau, was passiert, wenn wir es tun.«** Sobald ich ihre Berührung auf der Stirn spürte, hielt mein Verstand an. Keine mentale Verwicklung mehr, keine Gedanken mehr, nur noch Stille. Stille und ein Mantel des Friedens, der über allem lag.

»Große Liebe fließt jetzt in dir«, sagten sie, als sie mich beobachteten, **»strömt aus dir heraus und aus deiner Gruppe. Heilung und Segen für alles.«** »Ja, Großmütter«, antwortete ich, »ja.« Und dachte daran, mich mehr dem Segen zu öffnen und gesegnet zu werden. Es war eine wogende Fülle in mir, die sich immer wieder überschlug und mit jeder Welle, die sie bildete, größer wurde. Und obwohl ich nur wenige Minuten an diesem Ort der wogenden, anschwellenden Gnade blieb, fühlte es sich für mich wie Tage an. In diesem Raum gab es nicht nur eine fortwährende Ausdehnung, sondern auch Frieden und ein Gefühl der Vollendung.

»Wenn du möchtest, kannst du dir einen Ort auf Erden vorstellen, an dem du die Gnade empfangen möchtest, die du jetzt erlebst. Der Segen wird an jeden gehen, der ihn braucht, aber es mag bestimmte Orte auf der Erde geben, bestimmte Gruppen von Menschen oder auch Zustände, die dich rufen. Erlebe, wie die Quelle der Liebe und des Mitgefühls aus deiner Vereinigung mit uns jetzt zu ihnen hinausströmt.« »Ja, Großmütter, ja«, sagte ich, und ich bat darum, dass dieser Segen vor allem auf den Kontinent Afrika geht.

»Viele von euch haben spezifische Aufgaben zu erledigen«, sagten sie, **»karmische Verbindungen, Verantwortung, die ihr für bestimmte Gebiete, Länder und Wesen übernommen habt. Wir haben das bereits erwähnt und erinnern dich nun daran, diese Verbindungen zu respektieren. Diese Orte mögen dir gerade jetzt in den Sinn kommen, und weil das so ist, wirst du erkennen, dass du schon lange über sie Bescheid weißt. Wenn ein bestimmter Ort oder eine bestimmte Situation zu dir kommt, bitte uns, ihm diesen Segen der Vereinigung zu senden. Wir werden es tun«**, sagten sie und fügten hinzu, **»und wir tun es bereits.**

Zusammen bilden wir eine Welt«, sagten sie und hielten mir einen Finger vor das Gesicht. »**Tatsächlich bilden wir zusammen einen Leib der Liebe.**« Ich sah sie gebannt an und schüttelte staunend den Kopf. »Wir sind ein Leib der Liebe«, wiederholte ich. Eins. Es klang so richtig.

»**Ja**«, antworteten sie und nickten. »**Wirf das Netz aus Licht allen Wesen zu. Tue dies, wann immer du kannst. Und wenn du damit fertig bist, dich mit allen durch das Lichtnetz zu verbinden, nimm dir die Zeit, zu spüren, wie geliebt du bist**«, sagten sie, und ich tat es. Ich fühlte diesen großen Teppich der Liebe, dessen Teil ich war – das Netz aus Licht. »**Zu einer solchen Zeit**«, sagten sie und schenkten mir ihr süßestes Lächeln, »**und wenn du gerade solches ausgeführt hast, bist du zweifellos eins mit dem Göttlichen.**« Wieder schüttelte ich den Kopf, und als ich sie ansah, flossen Tränen über meine Wangen.

Zu dieser Zeit hatte ich schon unzählige Male das Lichtnetz ausgeworfen und diese Verbindung angeboten, wo immer ich die Notwendigkeit sah. Wenn ich von einer Tragödie hörte, warf ich das Lichtnetz aus. Wenn ich Menschen streiten hörte, warf ich das Netz aus. Wenn ich jemandem in Not begegnete, warf ich das Netz aus. Ich hatte dies so oft und so viele Jahre lang getan, dass ich inzwischen eine ziemlich gute Vorstellung von der Kraft und Wirksamkeit des Lichtnetzes hatte. Es half den Menschen, es erleichterte Situationen. Es funktionierte! Mir war jedoch ebenfalls klar, dass das Lichtnetz auch *mich* hielt. Als die Großmütter mir sagten, ich solle »fühlen, wie geliebt du bist«, hatte ich, nachdem ich mich mit dem Netz verbunden hatte, einen Kloß im Hals. Sie erinnerten mich daran, dass das Lichtnetz auch für mich da war.

»**Es mag für einige eine Erleichterung sein, daran erinnert zu werden, dass nicht sie es sind, die die Liebe wirken.**« »Oh je, Großmütter«, sagte ich langsam, »ich verstehe, warum ihr mich so anseht.« Sie erinnerten mich zum wiederholten Male daran, dass nicht ich die Handelnde war – oder in diesem Fall nicht die Liebende. Der Akt der Liebe geschah *durch* mich, er kam nicht *von* mir. Das war für mich immer noch eine schwer zu begreifende Vorstellung. Ich hatte mich schon so lange bemüht, gut zu sein und immer das Richtige zu tun, dass es schwer war, mich selbst außen vor zu lassen. Tatsächlich war ich stets überaus bestrebt, das Richtige zu tun. Eine Freundin hatte mich einmal »Sharon, die Gute« genannt, und das war nicht als Kompliment gemeint. Ich erinnere mich, wie ich mich gefühlt hatte, als ich es hörte. Es war wie: »Sharon, das Musterkind«.

Die Großmütter schüttelten den Kopf, kicherten und sagten: »**Wann immer du eine tiefe Verbindung zum Göttlichen suchst und uns anrufst, wirst du sogleich die Süße unserer Gegenwart erfahren.**« Sie fuhren mit ihren Unterweisungen fort, und ich musste ihnen wieder meine Aufmerksamkeit zuwenden.

»**Diese Verbindung ist eine heilige Kommunion. Wir vereinen uns mit dir, wie du dich mit uns vereinst.**« Sie beobachteten mich aus den Augenwinkeln und schauten, ob ich richtig verstanden hatte. »Ja, Großmütter«, antwortete ich schnell, »ich verstehe.« »Vereinigung«, sagte ich, »das ist Kommunion.«

Die Großmütter kommen immer zum Kern der Sache und machen es einfach. Sie ließen mich wissen, dass es keiner Zeremonie oder Vorkehrungen bedarf, um die Vereinigung mit ihnen zu erfahren. Alles, was wir tun müssen, ist, das Göttliche anzurufen und uns dann für diese Verbindung zu öffnen. Das ist alles. »Die Großmütter«, sagte ich mir (wahrscheinlich zum tausendsten Mal), »machen Gott so leicht zugänglich.«

»**Wann immer ihr zusammenkommt, um euch mit dem Göttlichen zu vereinen**«, sagten sie, »**wird das Gute, das sich aus diesem gemeinsamen Ziel ergibt, tausendfach vermehrt. Jede von euch, die mit uns vereint ist, baut ein starkes Energiefeld auf**«, sagten sie. »**Zehn, zwanzig oder fünfzig von euch, mit uns vereint, vervielfachen die Macht, wie ihr es euch nicht vorstellen könnt. Wenn ihr zusammenkommt, breitet sich das Energiefeld, das ihr bildet, über die ganze Welt aus und tut mehr Gutes, als ihr je begreifen werdet**«, nickten sie. »**Tiefe Liebe fließt von eurem Treffpunkt hinaus – über die Erde – und weit ins Universum.**

Wovon wir sprechen, ist wirklich. Das ist das wirkliche Leben«, sagten sie. »**Nicht das geschäftige, begrenzte Leben des Verstandes, ist wirklich, nicht die Geschäftigkeit der sogenannten** ›**Realität**‹. ***Dies hier*** **ist wirklich.**« Dann sahen sie mich fest an und sagten: »**Atme mit uns und**

nimm die Freude wahr, die wir empfinden. Gehe vollständiger in die Vereinigung, und gemeinsam werden wir mit allen und allem, was lebt, vereint sein. Dafür wurdest du geboren«, sagten sie und schauten mich mit unendlicher Zärtlichkeit an, »**um in Liebe zu leben und diese Liebe zu sein.**«

Stumm nickte ich »ja« und wollte mich mit ihnen in Einklang bringen, wollte so sehr die Freude kennen, die sie kannten. Was sie mir erzählten, verursachte mir eine Gänsehaut. Es war Macht, es war Wahrheit, und ich wollte sie. Innerlich betete ich und bat darum, die Freude dieser Vereinigung zu erleben, und als ich weiterbetete, fühlte ich, wie meine Hände immer größer wurden, bis sie sich wie Handschuhe anfühlten. Bald dehnten sie sich zu gewaltiger Größe aus, und als ich sie staunend anstarrte, wurde mir klar, dass ich weder sie noch einen anderen Teil meines Körpers spüren konnte. Ich hatte überhaupt keine Grenzen. Sie hatten sich aufgelöst, und jetzt war ich grenzenlos.

Die Großmütter wiegten den Kopf und lächelten über den verwunderten Ausdruck auf meinem Gesicht. Dann nahmen sie mich sanft in ihre Arme, und als sie mich wiegten und mir etwas sangen, flüsterte eine von ihnen mir ins Ohr: »**Keine Sorge. Du wirst in deinen Geist hineinwachsen.**«

Ich lächelte sie an, erleichtert, dass ich daran erinnert wurde, dass *ich* dafür nichts tun musste. Nicht einmal mein persönliches Wachstum lag in meiner Verantwortung. Das Wachstum würde in seinem Zeitmaß erfolgen. Alles, wessen es bedurfte, war die Bereitschaft, dorthin zu gehen, wohin die Großmütter mich führten, und die hatte ich. Ich atmete tief durch und ruhte mich ein paar Minuten aus, und als sich der Rhythmus der Trommel änderte, ließ ich mich wieder in die Alltagswirklichkeit zurückführen.

KAPITEL 10

Alles ist geliebt

»Blühe als die Blume, die du bist.«

Nach vielen Jahren, in denen ich die einzige war, die Großmüttertreffen abhielt und ihre Ermächtigung weitergab, begannen auch andere, sich einzubringen. In Holland trafen sich regelmäßig Frauen, um gemeinsam *Selbstermächtigung* zu lesen und darüber zu sprechen. Als ich von ihnen hörte, war ich beeindruckt von ihrem Ernst und ihrem Fleiß, aber vor allem, weil die Bücher, die sie lasen, nicht auf niederländisch sondern auf englisch waren.

Es gab eine Großmüttergruppe in Florida und eine Frau aus Santa Cruz, Kalifornien, hatte eine gegründet. Eine Frau aus Kanada nahm Kontakt mit mir auf, um eine Gruppe in ihrer Gegend zu gründen, und ich wurde gebeten, auf einer Schamanismuskonferenz in Nordkalifornien über die Großmütter zu sprechen. Die Website der Großmütter war jetzt online, und das ermöglichte es mir, mit Menschen auf der ganzen Welt in Verbindung zu treten, die etwas über die Großmütter wissen wollten. Kurz gesagt, das Leben wurde interessant.

Eines Tages bekam ich eine E-Mail aus Litauen. Eine Frau bat um Erlaubnis, *Selbstermächtigung* in ihre Sprache zu übersetzen. Sie erwartete nichts für ihre Arbeit, sagte aber: »Ich bitte darum, weil dein Buch meinen Landsleuten helfen wird.« Ich war tief berührt von ihrer Bitte und war sofort einverstanden. Eine Frau wollte wissen, ob sie das Buch ins

Portugiesische übersetzen dürfe, damit die Menschen in Brasilien es lesen könnten, und eine andere Frau meldete sich freiwillig, um eine Übersetzung ins Niederländische zu machen.

All diese Möglichkeiten waren aufregend, und nachdem ich so viele Jahre in meinem eigenen Saft geschmort hatte, machte es Spaß, etwas Neues zu haben, worauf man gespannt sein konnte. Aber ich ermahnte mich, mich nicht vom Potenzial der Arbeit mit den Großmüttern mitreißen zu lassen und nicht die Ausrichtung auf das wirklich Wichtige zu verlieren. Gelegenheiten mochten kommen und gehen, aber die Großmütter hatten gesagt, was zählt, ist, ihre Botschaft zu *leben,* und das war es, was ich tun wollte. Da wir bald ein Treffen hatten, wollte ich sie bitten, uns darin zu unterweisen, ihre Lehren zu leben.

Ich machte mich auf meine übliche Weise auf den Weg zu ihnen, aber diesmal spürte ich sie, bevor ich sie sah. Als sie mich begrüßten, wirbelten ihre bunten Röcke und Schals um mich herum, bis ich mich fühlte, als wäre ich in der Mitte einer blühenden Blume. »Großmütter«, sagte ich, als sie endlich aufhörten umherzuwirbeln und stillstanden, »was möchtet ihr, das wir tun, um näher bei Gott zu sein?«

Ich war selbst überraschte, als mir diese Worte über die Lippen kamen, aber ich erkannte, dass genau das der Sinn davon war, die Botschaft der Großmütter zu »leben«. Lächelnd verbeugten sie sich in Anerkennung meiner Frage, sagten aber kein Wort. Schließlich, als ich die Spannung nicht mehr ertragen konnte, sagte ich: »Großmütter, ich weiß die Antwort auf meine Frage nicht, ich warte auf euch.« Sie tätschelten mich beruhigend, lächelten und sagten: »**Aber das wissen wir doch.**«

Danach erzitterte die Luft um mich herum, ließ alles wellig aussehen, und dann beschleunigte sich eine schimmernde Vibration, bis endlich auch ich selbst in Schwingung geriet. Schnell wurde meine Haltung zu ihrer Haltung und meine Gesten zu ihren. Ich verschmolz mit den Großmüttern.

Mit einem sanften Lächeln bestätigten sie unsere Übereinstimmung und sagten: »**Erzähle bei diesem Treffen von den guten Dingen, die mit unserer Arbeit geschehen. Erzähle alles. Neue Gruppen bilden sich, das**

Potenzial für die Veröffentlichung des Buches in anderen Ländern – all die guten Dinge«, sagten sie. **»Menschen, die zu diesen Treffen kommen, wollen ihre Verbindung zu uns vertiefen, sie wollen in die Einheit mit dem gehen, was du Gott nennst, und sie wollen anderen dienen. Nimm dir Zeit, um all die guten Nachrichten zu verkünden. Diese Informationen werden sie ermutigen.«** »Ja, Großmütter«, nickte ich und verstand, dass, wann immer Triumphe, Schwierigkeiten und Möglichkeiten im Zusammenhang mit der Arbeit der Großmütter auftauchten, sie alle betrafen, und so mussten sie mit allen geteilt werden. Diese Angelegenheiten waren nicht mehr nur meine, wie ich bisher geglaubt hatte, sondern die von allen.

»Es ist Zeit, eure Reichweite zu vergrößern«, sagten sie, und ich verstand, dass sie jetzt nicht über mich, sondern über die Gruppen sprachen. Die Großmüttergruppen hatten etwas zu erledigen. **»Diese Gruppen müssen zum Maßstab werden und anderen eine Matrix sein. Es ist gut, unsere Botschaft in die Welt zu tragen, gut, jene zu unterstützen, die mit uns arbeiten wollen. Wir werden alle, die das tun, leiten und segnen.«**

Ihr Kinn in die Hände gestützt, wiegten sie nachdenklich ihre Köpfe und sagten: **»Da sich unsere Lehren verbreiten, muss auch die Arbeit dieser Gruppen erweitert werden. Wie eine gesunde Pflanze müssen diese Gruppen immer tiefer gehen und sich ausbreiten. Wenn sie an Stärke zunehmen und weiter in die Tiefe gehen, werden aus ihnen neue Triebe hervorgehen, die unsere Botschaft immer weitertragen werden.«** Ich hörte aufmerksam zu und stellte mir die wachsenden Pflanzen vor, die sie beschrieben: wie ein Mensch einem anderen davon erzählte, wie eine Gruppe den Ausgangspunkt für eine weitere bildete, die aus ihr hervorging. Die Großmütter beobachteten mich, wie ich das in meinem Kopf verarbeitete, und nickten jedes Mal, wenn ich eine richtige Schlussfolgerung gezogen hatte.

»Sobald du ihnen erzählt hast, wie sich unsere Botschaft verbreitet, ruft uns und öffnet euch der Freude, Teil einer solch erhebenden Arbeit zu sein. In dieser Zeit der Dunkelheit, Erstarrung und Verzweiflung gibt es auch diese freudige Blüte der Liebe. Und wenn ihr euch dieser Freude

öffnet, werden wir in eure Herzen kommen.« Sie schwangen ihre Röcke, als sie das sagten, und erneut flackerten Farben um mich herum.

Ich lächelte sie an, sah zu, wie sie ihre Röcke hin und her schwangen, bewunderte ihre Anmut und dachte, wie schön sie waren. Die Farben und Bewegungen waren faszinierend. Als sie sich drehten und wiegten, erinnerten sie mich an Blumen in einem Garten. All das Schwingen und... und... Ich fühlte mich ein wenig seltsam – warm und etwas benommen. Das Farbenspiel dieser wirbelnden Röcke machte mich schwindelig, und jetzt war eine unbehagliche Fülle, ein Schwellen in meiner Brust. Ich schüttelte den Kopf, um ihn freizubekommen, holte tief Luft und seufzte. Dann hörte ich mich mit ganz leiser Stimme flüstern: »Oh.«

Die Großmütter hatten genau das getan, was sie angekündigt hatten. Sie hatten gesagt: »**Wenn ihr euch dieser Freude öffnet, werden wir in eure Herzen kommen**«, und dann hatten sie es leise und ohne viel Aufhebens getan. *Das* war es, was ich in meiner Brust spürte. Dieses volle Gefühl, diese Wärme. Sie.

Ich war ihren Worten mit gespannter Aufmerksamkeit gefolgt, und als sie »Freude« gesagt hatten, hatte ich mich ganz von selbst dahin erweitert. Und kaum war es geschehen, flog mein Herz auf. Die Heftigkeit dieser Öffnung hatte mir den Atem geraubt und ein jähes Gefühl der Entspannung hervorgerufen. Dies ging einher mit einem Gefühl der Verletzlichkeit, das so schnell einsetzte, dass es fast schmerzhaft war. Ich dachte darüber nach, wie diese unfreiwilligen Handlungen und Gefühle einander gefolgt waren, und versuchte, die Empfindungen zu verstehen, die meinen Körper überfluteten, als ich sie sagen hörte: »**Und ihre Herzen werden sich vollständig öffnen... erblühen.**«

»Whoa!« stieß ich hervor, als mein ohnehin schon weit offenes Herz sich noch mehr weitete. Die Plötzlichkeit dieser Öffnung verschlug mir die Sprache, und ich konnte nur noch stoßweise atmen. Ich rang nach Luft. »Soll ich mich so fühlen?« fragte ich mich, als dieses unerwartete Gefühl anhielt, aber sie sagten nichts. Sie standen einfach gelassenen Blikkes still da, während ich weiter nach Luft rang. »Ist das noch gesund?«

fragte ich schließlich und sagte dann: »Vielleicht habe ich einen Herzinfarkt.«

Die Großmütter lächelten gütig und schauten zu, wie ich mit den Wellen der sich verlagernden Energie fertig wurde, und dann begannen sie tief zu atmen und bedeuteten mir, ich solle dasselbe tun. Ich japste weiter, bemühte mich, die Selbstbeherrschung zurückzugewinnen, und sie standen geduldig da und warteten darauf, dass ich meine Fassung wiedergewann. Als ich endlich wieder normal atmete, umringten sie mich, beugten sich zu mir hinab und flüsterten mir ins Ohr: »Es wird dieses Jahr einen frühen Frühling geben.« Ich blickte überrascht auf. »Ein früher Frühling?« fragte ich. Wieder lächelten sie dieses gütige Lächeln. »**In diesem Moment blüht die Liebe in deinem Herzen.**«

»Oh!« rief ich aus und stieß erleichtert die Luft aus. Der Frühling erwachte in mir; das meinten sie. Deshalb fühlte ich mich so seltsam. Ich taute auf – erwachte. Es war ein natürliches Ereignis, »ganz natürlich«, sagte ich mir. Ich hatte doch keinen Herzinfarkt. »Es ist alles normal«, wiederholte ich mir. Und dann begann ich zu lachen – über mich selbst und über meine Ängste, und die Großmütter fielen ein, glücklich zu sehen, dass ich langsam verstand.

Sie begannen, um mich herumzuwirbeln, und nach mehreren Malen wickelten sie mich in ihre Schals und zogen mich in ihren Tanz. Gemeinsam woben wir herrliche Farbmuster, als wir uns verbeugten und in Kreisen drehten. Schließlich seufzten sie glücklich und sagten: »**Es ist alles in Ordnung**«, und nahmen mich in ihre Arme. Ich legte meinen Kopf an ihre Schultern und ruhte mich dankbar ein paar Minuten aus, genoss die Ruhe und das gute Gefühl, das meinen Körper durchflutete. »Wow, Großmütter, »seufzte ich, »das war fast zu viel.«

Sie wiegten mich vor und zurück, und es fühlte sich so wunderbar an, in ihren Armen zu liegen, dass ich für immer dortbleiben wollte –nie wieder mich bewegen. Aber allzu bald traten sie zurück und sagten: »**Werde dir gewahr, wie dein Herz sich weitet.**« Benommen blickte ich zu ihnen auf, und mit einiger Mühe lenkte ich meine Aufmerksamkeit wieder auf mein Herz. »**Es nimmt die Form einer Blüte an**«, sagten sie, und als sie sprachen, schienen sie in mich hineinzuschauen.

Ich tat es ihnen nach und richtete mich nach innen, und dort, wo mein Herz hätte sein sollen, war etwas, das wie eine voll erblühte Mohnblume aussah, oder vielleicht war es eine Rose. »**Die Blume deines Herzens weitet sich**«, sagten sie, und mir stockte der Atem, als ich es sah und fühlte, wie es geschah. In meinem Herzen war ein rosa-orangefarbenes Erblühen, als diese Blume, die wie eine kleine Sonne war, einen leuchtenden Nimbus weit über ihre Blütenblätter hinausschickte.

»**Erlebe ihre Farbe**«, sagten sie, genauso interessiert, was mit mir geschah, wie ich. »**Die Blume wird in Farbtönen und Klangfarben erscheinen, die mit dir in Resonanz sind.**« »Oh«, sagte ich, »ich sehe ein Rosa-Orange.« Das war eine Kombination, an die ich nie gedacht hätte.

»**Dein Herz!**« riefen sie aus, und wie sie es sagten, ließ mich tief Luft holen. »**Fühle seine Weichheit und Lebendigkeit**«, flüsterten sie, und als ich es hörte und sah, begann sich meine Blume (mein Herz) mit jedem Schlag zu wölben und anzuschwellen und wurde so prachtvoll, dass ich aufschluchzte. »**Wie groß es ist!**« riefen sie. »**Wie resonant, stark und weich.**« »Ja, ja«, sagte ich, »das ist es«, und als ich seine Kraft spürte, war ich von der Dankbarkeit gegenüber diesem Organ so überwältigt, dem ich nie die geringste Beachtung geschenkt hatte, dass ich noch mehr schluchzen musste. Weinend und lachend zugleich, lächelte ich die Großmütter an und bedeckte mein Gesicht mit meinen Händen – immer abwechselnd. Aber sie standen geduldig da und schauten, und als ich mich endlich ausgeweint und wieder beruhigt hatte, sprachen sie.

»**Die Freude an dieser blühenden Blume wird dir eingeschrieben. Dein Herz schlägt und pulsiert vor Freude. Kannst du es fühlen?**« fragten sie und warteten auf meine Antwort. Aber jetzt schwieg ich still. Ich hatte keine Worte für die in mir aufwallende Schönheit. Mein Herz war voll, und weil das, was ich spürte, so viel mehr war, als ich ausdrücken konnte, begann ich wieder zu weinen. Immer wieder wiederholte ich stillschweigend ihre Frage. »Kann ich es fühlen? Kann ich es fühlen?« und antwortete mir: »Ich kann nichts anderes fühlen. Es gibt nichts anderes.«

Die Großartigkeit dieses meines Herzens! Ich hatte keine Ahnung, dass ich ein solches Organ besaß. Seine Reinheit und Kraft waren, waren... Ich war sprachlos. »Wie konnte mir das nur passieren?« fragte ich. »All diese Schönheit. War mein Herz schon immer so? War es die ganze Zeit so, und ich wusste es nicht?«

»**Dieser Raum ist jetzt voller Liebe**«, sagten die Großmütter; sie übergingen meine Frage und holten mich wieder in die Gegenwart. »Ja, Großmütter«, sagte ich, tat einen tiefen Atemzug und brachte mein Gewahrsein wieder ins Jetzt. Und sobald ich es tat, spürte ich die Liebe, von der sie sprachen. Sie war in mir, und sie war überall. Und als ich mich umschaute, sah ich überall Blütenblätter. Rosenduft lag in der Luft, als samtige Schatten von Korallrot und Rosa um mich herum herabfielen. Bald bedeckten die Blütenblätter den Boden und bildeten einen seidigen Teppich aus Licht.

»**Lege deine Hände auf dein Herz, um es zu ehren. Diese Süße**«, flüsterten sie und zogen das Wort in die Länge, »**und diese Tiefe**«, sie schüttelten verwundert die Köpfe, »**zu halten, mag für einige Herzen anfangs ein wenig schmerzhaft sein.**« »Ja, Großmütter«, sagte ich, »das kann ich bezeugen.« Ich erlebte eine enorme Ausdehnung und eine größere Strahlkraft, als ich je erfahren hatte; mein Körper zitterte, während meine Sinne mit dem Raum um mich herum verschmolzen. Unversehens war ich so erfüllt, dass ich nicht mehr sprechen konnte.

Eine Großmutter legte leicht eine Hand auf meine Schulter und sagte: »**Setz dich ruhig hin, sitze mit deinem Herzen.**« Sie schloss die Augen, nachdem sie das gesagt hatte, und ich folgte ihrem Beispiel. Es fühlte sich gut an, nach innen zu gehen und ruhig zu sein, mit meinem Herzen allein zu sein. Ich verweilte hier und hörte sie nach ein paar Augenblicken sagen: »**Das ist der Kern deiner Macht-gleich-Schönheit, der Kern deiner Schönheit-gleich-Macht. Schönheit und Macht sind eins**«, erinnerte sie mich, »**und das bist du.**« Als ihre Worte in meinem Kopf widerhallten, holte ich tief Luft und seufzte zufrieden. »Das ist mein Innerstes«, flüsterte ich.

Ich schloss meine Augen und ruhte mich an dieser Stelle aus, bis mein Körper endlich aufhörte zu vibrieren, und als ich mich wieder einigermaßen

»normal« fühlte, öffnete ich sie und sah die Großmütter um mich herumstehen; sie warteten und sahen mich liebevoll lächelnd an. »Danke, Großmütter«, sagte ich, und sie nickten und lächelten noch herzlicher.

»**Die Blume deines Herzens ist vollkommen**«, sagten sie. »**Nimm dir einen Moment Zeit und fühle ihre Dankbarkeit, dass sie endlich wahrgenommen wurde. Jetzt, da sie gesehen wurde, kann sie größer und noch schöner werden. Die Blütenblätter dieser Blume in dir werden sich weiter öffnen, und ihre Farben werden lebendiger. Alle von euch, die diese Arbeit tun, sind einzigartig in ihrer Schönheit-gleich-Macht, in ihrer Macht-gleich-Schönheit, jede von euch ist ein vollkommener Ausdruck des Göttlichen.**

Jede Blume in einem Garten ist einzigartig, wenn du also deine Tage lebst, würdige und verehre die Blumen im Garten des Lebens. Und wenn du das tust, achte darauf, wie du die besondere Schönheit ausdrückst, die du bist.« Dann neigten sie ihre Köpfe, machten eine schnelle kleine Verbeugung und ließen mich wissen, dass unsere gemeinsame Zeit vorbei war.

Bei unserem nächsten Großmüttertreffen teilte ich all dies mit den Menschen, die gekommen waren, und nachdem wir die Ermächtigung und den Mantel der Geborgenheit an Neuankömmlinge weitergegeben hatten, meditierten wir über die Blume des Herzens. Glücklicherweise habe ich eine Aufnahme dieser Meditation gemacht, denn die CD, die als »Erblühe als die Blume, die du bist« bekannt wurde, erwies sich als so hilfreich, dass sie an sehr viele Menschen gegangen ist.

»**Der Wind des Wandels ist jetzt da.**«

Als ich das nächste Mal zu den Großmüttern kam, hatte ich den Mund noch nicht aufgemacht, da sahen sie mich unverwandt an und fragten: »**Was glaubst du, wer du bist?**« Das machte mich stutzig. Wenn mich das jemand anders gefragt hätte, hätte ich gedacht, dass es kritisch gemeint sei, aber der Blick der Großmütter sagte mir, dass es bei ihnen nicht so war. »Was«, fragte ich mich, »meinen sie?«

Da ich nicht wusste, was ich tun sollte, wartete ich still darauf, dass sie sich erklärten, und schließlich wurde ich belohnt. »**Steh aufrecht**«, sagten sie und bewegten mich, meinen Kopf anzuheben. »**Sitz aufrecht, nimm deinen Platz bei uns ein.**« »Oh«, flüsterte ich, »sie wollen, dass ich an mich selbst glaube.« Das war es, was »Was glaubst du, wer du bist?« hieß. »**Ja**«, nickten sie und sagten: »**Du bist eins mit uns, und jetzt werden wir alle belanglosen Dinge von dir abfegen.**«

»Wow«, flüsterte ich und fragte mich, was das bedeutete, aber bevor ich weiter darüber nachdenken konnte, kam ein starker Wind auf, der Schmutz, Papier und Schutt vom Boden aufwirbelte, und in einer Sekunde war alles fort. Ich sah zu, wie die Staubwolke, kaum war sie über mir aufgestiegen, auch schon davon war. »**Die Winde der Veränderung sind jetzt über euch**«, sagten die Großmütter mit grimmiger Miene. »**Lass sie wehen.**« Ich sah sie überrascht an, aber als ich ihre ernsten Blicke sah, wurde auch ich ernst. »**Sie werden die Vergangenheit wegblasen, sie werden das Alte und Überflüssige fortblasen**«, und während sie sprachen, hob der Wind meine Haare an und blähte mein Hemd.

»**Jetzt ist es an der Zeit, die alten Versionen von dir selbst hinter dir zu lassen; jene, die du mit dir herumgetragen hast**«, sagten sie, und jetzt sah ich wirklich überrascht aus. »**Alles, was du bisher als ›ich‹ betrachtet hast**«, erklärten sie, »**Bilder dessen, was du für dein Ich gehalten hast.**« Mir blieb der Mund offenstehen. Das war ziemlich krass. Sie forderten mich auf, meine Identität hinter mir zu lassen, *mich selbst!* Als ich erkannte, was sie meinten, zog sich mein Zwerchfell zusammen, und ich merkte, dass ich aufgehört hatte zu atmen.

»Großmütter«, presste ich hervor, aber sie schüttelten den Kopf und fuhren fort. »**Du hast diese Bilder lange Zeit mit dir herumgetragen, Bilder von dem, für was du dich hältst**«, erklärten sie. »**Du hast sie schon so lange, dass du denkst, dass sie echt sind**«, lachten sie. »**Aber das sind sie nicht.**« Sie schüttelten den Kopf und beäugten mich kritisch.

»**Lasse sie jetzt nach und nach los**«, befahlen sie mir mit einem nachdrücklichen Nicken. Sie meinten es ernst. »**Biete uns zuerst alle Versionen**

deines verhassten Selbst dar.« »Mein verhasstes Selbst«, wiederholte ich und fügte sogleich hinzu: »Oh. Sie. Die ein Schwächling ist, die, die ständig Angst hat«, sagte ich. »Das kann ich tun. Ich mag diesen Teil von mir sowieso nicht. Was habe ich zu verlieren?«

»Rufe dir all die Dinge, die du an dir selbst nicht magst – vergangene wie gegenwärtige –, ins Gedächtnis«, sagten sie und standen so dicht und beugten sich so weit vor, wobei sie mich zu untersuchen schienen, dass ich ihren ernsten Gesichtsausdruck gut erkennen konnte. **»Nimm deine Einstellungen und die Erinnerungen zur Kenntnis, dein Bild von dir selbst: wütend, bedürftig, kontrollierend, schwach, anmaßend usw. usw.«**, sagten sie und wedelten dabei mit den Händen. **»Lass all die ungeliebten Vorstellungen davon, wer du bist oder warst, hochkommen. Du hast dich mit so vielen von ihnen identifiziert.«** Sie schüttelten ungläubig den Kopf. **»Gib sie jetzt auf.«** »Okay, Großmütter«, willigte ich kleinlaut ein. Mir war gar nicht klar, dass ich so viele negative Gedanken über mich selbst hatte. »Ich würde sie gerne loswerden«, sagte ich, »aber wie?«

»Atme ein«, antworteten sie, **»und erkenne dabei, dass du Luft aufnimmst, die noch nie zuvor in deinen Körper gelangt ist. Neue Luft. Und wenn du ausatmest, lass die verbrauchte Luft los, lass die alten Bewusstseinszustände los, die in diesem Moment bereit sind zu gehen. Jetzt sind sie bereit. In diesem Augenblick erneuerst du dich durch deinen Atem. Das tust du ständig, aber jetzt besonders. In diesem Moment atmest du bewusst das Neue ein und atmest bewusst die alten, ungeliebten Bilder aus. Und zusammen mit ihnen atmest du die Muster aus, die dein Verstand geschaffen hat, um sich an sie zu klammern.«**

Ich hörte zu und atmete, hörte zu und atmete. Mehr konnte ich nicht tun. Alles, was sie sagten, fühlte sich wahr an, aber sie gingen so schnell voran, dass ich mich beeilen musste, mit ihnen Schritt zu halten. Sie waren wirklich die Lehrer und ich ihre Schülerin.

Die Großmütter ließen mich nicht eine Sekunde aus den Augen, und während sie mich ansahen, atmeten sie rhythmisch, wobei sie mit ihren Händen rollende Bewegungen machten, um mich zum Weitermachen zu bewegen. Nachdem ich ihnen einige Minuten lang gefolgt war, wurde ich ganz benommen, meine Augen tränten und meine Sicht verschwamm. Auch wurde ich müde, aber ich wollte nicht aufgeben.

»**Atme wieder mit uns**«, sagten sie, »**und diesmal, wenn du ausatmest, lass die Reste der alten Bewusstseinszustände hinaus.**« »Okay, Großmütter«, sagte ich, und als ich es ihnen nachtat, begann sich mein Körper zu entspannen. »**Wenn du mit uns einatmest, atmest du die Kraft und den Frieden des Göttlichen ein.**« Sie tätschelten mich leicht. »Ah...«, seufzte ich, als ihre Berührung meinen Körper weiter entspannte.

»**Die Winde der Veränderung bewegen sich mit deinem Atem; sie bewegen sich auf deinem Atem.**« Ich fragte mich, was das bedeutete, aber bevor ich fragen konnte, sagten sie: »**Lade die Winde der Veränderung ein, jetzt durch dich hindurchzublasen, um die negativen Einstellungen, die du über dich hast, freizusetzen. Haltungen wie ›Ich habe das nicht verdient‹**«, erklärten sie, »**›ich bin eingeschränkt, es stimmt etwas nicht mit mir‹**«, kicherten sie und äfften meine Gefühle von mangelndem Selbstwert nach. »**Überhaupt nicht wahr**«, lachten sie und schüttelten den Kopf, »**überhaupt nicht wahr. Du bist so viel mehr als alles, was du je über dich selbst gedacht hast.**« Dann klatschten sie in die Hände, als wollten sie sagen: »Nun, das war's.«

»Wow!« murmelte ich. Ich fühlte mich anders – erschöpft, aber auch leichter. Es war ein gutes Gefühl. »Danke, Großmütter«, sagte ich, aber sie lächelten, zeigten mit dem Finger auf mich und sagten: »**Du bist noch nicht fertig.**« »Noch mehr?« stöhnte ich und sah sie ungläubig an.

»**Lass nun die idealisierten Bilder, die du dir von dir gemacht hast, aufsteigen. Auch sie werden ihre Köpfe herausstecken**«, lachten sie und wischten meine Müdigkeit fort. »**Diese Bilder sagen dir vielleicht: ›Ich bin ein guter Mensch, ich bin sensibel, ich bin ein praktischer Mensch, ich bin großzügig, ich bin...‹ was auch immer**«, sagten sie und machten wieder diese abwehrende Handbewegung. »**Lade diese ›geliebten‹ Selbstbilder ein, sich zu zeigen, und schau, wie sie auftauchen. Vielleicht bist du versucht, dich an sie zu klammern**«, warnten sie. »**Lass sie jedoch einfach in dein Bewusstsein aufsteigen und biete sie uns dar, genauso wie die negativen.**

Idealisierte Bilder sind Heilige Kühe«, erklärten sie. »**Du fragst dich, ob du das hier loslassen musst? Auch wenn du vielleicht erst an ihnen festhalten möchtest, bist du viel größer als jedes dieser Relikte. Lass sie in dir aufsteigen**«, ermutigten sie mich, »**und bringe sie uns dar. Und wenn dir dabei noch weitere ungeliebte Selbstbilder in den Sinn kommen, bringe sie auch dar.**

Du kannst das alles auf dem Bildschirm deines Geistes sehen. Nichts davon ist echt; nichts davon bist du. Und wenn du feststellst, dass einige Bilder schwer loszuwerden sind, bitte uns, dir zu helfen, sie loszulassen, und wir werden es tun. Siehst du«, lächelten sie breit, »**es wartet viel mehr Freude auf dich – bessere Gefühle und größere Wahrheit, als du je hattest, selbst in deinen geliebten Bildern.**«

Dann begannen sie, Zeilen aus einem meiner Lieblingsgedichte, Theodore Roethkes »The Waking«, zu rezitieren.

»**Das Festhalten hält sich nie selbst**«, sagten sie.

»**Was wegfällt, ist immer und ist nah.**
Ich erwache zum Schlaf, langsam mein Erwachen.
Ich fühle, mein Schicksal ist nicht zu fürchten.
Ich lerne, indem ich dorthin gehe, wohin ich gehen muss.«

(Clinging never keeps itself.
What falls away is always and is near.
I wake to sleep and take my waking slow.
I feel my fate is what I cannot fear.
I learn by going where I need to go.)

»**Du wirst lernen, indem du gehst; fürchte nicht, was vor sich geht. Lass uns dich führen, und wenn du sowohl die sogenannte positive als auch die negative Einstellung dir selbst gegenüber aufgibst, werden die Winde des Wandels das Alte wegpusten. Was hält den Winden der Veränderung stand?**« fragten sie mit wedelnden Gesten. »**Es liegt jetzt eine Frische in der Luft – in diesem Augenblick wirst du neu. Und falls du weitere Bilder findest, die unter der Oberfläche deines Geistes lauern, bitte uns, fortzunehmen, was bereit ist zu gehen, und wir werden es tun.**«

Dann hakten sie sich unter und zogen einen engen Kreis um mich. »**Während die Winde der Veränderung das Alte davonblasen**«, sagten sie, »**schauen wir dir in die Augen. Und wenn du zurückschaust, was siehst du dann?**« Ich schaute sie unverwandt an, studierte ihren Gesichtsausdruck, und zwölf ernste Gesichter starrten zurück. »**Was siehst du?**« fragten sie noch einmal und antworteten dann: »**Was du siehst, ist dein eigenes Selbst. Du bist göttlich.**« Ich lächelte sie an und murmelte bei mir: »Je nun, es geht immer nur darum, nicht wahr?« Und sie lächelten.

Geblendet von der Kraft ihrer Blicke, starrte ich sie reglos an und hörte sie sagen: »**Wir werden dich jetzt in Licht hüllen.**« Sie griffen nach mir, und wie ein Schmetterling in einen lichtdurchlässigen Kokon, war ich schnell in Lagen aus Licht eingewickelt. Jetzt konnte ich weder Arme noch Beine bewegen, aber mein Bewusstsein war so klar, dass ich alles sehen und fühlen konnte. Ich war überrascht, dass sich eine solche Umhüllung nicht beengend, sondern magisch anfühlte. »**Wie ist es, wenn du so eingehüllt wirst?**« fragten sie, aber als ich keine Worte fand, um meine Gefühle auszudrücken, lächelten sie wissend. Sie hatten meine Freude gesehen.

Ich ruhte mich in diesem Kokon aus, etwas benommen, aber glücklich, und nach ein paar Minuten sagten sie: »**Wenn du dein Gewahrsein wieder auf dich lenkst, wirst du vielleicht bemerken, dass du viel größer bist, als du gedacht hast. Viel größer**«, sagten sie und nickten wissend. »**Tatsächlich wirst du leichter und öffnest dich so schnell, dass es sich anfühlen mag, als würdest du gleich vom Boden abheben.**«

Ihrer Anregung folgend, begann ich mich auszudehnen. Mein kokonartiges Selbst verdreifachte sich, dann vervierfachte es sich, und eine nach der anderen wurden die Lagen aus Licht, die mich eingehüllt hatten, abgelöst. Lächelnd beobachteten die Großmütter alles, nickten zustimmend und sagten: »**Von diesem Ort wahrer Größe aus, mit weit geöffneten Flügeln, kannst du die Welt umarmen.**« Ich sah, was sie meinten. Sie hatten mich wieder einmal verwandelt. Verwandelt und mit Schönheit-gleich-Macht aufgeladen, war ich jetzt ein riesiger Schmetterling, dessen zarte Flügel sanft auf die Welt schlugen. Und diese schöne Kreatur zu sein, war das lieblichste und liebevollste Gefühl.

»Während du die Welt in Liebe hältst, halten wir dich. Umarmen und umarmt werden«, sagten sie, **»die beiden Handlungen eines. Große Liebe fließt jetzt zu dir, fließt durch dich und aus dir heraus, und weil du eins mit uns bist, bist du sicher, geborgen und über die Maßen geliebt.«** Dann kicherten sie und sagten: **»Wir sagen dir, das ist erst der Beginn deiner Großartigkeit.«** Ich hörte es und schüttelte erstaunt den Kopf – war verwundert über die Großmütter, denn ich fragte mich, wo sie mich hinführten.

Sie nickten fast unmerklich ein »Ja« und sagten: **»Wenn du für heute genug von unseren Lehren mitbekommen hast und bereit bist, in dein Alltagsleben zurückzukehren, frage dich noch einmal: ›Wer bin ich? Wer bin ich wirklich?‹ Die Antwort darauf ist offensichtlich. Du bist drei«**, sagten sie, **»jene, für die andere dich halten, jene, für die du dich selbst hältst, und jene, die du wirklich bist – und in eben der bist du jetzt anwesend. Und hier kannst du leben«**, lächelten sie breit. **»Wir grüßen dich.«**

Als ich von dieser Reise zurückgekehrt war, setzte ich mich langsam auf und starrte lange Zeit aus dem Fenster. Ich fühlte mich, als wäre ich in Trance. Ich war aus einem ganz anders gearteten Universum zurückgekehrt, und hier war ich wieder in meinem Schlafzimmer. »Vom Erhabenen zurück zum Gewöhnlichen«, sagte ich und seufzte. Inzwischen hatte ich diesen Übergang viele Male vollzogen, und normalerweise dankte ich den Großmüttern oder den Tiergeistern einfach für das, was sie mich gelehrt hatten, und nach ein oder zwei Minuten sprang ich auf und wandte mich dem Alltag zu. Aber hin und wieder war die Anpassung von der Innen- an die Außenwelt zu verwirrend und nicht leicht zu bewältigen. So war es auch dieses Mal.

Ich brauchte etwas anderes, nicht Alltagswirklichkeit und nicht die nichtalltägliche Wirklichkeit. Ich wollte nicht darüber nachdenken, was sie mir gerade beigebracht hatten, und ich wollte nicht darüber nachdenken, was ich zum Abendessen machen sollte. Ich wollte nur schweben, der »Wackelpudding« sein, über den wir gesprochen hatten. Obwohl ich bereits viele Jahre mit einem Fuß in beiden Welten gelebt hatte, konnte ich mich in diesem Augenblick nicht dazu durchringen, aus der einen in die andere zurückzukehren. Ich erinnere mich, dass ich sagte: »Gott sei Dank ist jetzt sonst niemand zu Hause, denn ich könnte mit niemandem reden.« Ich konnte nicht denken, geschweige denn reden, und außerdem wollte ich es nicht. Meine Schaltkreise waren defekt. Nachdem ich also eine Weile aus dem Fenster gestarrt hatte, ging ich in den Garten und zupfte für den Rest des Nachmittags Unkraut. Das brachte mich wieder auf die Erde zurück, zurück zu dem, was als normal gilt.

KAPITEL 11

Die Winde des Wandels sind da

»Es gibt keine machtvollere Arbeit, die du tun kannst;
sie ist das Wichtigste.«

Einige Frauen, die schon seit einiger Zeit zu den Großmüttertreffen gekommen waren, beschlossen, sich alle zwei Wochen zu treffen, um gemeinsam *Selbstermächtigung* zu lesen. Indem wir uns mit den Lehren der Großmütter befassten, tauchten wir tief in unser Inneres, und da wir es gemeinsam taten, halfen wir einander beim Lernen. Bald gab es einen Studienkreis der Großmütter in Neuengland, einen im pazifischen Nordwesten und einen weiteren in den Niederlanden.

Nachdem unser Kreis sich über mehrere Monate getroffen hatte, dämmerte es mir, dass ich nie darüber gesprochen und die Großmütter gefragt hatte, was sie von unserer Gruppe wollten. Ich hatte einfach losgelegt, Treffen für Treffen, und ließ mich von den Herausforderungen und Impulsen des Moments leiten, ohne ausdrücklich zu fragen. Jetzt fragte ich mich, wie sie unsere Frauengruppe sahen.

Ich machte mich auf den Weg in die Obere Welt und hatte kaum die Worte »Großmütter, was wollt ihr von dieser Gruppe?« ausgesprochen, da antworteten sie schon: »**Menschen, die unseren Lehren jetzt folgen, sind die Vorhut. Sie müssen das wissen, und wir sagen das nicht, damit**

sie sich etwas darauf einbilden, sondern damit sie erkennen, dass das, was eine Gruppe wie diese zu bieten hat, wichtig ist. Nicht alle haben die Möglichkeit, mit uns zusammenzuarbeiten«, sagten sie und warfen mir einen vielsagenden Blick zu. »**Nicht alle sind berufen, unsere Botschaft zu verbreiten. Diese hier jedoch wurden gerufen. Wir möchten, dass sie annehmen, was wir zu geben haben**«, sagten sie, »**damit wir mit ihnen und durch sie arbeiten können.**

Wir rufen diese Menschen zu unserer Arbeit und kommunizieren direkt mit ihnen. Obwohl ihr euch versammeln könnt, um zu meditieren, zu beten und eure Schwesternschaft/Brüderschaft miteinander zu erleben und eure Batterien wieder aufzuladen, so ist unsere Arbeit mit jeder von euch individuell. Wann immer eine von euch uns ruft, kommen wir. Man braucht keinen Vermittler, um mit uns zu arbeiten.« Als ich das hörte, fühlte ich, wie mein Herz leichter wurde. Wieder einmal bekräftigten sie: Es war nicht an mir war, dass all dies geschieht.

Jetzt zeigten sie mir Frauen, die ihre Ermächtigung erhalten hatten und Großmüttergruppen gründeten, und ich erkannte viele, wenn auch nicht alle von ihnen. Ich erinnerte mich an einige aus Slowenien, aus Holland, aus der Schweiz, England und Litauen, aber es gab auch andere, die ich nie getroffen hatte. Die Großmütter wiesen auf eine Karte der Vereinigten Staaten und zeigten mir, wie sie mit Gruppen gespickt war. Ich sah andere in Kanada, Australien, Deutschland und Neuseeland. Die Arbeit der Großmütter hatte sich viel weiter verbreitet, als ich gedacht hatte. Ich schüttelte den Kopf und staunte, was sie bewirkt hatten und immer noch bewirkten, und wieder empfand ich tiefe Dankbarkeit, dass ich mit dabei war.

Als nächstes dachte ich über diejenigen nach, die sich bereiterklären, diese Gruppen zu leiten. Diese Frauen verbindet ihr Wunsch zu dienen, ihr Wunsch, die Botschaft der Großmütter von der Rückkehr des großen Yin mit anderen zu teilen. Viele von ihnen haben noch nie jemanden getroffen, der diese Arbeit macht, und wenn sie nicht über den Newsletter der Großmütter, die Website oder die jährliche Versammlung der Großmütter kommunizieren, findet ihr einziger Kontakt mit anderen aus

Großmüttergruppen statt, wenn sie die Ermächtigung erhalten. Als ich darüber nachdachte, tauchte die Frage auf, ob das genug war oder ob wir als Gruppe die Dinge anders machen sollten. »**Das ist genug**«, antworteten die Großmütter, noch bevor ich die Frage in Worte gefasst hatte. »**Ihr seid miteinander verbunden durch unsere Liebe zu euch; verbunden durch eure Liebe zum Göttlichen und durch euren Wunsch, für das höchste Gute zu arbeiten. Es ist, wie es zu sein hat.**« Ich vernahm die Richtigkeit und Einfachheit ihrer Erklärung und nickte zustimmend.

»**Wann immer sich jemand für uns oder für irgendeine Form des Göttlichen öffnet, werden wir mit und durch sie arbeiten. Und durch sie werden wir andere erreichen. Es ist sehr einfach**«, sagten sie. »**Wenn du uns anrufst, wird dein Leben einfacher werden, und wenn wir ›uns‹ sagen**«, erklärten sie, »**meinen wir jede Form des Göttlichen. Alle Formen der Göttlichkeit wirken zusammen, wenn du also rufst, kommen wir. So einfach ist das. Es wird dir sehr viel Kraft, Fehler und Zeit ersparen, wenn du zuerst innehältst und uns anrufst. Ruf uns morgens an, wenn du aufwachst. Beginne deinen Tag mit Gott**«, lächelten sie, »**und dann den ganzen Tag über, denke an uns oder an jede Form des Göttlichen, die du liebst, und wir werden bei dir sein. Wir sind immer da, also rufe uns. Es gibt keinen Ort, an den du gehen kannst**«, sagten sie und lächelten aus ganzem Herzen, »**wo wir nicht sein werden. Aber du musst an uns denken.**

Die Welt wird dich einwickeln, ablenken und von deiner tiefinneren Natur abbringen, die mit Gott eins ist«, erklärten sie, und ich hörte aufmerksam zu und sog jedes Wort in mich auf. »**Lass dich nicht ablenken.**« Sie schüttelten den Kopf. »**Verschwende nicht dein Leben.**« »Nein, Großmütter«, sagte ich. »Lasst mich das nicht tun.«

»**Wir sind zu dieser Zeit gekommen**«, verkündeten sie und richteten sich zu ihrer ganzen Größe auf, »**und es gibt einen hohen Sinn in unserer Arbeit. Du wirst gebraucht**«, sagten sie und blickten mir tief in die Augen, »**also enttäusche dich nicht. Wir werden dich lieben, ganz gleich, was du tust, aber du wirst von dir selbst enttäuscht sein, wenn du vergisst, wer du bist; wenn du vergisst, dass du eins bist mit Gott.**«

Ich hing an ihren Lippen und lauschte mit weit aufgerissenen Augen, mein Kopf nickte die ganze Zeit auf und ab. Sie kannten mich so gut und wussten, wie sehr ich mich dem Weg zu Gott verschrieben hatte. Wieder einmal war ich den Tränen nahe.

»**Fühle uns jetzt**«, befahlen sie und streckten ihre Flügel aus, bis deren Spitzen mich berührten. »**Setz dich oder steh aufrecht und fühle uns**«, sagten sie. »**Wann immer du deine Wirbelsäule aufrichtest**«, erinnerten sie mich, »**lädst du uns ein, zu kommen, dich zu halten und zu tragen.**

Denke an die gerade Wirbelsäule als deine Ausrichtung auf das Göttliche, und wenn du dich aufgerichtet hast und dir dieser Ausrichtung bewusst bist, lass jene in dir lebendig werden, die du liebst – deine Familie, Freunde und Nachbarn. Wann immer du an die denkst, die du liebst, verbindest du dich mit ihnen durch dein Herz«, erklärten sie. »**Und dann können wir, die wir mit dir eins sind, uns auch mit ihnen verbinden. Wir segnen alle diese Menschen, die du liebst, da kannst du dir sicher sein. Immer, wenn du zuerst uns anrufst, wird jeder Gedanke, den du aussendest, und jedes Wort, das du sprichst, unsere Liebe enthalten.**

Der Unterschied zwischen dieser Arbeitsweise und dem, was dein Verstand normalerweise tut (sich sorgen und anderen Schuld zuweisen)«, lachten sie, »**ist einfach. Wenn du zuerst an uns denkst und uns anrufst – an was auch immer du denkst –, dann geht unsere Liebe dort hin.**

Dies ist eine Form des Gebets, aber man muss nicht ›arbeiten‹, um etwas zu erreichen. Es ist ganz einfach. Ruf uns an, und sobald du es getan hast, wird unsere Liebe zu allen Menschen fließen, die du siehst, in jeden Gedanken, der dir in den Sinn kommt. Wir werden dich mit Liebe sättigen. Das ist es, was wir meinen«, sagten sie, »**wenn wir über die Mühelosigkeit dieser Arbeit sprechen.**«

Die einzige Anstrengung, die damit verbunden ist, ist, nicht zu vergessen, an das Göttliche zu denken. Sie ist einfacher, als man ahnt, diese Methode. Sie ist auch das Hilfsmittel gegen das Ungleichgewicht, in dem wir leben. Diejenigen, die sich für die Arbeit mit den Großmüttern entschieden haben, haben Glück, weil wir sie anrufen und das Ungleichgewicht sofort beheben können, nicht nur in uns selbst, sondern auch in unserer Umgebung. Und je mehr wir das tun, desto mehr durchdringt die heilende Energie von Yin die Erde und segnet alles. »**Es gibt keine machtvollere Arbeit, die du tun kannst**«, sagten sie, »**sie ist das Wichtigste. Du machst die Yin-Energie allen zugänglich.**«

Ich dachte darüber nach, wie es ist, die Großmütter zu rufen – wie einfach es scheint, aber nicht wirklich ist. Warum, fragte ich mich, ist es so schwer, daran zu denken, das Göttliche anzurufen? Ist es eine Anstrengung, wie die Großmütter sagen, nur weil wir scheinbar Schwierigkeiten haben, daran zu denken? »Aber warum«, fragte ich mich, »ist es für mich schwierig, daran zu denken?« Ich kommuniziere die ganze Zeit mit ihnen und merke trotzdem oft nicht, wann ich sie anrufen muss. »Großmütter«, sagte ich, »warum fällt es mir so schwer? Ich will es wissen.«

»**Wir werden es dir zeigen**«, sagten sie, und dann gab es ein Surren, und einen Augenblick lang schien es, als würde alles an mir vorbeifliegen. Schnell brachten mich die Großmütter zurück in das kleine Haus in Indiana, wo ich in einer Familie aufgewachsen war, die man heute als dysfunktional bezeichnen würde. Als ich in die Schule kam, musste ich lernen, dass es in einer Welt, die für das Kind, das ich war, verwirrend und beängstigend war, niemanden gab, an den ich mich wenden konnte. Das war eine schreckliche Art, erwachsen zu werden, aber so lernte ich, selbständig zu sein. Ich musste auf mich selbst achtgeben, wenn ich überleben wollte, und schon früh lernte ich, wie man das macht.

Im Laufe der Jahre gewöhnte ich mich daran, mich nur auf mich selbst zu verlassen, daran, niemanden zu haben, an den ich mich wenden konnte. Zwar freute ich mich heute, dass mir das Göttliche endlich klar und vollständig gegenwärtig war, aber ich hatte es mir immer noch nicht zur Gewohnheit gemacht, mich zuerst an Gott zu wenden. Irgendwo in mir war noch der alte Glaube, dass ich allein war, dass ich selbst für alles verantwortlich war. »Wie«, fragte ich mich, »kann ich das überwinden?«

Die Großmütter lächelten liebevoll und sagten: »**Manchmal vergisst du, dass wir da sind. Es ist eine alte Angewohnheit von dir.**« Und als sie den Ausdruck der Verzweiflung auf meinem Gesicht sahen, fügten sie hinzu: »**Aber keine Sorge. In unserer Gegenwart verblassen alte Gewohn-**

heiten. Jedes Mal, wenn du daran denkst, uns anzurufen, bildest du eine neue Gewohnheit heraus. Wir werden dir helfen«, versprachen sie und lächelten breit, um mich zu beruhigen. »Und übrigens: Dieses Problem hast nicht nur du. Es gibt heute nur noch sehr wenige, die wirklich auf das Göttliche vertrauen. Deshalb«, sagten sie, »sind wir gekommen.

Wann immer du abgelenkt wirst, deine Verbindung zu uns vergisst und dich in Angst oder negatives Denken verwickelst, sobald du merkst, dass es passiert, denke an uns, und wir werden bei dir sein. Wir werden dich mit unserer Anwesenheit erfüllen«, sagten sie. »Danke, Großmütter«, seufzte ich erleichtert, »danke.«

»Wenn du einen Fehler machst und dich dabei ertappst, kritische Gedanken über dich oder jemand anderen zu haben«, sagten sie, »wenn du uns dann anrufst, werden wir kommen und die Lage entschärfen. Wir werden unsere Liebe über jeden Menschen, jedes Ding und jeden Zustand, mit dem du verbunden bist, ausgießen«, sagten sie, und ich seufzte wieder, den Tränen nahe.

»Lass deine Gedanken zu uns zurückkehren, so getreu wie Vögel, die immer wieder nach Hause kommen, um zu schlafen«, sagten sie, als sie mich liebevoll ansahen. »Kehre zurück zur nährenden Umarmung der Mutter, die wir, die Großmütter, geben, und baue dein Nest in dieser endlosen Liebe. Das ist dein Zuhause«, sagten sie. »Ein Nest ist eine gute Analogie für unsere Liebe, denn ein Nest umgibt dich von allen Seiten, während es dich zugleich aufnimmt und behütet.

Wenn du den Frieden in diesem Nest spürst, die Sicherheit und Nährung der Liebe«, sagten sie, »wirst du allmählich lernen, darauf zu vertrauen, dass es immer für dich da ist.« Sie hielten kurz inne und sagten dann: »Wenn du an diesem Ort der Liebe sitzt, denk noch einmal an die, die du liebst, ob sie nun in physischen Körpern oder nicht mehr in physischen Körpern sind. Denke an die, die du liebst, und sobald du an sie denkst, werden wir auch sie halten. Siehst du«, sagten sie und strahlten vor Glück, »im Spiel der Liebe gibt es keine Trennung; es gibt keine Zeit und keinen Raum. Es gibt nur eine sofortige Verbindung. Und weil du in der Einheit mit uns gehalten wirst«, sagten sie, »wenn du an

die denkst, die du liebst, bringst du sie auch in die Einheit. Sie werden auch zu den Unsrigen«, sagten sie und blickten mich liebevoll an. »**Wir kümmern uns um sie, so wie wir uns um dich kümmern.**« »Oh, Großmütter!« Ich weinte, überwältigt von der Großzügigkeit ihrer Liebe, und brach schluchzend zusammen.

»**Gedanken, die du aussendest, sind nicht materiell**«, erklärten sie. »**Gedanken benötigen keinen bestimmten Raum oder eine bestimmte Bahn. Sie gehen einfach dorthin, wo sie hingehen. Wann immer du an einen Ort denkst, an dem ein Wesen leidet, und dann an uns denkst, geht unsere Liebe sofort an diesen Ort. Wann immer du an die Kämpfe im Nahen Osten, in Afrika oder anderswo denkst**«, sagten sie, »**und dann an uns denkst, fliegt die Liebe zu diesem Ort. Das ist eine Form des Gebets**«, erklärten sie, »**das ist es, was wir meinen, wenn wir über die Mühelosigkeit dieser Arbeit sprechen.**« Ich hörte zu und wiegte langsam den Kopf. Die Schlichtheit und Tiefe ihrer Erklärung ließ mich verstummen.

Da fingen sie an zu lachen. »**Jetzt haben wir etwas für dich**«, sagten sie und bedachten mich mit einem schelmischen Lächeln. »**Denke an die, die du nicht liebst**«, sagten sie und zogen die Brauen zusammen, »**die Schwierigen**«, nickten sie verständig. »**Das sind deine besten Lehrmeister, jene, deren Lektionen du noch nicht verstanden hast. Denke an sie**«, fuhren sie fort, »**und sobald du es tust, bitte uns, sie zu lieben – auch wenn du selbst es vielleicht nicht kannst. Sobald du uns dazu einlädst, werden wir sie umarmen.**«

Sie traten zurück, sahen mich abschätzend an und sagten: »**Probiere es aus und schau, wie es sich anfühlt – das heißt, wenn du dich dazu bringen kannst, sie uns zu übergeben. Wann immer du diese ›Schwierigen‹ übergibst**«, erklärten sie, »**befreist du dich von ihnen.**«

Ich sah, wie sie mich betrachteten, mich aufforderten, es zu versuchen. Ich wollte aber nicht an »die Schwierigen« denken (*wirklich* nicht!); ich konnte mich ihrem durchdringenden Blick jedoch nicht entziehen. Schließlich gab ich nach. »Okay, okay, Großmütter«, sagte ich, »ich werde es tun.« Und kaum hatte ich es gesagt, flog mein Verstand dorthin, wohin ich es nicht wollte – zu meiner Freundin Elaine. Sie und ich waren uns viele Jahre sehr nahe, als sie mich plötzlich und ohne Grund, wie mir schien, nicht mehr wie eine Freundin, sondern wie eine bloße Bekannte behandelte. Es war wie ein Stich ins Herz gewesen, und ich hatte mehrfach versucht, mit ihr zu reden und sie zu fragen, was passiert war. Aber obwohl sie stets höflich war und mich mit oberflächlicher Freundlichkeit behandelte, wollte sie sich mir nicht offenbaren. Ich hatte keine Ahnung, was los war und warum sie sich vor mir verschloss; ich vermisste ihre Freundschaft und spürte ihre Zurückweisung schmerzlich. Ihr damaliger Rückzug lag jetzt acht oder neun Jahre zurück, und seither waren wir bloße Bekannte.

Als die Erinnerung an diese Wunde wieder hochkam, verließ mich die Kraft, und Traurigkeit ergriff mich. Ich blickte von meinem Elend auf und sah die Großmütter abwarten, was ich tun würde. Schließlich holte ich tief Atem und sagte: »Okay, Großmütter, übernehmt sie. Ich kann nichts tun. Ich habe es immer wieder versucht, aber ich kann da nichts beeinflussen.« Da schenkten sie mir ihr lieblichstes Lächeln und streckten ihre Arme aus, zuerst nach mir und dann nach Elaine, und ließen mich wissen, dass dieses Problem von nun an das ihre war. Als ich ihnen dabei zusah, atmete ich noch einmal durch, und als ich ausatmete, merkte ich überrascht, dass ich mich viel leichter fühlte.

»**Du wirst das immer und immer wieder tun müssen. Der Verstand gibt nicht so schnell auf, was ihn schon so lange beschäftigt. Er wird versuchen, dieses Drama immer wieder hervorzuholen**«, sagten sie und rümpften ihre Nasen, »**also musst du entschlossen sein, auf dieses Drama zu verzichten. Wann immer es dir in den Sinn kommt**«, sagten sie, »**rufe uns. Wir werden sofort kommen. Wir werden sie lieben, wie wir dich lieben, und euch beide heilen und segnen**«, sagten sie und falteten ihre Hände, um zu zeigen, dass das alles war. Das »Problem« gehörte nun ihnen. »Danke, Großmütter«, sagte ich erleichtert. Ich konnte kaum glauben, dass ich dieses Gewicht nicht mehr mit mir herumtragen würde.

Sie strahlten mich an. »**Fühle dich jetzt im Nest der Liebe geborgen**«, sagten sie, »**umgeben und umhüllt von ihm. Entspanne dich**«, sagten sie, und als ich tat wie geheißen, wurde ich mir ihrer überbordenden

Liebe gewahr. Mein Körper wurde weicher, und auch die Wehrmauer um mein Herz bröckelte. »**Die Menschen, mit denen du Schwierigkeiten hast, brauchen ebenfalls unsere Liebe**«, erinnerten sie mich, »**und wann immer du sie uns übernehmen und sie lieben lässt, befreist du dich von negativen Bindungen an diese ›Schwierigen‹. Unsere Liebe wird dich heilen**«, sagten sie, »**und mit der Zeit wird unsere Liebe auch sie heilen. Es ist deine Verbindung zu uns, die all dies möglich macht**«, erklärten sie, als sie mich sanft streichelten. »**So wie unsere Liebe dich verändert, wird sie auch andere verändern.**

Das ist es, was wir von dir wollen«, sagten sie, als wir uns in die Augen sahen, »**damit wir durch dich arbeiten können, damit du unser Gefäß wirst. Ganz unser Werkzeug.**« Was sie für mich wollten, wollte ich auch für mich – ihr Gefäß sein, ihr Instrument. Ich war beeindruckt von ihrer Erklärung, auch von der praktischen Kraft der Liebe. Ich wollte nichts anderes, als mein Leben in dieser Liebe zu leben, und wusste, wann immer mein kleines Ich mir in die Quere kam, ging das nicht mehr. »Weiter so, Großmütter«, sagte ich mit Nachdruck, »weiter so.«

»**Wir haben dich noch mehr zu lehren. Bedenke: Sobald du loslässt, ganz egal, woran du dich festgehalten hast, dann werden Liebe und Schönheit sich einstellen und dich erfüllen. So funktioniert das**«, sagten sie. »**Fühl es jetzt**«, sagten sie. »**Freude!**« riefen sie aus. »**Die Freude, für die du geboren wurdest. Wann immer du dich entscheidest, mit dem Göttlichen eins zu sein**«, sagten sie in vertraulichem Ton, »**wird dein Leben von Freude erfüllt sein.**« Als ich das hörte, fühlte ich es, empfand die Freude, über die sie sprachen: Glück, Leichtigkeit und ein Gefühl der Freiheit.

»**Das ist etwas, was nur wenige verstehen, aber sobald du loslässt, werden auch die niedersten Tätigkeiten und sogar schlimme Zeiten von Freude durchdrungen. Freude wird allem zugrunde liegen, was du tust**«, betonten sie, »**und du wirst in Liebe, in Schönheit und Macht wandeln. Das ist es, was wir für dich wollen**«, sagten sie, »**dass du die bist, die du bist – nichts weniger.**

Alles, was du tun musst, um so zu leben, ist, uns zu rufen. Rufe uns den ganzen Tag, die ganze Nacht. Wenn du in der Nacht aufwachst, rufe

uns. Wenn du tagsüber überlastet bist, rufe uns. Wenn du einsam bist, rufe uns. Wenn du dich verirrt hast, rufe uns. Wenn du voller Glück bist, rufe uns. Wann immer du das tust«, sagten sie, »**werden wir die Liebe und Güte, die in dir liegt und nur darauf wartet, zu erwachen, anwachsen lassen.**«

Sie nahmen meine Hände in ihre, schauten mir in die Augen und sagten: »**Wir sind nicht getrennt von dir.**« Sie schüttelten die Köpfe und lächelten. »**Es sind nur alte Ideen und Gedanken, die einen glauben lassen, dass wir getrennt sind. Seit Tausenden von Jahren seid ihr darauf konditioniert, an diese Fiktion zu glauben**«, sagten sie. »**Sie stimmt nicht**«, sagten sie.

»**Die gute Nachricht ist, dass jedes Mal, wenn du uns anrufst, diese alten blockierenden Konditionierungen ein Stückweit dahinschmelzen. Die falsche Trennung zwischen dem Göttlichen und deinem eigenen göttlichen Selbst löst sich auf. Jedes Mal**«, sagten sie und lächelten breit. »**Also, wann immer du daran denkst, uns zu rufen, freu dich!**« riefen sie. »**Freue dich, dass du dich daran erinnerst. In diesem Moment werden weitere Konditionierungen aufgelöst.**

Ist es nicht das, was du willst«, fragten sie, »**frei zu sein, um dein göttliches Selbst zu sein?**« Ich nickte stumm. »**Deshalb sind wir schließlich gekommen. Denke daran**«, sagten sie und hielten einen Finger an ihre Lippen, »**nicht durch Tun wirst du eins mit uns. Nein!**« riefen sie aus. »**Das Tun wird dir keine Freude und nicht die Einheit mit Gott schenken. Aktion ist Yang-Energie, und die hat ihren Platz in der Welt**«, sagten sie, »**aber das Tun wird dich nicht in die Vereinigung mit Gott bringen…**

…sondern das Sein«, sagten sie. »**Indem du bist, die du bist; indem du mit der Göttlichkeit eins bist, wirst du dich retten. So werdet ihr auch euren Planeten retten**«, sagten sie. »**Wir erinnern dich daran, dass du zu uns gerufen wurdest, und das ist kein Zufall, noch ist es ein Zufall, dass du unsere Ermächtigung erhalten hast.**«

Sie standen still da, ihre Blicke ruhten auf mir, sie schauten, ob ich ihnen folgen konnte. »Ich bin okay, Großmütter«, sagte ich. »Ich glaube, ich verstehe.« »**Gut!**« riefen sie aus. Dann sagten sie: »**Nimm dir etwas**

Zeit, um dich auf die Einheit mit uns auszurichten. Fühle, wie es ist, in diesem Nest der Liebe gehalten zu werden.« Pflichtschuldig schloss ich die Augen und dachte daran, mich für das Nest zu öffnen, das sie beschrieben, und sogleich umgab mich Wohlbehagen. Mir war angenehm warm und behaglich, ich fühlte mich geborgen. Als ich mich hineinkuschelte, wurde mein Verstand ganz ruhig, mein Körper vibrierte und mein Herz begann zu singen. »Danke, Großmütter, danke, Großmütter«, sang ich immer und immer wieder. Das wäre mein neues Mantra. »Danke, danke, danke.«

»**Die Freude, die du fühlst**«, sagten sie, »**ist mehr, als du fassen kannst. Du lebst in einem Meer aus Energie**«, sagten sie und nickten bekräftigend, »**und im Augenblick ist das Meer voller Freude. Lass sie fließen.**

Sieh zu, wie die Freude aus deinem Herzen strömt und diese Stadt, ganz Südkalifornien überflutet. Sie flutet jetzt über die ganze Erde und dann durch das Weltall und erfüllt alles. Sie hält alle Lebensformen in der Liebe«, sagten sie. »Oh, Großmütter«, flüsterte ich kaum hörbar. »Ich weiß nicht, wie ich es beschreiben soll. Ich fühle mich um ein Vielfaches verstärkt – oder vielleicht eher aufgelöst. Ich weiß nicht, was, aber was auch immer es ist, es gibt hier kein ›Ich‹ mehr.« Und als ich mit offenem Mund vor ihnen stand, *war* ich der Kosmos. Die Freude, die sie geweckt hatten, war jetzt weit weg und zugleich ganz nah, und das alles im selben Moment. Ich war die Lichtwellen, die ich durch die Luft hüpfen sah, und ich war diejenige, die davorstand und sie hüpfen sah. »Ich frage mich, wo ich bin«, sagte ich, aber ich war so glücklich, dass es mir egal war.

Dann umringten sie mich und sagten: »**Fühle deinen Körper. Spüre die Ausdehnung in dir und konzentriere dich darauf. Aus dieser Erfahrung der Vereinigung wird sehr viel Gutes entstehen.«** Ich hatte von Menschen gelesen, die diese Erfahrung schon gemacht hatten – etwa Yogis –, aber jetzt erfuhr ich es am eigenen Leib. Energiewellen stiegen und fielen in mir, so schnell, dass es mir unmöglich war zu sprechen.

»**Was du fühlst, bedeutet eine Veränderung deiner Schwingung**«, sagten sie –leise, um mich zu beruhigen und zu erden. »**Du wirst dich daran gewöhnen**«, sagten sie. »**Beachte, dass die Welle liebevoller Energie, die**

du ins Weltall schicktest, als du dich der Freude geöffnet hast, jetzt bricht und zu dir zurückkehrt. Sie ist bereit, in deinen Körper zu strömen«, sagten sie, »**also öffne dich und empfange sie.**«

Ich blickte sie ungläubig an. »*Mehr?*« Einige von ihnen hielten meine Hände, während andere mir über den Rücken strichen. »**Jedes Mal, wenn du dich auf diese Weise öffnest**, sagten sie, »**wird der Vorrat an Schönheit-gleich-Macht in dir anwachsen.**« Sie schauten liebevoll, setzten ihr sanftes Streicheln fort und sagten: »**Setz dich jetzt still hin und erkenne deine wahre Identität.**«

Welle um Welle der Liebe, Welle um Welle des Gewahrseins überrollte mich, als ich auf dem Boden saß. Ich wurde überspült und erfüllt, überspült und erfüllt, bis jede Zelle in meinem Körper vibrierte. Ich konnte nicht reden, ich konnte kaum denken, aber irgendwie wusste ich, dass ich es nicht musste. »Nimm einfach an«, sagte ich mir, redete mit den Worten der Großmütter, »empfange einfach.«

Ich blieb in dieser Haltung, bis sich alles in mir beruhigt hatte und in Harmonie zusammenfloss, und ich fühlte mich okay – fast normal. Aber es gab etwas an mir, das anders war. Wenn ich eine Sängerin wäre, hätte ich gesagt, dass ich gerade eine weitere Oktave hinzugelernt hätte.

»**Bedanke dich**«, sagten die Großmütter, als ich zitternd aufstand. Aber bevor ich meine Dankbarkeit für diese erstaunliche Erfahrung ausdrücken konnte, änderte sich der Trommelschlag, was hieß, dass es an der Zeit war, ins »wirkliche« Leben zurückzukehren. Als ich sie ansah, versuchte ich, durch meine Blicke meine Dankbarkeit auszudrücken, und wieder einmal sagten sie: »**Wir segnen dich.**« Dann rannen Tränen über meine Wangen, als ich mich daran erinnerte, dass es immer sie waren, die gaben.

Von dieser Reise zurückgekehrt, ging ich gleich ins Bett. Ich war zum Bersten voll von Staunen und Glück, und ich fühlte mich gesegnet, wie ich es mir nicht hatte vorstellen können, aber ich war so müde, dass ich meinen Kopf kaum oben halten konnte. Manche der Besuche bei den Großmüttern waren von außerordentlicher Intensität, und das war ein solcher. Als ich mir die Aufnahme später wieder anhörte, verstand ich, warum ich bei meiner Rückkehr so erschöpft war. Ich war in die entferntesten Winkel des Universums gereist; dorthin und wieder zurück. Aber noch erstaunlicher als das war meine Erfahrung der Kraft der Liebe. Kein Wunder, dass ich mich ausruhen musste.

»Manchmal vergisst du, wer du bist, aber wir sind hier, um dich daran zu erinnern.«

Als ich mich das nächste Mal zu ihnen begab, wollte ich wissen, welches Potential in den monatlichen Großmüttertreffen steckt. Ihre Botschaft verbreitete sich immer schneller. Frauen und auch ein paar Männer trafen sich nun jeden Monat in verschiedenen Teilen der Welt, um *Selbstermächtigung* zu lesen und sich gegenseitig zu helfen, die Botschaft der Großmütter zu leben. Da sich so viele Gruppen in so vielen Teilen der Welt bildeten, wusste ich, dass die Arbeit wichtig sein musste, aber ich wollte um den wahren Zweck dieser Gruppen wissen.

Als ich vor ihnen stand, hatte ich die Frage noch nicht ausgesprochen, da sagten sie: »**Wisse um die Größe deiner Schönheit und Macht.**« Dann durchbohrten sie mich mit ihren Blicken und sagten: »**Unterschätze dich nicht, sondern denke an den Kern deines Seins. Dein Kern ist Schönheit, Macht, Wahrheit und Güte**«, sagten sie und hielten mich in ihrem festen Blick.

Als sie mich weiter starr anblickten, wurde ich mir gewahr, dass da noch andere waren. Ich war eine in einer großen Gruppe von Frauen, und als die Großmütter auf uns zukamen, richteten wir uns auf. Sie hielten direkt vor uns an und ließen eine durchscheinende Hülle über jede Frau fallen, eine Hülle, die die Schönheit und Macht, die Wahrheit und Güte in ihr erstrahlen ließ. Obwohl ich die Hülle selbst nicht sehen konnte, spürte ich sie, und als ich die Frauen betrachtete, sah ich, was die Großmütter über uns gelegt hatten: Es brachte die besonderen Eigenschaften jeder Frau deutlicher zum Vorschein. Einige strahlten Wohlwollen aus, andere gute Laune. Es war faszinierend zu sehen, wie die Gaben jeder Frau zum Vorschein kamen.

»**Nehmt eure Gaben an**«, sagten die Großmütter. »**Manchmal vergesst ihr, wer ihr seid, aber wir sind hier, um euch daran zu erinnern. Und jedes Mal, wenn ihr euch als eine solche Gruppe versammelt, werdet ihr daran erinnert, wer ihr seid. Bei diesen Treffen wird nur die Wahrheit gesprochen**«, sagten sie, »**nur die Wahrheit wird erfahren. Bei diesen Treffen gibt es keinen Platz für irgendeine Art Falschheit.**

Wann immer ihr zusammenkommt, ermutigen wir euch, eure Schönheit und Macht, eure Güte und Wahrheit frei zum Ausdruck zu bringen. Es ist nicht nötig, etwas vorzutäuschen, darzustellen oder zurückzuhalten«, sagten sie. »**Die Treffen sind eine Gelegenheit, das Annehmen zu lernen, und wenn ihr ganz ihr selbst seid, könnt ihr das. Ihr könnt annehmen, was wir euch geben. Nutzt diese Gelegenheit.**

Wir umarmen euch und bedecken euch mit dieser durchscheinenden Hülle«, sagten sie, »**durchsichtig, denn andere können sie nicht sehen. Sie wird euch schützen, wenn ihr euch durch die Welt bewegt, und gleichzeitig eure Schönheit und Macht, eure Wahrheit und Güte vergrößern. Und jedes Mal, wenn ihr euch trefft**«, sagten sie, »**werden unsere Gaben tiefer in euch eindringen und sich vollständiger manifestieren.**

Deshalb kommen wir zu euch: um eure Schönheit und Macht, eure Güte und Wahrheit in einem fort zu stärken.« Dann lächelten sie einander zu und sagten: »**Wenn du in diese Hülle gehüllt dasitzt, bitte uns, dir zu zeigen, wie du warst, bevor wir sie dir gegeben haben.**« Ich blickte überrascht auf, aber als ich ihre erwartungsvollen Blicke sah, sagte ich: »Okay, Großmütter. Bitte zeigt es mir.« »**Beachte die Veränderung der Schönheit-gleich-Macht in deinem Dasein: davor und danach**«, sagten sie. »**Es gibt einen messbaren Unterschied an Macht-gleich-Schönheit in dir.**« Ich verfolgte, wie sie mir mein »Vorher-« und dann mein »Nachher«-Selbst zeigten, und ich sah sofort den Unterschied. Ich fühlte es auch. Die »Vorher«-Version von mir sah kleiner aus und fühlte sich schwächer an als das »Nachher«. Sie war auch ein wenig zersplittert – nicht alle ihre Teile waren so harmonisch miteinander verbunden wie sie es waren, nachdem ich die Hülle erhalten hatte.

»**Wenn du möchtest, kannst du uns fragen, wie sehr wir deine Schönheit-gleich-Macht in nur wenigen Sekunden gesteigert haben**«, sagten sie mit einem Blitzen in ihren Augen. »**Frage und schaue, wie ein Prozentsatz oder eine Grafik erscheint.**« »Okay, Großmütter«, sagte ich wieder, wirklich interessiert. »**Nachdem du das erhalten hast, bitte deinen Verstand, diese Information zu speichern**«, sagten sie. »**Der Verstand ist gut im Speichern. Und wenn du diese Erfahrung weiterverarbeitest, siehst du vielleicht, wie der Prozentsatz steigt.**«

»Okay, Großmütter«, sagte ich, »ich bin bereit«, und sofort blinkten »25%« auf dem Bildschirm meines Verstandes auf. »Fünfundzwanzig Prozent!« rief ich. »Das ist viel.« Sie zuckten mit den Achseln und bedeuteten mir, dass dies keine große Sache war. Aber ich war erstaunt. »Stell dir vor«, sagte ich mir, »ich habe jetzt ein Viertel mehr Schönheit-gleich-Macht in mir als zuvor. Sie schafften dies im Handumdrehen. »Großmütter«, flüsterte ich, »das ist wirklich mühelose Anstrengung.«

Sie lächelten nachsichtig und sagten: »**Unsere Arbeit mit euch ist kumulativ, so dass eure Fähigkeit, aufzunehmen, was wir euch geben, ständig zunehmen wird. Das ist nur natürlich**«, erklärten sie. »**Wenn es das ist, was du willst**«, fügten sie hinzu, »**geben wir es dir gerne.**« »Ja, Großmütter«, sagte ich. »Das *ist es*, was ich will.«

»**In Ordnung**«, sagten sie. »**Wenn wir Liebe, Schönheit, Macht, Wahrheit und Güte in dir vergrößern, werden sich diese Eigenschaften in deinem Dasein zeigen. Das Zentrum der Liebe lebt in deinem Herzen**«, erklärten sie, »**und von diesem Zentrum aus strömt die Liebe durch deinen Körper, bis jeder Teil von dir von ihr durchflutet wird. Sie durchströmt auch deinen Verstand, deine Gedanken sowie die Informationsspeicher in deinem Gehirn. In diesem Moment sind deine Erinnerungen voller Liebe. Dein gesamtes emotionales System ist von ihr erfüllt.**« Sie traten zurück und sahen mich an. »**Du bist jetzt so viel größer als noch vor wenigen Minuten**«, sagten sie, »**und du wirst weiterhin in deiner Fähigkeit wachsen, mühelos anzunehmen und zu geben.**

Du bist ein Organismus der Liebe – deshalb fühlst du dich mit uns eins. Alle Barrieren lösen sich schließlich in der Liebe auf«, erklärten sie,

»**weil die Liebe alles durchdringt, fließend wie Wasser.**« Dann stupsten sie sich spielerisch an und sagten: »**So in Liebe gebadet, bist du sowohl das Bad als auch die Badende.**« »Ja, Großmütter«, antwortete ich, aber plötzlich war ich so müde, dass ich kaum die Augen offenhalten konnte. Ich wollte die Müdigkeit abschütteln, die mich überkam, aber bald fiel mein Kopf vornüber, und ich fiel in einen tiefen Schlaf. Es waren wohl nur ein oder zwei Minuten, jedenfalls wusste ich es, als ich das Band abhörte: Da hörte ich mich schnarchen. Die Großmütter hatten oft diese Wirkung auf mich. Wenn eine Unterweisung besonders tief ging, waren meine Schaltkreise überlastet, und ich schlief ein.

Ich wachte auf, als ich sie sagen hörte: »**Du wirst schnell zu deiner wahren Natur – erwachst zu der, die du immer warst.**« Ich blinzelte, entschlossen, kein Wort mehr zu verpassen. »**Alles, was du tust und sagst, wohin du gehst, und jeder Gedanke, der jetzt zu dir kommt, kommt aus der Liebe**«, sagten sie. »**Je mehr du an uns denkst**«, sagten sie mit weit ausholender Geste, »**desto mehr wird deine besondere Manifestation der Liebe dein Leben beeinflussen. Wenn deine Schwingung sich erhöht**«, erklärten sie, »**wirst du alles um dich herum anheben.**

Erinnere dich an deinen Prozentsatz«, sagten sie, »**und daran, wie viel mehr du jetzt bist, als du vor zehn Minuten warst. Diese Lektion bringt Segen. Du hast ein großartiges Geschenk erhalten.**«

»**Sag den Frauen, sie werden gebraucht.**«

Das nächste Mal, als ich zu ihnen ging, hatte ich keine bestimmte Frage, aber was ich am meisten wollte, war ein tieferes Verständnis ihrer Botschaft. Ich wollte es wirklich verstehen, diese Wahrheit in meinen Körperzellen verankern. Das war es, was mir durch den Kopf ging, als ich vor ein Dutzend sehr großer, sehr beeindruckender Großmütter-Adler trat.

»**Sag dies**«, sagten sie, »**sag den Frauen, sie werden gebraucht.**« Ihre beeindruckenden Greifvogelköpfe wiegten auf und ab. »**Sie sind wichtig, manchmal vergessen sie das.**« Als sie sprachen, kam etwas Großes von meinem Kopf herab, bewegte sich durch meinen Körper und verankerte mich im Boden. Es war wie ein umgekehrtes Dreieck geformt, wobei sich eine der Ecken in die Erde grub.

Als ich dem zusah, sprachen die Großmütter-Adler erneut. »**Wenn du jemals an der Wirkkraft unserer Worte zweifelst**«, sagten sie, »**oder an der Richtigkeit und Aktualität unserer Botschaft, wende dich von der Außenwelt ab und dem Zentrum deines Seins zu. Konzentriere dich auf die Mitte deiner Brust**«, sagten sie und klopften an ihr Brustbein, »**und werde ruhig. Dabei**«, sie holten tief Luft und hoben ihre Flügel leicht an, »**wird das Dasein wachsen. Das wird deine Körperzellen intensivieren und durchdringen, dein Bewusstsein anfüllen und dir alle Lebenszeiten, die du schon gelebt hast, bewusstmachen. In diesem Moment wird alles in dir erwachen.**

Wann immer du dich auf diese Weise öffnest«, sagten sie, »**wird dein Karma verbrannt.**« Ich schnaufte. »**Ja**«, wiederholten sie, »**dein Karma wird verbrannt. Denn Vergangenheit und Gegenwart werden zusammenfallen und im Dasein verschmelzen.**«

Dann begannen sie, herumzustolzieren und im Gehen zu denken. »**Wenn du dich so öffnest, wirst du aufhören, ein fragmentiertes Leben zu führen**«, sagten sie. »**Du wirst nicht mehr vom Jetzt abgekoppelt sein, dich nicht mehr auf die Zukunft fixieren oder deinem neusten Wunsch oder deiner jüngsten Sorge nachjagen**«, erklärten sie im Hin- und-her-Gehen. »**Auch wirst du nicht zurückgezogen, nicht fasziniert auf deine Vergangenheit starren oder dich im Bedauern suhlen. Nichts davon**«, sagten sie und schüttelten bekräftigend den Kopf. »**Wenn du dich in das Dasein bewegst**«, sagten sie und lächelten über ihre Klugheit, »**bist du voll und ganz in der Gegenwart.**

Wir haben schon einmal von ›Dasein‹ gesprochen«, sagten sie, »**und wir kommen erneut darauf zu sprechen, weil es da viel zu lernen gibt. Das Dasein, von dem wir sprechen, ist so tief**«, erklärten sie, »**so voll, dass es über das hinausgeht, was du als das Gute empfindest. In jedem Moment des Lebens kannst du dich dafür entscheiden, dich in es hineinzugeben. Das**«, sagten sie und unterstrichen ihre Worte mit einem Nicken, »**ist der Grund, warum wir gekommen sind. Unser Anliegen ist es, dich von den Spielzeugen dieser Welt abzubringen und hin zu dem, was wirklich ist. Die flüchtigen Reize des Augenblicks werden dich nie**

befriedigen.« Die großen Adlermütter bewegten ihre Schnäbel. »**Das haben sie nie getan. Und sie werden es auch nie.**

Wir sind bei dir in jedem Atemzug, den du tust. Wir umgeben dich mit unserer Liebe. Wir sind wahrlich, wie du sagst, ›für dich da‹; wir stehen dir zur Seite, behüten dich und halten dich in unserer Umarmung. Wann immer du zu uns kommst, werden wir einen geschützten Raum für dich schaffen«, sagten sie und nickten nachdrücklich. »**Wir werden das immer tun. Dieser geschützte Raum wird es dir leichtmachen, dich dir selbst zuzuwenden.**

Wende dich jetzt nach innen und öffne dich für den Kern deines Seins«, sagten sie, und ich atmete tief durch und ließ mich in meine Mitte fallen. »**Jedes Mal, wenn du das tust«**, sagten sie, »**wirst du die Liebe des Göttlichen zu dir fühlen, spüren, wie du gehalten wirst, immer gehalten. Und weil wir jetzt hier sind und dich und alle auf Erden halten«**, erklärten sie, »**wird es immer einfacher werden, deine Einheit mit uns und anderen zu fühlen und wahrzunehmen.**

Wann immer du dich so öffnest, erwachst du zur Liebe. Liebe ist schließlich das, was du bist«, sagten sie. »**Liebe ist deine wahre Identität. Obwohl viele sich dieser Tatsache nicht bewusst sind, fließt die Liebe durch die Venen jedes Menschen auf diesem Planeten«**, sagten sie. »**Im ewigen, unveränderlichen Raum in deinem Inneren kannst du ruhig sitzen und die Liebe fließen lassen. Du bist Teil dieses Flusses«**, sagten sie. »**Du bist gesegnet. Dein Leben ist ein Segen. Das ist die Wahrheit.**

Sobald diese innere Mitte dein Zuhause ist, wird deine Arbeit leichter. Alle Probleme, die gelöst werden müssen, werden gelöst«, sagten sie und lupften die Flügel, als wollten sie sagen: »Nun, ist das nicht offensichtlich?« »**Wenn du in dieser Wohnstatt zuhause bist, kommt das allem zugute. Mit der Zeit wird es dir zur Gewissheit«**, sagten sie und nickten mir beruhigend zu, »**und du wirst allezeit in dieser Mitte ruhen.«**

Sie neigten ihre Köpfe und sahen aus, als würden sie sich auf etwas Wichtiges konzentrieren. »**Und wann immer du den Sog der Sorgen, des Bedauerns oder der Frustration spürst, dann lass dich nicht auf das Drama des Augenblicks ein, sondern rufe uns an und wende dich deiner**

Heimstatt zu. Sobald du uns rufst, werden wir alle Sorge und Angst in dir auf der Stelle heilen und auflösen.« Sie sahen mir in die Augen und sagten: »**Weil du ein unsterbliches, unveränderliches Wesen bist, kannst du alle Zeit im Fluss der Gegenwart leben.**«

Ich war fasziniert und lauschte ihnen mit offenem Mund, aber gleichzeitig war ich mir gewahr, dass mein »rationales« Selbst anfing zu nörgeln. »Ja, aber«, sagte es, und dann: »das ist doch unmöglich! Wie soll ich jemals etwas erreichen, wenn ich immer nur in der *Gegenwart* bin?« Ich wusste, was die Großmütter mir sagen würden: »Wende dich nach innen«, wenn ich sie fragte, und ich war es leid, es immer wieder zu hören. »Was ist mit Aktion?« dachte ich. »Was soll ich *tun*?« Aber bevor ich sprechen konnte, antworteten zwölf Adler-Großmütter. »**Alles, was getan werden muss, wird getan. Wenn du dich nach innen wendest**«, sie schenkten mir einen leicht missbilligenden Blick, »**und offen bist für deinen Kern, wird es dir an nichts fehlen in deinem Leben. Die Dinge werden geschehen, wie sie immer geschehen sind**«, sagten sie, »**aber du wirst in einem erhabenen Zustand leben.**« »In einem erhabenen Zustand?« fragte ich und wiederholte dann in einem anderen Tonfall: »Ein erhabener Zustand.« Das hörte sich gut an.

»**Du bist nicht die kleine Persönlichkeit, für die du dich hältst – mit all den Bedürfnissen und Eigenheiten**«, lachten sie aufmunternd. »**Du bist keine Ansammlung von Ereignissen und genetischem Material aus der Vergangenheit.**« Sie schüttelten den Kopf und lachten noch heftiger. »**Das sind nur Verbindungen, die du einmal eingegangen bist**«, erklärten sie. »**Wenn du zur Größe deines Seins erwachst und dich in die Einheit mit dem Dasein begibst, das du wirklich bist, wirst du das alles schnell hinter dir lassen.**« Ich versuchte, zu verstehen, was sie sagten. Wenn ich nicht meine Vergangenheit bin, nicht meine ererbten Eigenschaften und die besonderen Attribute und Mängel meiner Persönlichkeit, was bin ich dann? *Wer* bin ich?

»**Stimme dich auf den Kern deines Körpers ein**«, sagten die Großmütter. »**Wann immer du in deine Mitte gehst, wird jeder und alles, womit du verbunden bist, erhoben**«, erklärten sie. »**Jede Lebensform ist Teil**

desselben nahtlosen Ganzen«, sagten sie, »**wenn man also die Tatsache akzeptiert, dass man ein erhabenes Wesen ist und sich erheben lässt, dann erhebt sich alles. Wann immer du diese Mitte einnimmst und sie fühlst, grüßt du die Wahrheit des Lebens, und die Wahrheit des Lebens grüßt dich zurück.«** Als sie sprachen, wölbten sie ihre Brüste und richteten sich zu ihrer vollen Größe auf.

Zwölf majestätische Greifvögel sahen mich mit auf mich gerichteten Schnäbeln unverwandt an und sagten: »**Ganz gleich, wie abgeschnitten vom Zustand wahren Menschseins sie dir erscheinen mögen, ganz gleich, wie verzerrt ihre Persönlichkeit ist, wie krank, verrückt oder sogar böse sie erscheinen mögen, in ihrem Kern ist das Sein. Anstatt also dein Leben damit zuzubringen, dich um die Anhaftungen der Konditionierung und des Karmas zu sorgen, die du mit dir herumträgst (und alle anderen auch), öffne dich stattdessen für die Mitte, für das Sein. Komm nach Hause«**, sagten sie, und das Nicken wurde bedächtiger, »**komm in die Mitte.«** »Ja, Großmütter«, flüsterte ich hinter vorgehaltener Hand und nickte.

»**Sobald du dir das Dasein erschließt, wird reine Energie in Kaskaden von dir nach außen strömen. Dieses Ausströmen erzeugt einen Dominoeffekt«**, sagten sie. »**Das hört sich vielleicht einfach an«**, sagten sie, »**aber das ist es nicht. Die Wahrheit ist, dass deine Schwingung jeden auf der Erde erheben kann.«** Ich stutzte und sah überrascht auf. Sie tätschelten mich mit ihren Flügeln und erklärten geduldig: »**Im Grunde genommen bist du ein elektrischer oder energetischer Körper, so dass immer dann, wenn sich die Schwingung in dir auf eine höhere Frequenz bewegt, die Energie, die von dir nach außen strömt, alles betrifft. Alles profitiert.**

Rufe uns«, sagten die Adler-Großmütter. »**Lass uns dich einhüllen und halten, während du dich dem Göttlichen im Inneren zuwendest. Deine Energie wird sich ganz von selbst anheben, wenn du das tust.«** Dann hoben sie ihre Köpfe, blickten mich mit ihren Knopfaugen an und sagten: »**Hast du nicht genug davon, im Keller des Lebens zu leben?«** Es verschlug mir fast die Sprache, aber mit ihrem Adlerlächeln sagten sie: »**Erhebe dich jetzt und sei glücklich.**

Es ist so viel Schönheit-gleich-Macht in dir, so viel entströmt diesem Dasein, von dem wir sprechen. Wir teilen diese Dinge mit dir«, sagten sie, »**damit du weißt, wie die Energie arbeitet, damit du verstehst, warum wir gekommen sind. Und wir teilen es, damit du weißt, wer du bist.**« »Ja, Großmütter«, sagte ich, »ich bin euch sehr dankbar.«

Und das meinte ich auch. Ich war dankbar für ihre Erklärung, wie die Energie arbeitet, für die Idee, dass jedes Leben Teil eines nahtlosen Ganzen ist, und für ihre Aussage, wie das Karma verbrennt, wenn man sich ins Dasein bewegt. Das alles faszinierte mich. Aber ich wusste auch, dass es eine Weile dauern würde, bis ich diese Lektion in mich aufgenommen hatte. Hier gab es viel zu lernen. Schließlich sah ich sie an, und sie neigten ihre großen Köpfe und sagten: »**Wenn du mehr darüber erfahren willst, lass es uns wissen.**«

Als ich von dieser Reise zurückkam, sprang mein Verstand immer wieder von einer Sache, die die Großmütter gesagt hatten, zu einer anderen. Als ich mich endlich an den Computer setzte, um meinen Besuch zu protokollieren, wurde mir klar, dass es sich hierbei nicht um *eine* Lektion, sondern um eine *Reihe von Lektionen* handelte. Die Tiefe und Komplexität dessen, was sie mir erzählt hatten, war nichts, das ich schnell aufnehmen konnte. Ich hatte auch ein Gefühl der Dringlichkeit, diese Botschaft an andere weiterzugeben. An diesem Punkt wurde mir klar, dass ich tatsächlich an einem zweiten Buch über ihre Lehren arbeitete.

»**Jetzt ist die Zeit des Erwachens und der Erweiterung. Werde groß.**«

Ich hatte angenommen, dass ich aufgrund der Fülle an Informationen viel Zeit brauchen würde, diese letzten Lektionen zu verarbeiten. Das hatte ich auch vor, aber das Leben kam dazwischen. Plötzlich erhielt ich E-Mails, in denen von bevorstehenden Katastrophen auf der Erde die Rede war. Nicht nur ein paar, sondern jede Menge. Natürlich waren solche Ankündigungen gut gemeint, aber leider verbreiteten sie Angst. Ich fragte mich, was ich als Antwort auf diese Mail-Lawine tun sollte. Was war der beste Weg, mit solchen Dingen umzugehen? Nachdem ich ein oder zwei Tage darüber nachgedacht hatte, ging ich zu den Großmüttern, um sie zu fragen.

Sobald ich in ihrem Tal landete, fiel mir gleich auf, dass sie diesmal in Menschengestalt waren. Eine Gruppe schöner älterer Frauen, die zusammenstanden und auf mich warteten. »Großmütter«, sagte ich, als ich in ihren Kreis trat, »es geschehen jetzt viele schlimme Dinge auf der Erde, und die Leute schicken mir Vorhersagen über weitere kommende Ereignisse. Bitte, wie gehen wir mit solchen angsterfüllten Vorhersagen um? Wie können wir helfen?« Sie nickten nachdenklich, und an ihren Gesichtern sah ich, dass ihnen diese Frage gefiel.

Dann zeigten sie auf Flügel, die sich weit in die Ferne erstreckten und sich über den Horizont ausbreiteten, und ich beobachtete fasziniert, wie diese großen Flügel sich über allem, was in Sichtweite war, auffächerten. »**Erweitere dich**«, sagten sie, »**fühle deine Einheit mit uns und mit den anderen. Richte dich auf deine Vereinigung mit den Großmüttergruppen auf der ganzen Welt aus. Ihr erweitert euch**«, sagten sie und wiegten sich bei diesen Worten hin und her, »**und die Arbeit erweitert sich ebenfalls.**

Angst ist klein«, sagten sie und verengten ihre Augen. »**Es liegt in der Natur der Angst, sich zu einem engen Ball zusammenzuziehen. Die Erweiterung jedoch hat**«, erklärten sie, »**keinen Raum für Angst. Ihr erweitert euch**«, sagten sie, und betrachteten mich mit einem Blick, der sagte: »Das ist einfach so.« »**Spüre deine Einheit mit den Winden. Fühle deine Einheit mit allen Landschaften der Erde: den Meeren, Bergen, Wüsten, Tälern, dem Ackerland, den Städten und Flüssen. Du kannst das ganz einfach tun**«, erklärten sie kichernd, »**denn deine Flügel (Es waren übrigens *deine* Flügel, die du vorhin gesehen hast)**«, lachten sie, »**sind so lang und breit. Deine Flügel bedecken die Erde. Sie beschützen und beschirmen alles.**«

Mir fiel die Kinnlade herunter, als ich hörte: »**Es waren übrigens *deine* Flügel.**« Ich war so perplex, dass ich nicht wusste, was ich sagen sollte. Bevor ich Worte fand, befahlen sie mir: »**Wölbe deine Brust und breite deine Flügel aus**«, ein wissender Ausdruck auf ihren Gesichtern.

»Oh!« rief ich, als ich es versuchte, und kurz darauf hörte ich die Überraschung in meiner Stimme, als ich flüsterte: »Ich kann meine Flügel spüren. Sie sind tatsächlich körperlich.« »**Spüre dieses Gefühl in deinem Körper**«, sagten die Großmütter. »**Wo ist jetzt die Angst? Gib der Angst nirgendwo Raum**«, sagten sie und schüttelten den Kopf. »**Jetzt ist die Zeit des Erwachens und der Erweiterung. Werde groß**«, forderten sie mich auf. »**Nicht dich klein machen. Werde groß!**

Wohin du auch gehst, wird diese Erweiterung mit dir gehen«, sagten sie. »**Das Bewusstsein der Verbindung, der Einheit, des Alles-Einbeziehens ist etwas, das dich ständig begleitet**«, sagten sie. »**Fühle es. Das... ist... wer... du... bist.**

Wir rufen dich in deine Größe«, sagten sie und riefen: »**JETZT!**« Ich sprang auf, erschrocken von ihrem plötzlichen Ausruf, und, um die Wahrheit zu sagen, ich war auch erschrocken über meine Größe. Ich war riesig geworden, weit über das hinausgewachsen, was ich bisher kannte. »**Als sich deine Brust ausdehnte, entfalteten sich deine Flügel, und viele der kleinen Verkrampfungen, die du mit dir herumgetragen hast, zerbrachen und fielen ab**«, erklärten sie. »**Häutungen**«, sagten sie achselzuckend, als ob so etwas jeden Tag passierte, »**du stößt das Alte ab. Das erklärt deine Größe**«, sagten sie und klopften mir sanft auf den Rücken.

»**Wir kommen voran**«, sagten sie, und kaum hatten sie das gesagt, eilten sie auch schon an mir vorbei. Als sie vorbeiflogen, wurde ich mitgerissen, und zusammen rasten wir vorwärts, einen starken Wind im Rücken. »**Unsere Arbeit erweitert sich und schreitet voran**«, sagten sie. »**Ist es nicht das, was du wolltest?**« Mittlerweile flog ich so schnell, dass ich nicht antworten konnte. Ich konnte nur stumm nicken.

»**Achte nicht auf die**«, sagten sie mit einer wegwerfenden Handbewegung, »**die in ihren Ängsten stecken. Liebe sie, aber lenke deine Aufmerksamkeit auf die Erweiterung, nicht auf die Verengung**«, sagten sie. »**Beziehe alle mit ein, die in Angst gefangen sind, und lasse sie Verbundenheit spüren, aber denk daran, dass deine Arbeit sich ausdehnt. Dafür haben wir dich berufen**«, sagten sie mit vielsagendem Blick, »**und wir kommen voran. Komm mit uns.**

Achte darauf, wie sich dein Körper jetzt anfühlt.« Immer praktisch, selbst inmitten eines solchen Wirbels, erinnerten mich die Großmütter daran, geerdet zu bleiben. »**Es kann sich nach dieser Erfahrung anders anfühlen; erkenne es und würdige deinen Körper. Der Körper ist ein großer Helfer, ein guter Lehrer, und du wirst jetzt wohl ein neues inneres Gefühl haben, eine Veränderung der Farbe oder Vibration**«, schlugen sie vor. »**Größe**«, sagten sie mit einem festen Nicken, »**was du bemerkst, ist ein Gefühl von Größe. Schon vor einer Weile haben wir dir gesagt, dass wir dich in deine Größe rufen, und wir sagen immer die Wahrheit**«, sagten sie. »**Das ist es, was du jetzt fühlst. Komm mit uns nach vorne.**«

Sie wiesen zur Seite, und als ich mich umwandte, um zu sehen, wohin sie zeigten, sah ich alle Frauen, die an der Verbreitung der Botschaft der Großmütter beteiligt waren. Gemeinsam begannen wir, uns alle vorwärts zu bewegen, bis wir schließlich unter den schirmenden Flügeln der Großmütter zum Stehen kamen. Federn waren überall, die Federn von unseren und ihren Flügeln. So viele Federn, mein Blick gebannt von den Schichten über Schichten, während sie sich miteinander verflochten. Es waren zuerst die Großmütter, die diesen Mantel gebildet und uns damit bedeckt hatten, und jetzt schufen wir zusammen mit ihnen einen Mantel, der die ganze Erde einhüllte.

»Die Großmütter haben Recht!« sagte ich, als ich über unsere ausgebreiteten Flügel staunte: »Wir sind großartig.« »**Hierauf arbeiten wir hin**«, sagten die Großmütter und deuteten auf den Mantel, der nun die Erde bedeckte. »**Erlebe, wie es ist, von uns umgeben und eingehüllt zu sein, und siehe, wie sich deine Flügel mit unseren verweben. Lass dir jetzt alle alten Bewusstseinsanteile abnehmen**«, sagten sie. »**Sie werden fallen. Die Bewegung ist vorwärts gerichtet in die Größe.**« Sie machten eine weit ausladende Bewegung mit den Armen. »**Komm mit uns mit!**«

Plötzlich wurde ich mir des Adlerbewusstseins gewahr; ich spürte die Anwesenheit des anderen, »des großen gefleckten Vogels« aus dem alten Berggesang. Und nun machten sich auch die Geister der Ureinwohner, die früher in Amerika lebten, bemerkbar. »**Würdige sie**«, sagten die Großmütter, »**und würdigt einander. Würdigt eure gemeinsame Verpflichtung, in Wahrheit zu gehen, euch zu öffnen und euch noch weiter zu öffnen. Vorwärts**«, sagten sie, »**vorwärts und tanze! Tanze diese Freiheit,**

tanze diese Größe«, riefen sie. »**Tanze! Es gibt jetzt sehr viel Schwung. Gemeinsam bewegen wir uns in die Größe hinein.**« Dann neigten sie ihre Köpfe, lächelten ihr Adlerlächeln und sagten: »**Genieße die Reise.**«

KAPITEL 12

Moy, Mann und Junge

»Der grundlegende Unterschied zwischen einem Mann und einem Moy ist der Egoismus.«

Männer – das wichtigste Thema in den Köpfen der Frauen und ihr größtes Problem. In meinen Jahren als Paar- und Familientherapeutin hatte ich viele Varianten der Problemstellungen zwischen Frau und Mann gesehen, aber eine tauchte immer wieder auf. Die Frauen erzählten mir, dass sie von ihren Männern immer wieder enttäuscht worden waren. Die Männer würden sich entweder nicht auf eine ernsthafte Beziehung einlassen, oder sie »ließen sich ein«, aber verrieten dann auf irgendeine Weise ihre Frauen oder Freundinnen. In den Worten meiner Klientinnen: »Sie verhalten sich nicht wie Männer. Sie sind wie kleine Jungs.« Als mehrere dieser Fälle gleichzeitig auftauchten, begann ich mich zu fragen, ob mir das etwas sagen sollte. Dann begannen die Großmütter, mich zu bedrängen. Sie tauchten in meinem Kopf auf und nervten – sie wollten mich nicht in Ruhe lassen.

Ich steckte in verschiedenen Projekten, also schob ich sie beiseite, aber sie waren so hartnäckig, dass ich sie schließlich nicht mehr ignorieren konnte und zu ihnen ging, bevor ich eine Frage formuliert hatte. Ich machte mich auf den Weg in die Obere Welt, wie ich es immer tat, und als ich im Tal der Großmütter ankam, bemerkte ich, dass der heilige Mann auch dort war.

Er stand neben ihnen, und als mein Blick auf ihn fiel, begann er heftig mit dem Kopf zu nicken. Er tat es mit großem Nachdruck. »Ja, ja«, sagte er. Ich sah ihn fragend an, aber jetzt schüttelte er den Kopf zum Zeichen, dass er nicht reden wollte. Etwas war im Gange, aber er wollte sich dazu nicht äußern. Ich würde es von den Großmüttern erfahren. Also drehte ich mich zu ihnen um, wartete, dass sie begannen, und als ich die Spannung nicht mehr ertragen konnte, sagte ich: »Okay, okay, Großmütter, was wollt ihr mir sagen?«

Sie wandten sich mir zu und sprachen mit einer Stimme. »**Sprich!**« sagten sie, die Hände in die Hüften gestemmt. »Was?« antwortete ich verblüfft. »Was soll ich sagen?« »**Moy**«, antworteten sie und wiederholten: »**Moy.**« »Moy?« fragte ich und legte mein Gesicht in Falten. »Moy? Was ist Moy, Großmütter?« »**Moy**«, sagten sie und holten tief Luft, als ob sie zu einem Vortrag ansetzen wollten. »**Eine Kombination aus ›man‹ und ›boy‹, Mann und Junge – aber in erster Linie Junge**«, sagten sie. Ich war verdattert. »Wovon in aller Welt reden sie?« murmelte ich.

»**Das ist es, was viele Männer sind**«, sagten sie, und während sie sprachen, nickten sie im Takt mit dem Heiligen. »**Sie sind groß**«, erklärten sie, »**alle sind auf die eine oder andere Weise mächtig**«, fügten sie hinzu. »**Groß im Körper, auch in der Kraft, und sie haben gewaltige Stimmen. Sie sind in der Lage, hart zu arbeiten, aber der größte Teil ihrer Energie ist nicht Männerenergie.**« Und mit mürrischem Gesicht schüttelten sie den Kopf und sagten: »**Es ist Jungenenergie, und wir nehmen ausdrücklich ein ›y‹ in das Wort ›moy‹ auf, denn es ist viel ›mein‹** (engl. »my«) **im Moy.**« Ich wandte meinen Kopf, sah sie unverwandt an und machte große Augen, als sie skandierten: »**Mein Auto, mein Haus, mein Kind, mein Geld – alles meins. Das ist junge Energie**«, erklärten sie, »**die Energie eines Kindes von der Größe eines Erwachsenen.**«

»Oh!« rief ich aus, als es mir dämmerte. »Oh, meine Güte, Großmütter, ich glaube, ich verstehe. Das ergibt Sinn.« Ich hatte die, die sie »Moy«

nannten, schon oft erlebt, aber ich hatte es nie in diesem Zusammenhang gesehen. Ihre Beschreibung ergab ein klares Bild. »Hmmm...«, murmelte ich, als ich darüber nachdachte. »Großmütter«, fragte ich, »warum habe ich das nicht erkannt? Es erscheint mir jetzt so offensichtlich, nachdem ihr es erklärt habt. Warum habe ich mir nicht selbst diesen Reim darauf gemacht?« Ich dachte weiter nach und sagte dann: »Warum sehen die Frauen das nicht, Großmütter? Ich weiß, dass ich nicht die einzige bin, die sich das nicht zusammengereimt hat. Warum sehen wir dieses ›kindische‹ Verhalten nicht und nennen es nicht so, wie es ist?«

»Frauen sind sich nicht ganz im klaren über ihr eigenes Wesen«, antworteten sie, **»und diese Verwirrung hindert sie daran, sich selbst klar zu erkennen, geschweige denn die Männer. Frauen wissen auch nichts von der Bildung des Wortes ›woman‹«**, sagten sie. **»Man findet diese Art von Verwirrung vor allem in Sprachen wie dem Englischen, wo der Begriff für das Weibliche den Begriff für das Männliche enthält«**, erklärten sie. »Uff«, ächzte ich und sagte dann: »Ich denke, Großmütter, ich denke.« Und das tat ich auch. Ich versuchte, den Sinn ihrer Worte zu verstehen.

Schließlich sagte ich: »Nicht alle Sprachen sind so, Großmütter, wo das weibliche Wort das männliche enthält.« **»Das ist richtig«**, antworteten sie, **»und es gibt mehr Verwirrung in Sprachgruppen, wo die weibliche Form des Wortes die männliche Form enthält. Diese Art der Wortbildung wirft ein ganz neues Licht auf die Unterschiede zwischen Frauen und Männern und das Gleichgewicht zwischen Frauen und Männern.«**

Ich neigte meinen Kopf und versuchte zu verstehen. **»Die Sprache wurde manipuliert«**, sagten sie und kamen damit auf den Punkt. »Uff«, ächzte ich wieder. **»Es ist interessant«**, fuhren sie fort und kehrten zum Vortragsmodus zurück, **»dass man in der englischen Sprache die Möglichkeit hat, an die Wahrheit der Großen Mutter anzuknüpfen, die Wahrheit, dass sie sowohl die ursprünglichen Aspekte des Männlichen als auch des Weiblichen enthält. Du findest Worte wie ›woman‹ und ›goddess‹ auf Englisch«**, erklärten sie, sahen mich an und lächelten wissend, **»wo die weibliche Form das Männliche enthält. Mit diesen Worten«**, sagten sie, **»drückt die Sprache eine elementare Wahrheit aus.**

Es kann von Nutzen sein, über solche Wörter nachzudenken«, sagten sie, »**weil sie das weibliche Prinzip als Gefäß betrachten. Einfache Worte wie diese können dir ein besseres Verständnis von deinem Platz im Universum vermitteln**«, fügten sie hinzu, nickten und lächelten. »**Benutze deine Sprache als Werkzeug, um dich an die Wahrheit zu erinnern.**«

Ich drehte meinen Kopf zur Seite und betrachtete sie eingehend. »Großmütter«, sagte ich, »ich muss euch jetzt etwas fragen. Hat das, was ihr mir zum Weiblichen als Gefäß erklärt, etwas mit dem zu tun, was ihr heute zuerst erwähnt habt? Über Moys, meine ich«, fügte ich hinzu. »Ich sehe den Zusammenhang nicht, aber ich weiß, dass ihr nie etwas einfach so tut. Hat das Thema Moy also etwas mit der Macht der Frau zu tun, der wahren Macht der Frau?« verbesserte ich mich gleich.

»**Ja**«, sagten sie, erfreut, dass ich überlegte, wie diese Themen zusammenpassten. »**Die Frau hat ihre Macht nicht angenommen. Zu lange haben die Frauen auf die Moys gehört, anstatt auf sich selbst, und dann waren sie enttäuscht, wenn diese Männer, die eigentlich Jungs waren, sie nicht mit Respekt behandelten und sich nicht so verhielten, wie Männer sich Frauen gegenüber eigentlich verhalten sollten. Es ist an der Zeit**«, sagten die Großmütter, als sie sich zu ihrer vollen Größe aufrichteten, »**dass Frauen erwarten, dass die Männer sich wie Männer verhalten. Es ist an der Zeit**«, sagten sie, »**dass Frauen von Männern verlangen, dass sie sich wie Männer verhalten.**

Frauen müssen aufhören, moyisches Verhalten zu belohnen«, sagten sie mit zusammengezogenen Brauen und schüttelten den Kopf. »**Ein Moy ist ein Fall von Entwicklungsblockade**«, erklärten sie, »**ein Kind im Körper eines Mannes.**

Warum in aller Welt, zum Beispiel«, sagten sie, »**wählt ihr Männer in öffentliche Ämter, die im Grunde genommen Teenager-Moys sind?**« Mir fiel die Kinnlade herunter und ich blickte zu ihnen auf. »**Und ihr tut das nicht nur manchmal**«, sagten sie, »**sondern immer und immer wieder. Warum**«, fragten sie, und jetzt sahen sie wirklich verwirrt aus, »**suchen Frauen sich Moys, damit sie sie führen?**« Mir fiel dazu nichts ein, und ich konnte sie nur anstarren. Ich wusste keine Antwort auf diese Frage, und die Art, wie die Großmütter sie gestellt hatten, verunsicherte mich. Sie trafen den Nagel auf den Kopf, und das ließ mich schaudern. »Warum«, fragte ich mich, »tun die Frauen das?«

»**Liebe sie**«, sagten die Großmütter, und ich blinzelte. Sie lachten über meine Reaktion und sagten: »**Du kannst die Verspieltheit und Energie eines Moy wertschätzen, aber lass dich nicht von ihm täuschen.**« Sie nahmen meine Hand, setzten sich neben mich und sagten: »**Die Frauen müssen lernen, einen Moy zu erkennen, wenn sie einen sehen. Du musst in der Lage sein, den Unterschied zwischen einem Moy und einem Mann zu erkennen. Wir fordern dich auf, Unterscheidungskraft zu entwickeln. Das ist etwas, was jede Frau lernen kann**«, versicherten sie mir. Dann flüsterten sie verschwörerisch: »**Der grundlegende Unterschied zwischen einem Mann und einem Moy ist der Egoismus. Ein Moy tut alles nur für sich, um sein Ego aufzublähen, sich sicher zu fühlen, für sein…**« Sie wippten mit den Handgelenken und machten kleine, vogelartige Bewegungen, als ob sie »und so weiter und so weiter« sagen wollten.

»**Die meisten Politiker sind heute keine Männer, sondern Moys, und das gilt überall auf der Welt. Sie sind egoistisch, sie verfolgen eigene Interessen, und sie streben stets nach Geld und Popularität. Gierig und bedürftig**«, sagten sie, ihre Gesichtszüge starr vor Abscheu. »**Bei euren Ikonen – den Sport- und Unterhaltungsstars, die die Menschen verehren – ist es so ziemlich dasselbe, und sie enttäuschen euch auch immer wieder. Es ist selten ein wahrer Mann in diesen Berufen zu finden. Und Moys, die sich in Machtpositionen befinden, werden immer Schaden anrichten. Sie können nichts dafür**«, fügten sie hinzu, »**schließlich sind sie nur Moys. Das sind keine Männer. Was erwartest du?**« fragten sie und zuckten die Achseln.

»**Ein Mann steht für größere Dinge als eine Moy**«, sagten sie. »**Er schaut über sich hinaus, er schaut sogar über seine eigene Generation hinaus. In einem Mann**«, sagten sie, »**gibt es eine Qualität der Kreativität, ein Verständnis dafür, dass das Leben lange nach seinem Tod weitergeht. Ein Mann versucht, Gutes für jene zu schaffen, die in seine Fußstapfen treten werden.**

Moys«, sagten die Großmütter, »**interessieren sich nur für das, was ihnen im Moment gelegen kommt. Kinder haben nicht die langfristige Perspektive**«, erklärten sie und warfen mir einen geduldigen Blick zu, »**so kann man erwarten, dass auch Moys nicht die langfristige Perspektive haben. Ihre Entscheidungen beruhen allein auf dem Bedürfnis des Augenblicks. Ich will das *jetzt*! Ich will es für mich**«, sagten sie, stampften mit dem Fuß auf und zogen ein Gesicht. »**Das gibt mir ein gutes Gefühl!**« Sie schlugen sich auf die Brust. »**Ich will es jetzt!**« forderten sie. Dann zuckten sie mit den Schultern, schüttelten langsam den Kopf und sagten: »**In einem Moy ist eine große Unreife.**

Frauen verstehen das nicht am Mann, der ein Junge ist, und das bereitet große Qualen. Du erwartest etwas anderes von ihm, aber schließlich ist er nur ein Moy, und das ist alles, was ein Moy tun kann. Ein Mann«, sagten sie, »**kann große Dinge tun, aber ein Moy kann nur egoistische, kindische Dinge tun. Das Problem ist**«, sagten sie, als sie mich mit verengten Augen musterten, »**wenn man sich von dem Aussehen eines Moy täuschen lässt – seinem Aussehen, seiner Größe und seiner tiefen Stimme**«, erklärten sie, »**hält man ihn für einen Mann.**

Als Frau bist du deinem Wesen nach jenseits von Egoismus. Die Frau ist bestimmt, das Gefäß des Lebens zu sein – schon körperlich gesehen, bist du so gebaut«, erklärten sie. »**Die Frau ist sowohl emotional als auch spirituell offen**«, fügten sie hinzu, »**offen für das Halten, Lieben und Umarmen unterschiedlicher Ideen, Menschen und Gruppen. Deinem Wesen nach dehnst du dich auf natürliche Weise aus.**

Frauen müssen ihrem Wesen folgen, auf die Wahrheit in sich selbst hören und sich gegenseitig ermutigen, das zu tun. Eine Frau, die vom Kern ihrer Macht aus lebt, wird auch Männer ermutigen, ihrem Wesen zu folgen, auf die Wahrheit in sich zu hören. Und sie wird die Männer hochschätzen, die das tun«, sagten sie und nickten wissend.

»**Wir fordern dich auf, in deine Macht zu gehen, aus der Mitte deines Seins zu leben und die Männer und die Moys in deinem Leben zu ermutigen, dasselbe zu tun. Ermutige jeden einzelnen, vom Kern seines Seins aus zu leben – seine Wahrheit zu leben. Allerdings**«, sagten sie, »**erwarte**

nicht, dass Moys dies sofort tun. Und vor allem«, fügten sie hinzu und wogen jedes Wort sorgfältig, »**warte nicht darauf, dass sie dich führen. Erwarte niemals, dass ein Moy dich führt**«, sagten die Großmütter, »**denn das kann er nicht. Er hat sich noch nicht über eine primitive Selbstbezogenheit hinausentwickelt, so dass er die Bedürfnisse anderer Menschen nicht erkennen kann. Wie könnte so jemand einen anderen führen?**«

Sie hörten auf zu reden und setzten sich ruhig hin, und als ich das sah, hörte ich mich stöhnen: »Oh mein Gott.« Wie oft wurde ich von einem Moy hereingelegt? Wie oft hatte ich nicht gesehen, was er war? Ihn mit einem Mann verwechselt? Mein Vater war einer von ihnen gewesen, und er war jung gestorben – bevor er die Chance hatte, überhaupt zu versuchen, ein Mann zu werden. Meine beiden Stiefväter waren auch klassische Moys gewesen, die so viel Aufmerksamkeit von meiner Mutter brauchten, dass sie auf meinen Bruder und mich eifersüchtig waren – ihre Kinder. Der Stiefvater meines Mannes war genauso gewesen. Ich sah jetzt das Muster, und als ich es erkannte, sah ich, dass mein Leben von der Gegenwart dessen durchdrungen war, was die Großmütter »die Moy« nannten.

Die Großmütter unterbrachen meine Gedanken und wechselten erneut das Thema. Das taten sie immer, wenn ich mich in Gefühlen aus der Vergangenheit verfangen hatte. »**Es gibt auch Frauen, die sich ein egoistisches Verhalten angeeignet haben**«, sagten sie, »**Frauen, die versuchen, den Moys nachzueifern, weil sie deren Macht und Einfluss in der Welt sehen. Seit vielen Tausend Jahren belohnt die Welt jene, die sich alles aneignen, an sich raffen und nur sich selbst bedienen**«, erklärten sie, »**und wir müssen leider sagen, dass auch Frauen gelernt haben, zu raffen und zu nehmen. Sie haben gelernt, auch nur an sich selbst zu denken und sich zu sagen: ›Das ist der Lauf der Welt.‹**«

Sie schüttelten den Kopf, und ihre Gesichter waren traurig, als sie darüber nachdachten, wie Frauen den Moys nachgeeifert hatten. »**Lass dich nicht von der Welt täuschen**«, sagten die Großmütter. »**Was du ›den Lauf der Welt‹ nennst, führt nicht zum Glück. Besonders nicht für eine Frau. Es ist wahr, denn es liegt nicht in der Natur einer Frau, egoistisch zu sein. Das ist nicht das, wofür Frauen gemacht sind. Schau dir deinen Körper**

an, schau dir deine Biologie an. Du bist Trägerin des Lebens«, sagten sie, hoben den Kopf und sahen mich direkt an. »**Tief in euch liegt die Neigung, für andere zu sorgen, euch für sie zu interessieren, sie zu lieben und ihnen die Hand zu reichen. Es ist in eurer DNA kodiert. Schau es dir an**«, sagten sie und blickten mir fest in die Augen, »**das ist, was du in Wahrheit bist.**

Es gibt die Qualität der Reife in einer Frau, die ihrer Natur gemäß lebt; und eine Frau, die sich entscheidet, gegen ihre Natur zu leben, wird unglücklich sein. Genau wie der Moy wird auch sie es niemals schaffen, genug zu raffen und zu horten, um die innere Leere zu füllen.« Sie schüttelten den Kopf und schwiegen, und ich tat einen tiefen Seufzer, als ich sie ansah und den Schmerz nachfühlte, den sie empfanden. »Danke, Großmütter«, sagte ich, »danke, dass ihr das erklärt habt. Ich will alles lernen, was ihr mir beizubringen habt.« Und dann atmete ich tief ein, faltete meine Hände in meinem Schoß und wartete darauf, dass sie weitermachten.

»**Eine Moy gebiert Zerstörung**«, sagten sie, das Thema ausweitend. »**Er bringt sie sich selbst und allen, die ihm im Weg sind.**« »Ja, Großmütter«, nickte ich, »ich weiß. Das ist, was in letzter Zeit mit unserem Land passiert ist. Ich habe es gesehen. Eigentlich«, sagte ich, als ich darüber nachdachte, »hat es jeder gesehen.«

»**Man kann einen Moy lieben, aber man muss immer wissen, dass er ein Moy ist. Und…**«, sagten sie, und ein schwaches Lächeln umspielte ihre Lippen, »**wenn man aufhört, moyisches Verhalten zu belohnen, wird man häufig feststellen können, dass der Moy erwachsen wird. Wann immer ihr seinem unguten Verhalten euer Wohlwollen und eure Aufmerksamkeit verweigert, gebt ihr ihm die Möglichkeit, sich in einen Mann zu verwandeln.**« »Oh!« sagte ich, und war erleichtert, dass die Situation nicht ganz hoffnungslos war.

»**Moys sind schon lange für die Welt verantwortlich**«, erklärten sie, »**und sie taten alles für Geldstapel und Einflusszonen und behielten alle Trucks in ihrer Ecke des Sandkastens**«, sagten sie. »**Wann immer Macht und Erfolg mit ›mehr haben‹ gleichgesetzt wird, gewinnen die Moys, weil ›mehr haben‹ das ist, was sie interessiert.**

Sieh dir an, wo diese moyische Lebensweise die Welt hingebracht hat. Schau dir all die aufgelaufenen Tragödien und die dumme Verschwendung von Leben im Gefolge eines Moy an«, sagten sie. **»Denke daran, was die heutigen Raubritter der Weltwirtschaft angetan haben«,** sagten sie, **»und was die Mogule der Sportindustrie mit der Welt des Sports gemacht haben, ganz zu schweigen davon, was die Politiker getan haben. Die unersättliche Suche nach ›mehr‹ zerstört alles, was sich ihnen in den Weg stellt. Ihr müsst aufhören, dieses Verhalten zu belohnen«,** sagten die Großmütter und sahen mich streng an. **»Und am wichtigsten: Ihr müsst aufhören, von Moys zu erwarten, dass sie euch führen.«** Dann schüttelten sie ihre Köpfe vor Fassungslosigkeit, kicherten und lachten über die Absurdität dieser Vorstellung.

»Tief in dir kennst du die Wahrheit«, sagten sie. **»Du erkennst, was gut ist, wenn du es siehst und fühlst; du kennst den richtigen Weg. Es liegt in der Natur der Frau, das zu wissen. Ihr seid die Erschaffenden, die Gefäße und oft auch die Bewahrer des Lebens«,** fügten sie hinzu. **»Eine Frau, in der ganzen Fülle und Tiefe dessen, was sie ist, tut das. Vertraue deinem inneren Wissen; lass es dich leiten. Und wenn du das tust, wirst du ein Licht für die Menschen um dich herum werden.**

Auch ein Mann bewahrt das Leben«, sagten sie. **»Ein Mann bewahrt und erhält das Leben über die Generationen hinweg. Aber ein Moy nicht«,** sagten sie, ihr Ton endgültig. Dann warfen sie ihre Köpfe zurück und richteten ihre Augen himmelwärts. Mehr würden sie nicht sagen.

»Danke, Großmütter«, sagte ich, verbeugte mich ehrfürchtig vor ihnen und ihrem Reichtum an Weisheit und drehte mich um, um meinen Weg zurück in die Alltagswirklichkeit anzutreten. »Unterscheidung«, sagte ich mir. »Wir brauchen mehr Unterscheidung.«

»Weil du deine Macht nicht verankerst, suchst du jemand anderen, der dich verankert.«

Was die Großmütter mir über Frauen und über Moys und Männer erzählt hatten, ging mir noch lange im Kopf herum. Es fühlte sich wahr an, und doch hatte ich keine Ahnung, wie ich es anderen vermitteln sollte. Ich müsste mich vorsichtig zu diesem Thema äußern, um nicht eine männliche Gegenreaktion herauszufordern. Was die Großmütter gesagt hatten, ergab Sinn. Ich wusste nur nicht, was ich damit machen sollte. Schließlich entschied ich mich, es vorerst loszulassen, es mir aus dem Kopf zu schlagen und dem Ganzen Zeit zu geben, sich zu setzen, indem ich mich auf ein Bild stürzte, das ich zu malen begonnen hatte.

Ich arbeitete mehrere Tage im Atelier, wo ich – in der Zeit zwischen Klienten und Hausarbeit – malen konnte. Und als endlich mein Bedürfnis, die »Moy« zu verstehen, nachließ, beschloss ich, wieder zu den Großmüttern zu gehen, um mehr darüber zu erfahren. Aber als ich die Augen schloss, um mich auf die Großmütter zu konzentrieren, konnte ich nur das Bild sehen, das ich malte. Jetzt war ich nicht mehr davon besessen, die »Moys« zu verstehen. Ich war besessen von dem Bild!

»**Der Verstand ist so**«, erklärten die Großmütter, als sie erschienen waren. »**Er versucht, an der einen oder anderen Sache festzuhalten. Aber wir möchten dich gerne glücklich sehen**«, warfen sie ein, »**also male, wenn du malen willst, und komm zu uns, wenn du bereit bist, mehr zu erfahren.**« »Danke Großmütter«, sagte ich. Immer gaben sie mir ein besseres Gefühl für mich selbst, ein besseres Gefühl für alles.

Ich schloss meine Augen wieder, und da war dieses Bild. Die Großmütter lachten wohlwollend und sagten: »**Mach dir keine Sorgen, dass du uns sehen musst. Es ist nicht wichtig. Wir sind hier, ob du uns siehst oder nicht.**« Das brachte auch mich zum Lachen, und als ich mich entspannte, konnte ich den Versuch loslassen, es auf die »richtige« Weise zu tun, und die Großmütter führen lassen.

»Okay, Großmütter«, sagte ich, »hier ist also meine Frage für heute. Warum sind so viele Männer Moys und nicht Männer?« Als ich aufblickte, sah ich, wie sie mich teilnahmslos anschauten. Mit unbewegten Blicken blieben sie stumm, also sagte ich nach einer Weile: »Nun, Großmütter, vielleicht ist das die falsche Frage.«

Ich versuchte es erneut. »Es gibt so viele Männer, die Moys sind, nicht Männer«, sagte ich und fragte mich, ob ich es diesmal richtig ausgedrückt hatte. »Kann man etwas dagegen tun?« Und obwohl sie nicht gesprochen hatten, hörte ich sie innerlich sagen: »Es muss seinen Lauf nehmen.« »Was?« fragte ich mich. Was sollte das denn heißen?

Ich war frustriert, aber wollte nicht aufgeben. Schließlich sagte ich: »Frauen (mich eingeschlossen, Großmütter) haben es schwer, das Verhalten der Moy zu akzeptieren. Wir denken, dass etwas nicht stimmt.« Ich sah sie an, aber sie schwiegen noch immer. Jetzt begann ich, mich zu fragen, ob etwas mit meiner Prämisse nicht stimmt. Ich hatte angenommen, dass mit diesen Männern, die Jungen waren, etwas nicht stimmte. Vielleicht war es etwas anderes.

»**Weil du deine Macht nicht verankerst**«, sagten die Großmütter und brachen damit ihr Schweigen, »**suchst du jemand anderen, der dich verankert. Weil du denkst, dass du nicht genug bist, schaust du auf jemand anderen, der mehr ist als du. Dumm**«, sagten sie und schüttelten den Kopf, »**dumm. So funktioniert das nicht.**

Du wolltest deine Macht nicht annehmen«, sagten sie. »**Du wolltest die Wirklichkeit nicht annehmen, und indem du die Wirklichkeit nicht akzeptiertest, hast du dich kindisch verhalten.**« Ich schluckte, als sie sprachen, mein Kopf ruckte auf und ab, auf und ab. Mir gefiel nicht, was ich hörte, aber durch die Reaktion meines Körpers wusste ich, dass es die Wahrheit war. »**Zu denken, dass die Welt anders sein sollte, als sie ist, dass die Männer in deinem Leben anders sein sollten, als sie sind, ist töricht. Sie sind...**«, die Großmütter hielten inne und sahen sich um, »**wie sie gemacht wurden. Zu diesem Zeitpunkt der Evolution sind nur einige von ihnen reif. Die meisten Männer waren seit vielen Tausend Jahren nicht mehr wirklich Männer. Dieses Verhalten der Moy ist nicht neu**«, sagten sie. »**Moys regieren die Welt seit vielen Jahrhunderten.**

Du musst aufwachen. Du musst aufwachen. Du musst das Leben so sehen, wie es ist, und deine Macht einfordern. Vieles hängt von dir ab. Vieles hängt von den Frauen ab. Du, Sharon«, sagten sie, »**kannst darüber reden. Wir haben deine unausgesprochene Frage gehört, wie du Frauen beim Erwachen helfen kannst**«, sagten sie, als sie mir in die Augen sahen. »**Sei du selbst, und durch dein Beispiel werden viele Mut fassen.**

Du bist verheiratet«, sagten sie, **»du bist glücklich verheiratet. Du hast deinen Mann so akzeptiert, wie er ist. Du lässt ihn so, wie er ist, aber du erwartest nicht, dass er dich auf der inneren Reise führt. Du erwartest nicht, dass er dein moralischer Kompass ist, denn du bist dein eigener moralischer Kompass, du bist dein eigener Mittelpunkt. Nach vielen Höhen und Tiefen und vielen Erfahrungen überblickt man schließlich die Welt von dort, wo man steht«,** sagten sie. **»Du schaust durch deine eigenen Augen und durch keine anderen. Das ist es, was alle tun müssen.**

In großen Teilen wissen Männer nicht, was Frauen wissen. Sie hinken in Bezug auf die tiefen Fragen des Lebens hinterher. Sie wissen sehr viel über bestimmte Dinge. Sie sind gut darin, Wissen anzusammeln und Details herauszufinden. Lass sie diese Dinge tun«, sagten sie, **»und fördere und unterstütze sie in ihren Bemühungen. Deine Unterstützung ist hilfreich für sie.**

Das ist ein großes Geheimnis«, lachten sie, **»aber indem du nicht versuchst, die Männer zu ändern, hilfst du ihnen, sich zu ändern. Die Männer so anzunehmen, wie sie sind, hilft ihnen, sich zu verändern, denn wenn du sie annimmst, müssen sie nicht gegen dich angehen. Dann wenden sie keine Energie auf, um dich zu untergraben oder zu bekämpfen. Wir möchten dich ermutigen, die Männer und ihr Verhalten zu akzeptieren. Männer verhalten sich anders als du, aber ein Mann ist nicht egoistisch, so wie eine Moy, er ist nur ein Mann, der eben anders ist als du.«** Dann wiederholten sie: **»Angenommen, angenommen, die Kraft, angenommen worden zu sein«,** und ich seufzte tief, als ich verstand, was sie meinten. Sie hatten Recht. Ich wusste es, weil ich meinen Mann, meinen Sohn und die anderen Männer in meinem Leben bewusst akzeptiert hatte.

»Was die Moys betrifft«, sagten die Großmütter, **»lasse sie so lange Moys sein, wie sie das brauchen. Lass sie so sein, wie sie sind, aber belohne ihr Verhalten nicht. Liebe sie von Ferne und führe dein eigenes Leben.«** »Großmütter«, fragte ich, »warum ist es so schwer für uns Frauen, unser eigenes Leben zu führen?« Sofort antworteten sie: **»Ihr habt gelernt, euch selbst zu misstrauen. Seit Jahrtausenden seid ihr gezwungen,**

den Männern zu folgen, auf sie zu schauen und ihnen eure Macht zu geben. Du kennst die Geschichte von all dem«, sagten sie, schüttelten den Kopf und fixierten mich mit einem ernsten Blick. »**Aber tut das nicht mehr**«, sagten sie. »**Diese Zeit ist jetzt vorbei. Die Männer wissen nicht, was das Beste für euch ist. Wir haben bereits erklärt, warum das so ist.**

Wir sind gekommen, um euch zu helfen, eure Macht zurückzugewinnen, eure Macht wieder dahin zu bringen, wo sie hingehört. Wir sind gekommen, um euch zu zeigen, wie man in der Macht steht und in ihr lebt.« Wieder tat ich einen tiefen Seufzer. »Was für eine enorme Veränderung es bedeutete, wenn wir in unserer Macht stehen würden«, sagte ich. »**Wir werden euch bei dieser Arbeit begleiten**«, sagten sie, »**und die Situation ist viel einfacher, als du denkst. Es ist nichts falsch an den Männern, nur dass ihr nicht auf sie schauen dürft, sondern auf euch selbst schauen müsst. Seht nach innen. Lasst uns euch anleiten und euch eure Macht lehren. Jeder Mann in deinem Leben wird das übrigens zu schätzen wissen**«, sagten sie und kicherten. »**Falls mit ihm nicht etwas völlig verkehrt ist, wird er sich freuen, dich in deiner Macht stehen zu sehen.**«

»Danke, Großmütter, danke«, sagte ich, und als ich mich vor ihnen verbeugte, kam mir in den Sinn, dass einige Frauen diese Erklärung, was die »Moy« sind, dazu nutzen könnten, einen Gegensatz zu den Männern aufzubauen. Die Großmütter lachten und sagten: »**Sollte dies geschehen, sollte das, was dir durch den Kopf geht, geschehen, kann so etwas durch dich mit deinem Hintergrund als Therapeutin überwunden werden.**« »Oh«, schluckte ich und nickte. Dann lachte ich wieder über die Neigung meines Verstandes, sich auf die Sorgen zu konzentrieren. »Danke, Großmütter«, sagte ich noch einmal, und ich meinte es von ganzem Herzen.

Diese Botschaft hat für mich das grundlegendste Problem zwischen Männern und Frauen aufgezeigt und erklärt, warum Frauen so oft angesichts des Verhaltens des anderen Geschlechts so ratlos sind. Irgendwie fühlte ich mich nach dieser Sitzung leichter, freier. Die Großmütter baten die Frauen, Männer und Moys zu lieben, sich aber nicht von ihnen leiten zu lassen; in uns selbst zu vertrauen und uns von unserem eigenen Kompass leiten zu lassen. »Wir müssen mehr Unterscheidung entwickeln«, sagte ich zu mir und dachte darüber nach, was die Großmütter mir von Anfang an gesagt hatten. »**Frauen müssen führen**«, hatten sie gesagt. »**Es kann nicht anders sein.**«

KAPITEL 13

Es ist Zeit

»Das ist das Kali Yuga, das Zeitalter der Zerstörung.«

Wieder einmal beunruhigten mich Nachrichten aus der Welt, diesmal verfolgte mich ein Artikel über das Leiden von Kindern in Tschetschenien. Die Schrecken, von denen ich las, waren so überwältigend, dass ich die Bilder nicht aus dem Kopf bekam. Weil ich wusste, dass es andere wie mich gibt, die von den grausamen Ereignissen in unserer heutigen Welt zutiefst entsetzt sind, beschloss ich, zu den Großmüttern zu reisen und ihnen dieses Thema vorzutragen.

»Liebe Großmütter«, sagte ich, »die Tragödien auf der Erde sind kaum zu ertragen. Ich sehne mich nach Frieden wie die meisten Menschen«, und als ich das sagte, begann ich zu meiner Überraschung zu schluchzen. »Wir sehnen uns nach Liebe«, stieß ich hervor, als ich die Selbstbeherrschung wiedererlangt hatte, »und es ist so schwer, Großmütter, denn es geschehen so schreckliche Dinge, dass es mich manchmal bis ins Mark erschüttert. Ihr wisst das alles«, fuhr ich fort, »also werde ich nicht mehr dazu sagen, aber bitte, habt ihr eine Botschaft, die uns hilft, in dieser schwierigen Zeit am Göttlichen festzuhalten? Es fühlt sich an, als würde unsere Welt von Schrecknissen überrannt.«

Sie glätteten mein Haar und sagten: »**Wir wissen es, wir wissen es.**« Dann schlossen sie mich in ihren Kreis und streichelten meine Arme, rieben mir den Rücken und erinnerten mich daran, dass ich eins mit ihnen war. Als sie mich umringten, blickte ich nach außen und sah, dass die Erde bebte. Ich schaute mit großen Augen wieder zu ihnen, aber sie nickten begütigend und rieben mir weiter den Rücken. Die Erde wurde gerade so erschüttert, wie eine Waschmaschine die Kleidung durchrüttelt, um den Schmutz in ihr zu lösen. »**Dieses Schütteln lockert die alten, dinglichen Konstrukte auf eurem Planeten**«, sagten die Großmütter, »**es knackt sie auf.**« Als ich das hörte, erinnerte ich mich an ein Bild, das mir eine Holländerin geschickt hatte. Nachdem sie die Ermächtigung der Großmütter erhalten hatte, hatte sie einen Baum mit einem Herzen in der Mitte gemalt; das Herz war so riesig, dass es den Baum zwang, sich zu öffnen, und dabei brach Totholz ab. Sie hatte dieses Bild gemalt, um zu zeigen, wie die Ermächtigung der Großmütter sie geöffnet hatte.

»**Atme**«, sagten die Großmütter und holten mich in die Gegenwart zurück. »Ja«, nickte ich und atmete bewusst ein. »**Wann immer die Schrecknisse der Welt auf dich einstürmen und du Angst bekommst, weißt du, dass nicht du selbst es bist, die erzürnt ist**«, sagten sie, als sie mir in die Augen sahen. »**Dein Selbst kann nicht erzürnt sein**«, sagten sie und hielten meinen Blick.

»**Dein Selbst ist beständig und ewig. Du hast einfach**«, sie hielten inne, zuckten die Achseln und lächelten mich an, »**das Beben der Welt übernommen, in der du lebst. Es ist nicht dein Beben**«, erklärten sie, »**sondern das der Welt.**« Mein Mund blieb mir offenstehen. »Ihr meint, wenn ich mich über die neuesten Schrecken der Welt aufrege, bin nicht wirklich ich es, die sich aufregt?« fragte ich. »Ich übernehme die Aufregung der Welt bloß?« Sie nickten: »**Ja. Komm zu solchen Zeiten zu uns, und wir werden dich in Liebe hüllen.**

Du kannst ›in der Welt sein und nicht von ihr‹, wie Jesus sagte, wenn du es dir zur Gewohnheit machst, uns oder eine andere Form des Göttlichen anzurufen«, sagten sie. »**Dann wird dein Bewusstsein anfangen, im Göttlichen zu leben, und wenn du in dieser hochfrequenten Energie lebst, wird es wenig Einfluss auf dich haben, wenn die Welt an deine Tür klopft, dich bedroht und oder gar deine Persönlichkeit infrage stellt.**

Nach einer gewissen Zeit«, sagten sie und lächelten selbstgewiss, »wird es überhaupt keine Wirkung mehr haben.

Wie wir dir bereits gesagt haben, geht es darum, den Weg zu Gott zu ebnen; die Frage ist, sich auf das Wirkliche auszurichten. Und wenn wir sagen, ›das Wirkliche‹«, erklärten sie, »meinen wir das Ewige und Unveränderliche. Deine Verbindung zu uns ändert sich nie«, sagten sie und schüttelten nachdrücklich den Kopf. »Es kann Krieg im Nahen Osten geben, es kann Hungersnot in Afrika geben. Solche Dinge werden in dieser Zeit der Energieveränderung geschehen«, sie sahen traurig, aber entschlossen aus, »aber ganz gleich, was in der Welt passiert, du kannst immer noch bei uns sein.

In Kontakt mit dem Göttlichen zu leben bedeutet nicht, sich von der Welt zurückzuziehen. Du kannst dein Leben weiterführen – du kannst arbeiten, bei deiner Familie sein und zur menschlichen Gemeinschaft etwas beitragen. Du kannst all die Dinge tun, die du immer getan hast«, sagten sie, »aber darüber hinaus wirst du unsere Gegenwart ganz von selbst an jeden Ort bringen, an dem du dich aufhältst, und jedem Menschen, dem du begegnest. Das ist keine Kleinigkeit«, sagten sie und forschten in meinem Gesicht, um sich zu überzeugen, dass ich verstanden hatte. Dann nickten sie und sagten: »Fühle unsere Umarmung, wenn wir dich jetzt wieder umgeben. Wir sind immer in deiner Nähe, aber wir sagen ›wieder‹, um dich daran zu erinnern, es noch einmal zu überdenken.

Ja«, sagten sie, »dies ist eine Zeit der Zerstörung – Zerstörung von Bösem, Zerstörung grausamer und einschränkender Lebensweisen. Diese alten Muster müssen zerstört werden, und sie werden zerstört. Das ist das Kali Yuga, das Zeitalter der Zerstörung«, sagten sie und nickten bekräftigend. »Ihr lebt in diesem Zeitalter, und es kommt zu Zerstörungen.« Sie blickten mich an, warteten, bis mein Verstand ihnen folgen konnte, und dann hoben sie ihre Köpfe und sagten: »Ist diese Zerstörung nicht eine gute Sache?« Ich glotzte sie an. Eine gute Sache? Ich wusste nicht, was ich sagen sollte.

»Wenn es auf die alte Weise weitergeht«, sagten sie, »wenn die einschränkenden und zerstörerischen Lebensweisen weitergehen, würden sie alles auf der Erde töten. Stück für Stück würden diese ruinösen Muster das Leben auf der Erde auslöschen. Wie sie es jetzt schon tun. Die Bäume, die Tiere und das Wasser würden sterben, und die Luft würde dick werden. Das hat schon begonnen, und sollte es so weitergehen, würdet ihr schließlich alle sterben.

Diese alte Weise muss zerbrechen«, sagten sie, »und ja, du wirst es spüren. Das Leben auf der Erde wird durch diese Veränderungen gehen, und auf der physischen Ebene wird es Erdbeben, Überschwemmungen, Brände, Tornados, Stürme und andere Erscheinungen des Energiewandels geben. Du wirst diese Veränderungen auch emotional spüren und dir ihrer mental bewusst sein.

Die grundlegenden Konzepte, auf denen ein Großteil eurer Kultur aufgebaut ist, zerfallen und zerbrechen. Viele ›Heilige Kühe‹, die ihr so lange gehegt und für wirklich gehalten habt, sterben jetzt. Sie waren nie wirklich«, riefen sie aus und fuhren durch die Luft, um die Lüge zu verjagen. »Das Falsche wird zerstört. Es ist Zeit«, sagten sie und verschränkten die Arme vor der Brust. »Wenn diese Veränderungen nicht stattfinden, wird alles Leben irgendwann absterben, und das darf nicht geschehen. Die Zerstörung der Begrenzungen, unter denen ihr gelebt habt, die Zerstörung der Sackgassen-Ideen, an die ihr geglaubt habt, all das muss sich vollziehen. Es kann nicht anders sein. Aber du hast die Wahl«, sagten sie. »Du kannst diesen Prozess fürchten und dich in deiner Angst zusammenziehen, oder du kannst dich freuen, dass das Alte geht.«

Als sie das sagten, kam mir ein Lied des *Zauberers von Oz* in den Sinn. »Ding dong, die Hexe ist tot. Die böse Hexe ist tot.« Ich kicherte, und als ich zu den Großmüttern aufblickte, lachten auch sie.

»Wir erwarten nicht, dass du diese Arbeit selbst machst«, sagten sie und schüttelten beschwichtigend den Kopf. »Dafür sind wir da. Weder müsst ihr diese Erfahrung allein machen, noch ist es notwendig, dass ihr besonders mutig seid. Achtet einfach auf eure Verbindung zu uns und ruft diese Verbindung an. Euer Kontakt mit dem Göttlichen wird euch mutig machen, mutig und mühelos«, fügten sie mit einem breiten Lächeln hinzu. »Du wirst nicht den Mut aufbringen müssen, dich diesen

Zeiten zu stellen; wir werden es für dich tun. Rufe uns einfach«, sagten sie. »**Wir werden dich tragen, festhalten und umarmen bei allem.**

Denke daran, was wir dir vor langer Zeit gegeben haben«, sagten sie, und sofort kam die Meditation aus *Selbstermächtigung* in den Sinn. »**Vor dir ist das Bild von Fülle und Schönheit«**, sagten sie, und als ich mich an die Meditation erinnerte, sah ich einen sonnigen Raum mit einem Tisch vor einem Fenster. Der Raum war lichtdurchflutet und schien zu leuchten. Das Sonnenlicht ergoss sich über alles, und in der Mitte des Tisches stand ein großer Krug mit bauchigen Wänden, anmutig und überdimensional, die Farbe von Sahne. Und neben dem Krug stand ein Becher. »**Wenn du in den Krug schaust, wirst du sehen, dass der Krug nicht nur die Farbe von Sahne hat, sondern auch mit Sahne gefüllt ist.**

Wir werden vom Krug in den Becher gießen, bis auch der Becher voll ist. Jetzt schaue noch einmal in den Krug. Ja, er ist noch bis oben hin gefüllt. Dieser Krug kann nicht leer werden. Ganz gleich, wie oft wir aus ihm gießen, er wird voll bleiben. Du bist dieser Krug«, erklärten sie, »**und wir werden dich nicht leer werden lassen, sondern immer voll halten. Und von diesem Ort der Fülle aus«**, erklärten sie, »**kann man anderen geben. Du wirst sie… mühelos füllen, und du wirst nie an Erschöpfung leiden.«**

Wieder wurden sie ernst. »**Die Welt muss diesen Wandel jetzt durchlaufen; diese Veränderungen sind vorgezeichnet. Da ist göttlicher Wille am Werk«**, sprachen sie leise und nickten, als sie auf ihren Fersen auf und ab wippten. »**Wir bitten dich, mit uns in Verbindung zu bleiben, während es geschieht. Warum nicht? Du brauchst in dieser Zeit des Erdwandels nicht zu leiden. Du kannst dich stattdessen amüsieren. Schließlich bist du ein Gefäß aus Licht und Liebe«**, lachten sie, »**das ist es, was du bist. Sei es! Wir werden dich ganz erfüllen… immer voll. Lass uns.«**

»Mutter erwacht«

Die Arbeit der Großmütter verbreitete sich wirklich. Es gab mehrere Gruppen, die sich regelmäßig in Kalifornien trafen, einige an der Ostküste und einige im pazifischen Nordwesten. Ich setzte die monatlichen Treffen in Laguna Beach fort.

Kurz nachdem *Selbstermächtigung* herauskam, erhielt ich einen Brief von einer Frau in Litauen. Eine Freundin hatte ihr das Buch geschickt, und jetzt bat sie um Erlaubnis, es in ihre Muttersprache zu übersetzen. Sie sagte, sie wolle nichts für ihre Arbeit, wollte einfach die Übersetzung machen, weil die Großmütter zu ihrem Herzen gesprochen hatten und sie fühlte, dass ihre Botschaft den Frauen ihres Landes helfen würde. Ich war tief berührt von ihrem Angebot und nahm es dankbar an.

Antanina übersetzte nicht nur *Selbstermächtigung,* sie fand auch einen Verlag in Vilnius. Eines Tages schrieb mir die Verlegerin Vilma: »Mit meinem Verlag bin ich bestrebt, neue Gedanken nach Litauen zu bringen. Ich möchte das Buch der Großmütter veröffentlichen.« Wieder einmal sagte ich dankbar ja, und die litauische Version von *Selbstermächtigung* war bereits vor Weihnachten in den Buchhandlungen.

Als sich diese Geschichte abspielte, lehnte ich mich zurück und fragte mich, was die Großmütter taten. Kein Verleger in den Vereinigten Staaten hatte mein Buch gewollt. Ich hatte es nicht nur selbst geschrieben, sondern auch gestaltet und herausgebracht, aber jetzt verkaufte es sich ausgerechnet in Litauen. Und die Verlegerin sagte, es würde sich sehr gut verkaufen! Ich musste unseren alten Atlas herausziehen, um zu sehen, wo Litauen liegt. Es ist ein kleines Land der ehemaligen Sowjetunion an der Ostsee. Polen, aus dem meine Vorfahren stammten, war gleich nebenan.

Als nächstes bekam ich die Einladung, dorthin zu fliegen, um das Buch zu bewerben. Ich stellte mir vor, wie ich in Buchhandlungen saß und Bücher signierte (das war, was ich meinte, tun zu sollen), bis die Großmütter mich darauf stießen, ich solle ihre Ermächtigung an die Frauen dieses Landes weitergeben. Wir würden Ermächtigungszeremonien in den Städten dort abhalten. Vilma war einverstanden und fragte, ob ich auch einen Workshop abhalten würde. Die Menschen wollten lernen, zu den Großmüttern zu reisen. Würde ich ihnen beibringen, wie das ging?

Hier war eine Grenze. Ich wollte niemandem vermitteln, wie man reiste. Schamanische Methoden sind sehr wirksam und können gefährlich werden, wenn die Menschen nicht gefestigt genug sind, um damit umzugehen. Ich hatte das schon gesehen, als ich vor acht Jahren meine Ausbildung absolvierte. Eine Frau in meiner Zwischenklasse brach zusammen und musste mitten in einer Sitzung gehen, oder ich erlebte einen Mann, der durch eine Psychose ging. Als ich sah, was mit diesen Menschen geschah, versprach ich mir, dass ich niemanden in Gefahr bringen würde. Dafür konnte ich die Verantwortung nicht übernehmen. Ich selbst würde weiterhin reisen, um die Arbeit zu tun, aber ich würde es niemandem beibringen.

Bis die Geister des Landes Litauen begannen, mich zu rufen, wich ich Vilmas Bitte aus, das Reisen zu unterrichten, und versuchte, sie mit anderen Vorschlägen zu besänftigen. Das hatte ich noch nie erlebt, aber die Geister waren hartnäckig. Sie sprachen tagsüber mit mir, nachts kamen sie zu mir. »Du musst sie lehren«, sagten sie. »Das litauische Volk muss sich wieder mit den Geistern seines Landes verbinden. Es gab so viele Verletzungen in diesem Land«, sagten sie. »Diese Arbeit wird zu einer Heilung führen.« Nach wiederholten Besuchen bei den Großmüttern und bei Bär, bei denen mir beide deutlichmachten, wie wichtig es ist, dem litauischen Volk diese Methode beizubringen, gab ich nach und plante den Workshop. Ich tat es im Vertrauen auf die Großmütter und die Geisthelfer. Da ich die Sprache nicht beherrschte und ich auf eine Dolmetscherin angewiesen war, gab es keine Möglichkeit, die Teilnehmerinnen daraufhin zu überprüfen, wer mental stark genug für diese Arbeit war und wer nicht. Ich würde es den Großmüttern überlassen müssen.

Ich lud Jane, eine Leiterin von Großmüttergruppen in Rhode Island, ein, mit mir zu kommen. Ich nahm auch Verbindung mit einer indianischen Freundin aus Kalifornien auf, die Jane und mir beibrachte, wie man einen heiligen Raum zum Arbeiten schafft, wenn wir von Stadt zu Stadt zogen und die Botschaft der Großmütter und ihre Ermächtigung weitergaben. Sie bestärkte mich auch darin, der Anweisung der Großmütter zu folgen und diese Frauen und Männer im Reisen zu unterrichten. »Es wird nur Gutes daraus entstehen«, sagte sie, und ihre Worte machten mir Mut. Später, wenn wir in einer litauischen Stadt mitten in einer Zeremonie waren, spürten wir oft die tröstende Gegenwart unserer indianischen Vorfahren, die uns bestärkten. Auch wenn kein indianisches Blut in meinen Adern fließt, habe ich eine große Affinität zu ihrer Kultur, und ihre Anwesenheit ließ mich mein Zuhause fühlen.

Ungefähr eine Woche, bevor wir die USA verließen, um nach Vilnius zu fliegen, reiste ich zu den Großmüttern und den Geistern Litauens, um nach dem wahren Sinn und Zweck dieser Reise zu fragen. Inzwischen war klar, dass es bei dieser Reise nicht nur um den Verkauf von Büchern ging. Im Folgenden die Antwort, die ich erhielt.

Als ich in die Obere Welt emporstieg, wurde ich bald an einen Ort gebracht, den ich noch nie zuvor gesehen hatte. Vor mir lag eine große Wiese, auf der alle Wesen – Menschen, Tiere und Nationen der Welt – zusammengekommen waren. Sie versammelten sich an einem Ende des Feldes, einige saßen auf einem Podium; dies war der Große Rat für den Planeten Erde. Ich hätte mir nie vorstellen können, dass es so etwas gibt, geschweige denn, dass ich es sehen würde; und als ich vor dem Rat stand, zitterte ich vor Aufregung und Angst. Die Großmütter waren neben mir, und meine anderen Lehrer waren auch da – und viele mehr.

Ich holte tief Luft, um mich zu beruhigen und auszurichten. Ich wusste nicht, warum ich hierhergebracht worden war oder was ich tun sollte, und auch wenn es etwas war, das ich nicht beabsichtigt hatte, geschah es, also sollte ich mich besser in den Griff bekommen. »Meine Lieben«, stammelte ich schließlich, überwältigt von Ehrfurcht, als ich unter ihnen stand, »ich möchte etwas fragen«, sagte ich. »Ich bin im Begriff abzureisen, die Botschaft der Großmütter mitzunehmen und in Litauen Schamanisches Reisen zu unterrichten. Bitte segnet, geleitet und beschützt Jane und mich zu jeder Zeit.« Als ich aufblickte und sah, wie sie nickten, fügte ich hinzu: »Ich möchte auch mit den Menschen in den Großmüttergruppen über diese Reise sprechen können, damit alle, die bereit sind, mit dem Lichtnetz zu arbeiten, uns bei diesem Unterfangen unterstützen können.« Sie nickten zustimmend auch dazu, und später, als Jane und ich uns auf die Ermächtigungszeremonien in den litauischen Städten vorbereiteten, spürten wir, wie die Gruppenmitglieder aus Amerika bei uns waren und den heiligen Raum hielten.

Ich atmete noch einmal tief durch und fragte: »Bitte sagt mir: Was ist der *wahre* Zweck dieser Reise nach Litauen?« Wieder sah ich verständnisvolles Nicken, und dann wandte sich der Rat an die Großmütter, die sich zu mir umdrehten und mich auf die Seite zogen. Wir gingen ein kleines Stück zusammen, und dann sagten sie: »**Komm mit uns, und wir werden es dir zeigen.**«

Sie nahmen meine Hände, und zusammen mit Adler segelten wir in den Nachthimmel empor. Wolken zogen an uns vorbei, und wir flogen über sie hinaus, so hoch, dass ich die Krümmung der Erde unten sehen konnte. So überquerten wir den Nordpol und tauchten dann wieder zur Erde hinab. Jetzt konnte ich Berge, Ozeane und Flüsse, Wälder und dicke Wolken sehen, und allmählich nahm alles eine unheimliche Gestalt an. Die Wolken um uns herum verdichteten sich, und Donner grollte in der Ferne. »**Die Nordlande**«, sagten die Großmütter und wiederholten, »**die Nordlande, die Nordlande.**« Sie zeigten mir das Ostseegebiet mit St. Petersburg, Russland, den skandinavischen Ländern und den baltischen Republiken Lettland, Estland und Litauen. »Die Nordlande«, wiederholte ich, als ich sah, wie Nebel graue Wasser, Flüsse und Wälder einhüllte. »**Das war früher Moorland**«, sagten die Großmütter, »**hier ist viel begraben.**«

»Moorland«, sagte ich und erinnerte mich an eine Geschichte, die ich in der Zeitung über Moore gelesen hatte. Archäologen hatten die Überreste eines jungen Mädchens entdeckt, von dem sie annahmen, dass es in einem Ritus in den Mooren Nordeuropas geopfert worden war. Mir schauderte, als es mir wieder einfiel, und ich versuchte, den Gedanken zu verscheuchen, aber Adler trat vor mich und fixierte mich mit seinem Blick. »Es ist wahr«, sagte er, »hier sind alle möglichen Dinge passiert.« »In Ordnung«, sagte ich, »lehre mich«, und ich wiederholte meine Frage. »Lehre mich den Zweck dieser Reise nach Litauen«, sagte ich. »**Hier ist viel begraben**«, antworteten die Großmütter.

Ich blickte hinab und bemerkte eine sanft-goldene Farbe, die in der Erde dort unten leuchtete. Das Licht kam aus dem Erdboden. »Hmm«, sagte ich. »Da leuchtet ein Licht. Etwas da unten leuchtet. Ich weiß nicht, was es ist, aber ich denke, es könnte Bernstein sein.« Ich versuchte zu verstehen, was ich sah, versuchte, meinen Verstand zu gebrauchen, um die Ursache für diese Ausstrahlung zu erkennen. Ich wusste, dass Bernstein in diesem Gebiet der Welt gefunden wurde, aber ich hatte den Stein noch nie leuchten sehen. »Ich weiß nicht, was es ist«, sagte ich schließlich. »Ich gebe auf.« Danach trat eine kurze Stille ein, dann hörte ich mich mit fester Stimme sagen: »Es gibt Licht hier in der Erde«, und kaum hatte ich es ausgesprochen, überzogen Schauder meinen Körper.

»**Was du siehst**«, sagten die Großmütter, »**ist richtig**«, und als ich wieder hinschaute, bemerkte ich, dass das Licht tatsächlich aus dem Land kam und gleichzeitig ins Land eingebettet war. Muster, schöne Lichtmuster waren hier Teil der Erde. »Kunst«, sagte ich. »Das ist Kunst – prähistorische Kunst. Vormenschliche Kunst!« rief ich aus. »Aus Licht.«

»Es wächst an«, stieß ich hervor, als ich sah, wie sich das Licht ausdehnte. Es bildete sich etwas, das wie Scheinwerfer aussah, und die blitzten nun von verschiedenen Orten auf der Erde und durchleuchteten bestimmte Bereiche. Unvermittelt brach ich in Gelächter aus. Es war nun hell genug, um zu sehen, wie sich Gestalten bewegten, die aus der Erde kamen – Bären, Katzen, Wölfe, Kaninchen und andere. Einige standen auf vier Beinen und andere auf zweien. Sie streckten sich und gähnten, als sie aus der Erde kletterten und spielerisch miteinander rauften. Tiere und andere Wesen erwachten und stiegen aus dem Boden. Als ich so schaute, sah ich auch ein paar menschliche Gestalten. »Wir werden wach«, sagten sie, »wir werden wach, wir werden jetzt wach.«

»Sie begrüßen den Tag«, sagte ich zu mir und bemerkte, wie glücklich sie waren, zu erwachen und ins Tageslicht zu treten. Als sie hervorkamen, sah ich, dass sie auch das Licht von der Erde mitbrachten. »Die Türen der Erde sind aufgemacht worden«, stellte ich fest, »also strömt das Licht von innen nach oben und außen und erhellt alles.« Ich traute meinen Augen kaum, aber jetzt hatten die Tiere begonnen, miteinander zu tanzen, sich zusammen auf dem Boden zu rollen und zu spielen. »Da ist so viel Glück in dieser Szenerie«, sagte ich, und meine Stimme zitterte. »Ich kann es in der Mitte meines Körpers spüren.« Begeistert und vom Glück erwärmt, sah ich zu, wie sie sich freuten.

»Wir haben geschlafen«, sagten die Tiere, als sie sich die Augen rieben und wieder gähnten. Dann zeigten sie auf ein dunkles Leichentuch, das auf dem Land gelegen hatte. »Das«, sagten sie, »ist schon lange hier«, und als ich es hörte, verstand ich, dass dieses Tuch schon seit mehr als tausend Jahren über diesem Teil der Welt gelegen hat. Wie eine dunkle Plane hatte es den Boden bedeckt, aber jetzt begann es, sich zu heben. Diese Bedeckung war so schwer gewesen, dass die Tiergeister kaum Luft bekommen hatten. Sie waren fast erstickt und durch das Gewicht betäubt und eingeschlafen. Wiederholte Yang-Exzesse hatten dieses dicke Tuch erzeugt, und eine graue Schwere hatte sich über Tausende von Jahren aufgebaut, wobei jede Lage die darunterliegende noch überdeckte.

Als nächstes zeigten mir die Tiere Armeen, die in Wellen über das Land hereingebrochen waren. Eine herrschte, bis eine neue aus einer anderen Richtung kam. Welle folgte auf Welle, und ich sah Reiterhorden aus dem Osten kommen, Stämme aus dem Nordwesten, dem Südosten und aus allen Richtungen. Herrschaft über das Land folgte auf Herrschaft, es ging immer weiter und weiter. »Raub auf Raub«, sagte ich. »Vergewaltigung und Plünderung, Plünderung und Vergewaltigung über die Jahrhunderte bis hin zum Nationalsozialismus und der russischen Besatzung.« »Aber jetzt nicht mehr«, antworteten die Tiere.

Die Wesen, die nun aus der leuchtenden Erde aufstiegen, hatten lange auf diesen Moment gewartet. »Das sind die Geister der Erde«, hörte ich mich sagen, »die die Lebenskraft des Planeten hier verkörpern – wohlwollende, segenbringende Geister. Es sind Geister der Freude und des Vergnügens«, flüsterte ich, als ich sie herumtollen und toben sah, und sie schienen mit jedem Augenblick größer und glücklicher zu werden. Sie brachten Gutes und Güte mit, als sie auf die Erde kamen. »Freudig«, sagte ich, »sie sind fröhlich und sie tanzen, tanzen, tanzen.« Jedes Mal, wenn sie sich begegneten, lachten sie lautstark, und ich lachte mit ihnen. »Lachen, singen, tanzen«, sagte ich.

»Danke, dass du gekommen bist«, sagten sie zu mir. »Oh«, brachte ich hervor, »danke, dass ihr mich gerufen habt.« Ich schüttelte den Kopf, um die Tränen zurückzuhalten, und sagte: »Es ist mir eine Freude.« »Und uns«, ergänzten sie.

In diesem Moment wurde ich mir indianischer Geister gewahr. Auch sie waren glücklich – so erfreut, die Lebensgeister in ein Land des Alten Europa zurückkehren zu sehen, und als ich die Freude in ihren Gesichtern sah, brach ich schluchzend zusammen. Die Geister fuhren fort, sich zu begrüßen, und als ich das sah, erkannte ich, dass Geister aus allen Ländern der Erde bei diesem Erwachen dabei waren; sie redeten, hörten einander zu und tauschten sich aus. Aber es waren die Geister der Indianer und des alten litauischen Landes, die einander umarmten, und ich war so bewegt von diesem Anblick, dass ich nicht sprechen konnte.

»Wach«, sagten sie immer wieder, »wir werden wach«, und ich musste kichern, als ich den Großmüttern zuschaute, wie sie mit ihnen umgingen. »Die Großmütter sind hier wie Königinnen«, sagte ich, »sie werden so geliebt.« »**Das liegt daran, dass wir sie verkörpern**«, sagten sie zu mir, »**die Große Mutter. Die Große Mutter**«, wiederholten sie voll Freude. »**Ihr Leib ist hier**«, und als ich das hörte, fing ich richtig an zu weinen. »**Sie ist dieses Land**«, sagten sie.

Dann sah ich sie. »Sie ist so schön«, murmelte ich, fassungslos von dem Anblick, der sich mir bot. »Und oh! Sie steht auf!« rief ich aus, als ich zusah, wie sich eine urtümliche, in Weiß gekleidete Gestalt aufsetzte. Sie war riesig, eine monolithische Gestalt. Anmutig in ihren Bewegungen, hatte sie ein fast konturloses Gesicht, und Hals und Kopf bildeten ein riesiges Oval. »**Sie wohnt hier**«, sagten die Großmütter voll Ehrfurcht, »**uralte Mutter.**«

»Sie ist riiiesig«, stieß ich hervor, als die Mutter auf ihre Füße kam. Sie überragte mich, sie überragte die Großmütter. »**Sie ist die elementare Lebenskraft der Erde**«, antworteten die Großmütter, und als ich sie ansah, spürte ich tiefe Ehrerbietung und meine eigene Ohnmacht. Ihr gegenüber war ich kaum mehr als ein Fleck. Sie war so gewaltig, so mächtig und majestätisch, dass ich trotz meines Bemühens, ruhig zu bleiben, einen Anflug von Angst verspürte. Und für einen Moment verstand ich, warum sich die Menschheit von der Großen Mutter abgewandt hatte. Sie war zu viel für sie gewesen.

»Gott segne dich, Tochter«, sagte sie. Sie sprach mit tiefer, ruhiger Stimme. »Fürchte mich nicht.« »Oh Mutter«, seufzte ich, meine Angst verflog bei ihren sanften Worten. »Oh, wie sehr wir dich brauchen«, sagte ich und schüttelte staunend den Kopf. »Oh, wie wir dich lieben«, sagte ich, und als ich es aussprach, erkannte ich, dass dies die Worte sind, die die Großmütter singen, um Menschen zu ihrer Arbeit willkommen zu heißen. »Ich werde dir meinen Segen mitgeben«, sagte die Mutter. »Ich werde mit euch sein.«

Dann sah ich, wie sich die Großmütter vor der Großen Mutter versammelten. Sie sahen im Vergleich zu ihr so klein aus, aber sie sprachen als liebe Freunde. »Die Großmütter kommen nach Litauen, um die Mutter zu erwecken«, hörte ich mich sagen und lachte dann darüber, wie weit über meine kühnsten Vorstellungen hinaus diese Arbeit mich gebracht hatte. Einfältig hatte ich gedacht, in dieses Land zu fahren, um für mein Buch zu werben. »Es geschieht bereits«, sagte ich, »sie wecken sie jetzt. Was jetzt geschieht, ist jenseits der Zeit, meine Reise nach Litauen ist nur eine irdische Bestätigung für etwas, das sich bereits vollzieht.« Als ich das sagte, stolperte mein Verstand über sich selbst, denn er versuchte, in alledem einen Sinn zu finden.

»Das ist so ähnlich wie damals, als der Adler in meinem Garten gelandet war«, sagte ich. »Seine Anwesenheit dort bestätigte mir, dass die Großmütter zwei Tage zuvor wirklich erschienen waren. Als er auftauchte und Roger und meine Klientin ihn auch sahen, wusste ich, dass es nicht nur meine Fantasie war, sondern dass der Adler in der gewöhnlichen, alltäglichen Wirklichkeit etwas verankerte, was die Großmütter aus der nichtalltäglichen Wirklichkeit mitgebracht hatten.

Und jetzt sind die Geister *dieses* Landes dabei zu erwachen«, sagte ich und hoffte erneut, dass mein Verstand, indem er dies aussprach, es fassen konnte. »Die Große Mutter ist schon dabei, sich zu erheben, also wenn Jane und ich nach Litauen kommen«, sagte ich, »werden wir einfach in der Alltagwirklichkeit verankern, was sich bereits auf den grenzenlosen Ebenen ereignet hat.«

Plötzlich übermannte mich große Müdigkeit. Gähnend und mich rekkend, konnte ich mich kaum auf den Beinen halten, und ich wollte mich nur noch hinlegen. »Ich muss mich ausruhen«, sagte ich, »aber die Mutter ist so groß, dass ich mich nicht wirklich auf ihren Schoß legen kann. Wenn ich mich hinlege, werde ich nur einen kleinen Teil von ihr berühren. Ebenso, wenn ich auf der Erde liege, berühre ich nur einen winzigen Teil von ihr. Sie *ist* die Erde!« erkannte ich erschrocken. »So kann ich natürlich nur eine kleine Stelle ihres Körpers berühren. Ahhh«, stöhnte ich, viel zu müde, um zu versuchen, etwas zu verstehen, das so weit über mein Verständnis hinausging. Ich schüttelte enttäuscht den Kopf, aber dann fühlte ich ihre Hand auf mir, eine Hand von normaler Größe. »Was?« sagte ich und fragte mich, wie diese gewaltige Mutter eine so kleine Hand haben konnte. Aber dann sagte ich: »Oh, natürlich kann sie das. Sie kann jede Größe haben, die sie will«, und ich fiel in einen leichten Schlummer. Die Mutter streichelte mich, als ich schlief, und sie tat dies, um mich zu trösten und mich ihrer liebevollen Fürsorge zu versichern.

»Diese Arbeit in Litauen ist schon geschehen«, sagte ich mir, als ich mich aufrichtete, »die Reise wird dies nur noch unterstreichen und bekräftigen.« Dann sprach die Mutter. »Große Segnungen werden sich über die ganze Erde ergießen«, sagte sie. »Mutter erwacht.«

An diesem Punkt kamen die Großmütter herbei, umgaben mich, und mit ihren Flügeln bedeckten und umhüllten sie mich. Dann hoben sie mich auf, und wir machten uns auf die Rückreise. Als wir durch den Nachthimmel flogen, schaute ich kurz nach unten und sah Litauen, wie es sich von uns verabschiedete. Die Erdlichter in Litauen schickten uns Küsse und ihren Segen und winkten, und liebevoll winkte ich zurück. »Es gibt jetzt so viel Liebe«, sagte ich mir. Und auf dem Heimweg fühlte ich mich, als würde ich in einem sehr komfortablen Flugzeug sitzen, nur dass es die Großmütter waren, die mich durch den Himmel trugen.

Unser Besuch in Litauen in der Alltagswirklichkeit erwies sich als fast so magisch wie der in der nichtalltäglichen Wirklichkeit. Der Charme der Altstädte von Vilnius und Kaunas versetzte uns in eine andere Zeit; durch diese Straßen zu schlendern, war wie ein Spaziergang durch ein Märchen. Und die Menschen begegneten uns mit offenen Herzen und Armen – besonders nachdem ich ihnen erzählt hatte, was ich über die Gegenwart der Großen Mutter in ihrem Land erfahren hatte. Aber das Spannendste von allem war, den Menschen aus einer ganz anderen Kultur aus ganzem Herzen von den Großmüttern und der Großen Mutter zu erzählen und sie verstehen zu lassen, wovon ich sprach. Ich glaube, das litauische Volk hat die Botschaft der Großmütter so schnell aufgenommen, weil in seiner Kultur die Große Mutter immer verehrt wurde. Ob als vorchristliche Göttin oder als Jungfrau des Tores der Morgenröte in Vilnius: Sie ist in ihrem Land sehr lebendig.

Litauen ist ein Land der Wälder und Flüsse, ein Land, in dem die Bauern mit einem Eimer über dem Arm zur nahen Weide gehen, um ihre Kühe zu melken, wo die Störche oft direkt über deinem Auto fliegen, auf dem Weg zum Nest auf dem Dach einer benachbarten Scheune. Jane und ich wurden an heilige Stätten im ganzen Land gebracht, mit unendlich viel Schokolade gefeiert und in langen Umarmungen gehalten, zu Abendessen in die Häuser eingeladen und fast zu Tode geliebt. Wir waren uns bewusst, dass wir sehr gesegnet waren, diese Gelegenheit gehabt zu haben, die Botschaft der Großmütter in dieses Land zu tragen, und wir mochten gar nicht mehr fortgehen, aber wir wussten, dass wir die Liebe dieses Landes immer in unseren Herzen tragen würden.

»Praktische Anleitung für diese Zeiten«

Aus Litauen zurückgekehrt, hatte ich meinen Jetlag, aber mein Herz sang. Nun gab es eine Gruppe von Menschen, die ich kannte und liebte und die auf der anderen Seite der Welt mit den Großmüttern arbeiteten. Ich zeigte meine Bilder aus Litauen den Frauen in Kalifornien, so wie ich unserer neuen Familie in Litauen unsere kalifornischen Bilder gezeigt hatte. Familie, das ist genau das, wonach es sich anfühlte. Die Familie der Großmütter wuchs. Ich strahlte vor Begeisterung und Liebe, die ich auf dieser Reise erlebt hatte, und das Strahlen hielt eine ganze Weile an. Aber strahlend oder nicht strahlend, merkte ich bald, dass es noch mehr zu tun gab.

Schon ein paar Tage im Angesicht der politischen Situation in Amerika reichten, um zu erkennen, dass es für diejenigen von uns, die mit den Großmüttern arbeiteten, viel zu tun gab. Sobald ich die Morgenzeitung gelesen und von den Schrecken im Irak, vom Völkermord in Afrika und von den Lügen und dem Betrug der Regierung erfahren hatte, wusste ich, dass es an der Zeit war, wieder zu meinen weisen Lehrerinnen zu gehen.

Ich kam in die Obere Welt, und als ich ihnen begegnete, standen sie im Halbkreis auf einem Podest. »Großmütter, ich stelle diese Frage mit größter Aufrichtigkeit«, sagte ich, als Tränen über meine Wangen flossen. »Ich möchte dienen«, sagte ich, »und es gibt so viele wie mich, die dienen wollen, aber wir fühlen uns vom Bösen einfach überwältigt.« (Ich zögerte, bevor ich dieses Wort benutzte, aber ich konnte mir nicht vorstellen, wie ich die Ursache für all das Leiden, das ich sah, sonst bezeichnen sollte.) »**Wir wissen es**«, sagten sie. »Großmütter«, fuhr ich fort, »bitte zeigt uns, wie wir helfen können, die Energie von Yin wieder auf die Erde zu holen. Und bitte sprecht in einer klaren, leicht verständlichen Sprache«, sagte ich. »Ihr müsst sehr praktisch denken.« »**Wir verstehen deine Frage.**«

Beim Warten wurde ich mir einer goldenen Flamme gewahr, die im Raum zwischen uns schimmerte. Und als ich sie ansah, schoss die Flamme empor, sie leuchtete heller und wurde größer. Sie wuchs. »**Das ist das Feuer der Transmutation. Die Umwandlung findet gerade statt.**«

Ich wollte das nicht hören. »Transmutation« hörte sich für mich nach einem vagen spirituellen Jargon an, und an diesem Punkt wollte ich keine theoretischen Erklärungen für das, was in der Welt vor sich ging, sondern ich wollte wissen, was getan werden konnte. »Ich bitte euch, Großmütter«, sagte ich noch einmal so respektvoll wie möglich, »ich bitte euch, mit mir in praktischen Worten zu sprechen.« Dann holte ich tief Luft und fragte erneut: »Was können wir jetzt tun, um die Energie von Yin wieder auf die Erde zu holen? Wir sind es *leid*, dieses Leiden zu sehen«, sagte ich, und meine Enttäuschung wuchs. »Was können wir tun?« Die Zeitung zu lesen, hatte mich verzweifeln lassen, und das zeigte sich jetzt.

»**Lass dein Herz nicht schwer werden**«, sagten die Großmütter. Doch als sie mich so sorgenvoll ansahen, wurde ich noch wütender. »Leicht für euch zu sagen«, antwortete ich. »*Ihr seid* göttlich und habt den großen Überblick. Ihr steckt nicht wie wir mitten in diesem Schlamassel. Zur Zeit wird so viel Schlamm aufgewirbelt, Großmütter, dass wir nicht hindurchschauen können«, sagte ich mit leidenschaftlicher Stimme. »Ihr müsst uns helfen. Bitte! Bitte!« flehte ich und brach in Tränen aus.

Wieder sah ich dieses goldene Licht, aber jetzt weinte ich so heftig, dass ich nicht sprechen konnte, um zu fragen, was es war. »**Es gibt viele, die jetzt mit dem Licht arbeiten**«, sagten sie. »**Licht zeigt die Wahrheit. Es zeigt den Weg. Es hält die Dunkelheit zurück und verbrennt, was ihm im Weg ist. Dies geschieht jetzt, sowohl um dich herum als auch in deinem Körper. Viele von euch sind sich dessen bewusst. Alte Bewusstseinszustände treten in eurem Körper auf, und dabei offenbaren sie sich als Schmerz – als Schmerz, der sich in physischen Gedächtnismustern verfestigt hat. Vieles kommt auch in euren Beziehungen zueinander zur Sprache. Auch dort findet eine Verwandlung statt. Sie tritt in allen Facetten des Lebens auf, überall auf der Erde. Die Transmutation ist sowohl ein makrokosmisches als auch ein mikrokosmisches Ereignis. Sie ist jetzt am Werk und brennt Hindernisse auf allen Ebenen des Lebens weg.**

Obwohl dies auf der ganzen Welt geschieht, sieht es an verschiedenen Orten unterschiedlich aus. Dieses weltweite und zugleich lokale Geschehen ist gesellschaftlich, politisch, spirituell und persönlich. Es durchdringt alles. Das Licht ist unerbittlich«, sagten sie. »**Un-er-bitt-lich.**« Sie zogen das Wort in die Länge, um ihren Standpunkt zu bekräftigen. »**Es ist Zeit, dass alles ans Licht kommt, und das wird es auch! Sieh**«, besänftigten sie mich, »**es gibt einen Sinn in dem Wahnsinn, den du erlebst. Es findet mehr statt, als du denkst.**

Es gab so viel Leid auf der Erde seit so vielen Äonen, dass das Leiden jetzt in eurer DNA kodiert ist, sogar in den Krumen des Erdbodens. Es durchdringt alles und muss ans Licht kommen, um verwandelt zu

werden. Dies ist die Zeit der Verwandlung«, wiederholten sie, »und weil es so ist, wirst du all den Schmutz an die Oberfläche kommen sehen. Das muss passieren«, sagten sie, »weil das, was vergraben bleibt, sich nur verfestigt und Krankheiten, Schmerzen und Ungleichgewichte verursacht. Das können wir nicht zulassen, nicht mehr«, sagten sie und schüttelten nachdrücklich den Kopf.

»Es findet jetzt ein Lifting statt«, sagten sie, und ich seufzte, als ich es fühlte. »Du wirst angehoben. Wann immer ihr mit dem Netz aus Licht arbeitet, werdet ihr erhoben und helft ihr, die Welt zu erheben. Wir wissen, dass es für dich schwer ist, an diesem Gedanken festzuhalten«, sagten sie. »Die Tragödien und barbarischen Handlungen, die du siehst, fesseln deine Aufmerksamkeit und du vergisst das Netz aus Licht. Auch diese Taten müssen ans Licht kommen, und das werden sie auch. Gewöhne dich daran«, sagten sie und schnippten mit den Fingern. »Jene, die das Feuer der Umwandlung nicht aushalten, werden ausgeschaltet.« »Ohhh«, schauderte ich, »sie lassen nicht nach.« »Ja«, nickten sie, »wir sagen dir die Wahrheit.

Wenn du wirklich Teil dieser Arbeit sein und verwandelt werden willst, musst du dich daran gewöhnen, das Böse in der Welt anzuschauen. Das ist das Kali-Yuga«, sagten sie, Hände in den Hüften, und starrten mich an. »Dies ist das Zeitalter der Zerstörung. Dies ist das Zeitalter, in dem das Böse der Vernichtung anheimfällt und vernichtet wird. Und um zerstört zu werden«, sagten sie, »muss es zuerst offenbart und erkannt werden. Gier und Lüge, die in eurem Land so weit verbreitet sind, kommen an die Oberfläche«, sagten sie, »während an verschiedenen Orten auf der Welt andere Bewusstseinszustände an die Oberfläche kommen.

Bleibe bei uns. Wir versprechen dir, dass wir dich das nicht alleine durchstehen lassen. Wir werden dich nicht im Stich lassen«, sagten sie und sahen mich liebevoll an. »Rufe uns, und wir werden in jedem auftretenden Trauma zu dir halten. Und es wird noch mehr davon geben«, sagten sie. »Diese Dinge müssen kommen. Das weißt du doch. Denn du weißt, was passiert, wenn das Böse unter der Oberfläche verschwindet«, sagten sie. »Es liegt da und wartet auf eine Gelegenheit, wieder hervorzu-

kommen. So«, gestikulierten sie und breiteten ihre Arme weit aus, »**muss alles ans Licht kommen.**

Du wirst weitere Skandale sehen«, sagten sie, »**monströseres Verhalten. Du wirst alles sehen. Es wird passieren. Du wirst auch Dinge in dir selbst sehen, die du nicht sehen willst. Auch diese müssen ans Licht kommen**«, erklärten sie. »**Alles, was vergraben und unterdrückt wurde, wird und muss ans Licht kommen.**

Du bist Teil des Lichtnetzes«, sagten sie, »**also lass dich jetzt vom Netz halten, während du deinen Platz darin einnimmst. Das ist, was du bist. All diese Zustände, die in dir aufsteigen, sind einfach alt. Lass sie kommen. Was kümmert es dich? Bleib eins mit der Wahrheit. Du bist Licht**«, sagten sie und bannten mich mit ihrem Blick. »**Du bist Teil des Lichtnetzes, das diese Welt hält. Wehre dich nicht, versuche erst gar nicht, dich gegen die Bewusstseinszustände zu wehren, die in und um dich herum aufsteigen. Lass sie!**« riefen sie. »**Jetzt ist es an der Zeit, da alles offenbar wird.**

Manchmal wiederholen wir uns, weil du es hören musst«, erklärten sie. »**Jetzt ist es an der Zeit, dass alles ans Licht kommt. Keine Geheimnisse mehr!**« verkündeten sie. »**Keine Lügen mehr. Keine Zeit zu verschwenden, um dein ›Ich‹ zu hinterfragen oder dein Gesicht zu wahren und zu verteidigen**«, sagten sie und lachten über die Absurdität der Idee. »**Was ist das überhaupt für ein Ich?**« fragten sie. »**Du bist nicht irgendeine kleine Sache, die verteidigt werden muss. Du bist großartig! Du bist Licht! Halte an der Wahrheit fest und stärke das Lichtnetz, dessen du Teil bist. Das ist es, was der Erde Halt geben wird, während der Schmerz und die Lügen an die Oberfläche kommen.**« Dann stemmten sie ihre Hände in die Hüften, nickten und sagten: »**Heiße alles willkommen, was vorgeht.**

Wir wissen, dass es dir schwerfällt, das Leiden anderer mit anzusehen. Es ist auch für uns schwer, aber diese Dinge gehen vorbei«, versicherten sie mir. »**Lass sie gehen. Liebe alle und segne alle, die Übeltäter und die, die Unrecht getan haben, segne jeden einzelnen von ihnen. Wenn die Gifte an die Oberfläche kommen, um durch das Licht gereinigt zu**

werden, bete, dass alle auf der ganzen Welt glücklich sind. Das ist ein Segensgebet«, sagten sie, »**also lass es sich in deinen Gedanken und auf deinen Lippen erheben.**« Dann warfen sie ihre Arme weit auseinander und riefen: »**Segne sie alle.**

Solltest du dich dabei ertappen, einen ›Übeltäter‹ zu verurteilen, halte inne und segne ihn schnell. Tue dies, sobald dir dein Fehler bewusst wird. Ihr alle habt in den vielen Leben, die ihr gelebt habt, schreckliche Dinge getan, also verurteilt jetzt niemand anderen. Besonders zu dieser Zeit«, sagten sie, »**muss all der verborgene Müll, der geleugnet und vergessen wurde, ins Licht kommen. Lass es geschehen.**« Dann reckten sie sich, warfen die Köpfe zurück und sangen: »**Mögen alle auf der ganzen Welt glücklich sein.**« Als sie mich ansahen, lächelten sie und sagten: »**Das schließt dich ein! Du bist Licht. Das ist deine wahre Natur. Sei glücklich in diesem Wissen und liebe dein eigenes liebes Selbst**«, sagten sie, als sie meine Hand nahmen. »**Liebe die Erleuchtete, die du bist, und liebe auch das liebe Selbst aller anderen. Liebe die Erleuchteten, die sie sind.**

Wir segnen dich«, sagten sie, »**und wir werden dich immer in der Wirklichkeit dessen halten, was du bist. Du bist das Licht, das wir dir heute gezeigt haben**«, sagten sie und zeigten auf die leuchtende Flamme, die sie mir zu Anfang vorgehalten hatten. »**Du bist diese Flamme, die wahrhaftig und hell brennt. Sie wird mit jedem Moment größer. Freue dich darüber**«, sagten sie, »**das ist deine wahre Identität.**«

Dann umarmten sie mich und winkten zum Abschied, und ich warf ihnen ein paar Luftküsse zu und konzentrierte mich dann darauf, zurückzukehren. Ich fühlte jetzt stärker den Sinn meiner Mission. Was sie mir mitgeteilt hatten, war so wichtig, sogar lebensrettend, dass ich es mit allen teilen wollte. Ich würde es aufschreiben und herumschicken.

KAPITEL 14

Das Lichtnetz stark machen

»Satsang, Gemeinschaft im Guten«

Meistens ging ich einfach mit der Arbeit der Großmütter mit und ließ mich von dem leiten, was sich ergab. Wenn jemand eine Großmüttergruppe gründen wollte, half ich. Als die Leute sagten, sie möchten CDs vom Unterricht der Großmütter, habe ich CDs gemacht. Als eine Frau in Holland anbot, *Selbstermächtigung* ins Niederländische zu übersetzen, sagte ich: »Klar, mach das.« Ich hatte keine eigenen Pläne für die Arbeit; ich hatte gelernt, dass die Großmütter das Sagen hatten, also ging ich einfach, wie sie mich führten.

Diese Arbeitsweise funktionierte die meiste Zeit ganz gut, aber ab und zu, wenn ich mich über das aufregte, was in der Welt geschah (ich hatte Zeitung gelesen oder Nachrichten gehört), ertappte ich mich bei dem Gedanken, dass ich mehr tun sollte, um die Botschaft der Großmütter zu verbreiten. Dann fragte ich mich, ob ich vielleicht noch etwas anderes tun könnte oder ob ich vielleicht nicht gut genug auf ihre Anweisungen gehört hatte.

So einen Anfall hatte ich, als ich mich das nächste Mal an die Großmütter wandte. Ich erinnere mich, dass ich, als ich diese Reise antrat, darauf bestand, alle Schritte mit der traditionellen Methode vorzunehmen, obwohl ich wusste, dass ich sie sofort erreichen konnte. Es war, als wollte ich eine gewisse Kontrolle über die Arbeit haben, und obwohl ich mir bewusst war, was ich tat, fühlte ich mich angesichts meiner Wahl etwas unwohl und war auch ein wenig neugierig.

»Großmütter«, fragte ich, als ich endlich vor sie trat, »wie können wir eure Liebe und eure Botschaft verbreiten, damit mehr Menschen Hoffnung schöpfen? Ich glaube nicht, dass genug Menschen von euch lernen«, sagte ich, und als ich so vor ihnen stand, hoben sie ihre Adlerköpfe, betrachteten meine gerunzelte Stirn und sahen mich mitfühlend an. Dann glätteten sie die Falten auf meiner Stirn. »Oh, Großmütter«, wiederholte ich, »eure Botschaft ist eine von solcher Hoffnung und Schönheit. Wie können wir sie an mehr Menschen weitergeben, damit auch sie Hoffnung haben? Es müssen mehr Menschen von euch erfahren.«

Sie sahen mich eine Minute lang oder länger unverwandt an, dann holten sie tief Luft und plusterten sich auf. »**Wir werden dir etwas zeigen**«, sagten sie und nahmen mich an der Hand. Gemeinsam hoben wir ab und flogen, wohl nur eine kurze Strecke, bevor wir wieder nach unten kreisten und auf einer Felsformation landeten, die aus dem Meer ragte. Das Wort, das mir bei der Landung in den Sinn kam, war »Olymp«, und als ich über das Meer zu einer Gruppe entfernter Inseln blickte, die von tiefhängenden Wolken verdunkelt wurden, sagten die Großmütter: »**Diese Dunkelheit, die du heute auf der Erde siehst, ist schon einmal aufgetreten. Das ist nicht das erste Mal in all den Erdzeitaltern.**« Ich hörte ihre Worte, wobei ich die Szenerie vor mir beobachtete und an meiner Frage festhielt. »Wie können wir eure Botschaft verbreiten, damit andere die Hoffnung und Liebe hegen, die wir erlebt haben?« fragte ich noch einmal und merkte, wie die Großmütter mich jetzt seltsam ansahen. Mir gefiel dieser Blick nicht.

»**Ihr werdet darüber eure Herzen zerbrechen**«, sagten sie. Ihre Worte erwischten mich kalt, und mit der Verwendung des Wortes »Herzen« in der Mehrzahl signalisierten sie mir, was sie sagten, war nicht nur für mich, sondern für alle bestimmt. Ich blickte auf, und sie sagten: »**Gib dir nicht so viel Mühe.**« Wieder schauten sie mich mitfühlend an. »**Lass uns alles tun**«, sagten sie. »Oh«, antwortete ich, »jetzt weiß ich, was ihr meint«, denn plötzlich wusste ich es. »Ihr habt Recht, Großmütter«, sagte ich. »Ich verfing mich wieder im Tun und dachte, dass die Verbreitung eurer Botschaft in meiner Verantwortung liegt. Ich bin so anfällig dafür«, gab ich zu. Da begannen sie zu kichern, lachten darüber, dass ich mich in meinen alten Tricks verfangen hatte. So lachten wir alle zusammen, und als wir uns ansahen, merkte ich, wie viel leichter ich mich fühlte. Zu denken, dass ich alles tun muss, hatte mir eine Last auferlegt: eine falsche Last. Es war eine alte Angewohnheit von mir; aber eine, die ich satthatte.

»Okay, Großmütter, ich kann euch sagen, dass ihr Recht habt, denn ich fühle mich so erleichtert«, sagte ich, »und ich bin bereit, wieder loszulassen und euch die Führung zu überlassen. Das soll's gewesen sein«, sagte ich und hoffte, dass dies wirklich das letzte Mal war, dass ich in das »Ich bin-für-alles-verantwortlich«-Spiel verwickelt wurde. Wir grinsten uns an, aber plötzlich erinnerte ich mich, dass am Samstag ein Großmüttertreffen anstand. »Äh, Großmütter«, fragte ich, »die Leute kommen am Samstag zu einem Treffen. Gibt es etwas, das ich ihnen sagen soll?«

»**Sag ihnen, wie schön sie sind**«, sagten sie. Ich sah sie bedröppelt an. »Was soll ich ihnen sagen?« »**Und wie geliebt sie sind; sag ihnen, wie sehr wir sie lieben. Ermutige sie, die Freude zu spüren, die ihnen die Liebe zu uns und die Liebe zueinander macht. Diese Versammlungen**«, betonten sie, »**sind ein sicherer Ort für sie, um zu üben, unsere liebevolle Gegenwart zu erfahren.**«

»Großmütter«, fragte ich, »wie kann ich das kommunizieren, damit sie es wirklich kapieren?« Sie nickten verstehend und zeigten mir dann etwas, das wie ein Lichtnetz aussah. »**Du knüpfst dieses Netz**«, sagten sie, »**wann immer du dich deiner Verbindung mit dem Lichtnetz und mit den anderen erinnerst.**« Und als ich es jetzt anschaute, sah ich, dass das Lichtnetz an einigen Stellen verdichtet und zu einem Gewebe geworden war. »**Wo immer sich Menschen mit hohen, liebevollen Herzen treffen und das Göttliche anrufen, findet diese Verknüpfung statt**«, sagten sie, und während sie sprachen, wiesen sie auf die über die ganze Welt verstreuten Großmüttergruppen hin. »**Diese Treffen erzeugen ein leichtes Gewebe. Das**«, sagten sie, »**heißt ›Satsang‹ oder ›Gemeinschaft im Guten‹.**

Wann immer ihr euch versammelt, um eure Liebe zum Göttlichen und füreinander gutzuheißen, dehnt ihr euch aus und werdet vollständiger ihr selbst, voller erwacht. Und so werden andere erreicht. Euer Licht und euer Glück ziehen sie an.« Sie wandten ihre Köpfe, sahen mich listig an und sagten: »**Du wirst unwiderstehlich und ziehst sie zu dir.**« Die Idee, unwiderstehlich zu sein, gepaart mit ihren schelmischen Blicken, kitzelte mich und ich lachte laut. Die Großmütter lächelten, lehnten sich zu mir hinüber und flüsterten: »**Du wirst absolut unwiderstehlich.**« Dabei schaukelten sie hin und her, um ihren Punkt zu unterstreichen. »**Wer kann schließlich**«, fragten sie, »**jemandem widerstehen, der sie liebt, jemandem, der sie so sieht, wie sie sind, und sie dann immer noch liebt?**«

»Ja«, sagte ich, »ihr habt Recht.« »**Also, wenn ihr euch das nächste Mal trefft, erzähle davon, wie sich das Zusammensein mit uns auf deine Fähigkeit zu lieben ausgewirkt hat. Erzähle, was für dich einfach und was schwierig am Lieben ist. Erzähle von Situationen, wo es anstrengend war zu lieben, wo es unmöglich schien. Erzähle davon, wie du damit umgegangen bist. Vielleicht ist etwas passiert, das dich lebendiger gemacht hat, damit du mehr lieben kannst. Oder eine Blockade, die verhindert hat zu sehen, wer du wirklich bist, hat sich aufgelöst**«, sagten sie. Dann kreuzten sie die Flügel, schwangen hin und her und stimmten eine alten Popsong an: »**How deep is your love**«, sangen sie, und ich rollte die Augen und tat entsetzt, als ich sie sah, obwohl ich natürlich jede Minute genoss.

Als sie ihre Vorstellung beendet hatten, sagten sie: »**Du lebst in einer Lichtwolke.**« Ich sah sie überrascht an. »**Erinnerst du dich an die gute Fee in Cinderella?**« fragten sie. »**Wie sie von einem Lichtkranz umgeben war? Nun, das bist du auch**«, sagten sie, und das brachte mich wieder zum Lachen. Jahrelang hatte ich den Wunsch gehabt, eine gute Fee zu sein, hatte mich sogar für Partys wie eine verkleidet, mit einem unverschämten Kostüm und so. Die Großmütter wussten natürlich davon und trieben ein Spiel mit mir.

Kurz darauf wurden sie wieder still und sagten: »**Ruf uns und erlebe diesen Nimbus aus Licht.**« An ihrem Blick erkannte ich, dass ich es jetzt tun sollte, also schloss ich meine Augen und wandte mich nach innen, und da traten mir Tränen in die Augen. Es gab eine ruhige, leuchtende Vibration in mir und um mich herum, die vor Schönheit und einem liebevollen Gefühl zu zittern schien. Als ich später die Aufnahme dieser Reise abspielte, hörte ich mich an dieser Stelle murmeln: »Schönheit... Schönheit... Schönheit... oh, wow... welch eine Schönheit...«

Als ich meine Augen wieder öffnete, standen sie um mich herum: glücklich und so stolz auf ihr Junges. Dankbar verbeugte ich mich vor ihnen und sagte nach einer Pause, in der ich meine Gedanken sammelte: »Und so ist der wahre Zweck dieses Treffens, Großmütter, Satsang, die Gemeinschaft im Guten?« »**Ja**«, nickten sie. »Und wegen dieser Gemeinschaft wird es eine Verdichtung des Lichtgewebes geben, wie ihr es mir vorhin gezeigt habt, die das Lichtnetz stärkt?« »**Ja**«, sagten sie. »Oh, und es erweitert es«, fügte ich hinzu, »es erweitert es laufend.« »**Ja, das Gewebe ist ein Brennpunkt für das Lichtnetz, und durch die Orte auf der Erde, die in dem Netz ein dichtes Gewebe bilden, wird das gesamte Lichtnetz gestärkt.**«

Hier änderte sich der Trommelschlag und signalisierte die Rückkehr in die Alltagswirklichkeit. »Danke, Großmütter«, sagte ich, »vielen Dank.« Ich wandte mich zum Gehen, und sie riefen mir zum Abschied hinterher: »**All das ist viel einfacher, als du denkst.**«

Ihre Abschiedsworte gingen mir noch lange nach und immer wieder im Kopf herum. Ich war voll im Macher-Modus zu ihnen gegangen (»Was können wir tun, um eure Botschaft zu verbreiten, Großmütter?«), und sie hatten mir wieder einmal gezeigt, dass ich *nichts* zu tun hatte, dass diese Arbeit die ihre war und sie verantwortlich waren. Ich konnte dabei sein, wenn ich wollte, und die Freude an der Unternehmung mit anderen teilen. Das war meine Rolle, wenn ich sie spielen wollte. »Einfacher, als du denkst...« »Hmm«, murmelte ich, »ich frage mich, ob ich es bin, die diese Reise mit den Großmüttern so schwierig macht mit meinem ständigen Bedürfnis, alles unter Kontrolle zu haben... was auch immer.«

»Ein reinerer Kanal«

Ich wollte mehr auf das Vertrauen und weniger auf die Angst setzen. In diesen Tagen war meine Angst nicht mehr so vorherrschend wie in der Vergangenheit, aber der Wunsch, das Leben irgendwie zu kontrollieren, zu denken, dass ich einen Wert hatte, weil ich etwas »tat«, beruhte sicherlich auf Angst. Was, fragte ich mich, musste ich lernen, um mich von dieser Gewohnheit zu befreien? Eigentlich konnte ich diese Frage noch erweitern: Was mussten wir alle, die wir an der Verbreitung dieser Botschaft beteiligt waren, darüber wissen? Das wäre meine nächste Frage an die Großmütter.

Ich machte mich auf den Weg zu ihnen, und nachdem ich meine Frage gestellt hatte, antworteten sie ohne Zögern: »**Wie ist man ein reinerer Kanal?**« Ich blinzelte und starrte sie ein paar Sekunden an, und sie starrten zurück. »**Das ist die Antwort auf deine Frage. Das ist es, was du für dich und die an dieser Arbeit Beteiligten wolltest**«, sagten sie, »**ein reinerer Kanal sein, um eine größere Kraft für die Wahrheit und das Gute in der Welt zu sein. Es gibt nur einen Weg, das zu erreichen. Du musst dich am Göttlichen ausrichten. Das**«, erklärten sie mit schulmeisterlicher Miene, »**ist der Grund, warum wir gekommen sind.**

Wir wissen, dass viele heute Angst vor dem Göttlichen haben, dass es einigen von euch sogar schwerfällt, das Wort ›Gott‹ oder ›Göttin‹ ohne inneres Widerstreben zu hören. Wenn wir dir sagen, dass du dich am Göttlichen ausrichten sollst, schenkst du uns diesen leeren Blick«, sagten sie, und ich musste mir das Lachen verkneifen, weil es mich so treffend beschrieb.

»**Das liegt an der Religion**«, sagten sie, zuckten mit den Achseln und schnippten mit den Fingern. »**Die Religionen haben die Menschen gelehrt, Angst vor dem Göttlichen zu haben. Im Laufe der Zeit ist die Religion so manipuliert worden, dass sie heute, im schlimmsten Fall, eine Reihe von Machtsystemen und Rangordnungen ist. Religiöse Gebilde werden oft von Systemen der Angst oder Schlimmerem geleitet. Was für ein Durcheinander!**« riefen sie und warfen ihre Arme hoch. »**Aber Manipulation ist etwas, was der menschliche Verstand tut. Wenn** das Ego, der Verstand sich eines reinen Konzepts bemächtigt, schwächt und verdirbt er es leider. Obwohl es in den Weltreligionen immer noch Schönheit und Wahrheit gibt«, sagten sie, »ist im Laufe der Jahre so viel verlorengegangen und manipuliert worden, dass die ursprüngliche Reinheit gelitten hat.

Deshalb taucht das Göttliche von Zeit zu Zeit in einer neuen Form auf – um wieder einmal den klaren Weg zu zeigen. Der klare Weg ist sehr einfach«, lachten die Großmütter, »und bei ihrer Gründung zeigen alle Religionen der Welt diesen Weg, bis er durch von Menschen geschaffene Regeln und Vorschriften so verzerrt wurde (tu dies nicht, tu das nicht, unser Weg ist der einzige Weg…), dass die einfache Wahrheit nicht mehr zu erkennen war. Wenn diese Überlagerung eine Weile fortgeführt wird, kann man den Weg nicht mehr sehen.

Jetzt, da die Welt wieder in größter Gefahr ist, ist das Göttliche wieder da. Es ist in Gestalt einiger der großen Weltlehrer erstanden. Auf der Erde gibt es jetzt viele Wegweiser«, sagten die Großmütter und nickten entschieden. »Der Dalai Lama, Sathya Sai Baba, Ammachi und andere, von denen du noch nie gehört hast, sind hier. Wir sind auch in dieser Zeit gekommen«, sagten sie, »und es gibt viele, die mit der Gestalt, die wir angenommen haben, dem Großen Rat der Großmütter, in Resonanz gehen. Alle, die jetzt gekommen sind, taten es, um dich an den Heimweg zu erinnern«, sagten sie, »und der Heimweg ist, immerdar an das Göttliche zu denken und es anzurufen.

Lass dich von der Gegenwart des Göttlichen tränken, damit du selbst Göttin wirst«, sagten sie. »Denn das ist es doch, was du bist. In Wahrheit bist du göttlich, aber all die Überlagerungen in deinem Verstand sowie das Massenbewusstsein deiner Kultur haben dich von dem abgeschnitten, was du bist. Wir sind gekommen«, sagten sie und nickten dabei mit einem heftigen Grinsen, »um dich wieder an deine Quelle anzuschließen.

Um auf der Erde zu einer Kraft des Lichts zu werden, nicht Futter für das Massenbewusstsein, das sich die Dinge dienstbar macht, wie es ihm passt«, sagten sie und blickten mich scharf an, »ist das einzige, was du tun musst, uns immer anzurufen. Wir bitten dich, in der Wahrheit

zu stehen und Liebe aus dem Kern deines Seins abzustrahlen. Wenn du das tust, wird sich dein Leben so sehr ändern«, lachten sie. »**Du wirst es kaum wiedererkennen.**

Du wirst Frieden und Glück im Inneren tragen. Beständigkeit«, sagten sie und drückten langsam die eine Faust in die andere Hand. »**Was wir von dir erwarten, ist einfach, nicht schwierig. Aber…**«, sie hielten inne, »**wegen des Verstandes ist es doch nicht einfach. Dein Verstand will dich davon überzeugen, wie wichtig es ist, dich mit Ablenkungen jeglicher Art zu beschäftigen, um dich von diesem festen Ort im Inneren fernzuhalten. So kontrolliert er dich**«, sagten sie. »**Also werden wir dich daran erinnern, deine Gedanken immer auf uns zu richten.**

Denke jetzt an uns«, sagten sie und erhoben ihre Hände vor mir, damit ich mich besser konzentrieren konnte. »**Nimm dir diesen Augenblick, um uns oder irgendeine Form des Göttlichen, die du liebst, anzurufen. Denke an uns. F-ü-h-l-e uns**«, drängten sie und zogen das Wort in die Länge, »**und sobald du uns anrufst, werden wir bei dir sein.**« Die Großmütter standen aufrecht wie die Königinnen, die sie sind, und sagten: »**Wir werden dich flankieren, beschützen und in unserer Liebe halten. Immer.**

Lass dich so halten«, sagten sie, und ich schloss die Augen und überließ mich ihrer Obhut. Ich fühlte mich getragen und vollständig, als wäre ich an meinem vollkommenen Platz. Es gab mir ein unerschütterliches Gefühl der Zugehörigkeit. »**Fühle uns auf deinem Rücken und in der Mitte deiner Brust. Wir werden deinen Kern füllen und dich zu der erwecken, die du bist**«, sagten sie und fügten dann zärtlich hinzu: »**Du bist eins mit uns.**

Du läufst in einem Körper herum und übernimmst bestimmte Rollen im Leben. Das lässt dich glauben, dass es das ist, was du bist. Nein, nein, nein«, sagten sie und schüttelten die Köpfe. »**Diese Rollen sind nur Teile, die du spielst. Die Wahrheit ist, dass du eins mit uns bist. Nicht nur wir, sondern auch du hast die lange Sicht auf das Leben, die große Sicht. Wenn du dich nach innen wendest, wie in diesem Augenblick**«, sagten sie, »**füllst du dich mit Weisheit. Wir haben schon erwähnt, dass die**

Welt als eine große Ablenkmaschine eingerichtet ist, die ständig deine Aufmerksamkeit nach außen lenkt. ›Oh, schau dir das an!‹« äfften mich die Großmütter nach. »**›Mach dir lieber darüber Sorgen. Fühlst du dich nicht schlecht wegen…? Oh, mein…‹**«, sagten sie und warfen entsetzt ihre Hände hoch. »**Und so geht es fort.**

Fortwährend Ablenkung, fortwährend! Aber du hast immer noch einen stillen Mittelpunkt im Inneren, der von all den Dramen und Traumata des Lebens unberührt bleibt. Denk daran, spüre ihn und ruhe in diesem Mittelpunkt«, sagten sie. Und als ich das hörte, kam mir eine Zeile aus einer alten Hymne in den Sinn: »Gib uns unseren wahren Geist zurück«, begann sie. »Das, was die Großmütter beschreiben, *ist* dieser wahre Geist.« »**Ja**«, stimmten sie zu. »**Du kommst jetzt wieder nach Hause, wendest dich dem Kern deines Seins zu, wendest dich der unveränderlichen Weisheit und Liebe zu, die du bist. Du bist eine Verkörperung der Liebe**«, sagten sie und blickten mich mit solcher Zärtlichkeit an, dass mir wieder Tränen über die Wangen kullerten.

»**Wenn ihr wach seid und euch gewahr seid, wer ihr seid, und dann vortretet und einander grüßt**«, sagten sie, »**ist es das, was ihr begrüßt: Ihr begrüßt die unberührte Seele in jedem Wesen. Namaste**«, sagten sie, falteten die Hände und verbeugten sich. »**Ich grüße die Göttlichkeit in dir.**« »Namaste, Großmütter«, sagte ich und verbeugte mich ebenfalls.

»**Der Verstand eilt gerne voraus und plappert. Er trachtet entweder nach ›mehr‹**«, sagten sie, und ihrem Gesicht spiegelte sich die Sinnlosigkeit dieser ewigen Suche, »**oder ist deprimiert, weil das Leben ›schrecklich‹ ist. Aber der feste Ort in dir ist wirklich und unveränderlich. Der Kern deines Seins existierte lange bevor du in dieses Leben geboren wurdest und wird noch lange nach dem Tod dieses Körpers bei dir sein. Das ist es, was du bist.**

Wenn du also aus diesem stillen Moment zurückkehrst und die Augen wieder öffnest, bleib still«, sagten sie. »**Und wenn du diese Stille für drei oder vier Minuten hältst, wirst du dir gewahr, wie sehr dein Verstand es gewohnt ist, dein Leben zu beherrschen. Du wirst den Gegensatz bemerken.**

Wir versuchen nicht, deine Meinung zu ändern. Wir wollen nur, dass du dir gewahr bist, was der Verstand tut, und dass du nicht mitmachen musst«, sagten sie und schüttelten den Kopf. »**In einer Gruppenmeditation kannst du es ähnlich praktizieren: Wenn du die Meditation beendest und die Augen öffnest, schau dich langsam im Raum um, auch wenn dein Verstand immer noch plappert. Und wie du dich umschaust, sieh durch die gesellschaftliche Maske hindurch auf die Stelle, die in der Mitte eines jeden Menschen ist. Dann verbeuge dich leicht und grüße: Namaste. Ich grüße die Göttlichkeit in dir**«, sagten sie, und sie verbeugten sich erneut. »**Du kannst das körperlich tun, wie wir es gerade getan haben, oder du kannst es im Stillen für dich tun. Und du kannst es jederzeit tun.**

Du lernst allmählich, dort zu wohnen, wo du hingehörst. Dort wirst du dich mühelos mit der Wirklichkeit dessen in Einklang bringen, wer du bist, und in deine Macht eintreten«, sagten sie und nickten bedächtig. »**Hier kannst du wohnen. Gerade wegen der derzeitigen Krise auf der Erde musst du diesen Raum im Inneren einnehmen. Namaste**«, sagten die Großmütter und verneigten sich zum Abschied.

»Der größte Nutzen, den du aus unserer Botschaft ziehen kannst, ist, sie zu leben.«

Etwa zu dieser Zeit wurde ich als Gast in eine Radiosendung eingeladen, in der der Gastgeber eine Frage stellte, die mich noch lange beschäftigte. Er wollte wissen, wie die Beziehung zu den Großmüttern mich als Person verändert hatte. Ich kann mich nicht erinnern, was ich zu ihm gesagt habe, aber nach dieser Show dachte ich immer wieder über seine Frage nach. Die Großmütter hatten mir gesagt: »Der größte Nutzen, den du aus unserer Botschaft ziehen kannst, ist, sie zu leben«, also fragte ich mich jetzt: »Lebe ich sie? Wie kann ich sie leben?« Seine Frage stürzte mich in eine Zeit der Selbstprüfung, die einige Zeit andauerte.

Als ich darüber nachdachte, fiel mir auf, dass ich nicht mehr so unsicher war wie früher. Jetzt überlegte ich nur noch selten, was die Leute von mir dachten oder nicht dachten, und manchmal zeigte ich ein Selbstvertrauen, das mich verblüffte. Das war neu, und ich merkte, dass es in den Momenten auftrat, in denen mein kleines Selbst verschwand und das große Selbst, das »Ich bin«, das Sagen hatte. Wann immer dies geschah, sagte ich Dinge und äußerte Gedanken und Ideen, von denen ich gar nichts wusste, und ich verstand Dinge, die ich vorher nie verstanden hatte. So war klar, dass die Großmütter mich tatsächlich verändert hatten.

Weil ich die Großmütter rufen konnte und sofort Antwort erhielt, lernte ich, mich Tag und Nacht auf die Gegenwart des Göttlichen zu verlassen. Es war nicht mehr möglich, mir etwas vorzumachen, zu glauben, ich sei ganz allein auf der Welt. Das bedeutete viel, denn ich fühlte mich früher immer allein. Jetzt aber, ganz gleich, was ich tat, sagte oder dachte, war ich mir auf einer gewissen Ebene dieser gutgelaunten, weisen Frauen gewahr. Ihre Anwesenheit inspirierte mich und versicherte mir, dass ich Teil von etwas viel Größerem war, nicht bloß mein kleines Selbst.

Ich habe jetzt selten Angst, und das ist eine ungeheure Veränderung, denn Angst war früher ein Dauerzustand bei mir. Ich hatte vor *allem* Angst. Zum Beispiel, wenn ich jetzt einen Vortrag über die Großmütter halte, habe ich keine Angst, ganz gleich, wie groß das Publikum ist, denn ich weiß, wenn ich mich auf sie ausrichte, kann ich meinen Mund aufmachen und zurücktreten, und sie werden durch mich sprechen. Wenn ich höre, was ich dann äußere, weiß ich, dass nicht Sharon McErlane es ist, die weise ist; weise ist das Selbst, das die Großmütter in mir geweckt haben.

Es fällt mir jetzt leichter als früher, andere und mich selbst zu lieben und mir und anderen zu vergeben. Nichts fühlt sich besser an als zu lieben, und die Großmütter haben meine Fähigkeit dazu vergrößert. »**Wir lieben alle**«, sagen sie, »**wir lieben die Väter, die Mütter und die Kinder. Wir streben nach dem Besten für die ganze Menschheitsfamilie.**« Das ist genau das, was sie tun, und ich habe gemerkt, dass, wenn man mit den Großmüttern zusammen ist, ihre Qualitäten auf einen abfärben. Ich liebe und verstehe meinen Mann jetzt besser als früher. Ich empfinde Liebe für die übrige Familie, Freunde und sogar völlig Fremde. Gefühle der Liebe kommen in mir in den seltsamsten Momenten auf. Ich weiß nicht, woher sie kommen, aber seit den Großmüttern bin ich eine Frau, die in die Welt verliebt ist.

Die Großmütter ermutigen uns, unsere Schwingung zu erhöhen, indem wir sie lieben und alles – und uns selbst. Und sie versichern uns, dass der Übergang in einen Zustand der Liebe der höchste Dienst ist, den wir leisten können. »Wenn sich deine Schwingung erhöht«, sagten sie, »betrifft dies alle und alles um dich herum. Wann immer du das tust, wirst du zu einem wandelnden Gebet. Dann gibt es nichts, was du tun oder sagen musst, denn dein Wesen wird alles sagen.«

»Halte dich in Ehren. Du bist das Licht der Welt.«

Im September 2006 bereiteten Roger und ich uns auf einen Besuch in einigen der Länder des früheren Jugoslawiens vor. Der Krieg im Kosovo und in Bosnien lag zehn Jahre zurück, und der Tourismus boomte. Wir würden unsere Reise in Slowenien beginnen, weiter nach Kroatien fahren, einen kurzen Abstecher nach Bosnien machen und zum Schluss eine liebe Freundin in Montenegro besuchen. Wieder hatte Roger unsere Reiseroute festgelegt; er freute sich besonders darauf, die kroatische Küste zu sehen. Wie immer war ich auf der Reise mit ihm zusammen, außer bei meinem Besuch bei meiner Freundin Keka in Montenegro.

Ich hatte die Ermächtigung der Großmütter an eine junge slowenische Frau weitergegeben, als sie in Kalifornien war, und als ich sah, dass wir auch in ihrer Stadt sein würden, ließ ich sie wissen, dass wir kommen würden. Sie organisierte schnell ein Großmüttertreffen in Ljubljana und sagte, sie würde uns am Flughafen abholen. Das gab der Reise zusätzlichen Glanz für mich, und ich war begeistert von der Art und Weise, wie sich alles ergeben hatte. Heimlich hoffte ich, dass sich die Reise als ein weiterer »Arbeitsurlaub« erweisen würde.

Ein paar Tage vor unserer Abreise ging ich zu den Großmüttern, um nach dem Zweck und der Bedeutung des Treffens in Ljubljana zu fragen. Sie waren froh, dass wir in diese Gegend kommen würden und begrüßten mich mit einem Lächeln und Umarmungen. **»Slowenien nimmt einen Bereich ein, der für viele umliegende Kulturen zentral ist – germanische Völker, Kroaten, Italiener, Serben, Muslime und mehr. Es liegt mitten in den Bergen nicht weit vom Meer, und seine Lage ähnelt der**

eines Knopfes an einem Mantel. Slowenien verbindet Dinge und hält sie zusammen.« Später zeigten sie mir verschiedene Einflüsse oder Fäden in dieser Gegend und dass Slowenien eine Art Platzhalter oder Knotenpunkt für sie alle ist.

»Das Bewusstsein in Slowenien ist von Natur aus spirituell hochstehend, obwohl es derzeit etwas nebelig und abgeschaltet ist. Es findet jetzt ein spirituelles Erwachen statt, aber das Bewusstsein dort schläft schon sehr lange, also wird es eine Weile dauern.« Um den dumpfen Zustand zu veranschaulichen, der über diesem Land hing, zeigten mir die Großmütter das Bild von einem Strauß, der den Kopf in den Sand steckte, und von einem Menschen, der ständig »in die andere Richtung schaut«. Die Slowenen hatten so viel Negativität, Blutvergießen und Krieg erlebt, dass viele von ihnen im Laufe der Jahre abgestumpft waren.

Dann sprachen sie über das Treffen in Ljubljana. **»Die Frauen und Männer, die dort zur Ermächtigung der Großmütter kommen werden, sind reine Herzen. Sie wachen bereits allmählich aus dem großen Schlaf auf, der ihr Land seit vielen Jahren im Bann hält. Sie wollen noch wacher werden und der Welt dienen. Wie bei den meisten Großmüttertreffen, wird auch dieses hauptsächlich aus Frauen bestehen.«**

Sie sahen mich an, um sich zu vergewissern, dass ich die Bedeutung ihrer Worte erfasste, und fuhren fort: **»Nachdem sie die Ermächtigung und den Mantel der Geborgenheit erhalten haben, werden diese Menschen die Botschaft der Großmütter von Hoffnung, Macht und Universalität in der ganzen Gegend verbreiten. Nimm zusätzliche Schals mit, wenn du fährst«**, rieten sie mir, **»um die Frauen damit auszustatten, die in ihren Heimatstädten Großmüttergruppen gründen wollen. Unsere Botschaft wird sich durch sie in die Länder rund um Slowenien ausbreiten. Die Ermächtigung wird auch die Stadt Ljubljana segnen, ganz Slowenien wird durch sie weiter gestärkt. Es wird als spirituelles Zentrum bestätigt, als ›Knopf‹, der tatsächlich seiner Aufgabe, die Dinge zusammenzuhalten, gerecht wird.«**

Als ich die Botschaft der Großmütter nach Litauen brachte, war es Arbeit mit dem litauischen Volk, aber mehr noch mit den Geistern des

Landes. Litauen selbst war erwacht, und die Geister dieses Landes wollten mit den Menschen dort partnerschaftlich zusammenarbeiten. In Slowenien wäre der Zweck der Arbeit der Großmütter ein anderer. Hier erwachte nicht das Land, sondern die Menschen, von denen viele begierig darauf waren, sich über das Lichtnetz zu verbinden. Die Großmütter vermittelten mir, dass die Slowenen, wenn sie ihren Nachbarn die Hand reichten und die Botschaft der Großmütter in der ganzen Gegend verbreiteten, sie der Großen Mutter Freude bereiten würden, die schließlich nichts anderes will, als ihre Kinder glücklich und in der Liebe zu sehen. Dieser Brückenschlag wäre für den Balkan ganz besonders wichtig angesichts der langen Zeit mit so viel Krieg, Misstrauen und Trennung.

Als sie fertig waren, über unsere Reise zu sprechen, fragte ich, ob sie eine Botschaft für die Unsrigen in anderen Ländern hätten. Als Antwort zeigten sie mir, wie jene von uns, die mit ihnen arbeiten, hellstrahlenden Flammen glichen. Wir verankern Licht auf der Erde und helfen dem Licht, in die Erde selbst zu dringen. Weil wir leuchten, heben wir uns von der Dunkelheit ab, die uns umgibt. Jene, die die Flamme beständig halten, werden unweigerlich zu Leuchttürmen für andere, die das Licht suchen. Wir heben uns ab und werden uns der anderen gewahr, die sich auch abheben, denn Licht zieht Licht an. »**Das Licht, das du hältst, ist das Licht, das du bist**«, sagten sie. »**Es liegt in deiner Natur.**«

Dann zeigten sie mir, wie dieses Licht tief in die Erde hineinreicht. Nachdem die Ausstrahlung unser Wesen durchdrungen hat, dringt sie durch unsere Füße in die Erde, so dass sich das Licht, wo immer wir den Boden berühren, von dort aus nach unten und außen ausbreitet. Jede von uns ist ein Anknüpfungspunkt, wo Licht hindurchstrahlen kann. Die Großmütter zeigten mir, wie das aus der Perspektive der Erde aussieht: Von unten sehen unsere Lichter aus wie die leuchtenden Wurzeln von Bäumen, die sich weit und breit ausdehnen. Als ich mir das vorstellte, musste ich schmunzeln; aus dieser Perspektive sah jede von uns aus wie ein umgedrehter Weihnachtsbaum.

Auf der Erdoberfläche spannten sich unsere Lichter in alle Richtungen, jede Flamme ragte wie eine Kerze auf der größten vorstellbaren Geburtstagstorte empor. Es war aufregend zu sehen, wie diese Flammen überall auf der Erde waren, jede einzelne eine bestimmte Gegend erleuchtete und gleichzeitig Licht tief in der Erde verankerte. Was sie mir gezeigt hatten, ist eine weitere Möglichkeit, das Netz aus Licht zu verstehen. Und als die Großmütter damit fertig waren, die Flammen zu zeigen, die wir sind, schlug mir das Herz bis zum Hals, als sie sagten: »**Halte dich in Ehren. Du bist das Licht der Welt.**«

Slowenien war dramatisch und romantisch schön – wie eine kleine, freundliche Schweiz. Und Ljubljana war das perfekte Juwel einer Stadt. Im letzten Jahrhundert wurde es von dem Architekten Joze Plecnik, dessen Werk den Vorgaben der heiligen Geometrie folgte, wunderschön restauriert. Sophia, meine junge slowenische Freundin, führten Roger und mich durch ganz Ljubljana und zeigte uns, wie Plecnik den alten Kraft- oder Ley-Linien gefolgt war, als er die Straßen und Denkmäler der Stadt neu anlegte. Gemeinsam entdeckten wir auch einen vernachlässigten Standort der Schwarzen Madonna in einer Seitenstraße in der Altstadt und arbeiteten daran, diesen Kraftort zu reaktivieren. Das Treffen der Großmütter in Ljublijana war ein großer Erfolg, und nachdem wir wieder mehrere Monate zu Hause waren, erhielt ich eine Nachricht von Sophia, dass eine Frau um meine Erlaubnis bat, *Selbstermächtigung* ins Slowenische zu übersetzen.

»Jede von euch ist besser, bei weitem größer, als ihr wisst.«

Nachdem wir von unserer Balkanreise zurückgekehrt waren, reiste ich zu den Großmüttern, um ihnen dafür zu danken, dass sie uns zu einer solch wunderbaren Erfahrung verholfen hatten. In Kroatien haben wir einige gute Freunde gefunden, und in Montenegro haben wir Keka und ihre Familie liebgewonnen. Ich hatte überall nach schwarzen Madonnen Ausschau gehalten, dort Kerzen angezündet und die Großmütter und die Mutter dieser alten Stätten aufgerufen, sich in ihrer ganzen Kraft zu zeigen, um der Menschheit in dieser Zeit zu helfen. Wir erkundeten eine riesige Höhle in Slowenien, wo die Anwesenheit der Mutter spürbar war, fanden eine Schwarze Madonna auf der Insel Hvar und eine weitere in der ehemaligen Hauptstadt Montenegros. Die Reise war voller Möglichkeiten zum Arbeiten gewesen, und das hatte natürlich zu meinem Vergnügen beigetragen.

Als ich nun wieder zu den Großmüttern reiste, zeigten sie sich als große Vögel mit menschlichem Antlitz, und nachdem sie mich herzlich umarmt hatten, sagten sie: »**Erlebe unsere Flügel, wie wir dich bedecken. Wir haben dich von Beginn an so bedeckt, und wir werden es immer tun**«, sagten sie. »**Als wir anfingen, dich zu lehren, zeigten wir dir die Kraft der Flügel; wie diese Flügel nähren, umhüllen und erheben.**« Während sie sprachen, erinnerte ich mich daran, wie geliebt ich mich schon am ersten Tag gefühlt hatte, als sie mich mit ihren Flügeln umgaben, und wie aufregend es war, als sie mir die Spannweite meiner eigenen Flügel gezeigt hatten. »**Ja**«, sagten sie und nickten verständnisvoll, »**du hast immer gewusst, wie die Flügel – unsere, deine und andere – einen erheben und trösten.**

Aus der Kraft der Flügel entstand das Netz aus Licht.« Sie nickten, und als sie ihre Flügel spreizten und ihre Federn aufplusterten, dämmerte es mir: Das Lichtnetz war durch die liebevolle, nährende Kraft der Flügel wieder zum Leben erweckt worden; es war durch die Liebe aktiviert worden. »Großmütter«, sagte ich, »in gewisser Weise *ist* das Lichtnetz der allumfassende Flügel, nicht wahr? Er hüllt ein, nährt und hebt alles an, so wie es eure Flügel tun.« »**Ja**«, sagten sie, »**und wenn ihr alle eure Macht beansprucht, werdet ihr das Netz vergrößern.**

Ihr knüpft das Netz aus Licht schon seit vielen Jahren«, sagten sie, als sie mich von oben bis unten betrachteten, »**und das hat es sehr stark gemacht. Heute bedeckt das Lichtnetz die ganze Erde. Auf deiner letzten Reise durch die Länder des alten Jugoslawiens hast du, wo auch immer du warst, das Netz verankert.**« Ich blickte verwundert auf. Daran hatte ich nicht gedacht. Ich hatte mich gefragt, warum Roger und ich uns für drei Wochen zu diesem Teil der Welt hingezogen gefühlt hatten, aber mir war nicht klar, dass es etwas mit dem Lichtnetz zu tun hatte.

»**Du hast das Netz verankert. Erzähle das weiter. Alle müssen es hören, denn alle, die uns anrufen, tun dasselbe. Auch sie verankern das Netz**

aus Licht, das sollten sie wissen. Wir sagen euch, egal wo ihr seid, im In- oder Ausland, in dem Moment, in dem ihr das Göttliche anruft und unsere Liebe fühlt und diese Liebe von euch auf andere übergeht, verankert ihr das Lichtnetz. In diesem Moment segnet ihr die Erde«, sagten sie und lächelten mich aus ganzem Herzen an. »**Erkenne diese Wahrheit und halte dich in Ehren. Ehre deine Arbeit mit dem Göttlichen. Zu oft unterschätzt du dich und bist dir des Guten, das du tust, nicht bewusst.**« Ich schlug mir die Hand vor den Mund, als ich das hörte, mein Kinn bebte und mir kamen die Tränen.

»**Überall, wo du hingekommen bist, hast du Kraftplätze gesehen und sie gespürt, und du hast Orte der Verwundung gesehen und gespürt.**« »Ja«, nickte ich stumm. »**Du hast die Anwesenheit der Großen Mutter in der Höhle vor Ljubljana gespürt, und du hast die Nachwirkungen der Gewaltausbrüche in Bosnien und Kroatien gespürt. Du wirst zu einem fein abgestimmten Instrument**«, nickten sie, »**du nimmst den Zustand der Menschen und der Orte wahr, denen du begegnest.**

Das gilt für viele, die mit uns arbeiten, und wir möchten euch daran erinnern, auf dieses innere Wissen zu vertrauen. Je mehr ihr alle das Göttliche anruft, es vernehmt und um Führung bittet, desto klarer wird euer Bewusstsein. Die Arbeit, die ihr mit dem Göttlichen tut, baut sich mit der Zeit auf, und viele von euch sind auf dem Weg zur inneren Weisheit einen weiten Weg gegangen«, sagten die Großmütter. »**Wir bitten dich, den Ort zu ehren, an dem du heute stehst.**«

Als sie das sagten, dachte ich wieder an Keka, die wunderbare Frau, die wir in Montenegro besucht hatten. »**Ja**«, sagten die Großmütter und unterbrachen meine Gedanken, »**du hast Recht, wenn du glaubst, dass sie eine Heilige ist. Aber nimm dir einen Moment und erinnere dich an ihre Worte an dich; die Worte, die dich so schockiert haben.**«

Ich erinnerte mich. Wir fuhren in der Nähe von Mazedonien übers Land, wo wir die Grabstätte eines großen muslimischen Heiligen besucht hatten. Wir sprachen über heilige Menschen, und ich hatte gesagt, dass ich mir nicht sicher wäre, ob wir in Amerika irgendwelche Heiligen hätten. In meinem Land sprach niemand jemals von lebenden Heiligen. Als ich das sagte, sah mich Keka aus dem Augenwinkel an und fragte: »Kannst du wissen, dass du keine Heilige bist?« Darauf bezogen sich die Großmütter.

»**Jede von euch ist besser, bei weitem größer, als ihr wisst**«, sagten die Großmütter. »**Wir sprechen die Wahrheit. Ihr tragt in euch die Quelle der Weisheit, und wann immer diese Weisheit spricht, ›kennt‹ ihr die Wahrheit. Dies ist für euch der Ort, aus dem ihr leben sollt**«, nickten sie nachdrücklich, »**besonders in dieser Zeit. Die Quelle der Macht-gleich-Schönheit in euch lügt nie, also werdet ihr, wann immer ihr ihr folgt, Freude und Frieden erfahren.**

Jetzt«, lachten sie, »**geben wir dir einen kleinen Tip, damit du mehr aus deinem inneren Kern leben kannst. Du wirst die Stimme der inneren Weisheit – wo Schönheit-gleich-Macht in dir wohnen – durch ihre relative Stille erkennen. Diese Stimme streitet nicht, sie wird dich nicht manipulieren oder versuchen, dich von etwas zu überzeugen. Sie zeigt einfach die Wahrheit, gibt dir eine Idee, zeigt dir eine Richtung und ist dann still.**

Wann immer die Weisheit spricht, wird sich dein Körper wohlfühlen. Weisheit wird dich niemals Aufregung, Wut oder Angst empfinden lassen. Es ist der Verstand, der aufrührt, argumentiert und manipuliert, nicht die Weisheit«, sagten sie. »**Wenn man also aus diesem Ort der inneren Weisheit lebt, lebt man als das, was man einen Heiligen nennt. Das ist es, was deine Freundin dir sagen wollte.**

Jede von euch ist viel größer, als ihr denkt. Erwäge diesen Gedanken für eine Weile«, sagten sie und sahen mich mit erhobenen Brauen an, »**und sei bereit, deine innere Güte und Größe zu akzeptieren. Warum nicht?**« fragten sie. »**Es ist Zeit, deine eigene Schönheit-gleich-Macht anzunehmen. Das ist es, was jetzt gebraucht wird**«, sagten sie, und ihre Köpfe bewegten sich auf und ab. »**Dies ist eine heilige Zeit. Nutze sie gut und hab Freude an unserer Zusammenarbeit. Das**«, lachten sie, »**wie wir schon gesagt haben, ist Teil der Freude, mit uns unterwegs zu sein.**«

Auf dem Weg zurück in die Alltagswirklichkeit dachte ich darüber nach, was sie gesagt hatten: Wenn die Weisheit spricht, wird sich mein Körper wohlfühlen. Das stimmte, das wusste ich. Wenn ich mich nur daran erinnern könnte, dachte ich, könnte ich meinen Körper als meinen Führer nehmen. »Wenn es sich nicht gut anfühlt, ist es auch nicht gut«, sagte ich mir. Daran wollte ich mich erinnern.

KAPITEL 15

Dankbarkeit für die Welt, die dich liebt und in Liebe hält

»Ein Ort zum Ausruhen«

Bis zu diesem Zeitpunkt hatte ich die meiste Arbeit der Großmütter selbst getan, und das spürte ich jetzt allmählich. Ich war es leid, allein unterwegs zu sein. Mir wurde klar, dass ich nicht alles alleine machen, sondern die Arbeit mit anderen teilen wollte. Es war nicht mehr allein die Frage, wie *ich* ihre Botschaft leben könnte, sondern ich wollte wissen, wie *wir* ihre Botschaft leben könnten. Diese Veränderung vollzog sich über eine gewisse Zeit und wurde schließlich an dem Tag deutlich, an dem ich mich sagen hörte: »Kein Einzelkämpfer mehr, ich will Teil eines Teams sein.« Und kaum hatte ich das gesagt, nahm ich mir die Zeit, zu den Großmüttern zu gehen.

Ich sah, wie wirklich bereit ich für diese Veränderung war, als ich in die Obere Welt aufbrach. »Wow!« rief ich aus, als ich auf Adlers Rücken sprang, mich an ihm festhielt und ihn mit spielerischer Hingabe umarmte. Ich war Adler gegenüber immer reserviert gewesen; er hatte eine so ungeheure Würde, dass er mich einschüchterte, und so hatte ich immer etwas Abstand gehalten. Heute jedoch nicht; und als mir auffiel, wie ich mich benahm, dachte ich: »Wenn Adler lächeln könnte, würde er jetzt lächeln.«

Ich hatte meine Arme um ihn gelegt, ich sang, streichelte ihn und sagte ihm, wie wunderbar er war. Er schien jedes bisschen davon zu genießen. Als wir endlich im Tal der Großmütter ankamen, sah ich aus wie ein Cowgirl aus den 1940er Jahren. Ich schwenkte meinen Hut, als ich auf meinem buckelnden Adler-Bronco in die Mitte der Großmütter ritt – außer natürlich, dass der Adler nicht buckelte. Mit anderen Worten, als ich die Entscheidung traf, die Arbeit der Großmütter mit anderen zu teilen, war mir ganz schwindlig vor Freude. »Großmütter«, sagte ich, als ich von seinem Rücken rutschte, »ich möchte, dass diese Gruppe wirklich das Mutterschiff *ist.* Bitte zeigt uns, wie das geht.«

»**Wir freuen uns über deine Frage**«, sagten sie, und als ich erwähnte, dass ich auch bei den Schmerzen in meinem rechten Bein Hilfe brauchte, sagten sie: »**Lass auch das Teil der heutigen Arbeit sein.**« Ich sollte alles an sie übergeben, alles Teil unserer gemeinsamen Arbeit sein lassen.

»**Wenn ihr euch das nächste Mal trefft, werden wir unter euch wandeln, uns zwischen den Stühlen und Kissen bewegen, auf denen ihr sitzt, und alle von euch berühren. Wir werden diese Gruppe binden – die Gruppe, die sich bei dir zu Hause trifft, ist das Mutterschiff. Andere Leute werden auf dich schauen, um zu sehen, was unsere Arbeit bedeutet**«, erklärten sie, und während sie sprachen, begannen meine Gedanken vorauszueilen. Es wäre gut, dachte ich, wenn mir jemand mit dem Newsletter und der Website helfen würde. Und es wäre viel lustiger, Input von Leuten zu bekommen, als alles selbst herausfinden zu müssen. Als mir diese Gedanken kamen, beobachtete ich, wie die Großmütter ihren Weg durch die Versammelten bahnten, hier in ein Ohr flüsternd, dort jemandem auf den Kopf klopften oder Schultern und Rücken berührten. Ich lächelte, als ich das sah: »Ihre Liebe, die sich durch die Gruppe schlängelt«, sagte ich.

»**Sag allen Gruppenmitgliedern, sie sollen sich zu Hause fühlen, wenn ihr euch trefft.**« Die Großmütter würden uns dieses heimatliche Gefühl vermitteln. »Viele von euch suchen schon lange, um ihre innere Leere zu füllen, um einen Platz zu finden, der zu ihnen passt. Nun, das ist es«, sagten sie, und während sie sprachen, sah ich Puzzleteile an ihren Platz fallen. »Fühle, wie es ist, deine Wohnstatt gefunden zu haben.«

Jetzt beobachtete ich, wie das Puzzle in den Boden einsank, zuerst eine Schüssel wurde und dann etwas bildete, was wie ein Kiva aussah. »Ein Ort der Erneuerung, Wiederherstellung und wachsender Macht«, erklärten sie. »Wenn ihr euch austauscht, meditiert und gemeinsam singt, erschafft ihr eine Heimstatt, eine tief gegründete Heimstatt, und wir werden diesen Platz für euch halten. Wir haben ihn zur Verfügung gestellt und werden ihn für alle, die zu uns kommen, bewahren. Wohin ihr auch geht, wir werden bei euch sein, und wo immer ihr euch versammelt, werden wir diesen Platz für euch verankern. Jedes Mal, wenn ihr euch trefft, werdet ihr diesen Ruhepunkt erleben, diesen stillen Punkt.

Wenn ihr eine Sorge habt, etwas, das euch nicht in Ruhe lässt, lasst es in diesem Raum bei euch sein. Versucht nicht, es zu vertreiben, es zu bekämpfen oder es zu erklären, sondern lasst es sein. Wir bitten euch, es sein zu lassen, und richtet nicht eure ganze Aufmerksamkeit darauf. Bleibt an dem Platz, den wir für euch geschaffen haben, und lasst ihn bei euch sein. Alles und jedes ist an diesem Platz eingeschlossen«, sagten sie. »Hier werden alle umarmt.

Wenn es Schmerzen oder Ablenkungen in eurem Körper gibt, lasst auch das bei euch ruhen, willkommen sein und einbezogen. Dies ist ein Ort tiefer Ruhe, er dient zur Wiederherstellung und Integration. Sinkt in ihn ein, während wir euch festhalten und seine Kraft vergrößern. Er wird euch unterstützen und alles entfernen, was euch erschöpft, alles, was nicht ihr seid. Das ist der stille Punkt, euer Standpunkt des Seins«, erklärten sie.

»Wenn ihr an diesen Ort kommt, ist es Zeit zum Ausruhen. Und ihr habt keine Ahnung, wie viel in dieser sogenannten Ruhezeit vor sich geht«, lachten sie. »In eurer Kultur betrachtet ihr Ruhe als ein Ende der Aktivität. Als passiv. Passiv!« Sie schauten ungläubig und lachten erneut.

»**Als Gegensatz zu aktiv, was in eurer Kultur Gott ist.**« Hier schlugen sie sich gegenseitig auf den Rücken und konnten sich vor Lachen kaum halten. Als sie sich endlich wieder beruhigt hatten, sagten sie: »**Du hast keine Ahnung von der großen Arbeit, die im Ruhepunkt stattfindet.**

Erkundet, was während dieser Zeit der Ruhe passiert«, sprachen sie mit einem Nicken. »**Es gibt Welten auf der Zellebene eures Körpers, und wenn ihr wirklich ruht, öffnet ihr euch und erkundet diese Welten. Beobachtet euren Körper, wenn ihr euch nach innen wendet, die Schwingung im Inneren und die Bewegung eures Atems. Aber**«, sagten sie, »**wenn euer Verstand erregt ist, werden wir euch diese Erfahrung nicht vermitteln können. Wenn wir versuchen würden, zu einer solchen Zeit mit euch zu arbeiten, würde euer Verstand losrennen, und ihr würdet nichts lernen.**

Wir vertiefen jetzt das Yin und eure Verbindung mit ihm. Ihr werdet davon profitieren, und alles Leben wird davon profitieren. Die Fäden der Schöpfung, von denen einige ausgefranst und gebrochen sind, werden jetzt repariert, während dieses Einsinken und Vertiefen stattfindet. Wann immer ihr euch zur Ruhe bettet, erinnert euch an unsere Worte und vergesst sie nie. Ah«, seufzten sie, »**ja, es ist Zeit für Integration.**

Lasst euren Körper führen, während ihr ihm folgt und ihn erkundet. Es ist schließlich nur die Überheblichkeit eures Verstandes, die euch daran hindert, diese Erfahrung zu machen. Der Verstand, der euch sagt: ›Ich denke, also bin ich‹«, lachten sie. »**Obwohl viele diese Maxime als unumstößliche ›Wahrheit‹ betrachten, spricht daraus doch nur der Verstand. Euer Wesen ist viel größer als bloßes bewusstes Denken. Bewusstes Denken ist nur ein Aspekt des Denkens. Ihr vertieft euch jetzt in Weisheit, und Weisheit geht weit über das bewusste Denken hinaus. Lasst euch vertiefen.**«

Sie schwiegen, und in der Stille dachte ich darüber nach, was sie gesagt hatten. Es war so viel. Was sie »die Fäden der Schöpfung, die ausgefranst und gebrochen sind« nannten, kann wieder zusammenwachsen, wenn wir wirklich ausruhen. Das klang wie das hermetische Prinzip. (Wie oben, so unten, wie unten, so oben.) Ich verstand es so: Wenn wir eine

Veränderung im Mikrokosmos (unserem Selbst) vornehmen, würden wir den Makrokosmos (die Welt) beeinflussen. So wäre das tiefe und achtsame Ruhen, für das sie sich einsetzten, gut für den Planeten!

Ich verstand, dass das bewusste Denken nur ein Aspekt des Denkens ist. Meine Erfahrung mit den Großmüttern hatte mich gelehrt, dass meine wertvollsten Erkenntnisse *nie* aus meinem bewussten Verstand kamen, sondern von einer anderen Ebene, und dass sie mich jedes Mal überraschten.

Sie sahen zu, wie sich die Rädchen in meinem Kopf drehten und lächelten nachsichtig. »Danke, Großmütter«, sagte ich, »danke. Es wird eine Weile dauern, bis ich alles, was ihr heute gesagt habt, integriert habe, aber danke, das war auf jeden Fall einmal ein guter Anfang.«

Sie lächelten breit und nickten. »**Wenn ihr zusammenkommt, um unsere Botschaften zu studieren und unsere Ermächtigung weiterzugeben, ist das eine Zeit der Freude, eine Zeit des Empfangens. Viel Spaß mit dieser Arbeit. Jedes Mal, wenn ihr euch zu diesem Zweck zusammenfindet, vertieft ihr eure Verbindung mit dem Göttlichen.**« Sie hielten inne und sahen mich nachdenklich an. »**Und am Ende werden alle Vorstellungen der Trennung vom Göttlichen dahinschmelzen. Dann werdet ihr erkennen: Oh, ich bin die Großmütter und die Großmütter sind ich. Das wird passieren.**«

Ich sah sie mit großen Augen an. »Ich bin die Großmütter und die Großmütter sind ich?« sagte ich und konnte kaum glauben, was sie sagten. Ich wartete darauf, dass sie es näher erläuterten, aber als sie wissend lächelten und still blieben, verstand ich, dass unsere gemeinsame Zeit vorbei war. Ich dankte ihnen und wandte mich zum Gehen, aber als ich mich umdrehte und ihnen noch einen Blick zuwarf, lachten sie. Mit einem schelmischen Ausdruck winkten sie auf Wiedersehen und warfen mir diesen wissenden Blick zu mit dem sie sagten: »Ganz schön gut, was?«

Ihre Abschiedsworte »Ganz schön gut, was?« hingen mir noch lange nach. Ihr Blick sagte: »Ist es nicht an der Zeit, dass du deine eigene Göttlichkeit annimmst?« Ich wusste nicht, was ich damit anfangen sollte. Von Beginn an hatten sie mir gesagt, dass sie nicht angebetet werden wollten, sondern dass wir mit ihnen eins sind. Ich wusste, dass sie Recht hatten, und das war es auch, was ich wollte, aber irgendwie konnte ich mich immer noch nicht ganz darauf einlassen. Ich dachte, es müsste meine frühe Konditionierung sein. Ich hatte gelernt, Gott *dort oben* anzubeten, und rang immer noch darum, meine eigene Göttlichkeit anzunehmen. »Es ist gut«, sagte ich, »dass die Großmütter so geduldig sind. Es dauert seine Zeit.«

Ein paar Tage später fragte ich mich: »Was ist wohl nötig, damit ich meine religiöse Konditionierung endlich loslasse und die Wahrheit anerkenne?« Während ich darüber nachdachte, ging ich auf die hintere Veranda, und ein Kolibri flog auf mich zu, fast stieß er mit mir zusammen. Und er tat es mit Absicht. Ich keuchte und schreckte zurück, und als er ein paar Sekunden lang vor meinem Gesicht surrte, erinnerte ich mich, dass der Kolibri das Totem der Freude ist. Da war sie, die Antwort auf meine Frage: Die Freude, die ich bei den Großmüttern fand, würde mich aus der Vergangenheit in die Gegenwart holen.

»Du bist unsere Botschaft.«

Ich machte mir darüber Gedanken, was zu tun war, um ein stärkeres Großmütterteam zu bilden, und wie die Frauen ermutigt werden konnten, mehr Verantwortung für die Arbeit der Großmütter zu übernehmen. Dies war eine völlig neue Art zu arbeiten, denn alle, auch ich, waren es gewohnt, die Bürde allein zu tragen. Es war von Anfang an so gewesen, und diese Arbeitsweise war sinnvoll, als nur wenige von uns an der Verbreitung der Botschaft beteiligt waren. Aber jetzt, da wir Tausende waren und sich Gruppen auf der ganzen Welt bildeten, brauchten wir ein anderes System. Auf der vorherigen Reise zeigten mir die Großmütter, wie sie diese Gruppe miteinander verknüpften, aber wie, fragte ich mich, könnten wir diese Entwicklung voranbringen? Anleitung. Ich brauchte mehr Anleitung.

Als ich das nächste Mal zu ihnen ging, fand ich sie zusammenstehen, in langen Kleidern und mit bunten Schals, und sobald ich vor sie trat, sprachen sie: »**Wir haben uns gefragt, worauf du gewartet hast.**« Erschrocken von ihrer Bemerkung, blinzelte ich und schüttelte den Kopf. Als ich ein Geräusch hörte, blickte ich auf und sah eine Gänseschar, die ein riesiges V bildete, als sie über den Himmel flog. Ihr Muster war so perfekt, dass sie wie ein Pfeil im Flug aussahen. Die Flügel im Gleichtakt, flogen die Gänse immer weiter und weiter, und als die Anführerin müde wurde, den Wind für die Gruppe zu brechen, fiel sie zurück und eine andere bewegte sich an die Spitze. Ihr Rufen wurde schwächer, als sie hinter dem Horizont verschwanden.

Als die Vögel fort waren und wieder alles ruhig war, sah ich die Großmütter fragend an. Sie kräuselten die Lippen und nickten entschieden. »Zeigt ihr mir, wie es in der Großmüttergruppe zugehen muss?« fragte ich. »Zusammenarbeiten und einander ablösen?« Wieder nickten sie und sagten: »**Es bleibt keine Zeit zu zaudern. Jetzt ist die Stunde, vorzutreten und sich zu fragen, was er oder sie tun kann**«, erklärten sie. »**Es ist Zeit zu fragen: ›Wie kann ich diese Botschaft leben?**‹« Dann wandten sie sich an mich und sagten: »**Frag das jetzt.**«

»Ja, Großmütter, okay«, stotterte ich und schloss schnell die Augen. Und als ich die Frage stellte, hörte ich: »**Vertraue und geh vorwärts. Und wenn du das getan hast, dann vertraue und gehe wieder vorwärts.**« Alle Großmütter lächelten. »**Ihr alle müsst die Frage stellen: Wie kann ich die Botschaft der Großmütter leben? Wie kann mein Leben diese Botschaft widerspiegeln? Und sobald ihr das gefragt habt, ist die nächste Frage: ›Was hindert mich daran, die Botschaft jetzt zu leben?**‹«

Wieder wandte ich mich nach innen und fragte mich, was mich daran hinderte, ihre Botschaft jetzt zu leben. Als Antwort kam »Angst«, und ich fühlte ihre Kälte, als sie wie eine Kobra hinter meinem Rücken lauerte. Die Großmütter nickten: »**Dann frage: Wie fühle ich mich damit, dass ich daran gehindert bin, diese Botschaft zu leben?**« »Ich bin es leid«, antwortete ich. »Ich habe es satt und brenne darauf, voranzukommen.« Als ich die Worte sprach, hätte ich schwören können, in mir einen Jubelschrei zu vernehmen.

»**Bitte uns, dir zu zeigen, wie dein Leben ohne diese Behinderung aussehen würde**«, sagten sie, neigten ihre Köpfe und sahen mich von der

Seite an. Ich horchte auf, als ich das hörte; es gefiel mir, Angst als Behinderung zu betrachten. Ihre Worte hatten das Problem auf seine wahre Größe reduziert. »Okay«, sagte ich, atmete tief durch und fragte: »Wie wäre mein Leben ohne die Behinderung der Angst?«

Sofort sah ich mich beim Eislaufen wie ich über das Eis flog, sprang, mich drehte und voll Freude dahinglitt. Als ich über die gefrorene Fläche dahinraste, überliefen mich Freudenschauer. »**Mutig**«, sagten die Großmütter und warfen ihre Köpfe zurück, »**vielleicht sogar kühn. Großzügig und freudig**«, sagten sie, »**vorwärtsgleitend mit dem Strom, der sich nur vorwärtsbewegt.**« Als ich sie das sagen hörte und mich Schlittschuh laufen sah, hörte ich mich einen tiefen Atemzug tun, ein Jauchzen bis in die Tiefe meiner Seele.

»**Jetzt ist es Zeit. Worauf wartest du noch? Tritt vor. Gesehen werden, gehört werden, beachtet werden. Sei geliebt**«, sagten sie, als sie meine Hände in ihre nahmen. »**Lass dein Licht leuchten.**« Und als sie mir in die Augen schauten, sagten sie: »**Sag der Welt, dass wir hier sind. Wenn andere dein tiefes Vertrauen bemerken, wenn sie sich über dich wundern und wissen wollen, was dir die Kraft gibt, dann erzähle ihnen von uns. Wir sind für alle da.**

Lass dies das Thema eines Workshops sein. Es ist an der Zeit, dass ihr alle heraustretet und unsere Botschaft lebt. Ihr seid unsere Botschaft«, sagten sie, und als sie das sagten, wusste ich, dass sie zu allen sprachen, die an dieser Arbeit beteiligt sind. »**Wir ziehen jetzt, wie man so schön sagt, die Samthandschuhe aus, also tretet vor und zeigt, dass man auf euch zählen kann.**« »Großmütter«, rief ich, meine Stimme vibrierte vor Freude, »das ist großartig!« Da lachten sie, schauten mir in die Augen und sagten: »**Du bist großartig.**«

»Du wirst die Energie der Shakti verbreiten, das weibliche Prinzip.«

Ich fühlte mich, als hätte ich meine Marschbefehle erhalten. Ich war voller Begeisterung, und mir kam immer wieder eine Großmütterversammlung in den Sinn. Wäre es nicht wunderbar, wenn die Frauen, die Gruppen leiten, sich treffen und austauschen würden? Wir könnten wahrscheinlich etwa vierzig von ihnen in meine Praxis quetschen, so dass wir keinen Saal mieten müssten. Wir könnten ein paar Tage zusammen verbringen, einander kennenlernen, Ideen austauschen und über die Auswirkungen der Großmütter auf unser Leben sprechen. Die Gruppenleiterinnen der Großmütter lebten über das ganze Land verstreut, und die meisten von uns hatten sich noch nie gesehen, so dass ein Treffen wie dieses allen die Möglichkeit geben würde, Verbindungen zu knüpfen, und unsere Fähigkeit stärken würde, die Botschaft der Großmütter zu leben.

Als mir die Idee kam, konnte ich es kaum erwarten, damit zu den Großmüttern zu gehen. »Großmütter, ich möchte euch fragen, wie ihr ein Gipfeltreffen finden würdet«, sagte ich, als ich vor sie trat, und ich hatte die Worte kaum ausgesprochen, als ich sie vor Aufregung auf und ab hüpfen sah. Und natürlich heizte ihre Aufregung meine eigene ziemlich an. »Großmütter«, sagte ich schließlich und bemühte mich, am Boden zu bleiben, »es ist für einige dieser Frauen eine weite Reise. Werden sie kommen?« »**Viele werden kommen**«, versicherten sie mir, »**und es wird eine bereichernde Zeit für euch alle sein.**«

»Erzählt mir davon, Großmütter. Was wird aus dieser Versammlung erwachsen?« »**Verwandtschaft**«, antworteten sie, »**Verbindung, Freude, Begeisterung und Engagement. Du wirst die Energie der Shakti (des weiblichen Prinzips) verbreiten; euer Zusammentreffen wird den Funken entzünden. Ihr werdet auch das Lichtnetz verstärken. Nach dieser Versammlung wird es mehr Macht und Licht im Netz geben.**«

Ich trug die Idee unserem Kreis in Laguna Beach vor, und alle waren begeistert. Viele Freiwillige würden Auswärtige bei sich aufnehmen, beim Transport und bei der Verpflegung helfen und was sonst noch getan werden musste. Wir arbeiteten als Team. Kate meldete sich freiwillig, für uns zu kochen, und wir ließen bei jedem Treffen unseres Kreises ein Glas herumgehen, um Geld zu sammeln. Kurz vor der Großmütterversammlung zählten wir, was wir gesammelt hatten (es waren 1046 Dollar), und brachten es ihr, damit sie Essen für die Veranstaltung kaufen konnte. Sie hatte uns nicht gesagt, wie viel sie brauchte, aber das war es, was wir hatten. Und bevor wir ihr sagen konnten, wie viel wir gesammelt hatten, sagte sie: »Mensch, ich hoffe, ihr habt genug. Ich brauche 1046 Dollar.« Man hätte eine Stecknadel fallen hören können. Sie konnte nicht verstehen, warum wir mit offenem Mund dastanden, aber als wir ihr sagten, dass dies *genau* der Betrag sei, den wir gesammelt hatten, holte sie tief Luft. »Es sind die Großmütter«, sagte sie, und wir nickten zustimmend.

Wir veranstalteten das erste »Gathering of the Grandmothers« im Mai 2007, und es kamen sogar Frauen aus England. Meine Praxis reichte gerade für uns 46, und wir verbrachten drei herrliche Tage zusammen und vertieften unsere Verbindung zueinander und vor allem zu den Großmüttern. An unserem letzten Nachmittag, als wir meditierten, erschien uns in der Mitte unseres Kreises die Gottesmutter. Einige von uns sahen sie, und wir alle spürten, wie die Kraft ihrer Gegenwart die Erde erbeben ließ. Sie segnete uns, und mit freudigem Herzen nahmen wir uns vor, uns im nächsten Jahr wieder zu treffen.

»Es kommt etwas Gutes.«

Nach der Großmütterversammlung kehrte wieder Normalität ein, und für eine Weile lief alles reibungslos. Ich malte, arbeitete in Ton, behandelte Klienten und verbrachte Zeit mit meinem Mann und meinen Freunden. Ich konnte nicht klagen, doch obwohl meine persönliche Welt ein glücklicher Ort war, war ich mir des Leidens um mich herum schmerzhaft bewusst. Ich hatte einmal einen großen spirituellen Lehrer sagen hören: »Menschen und Tiere leiden, hungern und sterben – wie kann man schlafen?« Und jetzt verstand ich, was er meinte. Aus welchem Grund auch immer, aber solange es in der Welt Leiden gab, konnte ich mich nicht in mein Privatleben zurückziehen und mich dem Schmerz entziehen.

Noch einmal reiste ich zu den Großmüttern, um sie zu bitten, meine oder unsere Aufgabe in der heutigen Zeit zu klären, in der so viel im Umbruch ist. »Es gibt jetzt viele Schwierigkeiten, Großmütter«, sagte ich, wobei ich natürlich untertrieb. »Wie soll ich schlafen, wenn andere es nicht können. Bitte sprecht mit mir über diese Zeiten, damit ich wieder Mut fassen kann«, bat ich. »**Ja**«, sagten sie und nickten. Sie mochten diese Frage, vor allem den Teil über das Mutfassen.

Sofort zeigten sie mir etwas, das wie übereinandergestapelte Kisten oder Bauklötze aussah. Ich schaute sie mir an und bemerkte, wie einige von ihnen leicht schwankten, als sie sich aneinander rieben, während andere sich kräftiger bewegten, so dass einige Klötze umfielen. »**Du glaubst, wenn etwas existiert, dann ist es von Dauer**«, sagten die Großmütter und zeigten auf die gestapelten Klötze. »**Ein Geschäft, eine Bank, ein Staat, ein Zuhause. Weil es da ist, glaubt man, dass es lange hält. Gebäude, Institutionen und Denkschulen sind nicht dauerhafter als die Kisten, die gerade umgefallen sind. Was dauerhaft ist, ist das, was unter ihnen allen liegt, was unter den Gebäuden liegt, unter den Institutionen, politischen Parteien, finanziellen und religiösen Einrichtungen. Was dauerhaft ist, ist das, was darunter liegt**«, wiederholten sie. »**Alles andere ist flüchtig und wird kommen und gehen. Wie es immer gekommen und gegangen ist.**

Wir wissen, dass diese Zeit des Wandels dir Angst macht.«« Ja, Großmütter«, sagte ich, »das tut sie. Und sie macht vielen Menschen Angst.« »**Das verstehen wir**«, sagten sie. »**Du weißt nicht, woran du dich festhalten oder an was du glauben sollst, jetzt, da es so viele Umbrüche in der Welt gibt. Aber deine Herzverbindung mit uns und eure untereinander ist dauerhaft. Die liebevollen Verbindungen, die ihr hergestellt habt – Fürsorge, Verständnis, gegenseitiges Halten und eure Liebe zu uns – sind für immer**«, sagten sie und öffneten ihr Arme weit. »**Denn sie entspringen der Liebe und sind daher wirklich.**

Die Zeiten des Wandels, die jetzt auf euch zukommen, wurden vorhergesagt. Du weißt das, aber du vergisst«, sagten sie, ihre Köpfe schwangen auf und ab. »**Die Ablenkungen der Welt lassen dich vergessen, dass alles im Leben in Veränderung ist. Du bist nicht mehr dieselbe wie damals als Baby oder dieselbe, die du in zwanzig Jahren sein wirst. Immer wirst du vom Fluss des Lebens mitgenommen**«, sagten sie, und die zeitlose Poesie ihrer Worte ließ mich schlucken. »**Ein Fluss fließt**«, sagten sie, »**er ist kein**

stehender Teich. Damit etwas Neues entsteht, muss das Alte Platz machen. Alte Institutionen und Denkweisen fallen, so kann das Wirkliche und Unveränderliche in den Mittelpunkt rücken.«

»Großmütter«, fragte ich, »wie können wir angesichts dessen, was ihr gesagt habt, die Stürme dieser Zeit überstehen?« Sie betrachteten mich eingehend und sagten: »**Obwohl es schwierige Zeiten sind, wirst du vom Fluss des Lebens mitgenommen, geschubst und dorthin gebracht, wo du sein musst.**

Etwas Größeres kommt bald; es ist bei weitem größer und besser als alles, was du bisher kennst. Eine neue Art zu sein«, sagten sie und standen hoch aufgereckt. »**Das alte Festhalten, die Gier, die Angst und das Rasen von Sensation zu Sensation werden verschwinden. Sie sind zu morsch und können dem Fluss des Lebens nicht widerstehen**«, erklärten sie. »**Alles, was sich dem Fluss des Lebens nicht überlassen und in ihm aufgehen kann, muss verschwinden.**«

»Was können wir tun, um mit diesen Veränderungen zurechtzukommen?« fragte ich. »Es ist so viel in Bewegung, dass es schwer ist, irgendwo Fuß zu fassen.« »**Wende dich der Liebe in deinem Herzen zu, und wenn es schwierig wird, werden wir in dir sein und dich festhalten. Wann immer die Angst sich zeigt, ruf uns an. Was ist Angst überhaupt, außer dem Wunsch, sich an künstliche Gebilde einer vergangenen Zeit zu klammern? Rufe uns also an und lasse dich von uns festhalten. Wir werden es tun**«, verkündeten sie und lachten, bis auch ich endlich in ihr Lachen einfiel. »**Und wenn du schon dabei bist: Gebt euch bei jeder Gelegenheit gegenseitig eure Liebe.**

Es kommt etwas Gutes«, wiederholten sie. »**All die Veränderungen und Umbrüche, die du siehst, sind nicht vergeblich. Sie machen Platz für das Neue. Du erinnerst dich vielleicht nicht daran, aber du hast dich entschieden, in diesen Zeiten geboren zu werden. Du hast dich entschieden, Teil dieser Arbeit mit uns zu sein. Ganz gleich, wie ungestüm das Wetter ist, du wirst es schaffen, diese Wellen der Veränderung zu reiten; du wirst sie sogar mit Leichtigkeit reiten**«, sagten sie mit einem Lächeln. »**Und wir werden dich durch all das hindurch halten und mittragen.**

Alle von euch, die unsere Botschaften lesen und sich treffen, um unsere Arbeit zu tun, sind für diese Zeit geboren. Wir bitten dich, dich jetzt daran zu erinnern, die Angst loszulassen und stattdessen in Verbindung zu treten und in deine Größe zu gehen. Nimm dein weites Herz an, dein Herz, das jeden Tag größer wird, das immer mehr liebt. So ist es, daran möchten wir dich erinnern, wie wir dich lieben.

Fühle uns, wie wir dich jetzt im Netz halten, das die Erde trägt und dich trägt«, sagten sie, und als ich aufseufzte, fühlte ich plötzlich, wie ich in einer großen leuchtenden Hängematte schaukelte. »Es ist das Netz aus Licht«, sagte ich mit ehrfürchtiger Stimme, als ich es unter mir spürte und wie es mich umgab. Dann winkten die Großmütter zum Abschied und schaukelten das Netz, so dass ich mit einem Schwups zu Hause war. »Wo ist jetzt die Angst?« fragte ich mit den Worten der Großmütter. »Na, wo denn?« Ich kicherte vor mich hin.

»Dies ist das Lichtnetz, das die Erde durch diese Zeiten des Wandels tragen wird.«

Obwohl es verschiedene Namen hat – Netz, Gewebe, Gitternetz oder Netzwerk – arbeiten viele nun mit dem Lichtnetz, um die Erde zu unterstützen. »**Dies ist das Lichtnetz, das die Erde durch diese Zeiten des Wandels tragen wird**«, sagen die Großmütter, und da dies die Zeiten sind, in denen wir leben, habe ich sie gefragt, was wir tun können, um die Kraft im Lichtnetz zu verstärken.

Kaum hatte ich die Worte gesprochen, sagten die Großmütter: »**Komm mit uns**«, und nahmen meine Hand. Zusammen schwangen wir uns auf und segelten über die Erde, so hoch, dass ich die Krümmung unseres Planeten, seiner Ozeane und großen Landmassen sehen konnte. Als ich nach unten blickte, sah ich das Lichtnetz in die Erde eindringen; es bedeckte alles und durchdrang den Erdkörper und breitete sich sowohl horizontal als auch vertikal wie ein Gitter aus. An manchen Stellen war es schwach und schwer zu erkennen, und ich bemerkte, dass dies besonders in Teilen der nördlichen Hemisphäre so war.

Ich schaute auf die südliche Hemisphäre, um zu sehen, ob es dort genauso war, aber im Süden war es eine andere Geschichte. In Afrika und im Mittleren Osten war das Netz zerrissen und lag wie eine offene Wunde da. Kaum sah ich es, überkam mich die Trauer wie eine Welle. »Großmütter«, sagte ich, »ich kann nicht aufhören zu weinen; ich weiß nicht, warum es so verheerend ist, aber was ich sehe, ist schrecklich.« Ich konnte die Risse im Lichtnetz spüren, als wären sie in meinem eigenen Körper, und der Schmerz war unerträglich.

Die Großmütter hüllten mich in ihre Flügel und sagten: »**Wir lehren dich durch Erfahrung, damit du den Wert und das Wesen des Lichtnetzes erkennst. Wir wollen nicht, dass du leidest, aber es ist wichtig, dass du die Natur und den Sinn des Netzes begreifst.**« »Ja, ja, Großmütter«, sagte ich, »ihr habt Recht. Erklärt es mir. Ich will lernen, ich will lernen.«

Sie hielten mich und sagten: »**Das Lichtnetz war an einigen Stellen der nördlichen Hemisphäre kaum zu sehen, weil die Menschen, die in diesen Gegenden leben, nichts von ihm wissen und es nicht zu würdigen wissen. Sie arbeiten nur mit ihrem Verstand und haben noch nicht gelernt, wie man mit beidem arbeitet: mit Verstand und Herz. Deshalb war das Netz dort schwach.**«

Dann erklärten sie, warum ich so heftig geschluchzt hatte, als ich in Afrika und im Mittleren Osten die Risse im Netz gesehen hatte. »**Alles ist eins**«, sagten sie und suchten in meinem Gesicht, ob ich verstanden hatte. »**Durch das Lichtnetz siehst, fühlst und erkennst du den Schmerz und die Freude der anderen. Du lebst nicht als Insel – und du kannst es auch nicht (egal, wie sehr du es versuchst).**« Sie sprachen mit großem Ernst und sagten: »**Du hast den Schmerz dieses Landes gespürt, weil es dein Schmerz ist.**« Ich schaute sie an; meine Augen waren groß und hingen an ihren Lippen.

»**Kehre jetzt zu deinem Herzen zurück**«, sagten sie, »**und vereinige dich mit allen, die mit dem Lichtnetz arbeiten – wie auch immer sie es nennen.**« Ich tat wie geheißen und sah sofort, dass es einfach verschiedene Namen für die gleiche Sache waren. Das Lichtnetz ist ein Muster, ein Netz, ein Gewebe oder ein Gitter der Liebe. Es *ist* Liebe. Sie verankert, trägt und durchdringt alle und alles auf der Erde. Einige Minuten lang blieb ich ganz in meinem Herzen und ließ das Lichtnetz seine Arbeit tun, und dabei verlangsamte sich meine Atmung, und die Anwesenheit von Yin in mir schwoll an, bis ich nur noch Frieden fühlte.

Nun wurde mir bewusst, dass das Netz in jeder Zelle meines Körpers vorhanden ist. Ein engmaschiges Lichtmuster leuchtet in mir. Als ich mich auf dieses innere Lichtnetz konzentrierte, wurde mir klar, dass es sich verstärkte, nicht nur in mir, sondern ebenso an anderen Orten. Ich warf den Großmüttern einen verwirrten Blick zu, die über meine Überraschung lachten. »**Es ist die alte Redewendung: Wie oben, so unten, wie innen, so außen.**« Stumm staunte ich, als das Lichtnetz in meinem Körper zu wirken begann und die Tränen um das zerrissene Netz in Afrika trockneten. Doch dann weinte ich erneut, aber diesmal vor Glück.

Die Großmütter zeigten mir, wie alles in meinem Haus vom Lichtnetz durchdrungen ist. »**Am einfachsten für dich ist, es in den Lebewesen in deinem Haus zu beobachten –in den Tieren und Pflanzen und im Holz, zum Beispiel. Aber wie du mit allem in deinem Haus lebst, damit umgehst und es liebst, werden auch die Kunststoffe und andere vom Menschen geschaffene Dinge in der Gegenwart des Lichtnetzes erwachen.**

Das gilt für alles – für Hochhäuser, für Autobahnen, Terminals, U-Bahnen, Fabriken und andere menschengmachten Gebilde. Auch sie werden vom Lichtnetz gehalten. Vielmehr«, korrigierten sie sich, »**wartet das Netz aus Licht in ihnen, bereit, sie einzuhüllen und zu durchdringen. Wenn du also diese Orte siehst oder an sie denkst, erkenne, dass sie gleichfalls vom Lichtnetz gehalten werden und von ihm durchdrungen sind. Gewinne die Heiligkeit deiner Erde zurück!**« riefen sie. »**Gewinne alle und alles auf der Erde zurück.**«

Dann sahen sie mich nachdenklich an. »**Auch bei Menschen, die dir grausam erscheinen, verwirrt oder geistesgestört, musst du das Lichtnetz in ihnen erkennen. Tue ihnen diesen Gefallen. Auch die Politiker und anderen Menschen, die Einfluss auf eurem Planeten haben, werden vom Netz aus Licht durchdrungen und gehalten.**« Sie begannen zu kichern und sich gegenseitig anzustoßen. »**Tue ihnen und deiner Welt einen Gefallen**«, sagten sie, »**indem du das Lichtnetz auch in ihnen ehrst.**

Rufe das Lichtnetz an alle hässlichen, verschandelten und zerstörten Orte der Erde. Es liegt da und wartet darauf, erkannt zu werden. Das Lichtnetz bedeckt und durchdringt eure Welt. Erkenne und würdige es, wohin du auch gehst. Denke an das Lichtnetz – überall. Es wartet darauf, erkannt zu werden.

So könnt ihr das Werk des Lichtnetzes vergrößern. So kannst du der Erde helfen. Und das ist die Antwort auf deine Frage«, sagten die Großmütter und »Oh!« antwortete ich. Ich war so vertieft in das, was sie mir sagten, dass ich vergessen hatte, dass dies die Frage war, die ich ihnen gestellt hatte.

»Es gibt jetzt mehr Liebe.«

Es war jetzt fast Sommer, und ich würde bald zum zweiten Mal nach Litauen reisen, von Stadt zu Stadt, und dann weiter nach Holland zu einem Großmüttertreffen in Den Haag. Roger würde diesmal mitkommen, und zusammen würden wir Freunde in Delft besuchen und dann mit einer niederländischen Gruppe zu Mutter Meera reisen, der großen indischen Heiligen in ihrem Ashram in Deutschland. Als der Tag der Abreise näherrückte, beschloss ich, mich zu den Großmüttern zu begeben, um nach dieser Reise zu fragen.

»Ich fahre in zwei Wochen los, um eure Botschaft nach Litauen und in die Niederlande zu bringen, Großmütter«, sagte ich. »Bitte führt mich und sagt mir, wie ich das Beste aus dieser Reise machen kann.« Sie waren diesmal in menschlicher Gestalt und lächelten strahlend, als ich meine Frage stellte. »**Für die Frauen, die in den Niederlanden mit uns gearbeitet haben, wird es eine große Freude sein, dich dort zu haben. Deine Anwesenheit wird sie in der Arbeit festigen, die sie mit uns machen, und sie werden das Zentrum oder den Ausgangspunkt für die Verbreitung unserer Botschaft in diesem Teil der Welt bilden. Diese Zusammenkunft wird ihnen helfen, an Vertrauen und persönlicher Verbindung mit uns zu gewinnen. Sie haben bereits eine gute Grundlage geschaffen; dein**

Besuch wird ihnen einfach mehr geben, womit sie bauen können. Das ist gut«, lächelten sie, »**das ist sehr gut.**«

Dann zeigten sie auf die Niederlande, und ich sah, wie sich die Arbeit der Großmütter von Delft ausbreitete und sich scheinbar rechtwinklig bewegte, und als ich zusah, bemerkte ich, dass das so entstandene Muster fast architektonisch war. Es bildete die Form eines Baumes, aber keines natürlich aussehenden Baumes. Die Äste dieses Baumes wuchsen rechtwinklig, verliefen parallel zum Boden und wandten sich dann direkt nach oben. Das Muster, das ich sah, hatte mit der Art und Weise zu tun, wie dieser Teil der Welt verbunden ist. Er ist in Winkeln gemustert, und also wird sich die Arbeit auf diese Weise ausbreiten. Auf diese Weise haben sich Information und Handel dort immer verbreitet – entlang der Deiche und die Straßen nach den Deichen. »Es ist sehr ordentlich«, sagte ich, als ich sah, wie es sich ausbreitete.« ***»Es ist sehr holländisch«,*** lachten die Großmütter beglückt, und ich konnte sehen, wie sehr sie diese holländischen Frauen liebten.

Ich beobachtete, wie die Botschaft der Großmütter durch die gesamte Tiefebene ging – durch Belgien und darüber hinaus –und sich durch ein Netzwerk bewegte, das von Straßen und Deichen gebildet wurde. Und als ich sah, wie es floss, scharf abbog und dann wieder floss, empfand ich große Zufriedenheit. So war es in diesem Teil der Welt, und so sollte es auch sein. »Großmütter«, fragte ich, »gibt es noch mehr, was ihr mir darüber sagen wollt, wie ich eure Botschaft in die Niederlande bringen soll?« Mit einem wissenden Blick sagten sie lächelnd: »**Sie werden blühen.**« Sofort kamen mir Tulpen in den Sinn. Ich sah sie kichern und sagte: »Großmütter, Großmütter«, als ich vor Vergnügen den Kopf schüttelte. Sie lassen nie eine Gelegenheit zum Lachen und Scherzen aus.

Als nächstes fragte ich nach Litauen. Dies wäre meine zweite Reise in dieses Land. »**Ahhh, Litauen**«, sagten die Großmütter, sie rollten das Wort auf der Zunge, und sofort spürte ich, wie anders die Energie dort war. Die Landschaft hatte kurvenreiche Linien, und es gab eine wellenförmige, hebende Bewegung in der Erde. »**Die Arbeit in Litauen wird dir diesmal leichtfallen, denn die Grundlagen dafür sind bereits gelegt. Viele Wege**

der Liebe wurden geöffnet, als du letztes Jahr dort warst. Jetzt werden sich diese erweitern, so dass mehr Liebe einströmen und das Land mit Liebe tränken kann.«

Sie zeigten mir dann die Große Mutter, die dort im Land saß und den Raum hielt, und ich bemerkte, dass sie sehr glücklich aussah. **»Die Besuche in den Niederlanden und Litauen werden ein Segen für dich und für viele sein«**, sagten die Großmütter. **»Unsere Botschaft wird diesen Gegenden mehr Freude und Frieden bringen und Freude und Frieden in den Großmüttergruppen überall säen.**

Liebe baut sich auf. Das Großmüttertreffen in Kalifornien in diesem Frühjahr hat die Fähigkeit zur Liebe in dir und auf der Erde erhöht. Gaia ist jetzt in der Lage, mehr Liebe zu halten; sie ist auch in der Lage, mehr Liebe zu geben, und jetzt gilt dasselbe auch für dich.

Das ist es, was das Wort ›Segen‹ bedeutet«, sagten sie, **»mit Liebe erfüllt sein und Liebe empfangen. Die Großmütterversammlung war ein Segen für alle, die dabei waren – und für alle auf der Erde. Lass dich von diesem Segen mitreißen. Es gibt jetzt mehr Liebe«**, sagten sie, **»so wird es einfacher, sie zu fühlen und Zugang zu ihr zu haben. Du musst nur darum bitten. Bitte um Liebe, und wir werden sie geben. In jeder Lage, wo immer du bist, werden wir den Liebessegen spenden.«**

Als sie sprachen, fühlte ich mich von der Liebe durchtränkt, von der sie sprachen, in sie eingehüllt und von ihr durchdrungen, und ich war so versunken, dass ich nicht mehr sprechen, sondern nur noch diese Liebe *sein* wollte, die ich als mich selbst erkannte. **»Was du erlebst, ist in jeder Frau gegenwärtig, die an dieser Versammlung teilgenommen hat. Du teilst es, und wenn du solche Erfahrungen teilst, gibst du sie wortlos an andere weiter. Die Liebe ist ansteckend, und weil du sie jetzt fest hältst, werden alle, denen du begegnest, ebenfalls die Möglichkeit haben, sie zu halten. Dieser Bewusstseinszustand ist eine Verschmelzung mit der Großen Mutter«**, sagten sie lächelnd und nickten wissend. **»Deshalb fühlst du dich so gut. Die Mutter ist die Liebe.«**

Ich war so erfüllt von Liebe, so übervoll von ihr, dass ich nicht nur nicht sprechen, sondern auch kaum noch denken konnte. Dennoch vernahm ich die Wahrheit, dass, wann immer ich mit der Mutter verschmolz, es auch andere taten. Das ist unvermeidlich, denn im Kern unseres Seins sind wir miteinander verbunden. Als ich die Welt aus dieser Einheit heraus beobachtete, sah ich, dass ich im Körper der Mutter gehalten wurde und gleichzeitig der Körper der Mutter *war*. Es war wieder dieses grenzenlose Gefühl. Ich war sowohl Liebende als auch Geliebte. Als ich mit einem fragenden Blick zu den Großmüttern aufschaute, sagten sie nur: **»Das wird nie enden.«**

Es dauerte lange, von dieser Reise zurückzukehren. Ich konnte und wollte mich nicht bewegen. Warum sollte ich? Ich schwebte in einem Bad aus Liebe. Aber nachdem ich einige Zeit dort verbracht hatte, bat ich die Großmütter, mir zu zeigen, wie man aus diesem Zustand herauskommt. Ich konnte mich nicht dazu bringen, es selbst zu tun. Kaum hatte ich sie um Hilfe gebeten, klingelte das Telefon und brachte mich in die Alltagswirklichkeit zurück. Aber jetzt wirkte sie nicht mehr so alltäglich.

»Du wirst auf der Erde zum Segen werden.«

Als ich aus Litauen und den Niederlanden zurückkehrte, erwartete mich eine Flut von Newslettern und E-Mails, die sich irgendwie mit dem Göttlich-Weiblichen oder der Gottesmutter befassten. Vor meiner Reise war mir dergleichen selten zu Gesicht gekommen, aber jetzt tauchte es zuhauf auf. Kurse über das Wiedererwachen der Göttin wurden angekündigt, Touren zu Göttinnen-Orten auf der ganzen Welt und Vorträge darüber, wer sie war und ist. Warum dieser plötzliche Aufschwung, fragte ich mich, und welche Rolle spielten die Großmütter dabei? Da ich keine Antwort auf diese Frage hatte, reiste ich zu ihnen, um es herauszufinden.

»Großmütter«, sagte ich, als ich bei ihnen ankam, »erzählt mir von der Rolle, die eure Arbeit in dieser Zeit spielen soll. Die Leute bieten Workshops und Vorträge über das Göttlich-Weibliche an und einige erwähnen sogar die Großmütter. Soll ich mich mit diesen Leuten in Verbindung setzen? Gibt es etwas, das ich tun soll?« Sie sahen mich geduldig an, als ich so fortredete. »Ihr wisst alles«, sagte ich, »und schließlich seid ihr diejenigen, die dieses Werk ins Leben gerufen haben. Also, jetzt, da die Menschen sich der Mutter mehr gewahr werden, was soll ich eurer Meinung nach tun? Sollte ich mehr tun, um eure Botschaft in die Welt zu tragen?«

Leise kreisten sie mich ein und umschlossen mich in ihrer Umarmung. »**Dreh dich zu uns um**«, sagten sie, und als ich ihre Arme um mich spürte, tat ich es. Ich fühlte ihre Umarmung und konzentrierte mich auf sie, nur auf sie. »**Es ist verwirrend da draußen in der Welt**«, sagten sie, als sie mir auf den Rücken klopften. »Das ist es wirklich, Großmütter«, flüsterte ich gerührt. »**Wende dich an uns**«, sagten sie noch einmal. »**Wir haben dir schon vor langem gesagt, dass der größte Nutzen, den du aus unserer Botschaft ziehen kannst, darin besteht, sie zu leben. Und was wir damals gesagt haben, gilt heute genauso.**

Öffne dich uns und greife nicht nach den Früchten deines Handelns. Mache dir keine Gedanken um Werbung und die Förderung unserer Botschaft. Vieles von dem, was man in der sogenannten New-Age-Community sieht, ist die gleiche Verkaufe, der gleiche yang-getriebene Handel, wenn auch mit einem spirituellen Hintergrund. Dafür sind wir nicht da. Eure Welt hat mehr als genug von Kauf, Verkauf, Werbung und Promotion.

Wir arbeiten durch die Herzen derer, die wir rufen, und durch sie stärken wir das Netz aus Licht. Es gibt einige, die nur kurz zu uns kommen. Sie kommen auf der Suche nach einem neuen Gefühl. Sie hüpfen von Lehrer zu Lehrer, von Botschaft zu Botschaft. Mit ihnen können wir nicht zusammenarbeiten. Unsere Arbeit ist nur etwas für bestimmte Menschen«, lächelten sie und streichelten mich besänftigend.

Geh langsam«, sagten sie, »**geh tief. Du wirst uns dort in den Tiefen deines Seins finden. Wir sind gekommen, um dich für die Gegenwart der Großen Mutter zu erwecken. Sie liegt in dir. Ihre Natur ist deine Natur. Und wenn du zu dieser Größe, zur Gegenwart des Großen Weiblichen in dir selbst erwachst, wird deine Gegenwart alles, was lebt, segnen, halten und trösten. Deine Schwingung wird sich ändern**«, versprachen sie und fügten schnell hinzu, »**sie hat sich verändert. Dein Wesen selbst vertieft sich und erwacht.**

Wir haben dir auch gesagt, dass unsere Arbeit nicht für alle ist«, wiederholten sie. »**Die Anzahl ist uns nicht wichtig. Wichtig ist die Absicht; Absicht ist die Grundlage von allem**«, sagten sie mit ernster Miene. »**Es ist die Reinheit deiner Absicht, die uns überhaupt zu dir ruft, und es ist die Reinheit deiner Absicht, die uns bei dir hält. Wir können der Reinheit deiner Absicht nicht widerstehen**«, sagten sie und schüttelten den Kopf. »**Dann werden wir zu den Deinen und du zu Unserer.**« Die Großmütter standen aufrecht und sprachen mit großer Würde wie aus einem Munde: »**Unsere Mission ist selbstlos, so dass nur jene zu uns kommen, die diese Eigenschaft in sich tragen und anderen dienen wollen.**

Wir sagen es noch einmal«, sagten sie und sahen mir fest in die Augen, »**es geht nicht um die Anzahl. Jene, die auf unseren Ruf gekommen sind, tun bereits mehr Gutes, als sie je wissen werden**«, sagten sie. »**Sie arbeiten auf mehrdimensionalen Ebenen, um das Lichtnetz zu verankern. Und sie erschließen die Gegenwart der Mutter für viele.**«

Nach einigen Augenblicken der Stille intonierten sie: »**Lade uns ein**«, ihre Stimmen so kraftvoll, dass ich sofort reagierte, und als ich daran dachte, mich ihnen zu öffnen, tauchte ich ab und merkte überrascht, dass ich sehr langsam abtauchte. Es war wie in Zeitlupe; mein Absinken war so allmählich, dass ich überrascht sagte: »Was für eine gravitätische Bewegung das ist! Grundlegend«, fügte ich hinzu, als ich hinab, hinab durch die Erdschichten abtauchte.

Was für ein Gefühl! Ich war hier in meinem Element und schwamm durch die Erdschichten wie eine unterirdische Qualle, vollständig in den Fluss eingetaucht. Ich war sowohl in der Erde als auch von ihr. Stetig und gegenwärtig, war ich eine unwiderstehliche Kraft, als ich meinen Weg nach unten bahnte, immer weiter nach unten. Schließlich erreichte ich die Großmütter, die auf mich warteten, streckte meine Arme aus und verschmolz mit ihnen in ihrer Umarmung.

Ich war ganz erfüllt. Das war Glückseligkeit. Ich war so begeistert, so dankbar für die Tiefe und Weite dieser Erfahrung, dass ich buchstäblich vor Freude triefte. Und als ich die Großmütter ansah, lächelten sie und sagten: »**Wir werden das für alle tun, die darum bitten. Wir werden diese**

Erfahrung von Tiefe, Unerschütterlichkeit und Gegenwärtigkeit allen vermitteln, die es wünschen. Wir warten auf sie.«

Dann erklärten sie: »**Wir können dich nicht so halten, wie wir dich jetzt halten, wenn du in die oberflächlichen Aktivitäten des Alltags verstrickt bist. Wir können dich aber rufen, wenn du an der Oberfläche lebst, wenn du dein ›normales‹ Leben führst**«, sagten sie. »**Wir haben das bei vielen von euch gemacht**«, erklärten sie, und ich nickte zustimmend. Auf mich traf es sicherlich zu. Als ich ihnen erstmals begegnete, ging ich bloß mit meinem Hund durch mein »normales« Leben.

»**Aber jetzt**«, sagten sie und zeigten mit dem Finger auf mich, »**rufen wir dich auf, in die Tiefen deines Seins zu tauchen. Wenn du das tust, werden wir dich dort festhalten, bis du erkennst, dass du es bist, die dort in der tiefsten Tiefe wohnt. Du bist weise jenseits deiner Vorstellung, du bist groß und unergründlich**«, sagten sie und fixierten mich mit einem Blick, der keinen Widerspruch duldete. »**Du bist nicht dieser Körper**«, sagten sie nachdrücklich, »**du bist nicht diese Persönlichkeit. Was du bist**«, betonten sie, »**ist ewig und unerschütterlich. Du bist eine Quelle von Verständnis und Mitgefühl.**

Wenn du Tiefe willst«, sagten sie und schauten mich an, »**werden wir sie dir geben.**« »Ja, Großmütter«, schluckte ich und nickte heftig. »Bitte, ja, das ist es, was ich will.« »**Dann mach langsam, geh tief, und wir werden dich führen. Das ist dein Platz**«, sagten sie, als sie mich eingehend musterten. »**Nicht hier und dort hinzurennen und zu versuchen, uns bekanntzumachen, sondern fest zu bleiben und die Gegenwart der Mutter zu verankern. Unsere Botschaft leben. Das ist es, was du bist. Bist du es am Ende**«, sagten sie und brachen in Gelächter aus, »**nicht leid, so zu tun, als wärest du weniger als das?**« Ich sah sie überrascht an, aber als ich ihre Worte begriff, begann auch ich zu lachen – über mich selbst und über das Spiel des Lebens, das mich oft dazu brachte, meine eigene Göttlichkeit zu übersehen.

»**Wenn du bereit bist, die zu sein, die du bist, ruf uns**«, sagten sie und blickten mich über ihre Nasenspitzen an. »**Dann wirst du die Schwingung der Großen Mutter halten. Und wann immer du dich für diesen Ort**

öffnest und ihn hältst, werden Tausende und Abertausende davon profitieren. Du wirst ein Segen auf der Erde sein. Wie wir sagen«, lächelten sie, »**ein wandelndes Gebet.**

Du bist nicht hier, um einfach über die Große Mutter zu sprechen oder Ideen über die Große Mutter und die Rückkehr des Weiblichen zu verbreiten«, sagten sie und stemmten ihre Arme in die Hüften. »**Du bist hier, um es zu leben, um so zu leben, wie du geschaffen wurdest. Du bist das große Yin**«, sagten sie und richteten sich zu ihrer vollen Größe auf, zwölf königliche Großmütter sprachen im Chor: »**Sei es! Lebe es! Ruf uns an, und wir werden dich halten, lehren und dein Leben glücklich machen. Es ist Zeit.**« »Ja, Großmütter. Ja«, antwortete ich.

»**Dankbarkeit, Dankbarkeit für die Welt, die dich liebt und wertschätzt.**«

Als ich das nächste Mal zu den Großmüttern ging, hatte ich keine eindeutige Frage, sondern gespürt, wie sie über mehrere Tage an mir gezogen hatten, und dieses Rufs wegen begab ich mich zu ihnen. Als ich vor sie trat, begrüßten mich zwölf majestätische Adler.

Mit ihren großen Köpfen nickend und noch bevor ich überhaupt die Gelegenheit hatte, etwas zu sagen, sprachen sie: »**Wir vollziehen die Wende.**« Ich sah sie an, blinzelte und fragte mich, worüber sie sprachen. »Was?« fragte ich, aber sie sagten nichts mehr, und als ich sie weiter anstarrte, sah ich plötzlich etwas, das aussah wie eine schmale Schotterstraße, die in die Weite führte. Kurz bevor sie sich in der Ferne verlor, machte sie eine Kurve nach rechts. Ich drehte die Schultern, lehnte mich so weit wie möglich vor, und als ich die Straße hinabblickte, sah ich irgendwo am Ende ein Licht, das auf dem Wasser glitzerte. Ich hatte keine Ahnung, was es war, aber ich wollte es herausfinden, also folgte ich der Straße, und die Großmütter-Adler folgten mir. Als wir die Biegung erreichten, sah ich Vögel über eine große Wasserfläche schwimmen. Nicht allzu weit vom Ufer entfernt sprang ein Delfin, tauchte wieder ins Wasser und ließ konzentrische Wellen weit in die Bucht kreisen. Leise sprachen die Großmütter. »**Die Natur will hervorkommen**«, sagten sie.

Wieder war ich mir nicht sicher, was sie meinten. Was vor mir lag, sah wunderbar aus und fühlte sich auch so an – ein Paradies –, aber sie mussten mir mehr erzählen. »**Dies ist eine gute Zeit, um für etwas in der Natur zu sorgen und es liebevoll zu behandeln. Tue es, wie du willst, im Großen oder Kleinen. Wenn du es tust, wirst du deine liebevolle Verbindung mit der natürlichen Welt bekräftigen, der Welt, die dich hält, dich trägt und deinen Körper durchdringt.**«

Dann zeigten sie mir die ganze Menschheitsfamilie, alle von uns umhegt und gehalten von der Erde, vom Himmel, vom Wasser und von den Tieren und Pflanzen. »**Setze ein Zeichen und tue etwas Liebevolles, biete etwas dar. Gib der natürlichen Welt etwas zurück. Jetzt ist eine gute Zeit dafür. Und wenn du das tust, denke auch an das Netz aus Licht. Wenn du deine Verbindung zur natürlichen Welt verstärkst, ehre das Netz, das alles Leben hält und erhält.**

Würdige zum Beispiel den Baum«, lachten sie, als sie ihre Hände liebevoll auf den Stamm eines Baumes legten. »**Sag danke für die Brise**«, sagten sie. »**Mach dich auf, eine liebevolle Verbindung zur natürlichen Welt aufzubauen. Es ist besonders wichtig, dies jetzt zu tun, wo es so viel Zerstörung auf der Erde gibt. Du weißt alles darüber**«, sagten sie und sprachen mich direkt an, »**wir müssen es dir nicht erklären.**« »Ja, Großmütter«, antwortete ich. Natürlich wusste ich, wovon sie sprachen. Es verging kein Tag, an dem ich nicht daran dachte und die Naturzerstörung auf der Erde betrauerte.

»**Diese Botschaft richtet sich besonders an jene, die gemeinsam daran arbeiten, die Energie der Mutter hier auf Erden zu reaktivieren. Sie bittet dich, ihr deine Liebe zu zeigen, indem du dich mit etwas aus der natürlichen Welt verbindest. Von Zeit zu Zeit solltest du dies andächtig tun**«, sagten sie und nickten mitfühlend mit dem Kopf. »**Dankbarkeit, Dankbarkeit**«, sagten sie, »**für die Welt, die dich liebt und wertschätzt.**« Dann neigten sie ihre Köpfe, falteten leise ihre Flügel und sagten: »**Wir segnen dich.**«

Die Worte der Großmütter berührten mich zutiefst, und nach dieser Reise begann ich nach Möglichkeiten zu suchen, der Natur meine Dankbarkeit zu zeigen. Ich verbrachte viel Zeit in meinem Garten, sprach mit meinen Pflanzen und dankte dem Gras, auf dem ich barfuß umherging. Ich entschied mich, für eine Weile auf den Trockner zu verzichten und meine Kleidung in der Sonne zu trocknen, und am lohnendsten war, dass ich mehr Zeit mit meinem wunderbaren Hund McBear verbrachte. Diese Aktivitäten waren nicht besonders neu, aber dank der Großmütter tat ich sie jetzt aus ganzem Herzen.

KAPITEL 16

Werde groß und dann werde größer

»Die Quelle wurde durch den Nebel der Täuschung verborgen.«

Die Zeit mit meinem Hund erinnerte mich daran, dass es lange her war, dass ich zu den mitfühlenden Tiergeistern gereist war. Ich vermisste sie. Aber jetzt musste ich nicht zu ihnen gehen, um geheilt zu werden, sondern ich vermisste einfach meine Freunde. »Nun«, sagte ich mir, »es gibt kein Gesetz, das besagt, dass ich sie nicht einfach besuchen darf«, und also entschloss ich mich zu einem Besuch bei Wolf. Seltsamerweise fand ich am nächsten Morgen in der Zeitung einen Artikel über eine Wolfsschutzgebiet und Menschen, die dort hinfuhren, um mit ihnen Kontakt aufzunehmen. »Hmm…?« fragte ich mich. »Ist das Zufall?«

Ich fing an zu trommeln, und als ich Wolf rief, kam er gleich. »Wolf«, sagte ich, »du bist der Lehrer. Bitte lehre mich und lehre auch durch mich.« Nachdem ich das gesagt hatte, blickte er mir in die Augen, schleckte mich mit seiner großen Zunge und blies mir dann seinen Atem ins Gesicht. Darauf verlangsamte sich mein Herzschlag, ich ließ die Schultern fallen und spürte, wie sich alle meine Gesichtsmuskeln entspannten.

»Folge mir«, sagte er. »Ja, Wolf«, antwortete ich, legte eine Hand auf seinen Rücken und ging neben ihm her. So gingen wir eine Weile, dann beschleunigten wir das Tempo und trabten durch einen Wald, durchquerten einen Fluss und folgten dann einem Weg durch wildes Gebüsch nach oben. Und als der Weg zu schmal wurde, um nebeneinander zu gehen, übernahm Wolf die Führung.

Jetzt stiegen wir weiter nach oben, Wolf sprang über Felsen, und ich kletterte ihm nach, bis wir endlich den Gipfel erreichten. Wolf setzte sich an den Rand eines Steilhangs, und mit gereckter Nase schnüffelte er in der Luft. Ich saß neben ihm, meine Beine baumelten über den Rand der Felswand. »Schau!« sagte er, seine Nase wies jetzt nach vorne, als er das Land unter uns erkundete.

Ich schaute, aber meine Sicht war durch dicken Nebel behindert. Ein hellbläuliches Licht hüllte den Talboden ein, und alles wirkte undeutlich, wie mit einem schmutzigen Pinsel gemalt. Aus dem Tal ragten baumartige Formen heraus, über welche Nebelschleier wehten. »Schau!« sagte Wolf noch einmal, und ich tat es.

Jetzt konnte ich Wolfsrudel erkennen, die zusammen auf einen Fluss zu rannten, und irgendwie verstand ich, dass es der Fluss des Lebens war. Die Wölfe rannten auf diese Quelle zu, die sie magnetisch anzog.

»Die Quelle«, sagte Wolf, »wurde durch den Nebel der Täuschung verborgen.« »Was?« fragte ich, und als ich erkannte, dass ich ihn richtig verstanden und dass er genau das gesagt hatte, zog sich mein Magen zusammen. Würde Wolf jetzt im New-Age-Jargon reden, genau wie all die anderen? Hoffentlich nicht, denn sonst würde es mir schwerfallen, ihm zu glauben. »Wolf«, sagte ich, »bitte drück dich klar aus. Rede nicht so abgehoben. Ich habe so viel derartiges Gerede gehört«, sagte ich, »dass es mich wirklich krank macht.«

Wolf warf darauf den Kopf zurück und heulte vor Freude. Dann schlug er mit einer Pfote auf den Boden, und hechelnd und heulend rollte er umher, bis er ganz erschöpft war. Etwas an dem, was ich gesagt hatte, hatte ihn zum Lachen gebracht, aber jetzt war ich verwirrt. Was in aller Welt war es? Ich starrte ihn irritiert an. »Was machst du da, Wolf?« fragte ich.

»Ich unterweise dich«, antwortete er, richtete sich auf und stellte seine Würde wieder her. »Ich tue, worum du mich gebeten hast.« »Es tut mir leid, Wolf«, sagte ich und schüttelte den Kopf. Jetzt fühlte ich mich elend.

Das Letzte, was ich wollte, war, seine Gefühle zu verletzen. »Es ist nur so, dass ich Dinge wie ›Nebel der Täuschung‹ so oft gehört habe, dass es mir irgendwie gegen den Strich geht«, erklärte ich. »Die Leute benutzen solche Klischees zu oft, so dass sie nichts mehr bedeuten«, sagte ich. »Ich verstehe«, antwortete er. »Dann werde ich es anders versuchen.

Bleib jetzt bei mir«, sagte er. »Ja, Wolf«, willigte ich ein, stieß die Luft aus und damit hoffentlich auch meinen Widerstand. »Die Wölfe, die zu den lebensspendenden Wassern des Flusses liefen, zeigten gesunden Menschenverstand. Obwohl, wie du gesehen hast, ihre Sicht auf den Fluss durch Nebel verdeckt war, folgten sie ihren Instinkten und gingen auf ihn zu. *Alles* ist jetzt vom Nebel der Täuschung – entschuldige den Ausdruck«, er sah mich von der Seite an, »verborgen. Du musst deinen Instinkten, deinem inneren Wissen vertrauen«, betonte er, »um die Quelle zu finden. Heutzutage hat man keine klare Sicht auf die Quelle, aber du kannst sie trotzdem finden. Die Wölfe haben dir gezeigt, wie es geht.« »Oh!« sagte ich besänftigt. »*Das* war es, was sie taten.« »Wolf«, erinnerte er mich und setzte sich noch gerader auf, »ist Lehrer.«

»Danke«, murmelte ich und schüttelte innerlich den Kopf über mein Verhalten. »Ich denke, ich verstehe, was du sagst, aber wie kann ich, wie können wir diese Lektion im Leben umsetzen? Unsere Welt heute ist durcheinander, und du hast Recht, die Dinge sind nicht klar zu erkennen. Die Leute behaupten etwas zu sein, was sie nicht sind«, sagte ich. »Tatsächlich scheinen fast alle damit beschäftigt, die ›Wahrheit‹ zum eigenen Vorteil zu verdrehen. Jeder ist ein Verkäufer, der etwas vorantreibt«, sagte ich, »und wir wissen nicht, wem oder was wir glauben sollen. Nichts ist so, wie es scheint«, sagte ich betroffen. »Was können wir tun? Wie können wir diesen Fluss des Lebens finden, von dem du sprichst?«

Wolf legte eine Pfote auf meine Schulter, lehnte sich darauf und blies mir abermals seinen Atem ins Gesicht, und wieder ließ ich meine Schultern fallen. Ich hatte nicht gemerkt, wie angespannt ich war, als ich versucht hatte, mich zu erklären. Still blickte er mir unverwandt in die Augen und atmete mir weiter ins Gesicht. Fasziniert beobachtete ich, wie seine Nasenlöcher sanft aufklappten, wenn er einatmete, und sich entspannten, wenn er ausatmete, und als ich dem zuschaute, fiel ich in tiefe Entspannung. »Empfange«, sagte er, und ich tat es. Wir atmeten nur wenige Sekunden lang so zusammen, aber die Veränderung in mir in dieser Zeit war tiefgreifend. »Jetzt bist du bereit«, sagte er, und meine Augen flogen auf und fixierten ihn. Bereit? »Der Fluss des Lebens fließt in dir. Öffne dich für den Fluss.« Ich versank in mir selbst, und mit dem Gedanken, mich dem Fluss zu öffnen, fühlte ich mich schnell als der Fluss. In diesem Moment *war* ich dieser Fluss. Ich erkannte, dass es für mich nichts zu suchen gab, weil ich bereits dort war. *Ich war es.*

Wolf lächelte sein Wolfslächeln und wiegte sich sanft hin und her, und als ich ihm zusah, entspannte ich mich weiter und ging tiefer in mich hinein. Bald lächelte auch ich dieses Lächeln, und gemeinsam wiegten wir uns hin und her, als der Friede den Raum um uns herum durchdrang. »Das ist es«, sagte er. »Es gibt keinen Grund zu rennen und nach etwas zu suchen, und es gibt nichts zu fürchten. Das ist es.«

Ich gluckste, und mein Herz war in diesem Moment so voller Liebe, dass mir Tränen in die Augen traten. Wir taten gemeinsam einen tiefen Atemzug, und mit verschlungenen Armen fielen wir wieder zu Boden. Als er mich ableckte und mit mir schmuste, vergrub ich mich in seinem Fell. »Oh Wolf«, sagte ich, »was für ein Lehrer du bist!« »Ja«, sagte er, »das bin ich.

Nimm jetzt diese Lektion und teile sie mit anderen. Jene, die es hören wollen, werden es hören. Es ist ohnehin nur für sie.« »Danke, Wolf«, sagte ich und verbeugte mich. »Ich sage danke – für mich und für alle.« »Gern geschehen«, antwortete er, sprang auf die Füße und lief den Weg wieder hinab. Ich stand auf und lief hinter ihm her. »Danke, Wolf«, murmelte ich ganz leise, »danke.« Da drehte er sich um und blickte über seine Schulter, um sicherzugehen, dass ich ihm folgte.

»Werde groß und dann werde größer.«

Nach dieser Lektion von Wolf musste ich an Bär denken. Aber obwohl er mir sehr am Herzen lag, hatte ich das Gefühl, nicht die Zeit zu haben, ihn zu besuchen. Das heißt, bis ich von der Arbeit am nächsten Großmütterbuch eine Pause machte, um meine E-Mails zu lesen. Da tauchten die abscheulichsten Bilder von Menschen auf meinem Bildschirm auf, die Bären »züchteten« (sprich: »quälten«). Ich keuchte, und mir war ganz schlecht. Jetzt musste ich Bär sehen.

Ich stand vom Computer auf, ergriff meine Trommel und begann, ihn zu rufen. Ich wollte so verzweifelt zu ihm, dass ich, noch bevor ich in der Unteren Welt angekommen war, schrie: »Komm zu mir! Bär! Bitte komm zu mir! Mir tut das Herz weh. Ich halte das nicht aus.« (engl.: »I can't bear it.«) Als ich hörte, was ich gerade gesagt hatte, erinnerte ich mich daran, wie sehr Bär das Spiel mit Worten liebte. »Und das ist kein Wortspiel«, sagte ich. Da schluchzte ich bereits so heftig, dass ich kaum seinen Namen sagen konnte, und als er schließlich vor mir erschien, umschlang ich ihn mit meinen Armen. »Oh, mein geliebter Bär«, schluchzte ich, »was kann ich tun, um zu helfen? Das ist schrecklich, so schrecklich.«

»Ruf mich«, sagte er, »und lass mich mit dir verschmelzen.« »Ja, Bär«, stammelte ich und rang nach Atem und versuchte, ruhiger zu werden. Dann verlangsamte ich meine Atmung und unterdrückte meine Tränen, während ich darauf wartete, dass er sich in mir zeigte.

»Ich bin hier«, sagte er schließlich. »Ich bin bei dir, ich bin in dir.« Und ich merkte, dass es stimmte, denn plötzlich war ich ruhig. »Das«, sagte er mit Abscheu in seiner Stimme, »ist das Widerliche dieser Zeit. Die grausame und unbedachte Gier, die jetzt so viel vom Leben auf der Erde kontrolliert. Das ist Teil davon«, sagte er, und dann brüllte er: »Werde groß! Werde groß und dann werde größer! Du musst dich weiten«, sagte er, »nicht zusammenziehen. Lass dein Herz sich so weit ausdehnen, dass du sogar die Verursacher dieses Leides annehmen kannst. Umarme die Bären *und* ihre Folterer. Umarme sie alle!« brüllte er.

»Fürchte das Böse nicht«, sagte er. »Umarme es.« »Das werde ich, Bär«, antwortete ich, meine Blicke auf sein Gesicht geheftet. »Ich werde ihnen allen meine Arme und mein Herz öffnen. Ich werde es tun. Irgendwie werde ich es tun«, sagte ich, und mir schauderte bei dem Gedanken. »Aber hilf mir, bitte«, sagte ich. »Hilf mir, nicht von der Verzweiflung übermannt zu werden.« »Das werde ich«, grunzte er. »Ich werde dir helfen«, und er nahm mich bei der Hand und führte mich auf einen Weg.

»Schau her«, sagte er, und ich blickte dort hin, wohin er zeigte. Rechts neben dem Weg fiel das Land in eine Schlucht ab, und weit unten auf ihrem Grund sah ich Bären jeder Größe. Einige waren tot und andere starben. Als ich das erkannte, brach es mir schier das Herz, und ich fing an zu schluchzen. »Pass auf!« befahl Bär, und also tat ich es, versuchte mit all der Kraft, die ich aufbringen konnte, mich zu beruhigen.

Als ich wieder hinsah, begannen die Bären, ihre Körper zu verlassen, sie gingen durch die Oberseite ihrer Köpfe. Und sobald sie das getan hatten, waren sie glücklich. Glücklicher als je zuvor. »Wir sind frei!« hörte ich sie ausrufen, als sie aufstiegen. »Wir sind frei!«

»Bär«, fragte ich, »was bedeutet das?« Ich konnte das Glück der jetzt befreiten Bären sehen und fühlen, verstand aber nicht, was ich sah. Sollte das Glück nach dem Verlassen ihres Körpers die Leiden, die sie erdulden mussten, aufwiegen? Wenn ja, dann konnte ich das nicht gutheißen. Diese Art zu denken schmeckte nach Sonntagsschule, wo das Leiden hier auf Erden dazu diente, das ewige Leben im Himmel zu gewinnen. »Das ist doch Unsinn!« sagte ich.

Bär lächelte geduldig und verständnisvoll. »Ich verstehe es nicht, Bär«, sagte ich, als ich mich ein wenig beruhigt hatte. »Bitte hilf mir zu verstehen.«

»Umpf«, grunzte er, als er mir mit seinem massigen Kopf zunickte. Dann wandte er sich zu mir um und sagte: »Hör mir zu. Ich werde es dir erklären.

Was du jetzt siehst, ist der Tod einer Ära, der Tod einer fehlgeleiteten und zerstörerischen Lebensweise. Dieser alte Weg muss sterben«, sagte er und schüttelte seinen Kopf. »Aber all das Leid!« rief ich. »All das Leid der Unschuldigen! Wie kann das sein, Bär? Wie kann das richtig sein?«

»Es ist weder richtig noch falsch. Es *ist*«, knurrte er aus tiefer Kehle. »Es gibt einen Sinn sogar in diesem Leiden. Die Menschheit ist so tief gesunken, wie sie nur sinken kann. Grausamkeit und Unmoral sind so alltäglich geworden, dass das Böse heute freie Hand hat. Diese Bären sind glücklich zu sterben. Sie wurden unvorstellbar gefoltert und sind glücklich, durch den Tod befreit zu werden.«

»Oh Gott, oh Gott, oh Gott«, schrie ich und löste mich in Tränen auf. »Vergebt uns all die furchtbar schrecklichen Dinge, die wir getan haben«, sagte ich und betete um Vergebung für die Täter, für mich selbst, für die ganze Menschheit. »*Du* hast das nicht getan«, unterbrach er mich. »*Du* erschaffst kein Leid für andere. Schließe dich nicht in diese bösen Taten ein«, sagte er. »Das ist wichtig.« Ich sah zu ihm hin und hielt den Atem an, wartete, dass er mehr sagte, damit ich verstand, was er meinte.

»Ich verstehe es immer noch nicht, Bär«, sagte ich endlich. »Was kann ich tun, um zu helfen?« »Weite dein Herz«, antwortete er, und ich erinnerte mich daran, dass er mir das vorhin schon einmal gesagt hatte. »Okay«, sagte ich, »ich werde tun, was ich kann, um mein Herz zu weiten – ganz gleich, was passiert. Ich werde Opfer und Täter in der Liebe halten«, versprach ich. »Das werde ich.«

Dann nahm mich Bär in seine riesigen Arme, und als er mich mit seinen Tatzen liebkoste, murmelte er vor sich hin: »Das wird vorbeigehen, endlich wird auch das vorbeigehen.« Ich klammerte mich an ihn und vergrub mein Gesicht an seinem Hals und hoffte von ganzem Herzen, dass er Recht hatte und dass »endlich« nicht zu lange hin sein würde.

»Weite dein Herz«, knurrte er und nahm mich fest in seinen Blick. »Ich werde dich dabei festhalten.« »Danke, Bär«, flüsterte ich. »Danke. Du musst mich festhalten.«

Und genau das meinte ich auch. Ich würde seine Hilfe brauchen. Hier war meine Achillesferse, hier verließ mich meine Gelassenheit. Der Missbrauch von Kindern und Tieren, das Leiden eines hilflosen Geschöpfes verursachte mir Seelenschmerzen, die ich kaum ertragen konnte. Und weil die Welt in der Tiefe des Kali Yuga war, dem Zeitalter der Zerstörung, musste ich mich oft auf die Kraft und Weisheit von Bär verlassen. »Bitte hilf mir, diese Kraft und Weisheit in mir selbst zu entwickeln«, betete ich.

»Alle Negativität hat ihren Ursprung im Verstand.«

Das Leben ist zum Lernen da; darum geht es schließlich in unserer Zeit hier auf Erden. Ich weiß es schon lange, zumindest mein Gehirn »wusste« es, aber das übrige kam da manchmal nicht mit. Schon von Geburt war mein Temperament nicht unbedingt heiter – so dahinleben war nichts für mich. Ich war sehr emotional und empfand alles sehr tief. Und immer, wenn etwas Schreckliches geschah, traf es mich direkt ins Herz. Als Wolf mir sagte, ich solle in mein Herz gehen, und Bär mich bat, es zu erweitern, ereignete sich wieder etwas Furchtbares.

Waldbrände wüteten in ganz Südkalifornien, und obwohl unsere Stadt viele Meilen vom nächsten Brand entfernt lag, konnten wir wegen des Rauchs nur schlecht atmen. Die Luft war drückend heiß, im Freien ebenso wie in unseren Wohnungen. Häuser und Autos waren mit Asche bedeckt, und der Geruch von Rauch hing über allem. Im Verhältnis waren es natürlich nur kleine Unannehmlichkeiten. Ganze Gemeinden östlich von uns gingen in Flammen auf, und die Stadt in den Bergen, in der meine Freundin Mahri lebte, war vom Feuer eingeschlossen.

Zwar betete ich ununterbrochen für die Menschen, Tiere und Pflanzen in den gefährdeten Gebieten, dennoch beschloss ich, zu den Großmüttern zu gehen, um zu sehen, ob es noch etwas anderes zu tun gäbe. »Großmütter«, sagte ich, als ich ihren Kreis betrat, »wie können wir helfen? Bitte lehrt mich einen praktischen Weg, diese Brände zu bekämpfen.«

Ich dachte, ich könnte genauso gut offen reden. »Warum um den heißen Brei herumreden?« sagte ich mir. »Die Feuer sind außer Kontrolle, und es muss etwas getan werden, um sie zu stoppen.« Die Großmütter wandten sich mit einem wissenden Blick an mich und sagten: »**Wir werden dir zeigen, wie du mit dem Netz aus Licht etwas ausrichten kannst.**« Offensichtlich wollten auch sie nicht um den heißen Brei herumreden. »**Und die Vorgehensweise, die wir dir zeigen werden**«, fügten sie hinzu, »**wird bei allen möglichen Katastrophen funktionieren.**«

»Großmütter«, sagte ich, »ich würde auch gerne wissen, warum wir diese Brände haben. So viele Menschen und Tiere leiden, ganz zu schweigen von den Bäumen, und die gesamte Atmosphäre ist betroffen. Warum passiert das alles? Ich weiß«, fügte ich hinzu, »ich soll euch immer nur eine Frage stellen, wenn ich zu euch komme, aber wenn ihr mir das auch sagen könntet, wäre ich euch sehr dankbar.«

»**Wir werden dir ein wenig dazu sagen, aber wir wollen nicht, dass du dich lange mit dem Thema aufhältst. Das ist nicht wirklich hilfreich.**«

»Okay, Großmütter«, nickte ich. Offensichtlich war das »Warum« nicht so wichtig wie das »Wie«. Wäre nicht gerade Not am Mann gewesen, hätte ich sie vielleicht gebeten, mir zu sagen, warum diese Dinge geschehen, aber weil mir viel daran lag, zur Sache zu kommen und etwas zu tun, willigte ich ein.

»Um das Gleichgewicht an den Orten wiederherzustellen, an denen die Feuer wüten, arbeite mit dem Lichtnetz«, sagten sie. **»Rufe zuerst uns oder irgendeine Form des Göttlichen an. Wenn du das tust, bevor du etwas anderes tust«,** sagten sie, **»werden wir in der Lage sein, durch dich hindurch zu arbeiten. Wenn du versuchst, es alleine zu machen, wird es dich auslaugen.**

Es gibt eine starke Konzentration negativer Energie um diese Feuer, deshalb wurde die Verbindung des Lichtnetzes zu diesen Bereichen geschwächt. Manchmal sammelt sich an einem Ort negative Energie, und wenn dies geschieht, sind solche Orte anfällig für Katastrophen der einen oder anderen Art. Jede Negativität hat ihren Ursprung im Verstand. Deshalb empfehlen wir dir immer, schlechte Gedanken zu verbannen und deinen Sinn auf etwas Gutes zu richten. Im Moment konzentriert sich negative Energie in der Nähe der Brände. Das ist alles, was wir über das ›Warum‹ sagen möchten.

Um bei den Bränden oder sonst einer Katastrophe etwas zu tun, rufe uns an und rufe dann das Lichtnetz auf. Wenn du das getan hast, gehe in das leuchtende Zentrum deines Herzens und bitte uns von dort aus, Licht in das Netz strömen zu lassen. Wir werden das Lichtnetz nutzen, um Licht in die Bereiche zu bringen, an die du denkst, und sie mit Strahlung zu fluten. Jedes Mal, wenn du das tust, werden wir Licht durch das Lichtnetz schicken, um den betroffenen Gebieten zu helfen.«

Sie lächelten zugewandt, betrachteten mich und sagten: **»Du wirst jedes Mal, wenn du das tust, einen großen Dienst tun. Das Netz aus Licht wird an diesen Orten sehr gestärkt, und vielen Tausend Wesen wird das guttun. Die Feuer werden nachlassen«,** sagten sie und legten ihre Handflächen zusammen, als wollten sie sagen: »Das ist alles, was es zu tun gibt.« »Danke, Großmütter«, sagte ich, »ich werde das, was ihr gesagt habt, allen weitersagen, die helfen wollen.« Sie lächelten wieder, deuteten eine Verneigung an und sagten: »**Wir danken dir, dass du in dieser Zeit anderen dienen möchtest.**«

Ich war überaus verblüfft, dass sie *mir* für meine Hilfe dankten, und führte meine Hand zum Mund. Da mussten sie kichern und winkten mich fort. Unser Gespräch war beendet. Wir würden jetzt nicht weiter darüber reden. Ich musste arbeiten.

Als ich die Augen öffnete, dankte ich ihnen noch einmal, dann ging ich an den Rechner und schrieb, wie sie es vorgeschlagen hatten, und forderte alle auf, mit dem Lichtnetz zu arbeiten, um die Feuer zu löschen. Es war ermutigend, später zu hören, dass die Botschaft der Großmütter den Menschen geholfen hatte, inmitten des Traumas der Brände standhaft zu bleiben. Andere schrieben, dass sie sich durch die Botschaft der Großmütter nicht mehr hilflos vorkamen, wenn sie die Nachrichten sahen, denn sie konnten ja etwas tun.

Es kamen E-Mails aus Australien, Deutschland, Kanada, der Schweiz und den Vereinigten Staaten. Diese Anteilnahme berührte mich sehr, und alles, was ich tun konnte, war, all jenen zu danken, die sich bereitwillig an der Arbeit mit dem Lichtnetz beteiligt hatten.

»Wir kennen dein Herz.«

Als ich das nächste Mal zu den Großmüttern reiste, waren die Tage kurz geworden; es war Herbst. Es war schon eine Weile her, dass ich nur um meinetwillen bei ihnen war und es nicht um eine Botschaft an andere ging. Vielleicht war es das innere Gefühl, das mich jeden Herbst überkommt, oder vielleicht war es nur, weil ich sie vermisste. Auf jeden Fall entschied ich mich, dass ich diesmal nur aus Freude, sie wiederzusehen, zu ihnen gehen würde.

Auf dem Weg in die Obere Welt flog ich neben Adler – sehr nah. Unsere Flügel berührten sich, und ich sagte zu ihm: »Oh! Es ist wunderschön«, aber wie üblich sagte Adler nichts. Wir flogen schweigend weiter, bis er schließlich rief: »Komm!« und dann setzten wir zum Sturzflug an. Als wir in das Tal der Großmütter hinabstürzten, blickte ich zufällig über meine

Schulter zurück, und da sah ich, dass ich Bänder hinter mir herzog, lange, seidige Bänder in vielen Farben. Ich lachte, erfreut über meine prachtvolle Schleppe, landete und saß bald vor den Großmüttern.

Ich lupfte meine Flügel, dann streckte ich sie aus und sagte: »Oh, Großmütter, ich werde alt.« Ich hatte erkannt, was für ein Vergnügen es war, neben Adler fliegen zu können, selbstsicher zu landen und sich so zu recken. »Hier, in dieser Wirklichkeit«, sagte ich zu ihnen, »kann ich fliegen und im Schneidersitz sitzen, ich kann springen und alles tun, aber auf Erden, in meinem Körper… oh je!« Ich zog ein Gesicht. »Das ist etwas ganz anderes.

Aber wie dem auch sei, hier bin ich«, sagte ich schließlich und grinste, als mir bewusstwurde, wie glücklich ich war, mit ihnen zusammen zu sein. Wir lächelten uns an, bis ich sagte: »Was soll ich zu diesem Zeitpunkt mit eurer Botschaft machen, zu meinem Wohl und dem der anderen?« Ich hatte über diese Frage nicht nachgedacht. Ich war nicht einmal mit einer Frage gekommen – sie sprudelte einfach aus mir heraus. Nachdem ich die Frage gestellt hatte, beugte ich mich vor ihnen nieder und lehnte mich so weit vor, dass meine Stirn den Boden berührte, dann setzte ich mich auf die Knie und wartete, dass sie sprachen.

»**Steh auf!**« riefen sie aus und hoben schwungvoll ihre Arme. Ich tat wie geheißen, und als ich zum Stehen kam, sah ich erst und dann spürte ich, wie mein menschliches Selbst einen Adlerkopf ausbildete. Ich war Mensch und Greifvogel zugleich. Nachdem sich meine Überraschung gelegt hatte, sagte ich: »Nun, hier stehe ich, Großmütter, so wie ich bin. Ich bin zu euch gekommen und warte darauf, dass ihr mich anleitet.«

Sie streckten ihre Hände nach mir aus und berührten kurz mein Drittes Auge. »**So sollte es sein**«, sagten sie. Sie meinten, ich solle mich ihrer Führung anvertrauen. Als ich ruhig dastand, überlegte ich, ob ich ihnen von den Schwierigkeiten erzählen sollte, die ich mit Leuten hatte, die mit der Arbeit mit den Großmüttern Geld verdienen wollten, und die mich drängten, ebenfalls Geld damit zu verdienen. Aber als ich zu ihnen aufblickte, wurde mir klar, dass es überhaupt nicht wichtig war. Während ich bei den Großmüttern war, hatte es keine Bedeutung für mich. Ich würde die Dinge einfach kommen und ihren Lauf nehmen lassen – keine vorgefasste Meinung haben oder ein bestimmtes Ergebnis erwarten. Als mir das klar wurde, sah ich, wie im Zusammenhang mit den Großmüttern die Frage des Geldes aus meinem Kopf verschwand und wie eine Wolke am Himmel davonschwebte. Dort verschmolz sie mit anderen Wolken, und ich sah sie alle vorüberziehen, eine nach der anderen. Und als sie vorbeizogen, erinnerte ich mich daran, dass das ganze Drama auf Erden nur dieses ist: ziehende Wolken.

Während mir das durch den Kopf ging, kamen die Großmütter näher und legten ihre Hände auf mein Herz. Als sie mich hielten, sagten sie: »**Wir kennen dein Herz.**« »Hmm«, murmelte ich und schüttelte verwundert den Kopf. »Ich bin so froh, dass ihr es kennt, Großmütter«, antwortete ich schließlich, »denn ich kenne es nicht immer. Manchmal verwirren mich die Ansprüche und die Kritik anderer Menschen, und wenn ich mir unsicher werde, weiß ich nicht, was ich tun soll.« »**Wir wissen es**«, sagten sie, während sie weiter geduldig mein Herz hielten.

Als nächstes setzten sie sich in einen Kreis und zogen mich mit hinein, so dass ich ein Teil davon war. Da saßen wir und lächelten uns an, glücklich, nur zusammen zu sein, bis sie schließlich sagten: »**Es ist schön, wenn du in Bezug auf unsere Arbeit keine Ambitionen hast.**« Ich schaute auf, und sie nickten. So ließen sie mich wissen, dass sie nicht daran interessiert waren, dass ich ihre Arbeit voranbrachte oder Geld damit verdiente, und als sie mich in ihrem Blick hielten, sah ich, dass sie hofften, dass auch ich kein Interesse daran hätte. Ich sollte im Hinblick auf diese Arbeit alles Streben loslassen. »Ja, Großmütter«, sagte ich. »Ich sehe das auch so.«

Sie meinten, dass es gut wäre, weitere Bücher zu schreiben. »**Es gibt noch mehr zu sagen.**« »Ja, Großmütter«, antwortete ich. »Zeigt mir nur, wie ich es machen soll.« »**Betrachte diese Arbeit als Vergnügen, als Freude**«, sagten sie, und ich seufzte erleichtert. Es fühlte sich so gut an, auf diese Weise über das Schreiben zu denken. Normalerweise war es mir todernst. »Es ist ein so befreiendes Gefühl, Großmütter«, sagte ich, »ohne Ehrgeiz da heranzugehen, ganz ohne Ambitionen.«

Sie lächelten, und bald fingen wir an, das Lied »Oh Großmütter« zu singen. Köpfe und Oberkörper schwangen im Rhythmus hin und her, hin und her, während unsere Hände den Takt klopften. Als wir das Wort »Macht« sangen, streckten wir unsere Hände aus. Die Großmütter zeigten mir, wie ich mit meinen Händen Macht beschwören konnte. »Wow! Großmütter«, rief ich aus, »das macht Spaß!«

Als nächstes sangen wir: »Ich bin eins mit dem Herzen der Mutter«, und sie lehrten mich, am Anfang dieses Liedes mit offenen Handflächen auf dem Schoß dazusitzen, um dieses Geschenk zu empfangen: dass wir eins *sind* mit dem Herzen der Mutter. »Ich bin eins mit dem Herzen der Mutter«, sang ich, »ich bin eins mit dem Herzen der Liebe.« **»Wenn du auf diese Weise empfängst und diese Wahrheit tief in dich einsinken lässt«**, sagten sie, **»wird die Wahrheit dieses Liedes auch tief in die Erde einsinken.«**

Als wir den zweiten Teil: »Ich bin eins mit dem Herzen des Vaters« sangen, machten die Großmütter eine kreisförmige Bewegung mit den Händen, und als wir sangen: »Ich bin eins mit Gott«, hoben wir Hände und Arme. Danach nahmen wir wieder die empfängliche Haltung ein mit den Händen im Schoß und sangen: »Ich bin eins mit dem Herzen der Mutter«.

»Wir werden dir mehr Lieder beibringen«, sagten sie. **»Das Friedenslied ist gut, denn es zeigt, was passiert, wenn man beginnt, unsere Botschaft zu leben. Frieden, Frieden, Frieden«**, sangen sie, **»Frieden in mir, bringt Frieden, Frieden, Frieden – Frieden in meiner Familie«**, und ich erinnerte mich an den weiteren Text: »Frieden in meiner Gemeinde, Frieden in meinem Land, Frieden auf Erden…«. Ich sagte: »Seid ihr nicht einfach wunderbar, Großmütter?« Sie wandten sich mir zu und antworteten: **»Bist du nicht wunderbar? Wie schön ist es, aus Freude zusammenzukommen; einander zu besuchen und einfach aus Freude zusammenzukommen.«** Ich blickte auf und verstand, dass sie von unserem Zusammensein sprachen und davon, dass wir auf Erden zusammenkommen, um unsere Liebe zum Göttlichen miteinander zu teilen.

»In dieser Zeit des Schenkens, gib uns das Geschenk deiner liebenden Hingabe an die Wahrheit.«

Der Herbst verging schnell, und als es fast Weihnachten war, wurde mir klar, dass ich mit den Großmüttern noch nie über die wahre Bedeutung der Weihnachtszeit gesprochen hatte. Die Kommerzialisierung dieser Festzeit fand ich so abstoßend, dass ich gar nicht darüber nachdenken wollte. Aber als sich die Feiertage diesmal näherten, fragte ich mich aus irgendeinem Grund, ob man Weihnachten auch auf andere Weise feiern konnte. »Großmütter«, sagte ich, »vergessen wir mal die Kommerzialisierung dieser Zeit. Was ist dann die eigentliche Bedeutung dieser Jahreszeit?« Meine Frage bezog sich nicht nur auf diejenigen, die Weihnachten feiern, sondern auf Menschen aller Religionen.

»**Hör zu**«, sagten sie, und schnell setzte ich mich hin und war ganz Ohr. »**Wir werden es dir zeigen.**«

Sie flogen mit mir weit nach oben und zeigten mir, wie sich unser Planet im Weltraum dreht, und als ich hinabsah, sah ich alle Kontinente, Länder und Kulturen der Erde. Und überall, wo ich hinschaute, bemerkte ich, dass dies eine Zeit war, in der die Menschen zusammenkamen. Das Zusammenkommen zu dieser Jahreszeit war in Afghanistan ebenso verbreitet wie in England, in Kolumbien ebenso wie in Kanada. Unabhängig von der Kultur wandte man sich zu dieser Jahreszeit an seine Lieben und dankte ihnen. Der Feiertag mag Weihnachten, Chanukka, Ramadan, Thanksgiving, Sangranthi oder anders heißen, aber in den nächsten Monaten würden sich die Menschen treffen, um ihre liebevolle Verbindung zueinander und zum Göttlichen zu feiern. Als ich diese besonderen Zeiten anschaute, schienen sie weniger ein einziger Feiertag zu sein, sondern eine Reihe von Feiertagen.

»**Das ist eine heilige Zeit**«, sagten die Großmütter und unterbrachen meine Gedanken. »**Zu dieser Jahreszeit ruft ihr die Liebe hervor.**« Dann erschien ein Lächeln auf ihren Gesichtern, und sie fügten hinzu: »**Feiert das. Der Sinn dieser Zeit ist es, einander Liebe zu schenken.**«

An mich gewandt sagten sie: »**Wir wissen, dass dich der ganze Konsum dieser Zeit ärgert. Die Menschen haben die Liebe schon immer als**

Vorwand benutzt, um mehr zu verkaufen, und in dieser Hinsicht unterscheidet sich die heutige Zeit nicht von anderen. Die Habgier tritt heute jedoch offener zutage, weil die globale Kommunikation sie zu einem weltweiten Phänomen gemacht hat.

Aber mach dir darüber keine Sorgen; es ist nicht deine Aufgabe, die Welt zu verändern. Deine Aufgabe ist es, du selbst zu sein und die Liebe in deinem Herzen zum Leuchten zu bringen. Diese Zeit des Jahres muss heiliggehalten werden, und das kannst du tun. Aber du wirst dich der Gegenwart des Göttlichen in dir stärker zuwenden müssen, als du es normalerweise tust.

Wir sagen das«, erklärten sie, »denn wenn die Feiertage näherrücken, nimmt die Energie des Kaufens und Verkaufens zu. Viele verlieren sich im Übermaß, in Sorgen und Stress, also ist es wichtig, wach zu bleiben und sich nicht in diese Zustände hineinziehen zu lassen. Wenn du dich vom Sirenengesang deiner Gesellschaft täuschen lässt, wirst du erneut eine Weihnachtszeit verwirrt und frustriert zubringen. Bitte tu das nicht. Wir versprechen dir, dich in dem ganzen Rummel, der dich in den Wintermonaten umgibt, in der Ruhe zu halten.

Es gibt größere Dinge, zu denen du jetzt berufen bist, als in die Falle von Kaufen und Verkaufen zu tappen. Hör auf uns und wende dich nach innen, rufe uns an und nutze diese Zeit, um dein Leben wieder zu heiligen. In dieser Zeit des Schenkens bitten wir dich, uns das Geschenk der liebenden Hingabe an die Wahrheit zu geben. Wenn du das tust«, sie hoben ihre Köpfe und sahen mir in die Augen, »wirst du dein Leben und die ganze Erde segnen.

Das ist das einzige Geschenk, das wir von dir wollen. Wir bitten dich, dem Großen Selbst, das du bist, das Geschenk der liebenden Hingabe zu machen. Lass dich von der Welt nicht zu weniger überreden«, sagten sie. »Dieses Geschenk ist jetzt vonnöten.«

Ihre Worte waren genau das, was ich hören musste. Immer wieder kehrte ich zu: »Das ist das einzige Geschenk, das wir von dir wollen« zurück, und die Worte der Großmütter hielten mich während der Weihnachtszeit in der Ruhe. Die Konzentration auf ihre Botschaft erwies sich als überraschend einfach, denn es stellte sich heraus: Das Geschenk der Wahrheit war das einzige, das auch ich wollte.

»Du gehst hin, wo du noch nie warst.«

Bald darauf war Neujahr, und ich beschloss, den Feiertag zu ehren, indem ich zu den Großmüttern ging. Ich war nicht an guten Vorsätzen für das neue Jahr interessiert, aber ich hoffte, dass sie mir Orientierung für das kommende Jahr geben würden. Als ich in ihre Gegenwart kam, sagte ich: »Großmütter, wir sind dabei, uns dem neuen Jahr zuzuwenden, aber meine Frage geht um mehr als das. Viele von uns sehnen sich nach dem Goldenen Zeitalter und warten darauf«, sagte ich, »aber wir sehen nicht viel Gold. Tatsächlich erscheinen die Dinge jetzt schrecklicher und beängstigender als je zuvor. Wir haben so lange auf die Wende zum Licht gewartet, aber in letzter Zeit scheint die Hoffnung darauf weiter entfernt denn je. Es gibt heute so viele Tragödien und so viel Hässlichkeit auf unserem Planeten«, sagte ich, und meine Stimme wurde sehr traurig. »Großmütter«, seufzte ich, dann nahm ich mich zusammen: »Trotz allem will ich die Wahrheit wissen. Worauf sollten wir bei unserem Einstieg in das Jahr 2008 vorbereitet sein? Was kommt jetzt?«

Kaum hatte ich die Frage gestellt, da ertönte ein Rauschen, als sich meine Flügel ausdehnten und sich zum Fliegen bereit machten. »**Es kommt**«, sagten die Großmütter, »**das Goldene Zeitalter kommt früher, als du denkst. Die Wende kommt jetzt**«, riefen sie, und ich war zu überwältigt, um zu antworten. »Ich habe es mir so sehr gewünscht«, sagte ich, und als ich mich zu ihnen umwandte, nahmen sie mich in ihre Flügel und sagten:

»**Wenn du fliegst**«, sagten sie, »**schau nach vorne.**« »Was?« fragte ich, denn als ich nach unten schaute, sah ich mit Schrecken, dass ich flog. Ich hatte gar nicht gemerkt, dass ich überhaupt abgehoben hatte, aber ich war hoch in der Luft, und jetzt schaute ich nach vorn. »**Du gehst vorwärts**«, sagten sie, »**nicht rückwärts. Tatsächlich blickt man selten nur nach unten. Das Fliegen gibt dir Schwung und bringt dich voran. Vorwärts**«, wiederholten sie, »**immer voran.**« Und hoch in der klaren Luft, wo die Farben durchdringend klar sind, wiederholte ich bei mir: »Vorwärts«.

»**Du gehst hin, wo du noch nie zuvor gewesen bist**«, sagten sie. »**Wir können nicht beschreiben, wie das ist**«, kicherten sie, »**weil es nichts Vergleichbares gibt.**« Sie schüttelten den Kopf über die menschliche Neigung, das Unerklärliche erklären zu wollen und sagten: »**Spüre das Gefühl in deiner Brust und deinem Körper, während du dich voranbewegst. Während du vorwärts fliegst**«, berichtigten sie sich. »**Bewegen**«, sagten sie, »**ist nicht das richtige Wort dafür. Es drückt nicht die Geschwindigkeit und die Kraft aus. Du *rast* vorwärts**«, sagten sie und nickten glücklich. Sie freuten sich, das richtige Wort gefunden zu haben.

»**Genieße die Fahrt – drehe dich nicht um, um dich an etwas festzuhalten**«, sagten sie. »**Alles ist jetzt neu – neu. In der Vergangenheit hast du dir Sorgen gemacht, was die Leute von dir dachten – ob du akzeptiert wurdest, ob du dazugehörst. Besorgt, ob du einen Platz in der Welt hast oder nicht**«, sagten sie. »**All das geht jetzt, und die Welt wird nicht mehr dieselbe sein, die sie war. Was du in der Vergangenheit gehabt hast oder haben wolltest, geht jetzt, geht, ist weg. Dein Weg führt dich woanders hin.**« Sie schmunzelten über meinen verwirrten Ausdruck. »**Genieße den Flug**«, sagten sie und lächelten weiter. »**Genieße den Prozess, den Moment, das Jetzt!**

Geschichte«, fuhren sie fort, »**ob die persönliche oder die ganzer Gesellschaften, ist nichts anderes als Geschichten. Geschichten**«, wiederholten sie, »**das ist alles. Aber du bist jetzt hier. Komm mit uns mit. Komm näher.**«

Sie winkten mir zu, und da wurde mir plötzlich bewusst, mit welcher Geschwindigkeit wir unterwegs waren. Ich war eine Rakete an einem strahlenden Himmel, und als ich durch die dünne Luft schoss, wurde mir klar, dass Geschichte, Literatur und die alten Geschichten, die ich mein ganzes Leben lang gernhatte, eben bloße Geschichten waren. Manche enthielten eine Spur Wahrheit, andere nicht. Menschen hatten sie aufgeschrieben, und im Vergleich zu dem, was ich in diesem Moment erlebte, waren sie dunkel und verschlossen. Als ich durch die Luft sauste, sah ich mir diese Geschichten genau an, sah alles Mögliche an ihnen hängen. Bestimmte Kulturen waren an bestimmte Geschichten gebunden, und sie alle wurden wieder durch andere Geschichten widerlegt, sie beeinflussten und überlagerten sich. Von meinem Standpunkt aus sah ich sie nun so, wie sie waren – eine Menge sich wiederholender Geschichten, die sich zu einem großen Haufen stapelten.

»Die Bewegung ist vorwärts, sie ist jetzt!« sagte ich, begeistert von meiner Entdeckung. »Es ist die Freude zu werden, etwas Neues zu entdecken«, sagte ich und atmete mit einem großen »Ahhhh!« aus. Als ich auf die Erde hinunterblickte, konnte ich die Welt so sehen, wie sie war. Das war eine neue Art des Seins für mich, und als ich durch die dünne Luft glitt, erregte es mich, wie die alten Geschichten, die ich einst als »mein Selbst« betrachtet hatte, eine nach der anderen von mir abfiel.

»Schon die Frage zu stellen: ›Was bringt die Zukunft?‹« sagte ich, »heißt, auf die alte Art und Weise zu denken. Diese Frage bedeutete eine Anhaftung an das, was das Leben früher war, an eine bestimmte Identität in der Vergangenheit. Da steckt auch Angst dahinter«, sagte ich mir. »Wir machen uns Sorgen: ›Werde ich etwas verlieren?‹ und ›Wie wird es sein?‹ Wir versuchen, das Unbekannte mit etwas zu vergleichen, das es nicht mehr gibt.«

Die Großmütter nickten zustimmend, und ich musste lachen. »Also die Frage, die ich euch, Großmütter, gestellt habe, was wir im neuen Jahr erwarten können, kann nicht beantwortet werden, weil wir jetzt dorthin gehen, wo wir noch nie waren.« »Ja«, sagten sie, öffneten ihre Flügel und nahmen mich auf. »Dann ja, Großmütter, ja!« sagte ich. »Das ist es, was ich auch will. Nicht mehr zurückschauen. Ich fliege vorwärts.«

»Es gibt keinen Ort, an dem Gott nicht ist.«

So sehr mich dieser Vorwärtsdrang auch erregte, es fiel mir schwer, im Alltag dabeizubleiben. Ich stellte fest, dass ich immer noch von den Schmerzen und der Verwirrung anderer Menschen betroffen war. Ich war schon immer so gewesen – ich konnte Menschen und Situationen lesen – und diese »Gabe« war nicht immer ein Segen. Im Grunde war ich, ob es mir gefiel oder nicht, ein Seelenbarometer, und diese Fähigkeit, diese Gabe oder dieser Fluch, war nichts, für das ich mich bewusst entschieden hatte. Ich war einfach so.

Ich war zu einem Seelen-Müllmann geworden, und überall, wo ich war, nahm ich Gefühle, Einstellungen und Ideen auf, und all diese Dinge machten mich allmählich krank; gewiss stand das der Freude und Freiheit im Weg. Wenn die Menschen wütend waren, fühlte ich es, wenn sie traurig waren, tat mir mein Herz weh. Was auch immer es war, ich nahm es auf. Eine meiner lieben Freundinnen hatte jetzt Krebs, und die Krankheit war nicht nur eine große Herausforderung für sie, sondern auch für mich. Wir versuchten in dieser Situation, unseren Glauben zu stärken, aber sie machte es besser als ich. »Alles um mich herum aufzusaugen wie ein Schwamm, kann nicht richtig sein«, sagte ich zu mir. »Wie kann ich ihr helfen, wenn ich bloß ihren Schmerz fühle?« Das wollte ich nicht, aber es war mir einfach zur Gewohnheit geworden. Ich beschloss, mich zu den Großmüttern zu begeben und um Hilfe zu bitten.

Diesmal sah ich sie, als ich mich näherte, alle zusammen an einem See stehen, und als ich bei ihnen ankam, öffneten sie ihren Kreis, damit ich in ihre Mitte treten konnte. »Großmütter«, sagte ich, »ich glaube, ich weiß nicht, wie ich mit anderen in einer richtigen Beziehung sein kann – mit Tieren und Menschen. Ich bin zu sehr von ihren Schmerzen betroffen, und das erschöpft mich«, erklärte ich. »Bitte bringt mir bei, wie man in einer richtigen Beziehung lebt.«

Sofort gingen ihre Hände zu meinem Herzen, und ich stand still, während sie mich hielten und mit ihrer Berührung nährten. Alles in mir begann sich zu beruhigen, still zu werden und sich mit Frieden zu füllen, und dabei lächelten wir uns an. »Danke«, flüsterte ich, und sie bewegten sich, damit ich mich selbst sah: Wie ich jetzt aussah gegenüber dem, wie ich vorher ausgesehen hatte.

In meinen Gedanken »sah« ich beide Bilder von mir selbst und bemerkte, dass ich jetzt voller, ruhiger und weicher aussah. Zuvor war meine Energie mir ausgefranst und zerrissen vorgekommen, und das kam daher, weil ich zu viel auf andere zugegangen war, wie die Großmütter sagten. Als ich darüber nachdachte, schaute ich zufällig nach unten, und auf dem Boden neben meinen Füßen lag etwas, das aussah wie die letzten Überreste dieser Energie. Ausgefranste, zerrissene Fetzen wurden vom Wind emporgewirbelt, der sie schließlich aufhob und davontrug.

Die Großmütter wandten sich mir zu und sagten: »**Nicht mehr horizontal.**« Dann fixierten sie mich mit einem bohrenden Blick und sagten: »**Vertikal.**« »Was?« stieß ich hervor. Aber bevor ich noch ein Wort sagen konnte, erschien plötzlich meine Freundin Mahri vor mir, und als ich sie näher betrachtete, sah ich, dass die Großmütter bei ihr und in ihr waren. Ich blinzelte, sah wieder hin, und die Großmütter *waren* sie! Da stand sie mit ihrem Krebs, und es waren die Großmütter, die mich aus ihren Augen ansahen. Ich starrte sie verwundert an. Man hatte mir gesagt, ich solle »Gott in jedem sehen«, und das hatte ich versucht, aber die Vorstellung, dass Gott in anderen gegenwärtig ist, blieb, was sie war: eine Vorstellung. Jetzt jedoch sah ich die Wahrheit dahinter. Man sollte Gott nicht an einem weit entfernten Ort suchen; Gott war genau hier – in diesem Moment. Und hier war Gott, der mich aus den Augen meiner Freundin ansah.

Ich hatte versucht, Mahri zu helfen, wollte selbst etwas für sie tun, so hatte sich mein Elend mit ihrem verbunden und ich hatte nicht sehen können, wer sie wirklich war. »Wie absurd!« lachte ich, verblüfft über meine eigene Blindheit. Mahris Leiden hatte mich glauben gemacht, dass sie die Kranke war. Ich war auf das Drama ihrer Krankheit fixiert und sah nicht, wer sie *wirklich* war.

»**Ja**«, sagten die Großmütter, tätschelten meine Hände und strichen mir über meine Schultern. »**Du hast uns nicht in ihr gesehen. Du warst gefangen in der Vorstellung, von Gott getrennt zu sein. Wann immer du körperlich bei ihr warst, hast du gebetet und uns angerufen, so als wären wir weit weg und müssten uns aus der Ferne zu ihrer Rettung zu ihr begeben. Als ob wir nicht schon in ihr und von ihr wären**«, sagten sie und schlugen mir gutmütig auf den Rücken. »**Weil du dachtest, dass wir weit weg sind, hieltest du die Luft an und tatest alles für sie, was du konntest. Du hast uns gerufen, als ob wir weit entfernt wären. Kein Wunder, dass**

du müde bist«, sagten sie und schüttelten die Köpfe. »**Wir waren schon da«**, sagten sie und sahen mich mitfühlend an. »**Wir sind jetzt da.**

Lass dich nicht so leicht von Schmerz und Qualen täuschen«, sagten sie und schüttelten wieder den Kopf. »**Es ist verstörend, wenn wir das sagen, das ist uns bewusst, aber: Wir sind in jedem Aspekt des Lebens gegenwärtig. Vergiss das nicht. Wir sind nicht nur im sogenannten ›Guten‹ gegenwärtig«**, sagten sie und betonten jedes Wort. »**Wir sind auch in dem gegenwärtig, was du schlecht nennst. Wir sind in jedem Augenblick in jedem Menschen. Wir sind bei den schlimmsten menschlichen Handlungen dabei. Es ist schade, dass niemand es weiß, denn wenn ihr es wüsstet, würden sich solche Ereignisse verändern. Ruft uns herbei«**, sagten sie mit fester Stimme, »**ruft uns herbei. Tut nicht so, als kämen wir von weit her. Wir sind direkt bei euch und warten nur darauf, gerufen zu werden.**

Wir wissen, dass dir schwerfällt, worum wir dich bitten, weil du seit Tausenden von Jahren darauf konditioniert bist zu glauben, Gott sei irgendwo weit weg. Außerdem wurde dir beigebracht, dass Gott gut ist und daher nur dort gefunden werden kann, wo das Gute ist, und dass Schmerz, Leid und böse Handlungen Gottes Abwesenheit bedeuten. Aber das ist nicht wahr«, sagten die Großmütter und hielten mich in ihrem Blick. »**Gott ist gut und Gott ist überall. Es gibt keinen Ort, an dem Gott nicht ist. Gott ist nie abwesend«**, sagten sie, »**es ist nur so, dass man sich nicht immer an Gott erinnert. Wir sind eins mit Gott, und als solche halten und lieben wir alles Leben in jedem Moment. Wir sind in den besten Zeiten gegenwärtig und wir sind in den schlechtesten Zeiten da«**, sagten sie und nickten nachdrücklich. »**Ruf uns herbei.**

Das Leben ist kein makabrer Fehler«, sagten sie, »**keine Abfolge zufälliger Ereignisse. Alles hat seinen Sinn – sogar Krebs. *Wir sind da.* Ruf uns an und erkenne unsere Gegenwart.«**

Diese Lektion behandelte die komplexeste Frage des Lebens, mit der die Menschen seit Urzeiten ringen. Ich war mir nicht sicher, ob ich wirklich verstanden hatte, was die Großmütter lehrten, aber sie hatten mir einen kleinen Einblick in die Wahrheit gegeben. In mir leuchtete nun ein schwaches Glimmen. Die Großmütter drängten mich, meine Konditionierung aufzugeben, meine dualistische Sicht auf das Leben– gut und böse, schwarz und weiß, richtig und falsch –und *alles* Leben gutzuheißen. »Es gibt keinen Ort, an dem Gott nicht ist«, sagte ich mir, »nirgendwo.« Und als ich diese Worte sprach, wurde mir klar, dass ich, wenn ich das wirklich *begriff*, frei sein würde vom Leiden.

KAPITEL 17

Die Zeit ist gekommen, in der wir gemeinsam große Dinge tun werden

»Die Botschaft, die euch zusammenbringt, ist eine selbstlose Botschaft.«

Ich hatte viel am Buch der Großmütter gearbeitet, und zwischen dem Schreiben, den Behandlungen und den alltäglichen Verrichtungen hatte ich nicht viel Zeit für mich selbst. Ich hatte wahrscheinlich etwas zu viel gearbeitet, und heute wollte ich nur noch in die Badewanne steigen. Ich hatte mich darauf gefreut, eine Stunde oder länger in diesen Schaumblasen zu schweben, und mir gesagt: Nur noch diesen Abschnitt fertig schreiben, dann kannst du ins Wasser steigen.

»Ahhh«, seufzte ich, als ich im Schaum versank, »nichts kann sich besser anfühlen als das.« Doch kaum hatte ich das gesagt, fingen die Großmütter an, mit mir zu sprechen. Erst hörte ich sie, dann spürte ich ihre Anwesenheit, und in der dampfenden Luft, die das Bad erfüllte, konnte ich ihre Gestalten fast erkennen. Es gab etwas, das sie mir mitteilen wollten, und sie wollten es jetzt sagen. »Ja, Großmütter, ja«, antwortete ich, »lasst mich nur erst ein wenig einweichen.« Aber ganz gleich, wie sehr ich mich bemühte, sie hinzuhalten, sie wollten nicht warten. Sie wollten jetzt über das Großmüttertreffen sprechen, das im März stattfinden sollte, und sie wollten, dass ich hörte, was sie zu sagen hatten. Als ich es schließlich einsah, denn ihr Auftauchen war etwas, das nicht allzu häufig vorkam, kletterte ich aus der Wanne und schenkte ihnen meine volle Aufmerksamkeit.

»Okay, Großmütter, ich bin jetzt ganz bei euch«, sagte ich. »Bitte sagt mir: Was ist das Potential dieser zweiten Versammlung?« Mir ging es nicht um Sinn und Zweck der Veranstaltung, denn ich wusste, dass die gut waren. Es war sein Potential, das mich interessierte.

»**Es gibt ein großes Potential in solchen Versammlungen**«, antworteten sie, »**großes Potential. Wenn ihr so zusammenkommt, tut ihr das für einen guten Zweck.**« Lächelnd fügten sie hinzu: »**Das Göttliche unterstützt dich immer dann, wenn du eine zielgerichtete reine Absicht hast.**

Zu der Versammlung im März kommen viele, die sich ehrlich dem Dienst an Mutter Erde und der gegenseitigen Hilfe verschrieben haben, das haben sie im Sinn. Die Reinheit ihrer Absicht und die Energie eures gemeinsamen Engagements wird weit über den Ort eures Zusammentreffens hinausreichen.«

»Was?« fragte ich, und bedächtig nickend sagten sie: »**Es wird Tausende von Meilen weit gesehen werden.**« Sie zeigten hinter mich, und als ich mich umdrehte, sah ich einen Berg aus Licht über dem Hotel schweben, wo die Versammlung stattfinden sollte. Darauf bezogen sie sich.

»**Die Botschaft, die euch zusammenbringt, ist selbstlos, und Selbstlosigkeit ist heute selten auf der Erde**«, sagten sie und schüttelten den Kopf. »**Wann immer ihr euch versammelt, um dem größeren Wohl zu dienen, steht das ganze Universum hinter euch, um euch zu unterstützen.**« Ihre Worte freuten mich, und als ich sie und ihre gebieterischen Mienen sah, kamen mir die Tränen.

»**Frauen aus der ganzen Welt, die Großmüttergruppen leiten, tun dies aus reinen Beweggründen. Sie wollen helfen.**« Sie gestikulierten und öffneten ihre Arme weit. »**Sie sind froh und glücklich, Liebe zu geben und**

zu empfangen. Wir freuen uns, wenn wir eine solche Absicht sehen«, und während sie sprachen, hoben die Großmütter alle triumphierend ihre Faust. »**Du hast keine Ahnung von dem Glück im Himmel, wenn jemand vortritt und seine Dienste anbietet. Wir freuen uns, dass ihr so zusammenkommt. Wir sind sehr, sehr glücklich**«, grinsten sie, und da liefen mir Tränen über die Wangen.

»**Es wird immer mehr Treffen wie diese geben, sowohl große als auch kleine. Es ist an der Zeit, dass die liebevolle, haltende Kraft des weiblichen Prinzips zum Vorschein kommt und anerkannt wird. Anerkannt und gewürdigt**«, betonten sie.

»**Das Leben auf der Erde braucht seine Mutter, und endlich ist *sie* gekommen. Die Arbeit, die ihr tut, geleitet *sie* herein. Wir freuen uns über euch und mit euch.**

Wir bitten euch, unsere Gegenwart zu spüren, wenn ihr euch so versammelt«, und ich verstand, dass sie durch mich zu allen sprachen. »**Wir lieben euch zutiefst**«, fuhren sie fort, »**und freuen uns, mit und durch euch zu arbeiten. Wir bitten euch, diese gleiche Freude in euch selbst zu empfinden, diese Freude zu haben und in ihr zu leben.**« Dann wandten sie sich mit lächelnden Gesichtern an mich und sagten: »**Die Zeit ist gekommen, in der wir gemeinsam große Dinge tun werden.**

Wir freuen uns, dass so viele von euch sich entschieden haben, mit uns zu gehen«, lachten sie. »**Jetzt ist die Zeit.**« Dann reckte jede Großmutter einen Finger, warf ihren Kopf zurück, und zusammen riefen sie: »**Los geht's!**«

Achtzig Frauen und zwei Männer kamen zur zweiten Großmütterversammlung, aus den gesamten Vereinigten Staaten und aus den Niederlanden, und die Versammlung war, wie die Großmütter gesagt hatten: Wir erzählten uns die Geschichten der Großmütter, lernten, sie anzurufen, und stärkten unsere Bereitschaft, ihre Botschaft zu verbreiten. Wir tanzten, sangen und loteten die Tiefe unseres Wesens aus. Es gab Freude, Tränen, Spaß und eine tiefe Verbundenheit untereinander und mit den Großmüttern. Und als alles vorbei war, wollte niemand nach Hause.

»Du wirst kein selbstloses Verhalten finden. Hör auf, danach zu suchen.«

Nachdem das Treffen vorbei war, wurde mir klar, wie sehr ich es vermisste, gleichgesinnte Menschen um mich zu haben. Es war wunderbar gewesen, mit all jenen zusammen zu sein, die diese Arbeit verstanden und voll unterstützten, aber nachdem sie gegangen waren, war ich wieder auf mich allein gestellt. »Ich muss mehr in die Welt hinaus«, sagte ich zu mir, »ich bin zu allein. Ich bin so isoliert durch meinen Fokus auf die Botschaft der Großmütter und arbeite die ganze Zeit nur an dem Buch, aber wahrscheinlich muss ich mehr in der ›realen‹ Welt mitmischen. Das ist zwar nicht dasselbe, wie mit Menschen zusammen zu sein, die die gleiche Arbeit oder die gleichen Absichten verfolgen«, gab ich widerwillig zu, »aber mehr in die Welt hinauszugehen, das könnte mir guttun.«

Zu dieser Zeit wurde ich von Leuten bedrängt, die die Arbeit der Großmütter fördern, bewerben oder in irgendeiner Weise einer größeren Öffentlichkeit zugänglich machen wollten. Aus irgendeinem Grund überschwemmten mich E-Mails diesen Inhalts, und ich wusste nicht, was ich davon halten sollte. Nachdem ich mit dem Diktum: »Es gibt kein kostenloses Mittagessen« aufgewachsen war, betrachtete ich solche Angebote mit Misstrauen. Allerdings klang eine Person, die mich kontaktierte, nicht wie eine Verkäuferin, sondern schien tatsächlich echtes Interesse zu haben. Sie wusste von der Arbeit der Großmütter, bekam ihren Newsletter schon seit einiger Zeit und bot an, ihre Botschaft in die Welt zu tragen.

Sie stellte sich als Gründerin einer Organisation vor, der es darum ging, humanitäre Gruppen zu vernetzen, und schickte mich auf ihre Website. Ich sah sie mir an, war mir aber nicht ganz klar, was sie taten oder wie man mit ihnen zusammenarbeitete. Ihre Gruppe hielt jedoch in wenigen Wochen eine Konferenz in Los Angeles ab, viele berühmte Persönlichkeiten sollten dort sprechen, und sie lud mich ein, zu kommen und ihr Gast zu sein. Ich dachte mir, warum nicht? Durch das Zuhören würde ich etwas lernen und könnte auch ein besseres Verständnis für ihr Unternehmen gewinnen. Drei oder vier der Sprecher waren Stars in der Bewegung des neuen Denkens, und schon ihre Vorträge wären die Reise wert.

Außerdem würde mich das aus meiner Isolation hinaus und in die Welt bringen.

Ich fuhr zu der Konferenz und wurde begeistert begrüßt. Mehrere Hundert Teilnehmer waren da, und als erstes fiel mir auf, dass viele von ihnen wie alternde Hippies aussahen. »Je nun«, sagte ich mir, »das ist halt L.A.«, und nahm Platz, um zuzuhören. Als erstes wurden die Hauptleute der Bewegung vorgestellt, aber mir fiel auf, dass die Frau, die mich eingeladen hatte, nicht zu ihnen gehörte. Es waren alles Männer, und jeder Mann wurde mit seinem Vor- und Nachnamen angesprochen, während die Frauen, die die Konferenz leiteten, nur mit einem Namen vorgestellt wurden – und was für Namen: »Sparkle«, »Elfin« und ein paar andere. Das gab mir zu denken.

Ich blieb jedoch still sitzen, um dem Gründer der Organisation zuzuhören, denn jetzt wollte ich wirklich wissen, worum es bei dieser Gruppe ging. Außerdem erinnerte ich mich daran, dass ich mich entschieden hatte, in die Welt hinauszugehen, und dies war mein erster Ausflug. Ich würde Geduld haben.

Der Gründer begann, eloquent von den humanitären »vibes« seiner Organisation zu schwärmen, und dementsprechend umarmte er alle, die auf die Bühne kamen. Aber etwas an ihm fühlte sich für mich nicht richtig an. Es gab Unstimmigkeiten zwischen seinen Worten und seiner Körpersprache. Ich grübelte noch darüber nach, als ich merkte, wie sich mein Magen verkrampfte. Was, fragte ich mich, war das? Also rief ich die Großmütter und den Heiligen an und bat sie zu mir. Inzwischen fühlte ich mich so unwohl, dass ich auch Bär und Wolf anrief. Sobald ich spürte, dass meine Lehrer bei mir waren, fühlte ich mich sicherer und mir war nicht mehr so elend. Aber ich konnte mir immer noch nicht erklären, was es war, das an dieser Präsentation »falsch« war. Schließlich bat ich meine Lehrer, mich den Sprecher mit ihren Augen sehen zu lassen.

Kaum hatte ich meine Bitte ausgesprochen, sah ich ihn umgeben von wirbelnder, schwindelerregender Energie. Wolken verschleierten und enthüllten und verschleierten ihn dann wieder, während seine Energie unberechenbar umherwirbelte. Sie schien zusammenzufließen und sich dann nach außen zu drehen und von den Wänden des Raumes abzuprallen. Nichts war stabil und nichts war glatt. Tatsächlich war die Erfahrung so erschütternd, dass mir schwindlig wurde.

Nachdem er noch ein paar Leute umarmt hatte, ließ er ein paar Worte fallen, die mir den Mund offenstehen ließen. Also stieß ich einen jungen Mann vor mir an, der mit seinem Vater gekommen war, und fragte ihn, ob er etwas über die Konferenz wisse. Er erzählte mir, der Zweck der Konferenz bestünde darin, dass die Teilnehmer Geld verdienten, indem sie Leute (wie mich) einluden, die eine kleine monatliche Gebühr zahlten, um ihre Geschäfte von dieser Organisation fördern zu lassen. Leute wie ich würden dann andere »einladen«, sich der Organisation anzuschließen, damit jeder »auf der Linie« Geld verdiente. Die Frau, die mich zur Konferenz eingeladen hatte, wusste, dass die Großmütter kein Geschäft waren, aber sie vermutete, dass ich mit einer großen Anzahl von Frauen in Kontakt stand, und hoffte, dass ich sie alle mitnehmen würde. Das hatte mich für sie attraktiv gemacht.

In meinem Kopf drehte sich alles, als ich das begriff; und dann begriff ich, dass die Redner mit den großen Namen, die hier auftauchten, angeheuert waren – auf das Programm gesetzt als Zugpferde, um dem Ganzen Legitimität zu verleihen und Leute wie mich anzuziehen. Ich konnte kaum glauben, was ich hier unter diesen Scharlatanen des neuen Zeitalters sah, und bekam ein flaues Gefühl im Magen, und sobald ich mich gesammelt hatte, verabschiedete ich mich schnell und floh zur Tür hinaus.

Später am Abend, als ich mir das Geschehen des Tages noch einmal durch den Kopf gehen ließ, stieß ich gegen eine Türschwelle und brach mir den Zeh. Ich hatte nicht darauf geachtet, wo ich hinwollte. »Hmm«, dachte ich, »nicht darauf geachtet, wohin ich gehe…« Und in dieser Nacht träumte ich von Bär – einen unwirklichen, verstörenden Traum. Als ich aufwachte, konnte ich mich nur daran erinnern, dass er mir etwas sagen wollte.

Ich überlegte nicht lange und reiste noch am selben Morgen zu ihm, um ihn zu fragen, warum er gekommen war. »Um dich zu wecken«, sagte er. »Um dich ein für alle Mal zu wecken.« »Okay, Bär«, sagte ich, als ich sein liebes Gesicht betrachtete; es war sorgenvoll. »Ich bin bereit zu erwachen, aber ich muss dir leider sagen, dass ich gar nicht wusste, dass ich schlafe.«

Er begann zu knurren und wurde immer grimmiger, bis er seinen Kopf von einer Seite auf die andere warf. Sein Gebrüll war beängstigend, wurde immer wilder, und in seiner Wut sah ich, wie er seine Kiefer in Dinge schlug, die ich nicht sehen konnte. »Bär«, stieß ich hervor, erschüttert von seiner Darbietung, »warum bist du zu mir gekommen? Bitte sag es mir.« »Wach auf und sei wachsam«, knurrte er, als er weiter die Gegend um uns herum absuchte. »Okay, Bär, okay. Ich bin einverstanden«, sagte ich, »aber wachsam worauf? Was ist hier los?«

»Du verstehst nicht, wie die Dinge auf der Erde funktionieren«, sagte er und verengte die Augen. »Du bist unschuldig, aber jetzt musst du wach sein, nicht unschuldig schlafen. Die Menschen haben ihre eigenen Vorstellungen«, sagte er, als er wütend auf und ab ging, »und man ist immer wieder überrascht – sogar schockiert davon. Brauchst du nicht. Sie verfolgen ihre eigenen Ziele. Sie wollen, dass ihnen die Dinge zupasskommen. Sie sind nicht selbstlos. Das musst du einfach wissen«, grunzte er. »Das trifft auf fast alle zu. Du wirst kein selbstloses Verhalten finden«, sagte er und stampfte bekräftigend auf. »Hör auf, danach zu suchen.«

Ich war besorgt, dass er so aufgebracht war – und so unerbittlich. »Bär«, sagte ich, als ich seine Gestalt betrachtete, die ich im Laufe der Jahre zu schätzen gelernt hatte, »das gilt aber auch für mich. Ich gehe auch meinen Bedürfnissen nach. Ich bin nicht anders als alle anderen.« »Ja«, sagte er, »ja, das tust du, aber es gibt einen Unterschied. Kein großer Unterschied«, es gab ein glucksendes Geräusch in seiner Kehle (lachte er?), »aber ein *mittlerer* Unterschied«, nickte er und war zufrieden, dass er das passende Wort gefunden hatte.

»Du hast Vertrauen in deine Verbindung mit dem Göttlichen, und du baust darauf. Du weißt, dass du geboren wurdest, um zu vermitteln, was dir gegeben wurde, und dass dir die Lehren gegeben werden, um sie an andere weiterzugeben. Vertraue den Dingen, die du weißt, und behalte sie im Auge. Je mehr du das tust, desto weniger wirst du nach deinen eigenen Bedürfnissen suchen«, sagte er, und während er sprach, wippte er mit seinem massigen Leib hin und her. »Du musst nicht danach trachten, deine Bedürfnisse zu befriedigen«, grunzte er, »dir wird alles bereitgestellt. Bleib eingestimmt auf das, von dem du weißt, dass es wahr ist. Das«, er neigte seinen großen Kopf, »ist ein guter Weg, um von Egoismus verschont zu bleiben.

Was du gestern auf dieser Konferenz erlebt hast, beobachte und beachte es. Achte auf diese Art von Menschen und vertraue deinen Instinkten. Solche Menschen gibt es überall. Sie werden immer wieder auf dich zukommen. Du musst dich mit ihnen nicht abgeben.« Er schüttelte den Kopf und grunzte. »Wenn du keinen Wert in dem erkennst, was sie zu bieten haben, lass sie an dir vorübergehen.

Mach weiter mit der Arbeit der Großmütter. Lerne weiter und geh einen neuen Weg. Komm mit mir, komm mit den Großmüttern, und wir werden dich unterweisen. Haben wir dich gestern bei diesem abscheulichen Treffen nicht etwas gelehrt?« knurrte er. »Ja, ja, ja«, nickte ich, »das habt ihr wirklich. Als ich euch bat, durch eure Augen sehen zu dürfen, sah ich die Wolken und Schleier um diesen Redner herum schweben und verstand sofort, dass er nicht nur verwirrt war, sondern auch alle anderen.« »Wir werden dir das immer wieder zeigen«, sagte er. »Bitte einfach darum.« »Das werde ich, Bär«, sagte ich. Und das meinte ich auch so. Nun verstand ich, dass die sogenannte »Isolation«, die sich durch das Aufgehen in der Arbeit mit den Großmüttern ergab, nicht etwas war, das es zu vermeiden galt, sondern das angenommen werden sollte. Meine Erfahrung auf dieser Konferenz hat mich von jedem Wunsch befreit, »in die Welt zu kommen«.

»Lass den Fluss der Zeit fließen und sieh dabei zu.«

In den folgenden Tagen dachte ich oft an Bärs Worte. Plötzlich und scheinbar aus dem Nichts begann ich auf eigenartiges und verletzendes Verhalten zu stoßen, wo ich es am wenigsten erwartet hätte. Menschen, die ich als Freunde betrachtet und mit denen ich viele Monate zusammengearbeitet hatte, waren plötzlich nicht mehr einverstanden mit mir und entzogen mir ihre Freundschaft und Unterstützung. Als ich erkannte, dass etwas nicht stimmte, und fragte, was los sei, sagte niemand etwas. Sie machten bloß ein paar kurze Bemerkungen, zogen sich zurück, und das war's. Das war eine Woche – ein gebrochener Zeh, Täuschung in der Welt »da draußen« und Ärger und Eifersucht auf Seiten derer, denen ich vertraut hatte. Ich sah immer wieder dieses Bild von Bär, der wütete und nach (für mich) unsichtbaren Dingen schnappte, Dinge, die ich nicht sah, aber er.

In so kurzer Zeit von so viel Dramatik überrollt zu werden, hat mir vor Augen geführt, dass, egal wie wir sie nennen oder umschreiben, die meisten von uns immer noch von niederen Instinkten geleitet werden. Das Ego hat auch bei sogenannten »entwickelten« Menschen immer noch Einfluss. Und als ich darüber nachdachte, stellte ich mich natürlich auch selbst infrage. Sind meine Motive lauter? fragte ich mich. Werde ich auch von Eifersucht und Konkurrenzdenken beherrscht? Das konnte ich bei mir nicht sehen, aber ich wette, dass die Menschen, die versuchten, mich zu benutzen und zu kontrollieren, es auch an sich nicht sahen. Offensichtlich war es für mich an der Zeit, wieder zu den Großmüttern zu gehen.

Am nächsten Morgen reiste ich zu ihnen, und als ich vor ihnen stand, sahen sie mich mit unendlicher Geduld an. »Großmütter«, sagte ich, »unsere Welt ist in großer Gefahr und wahrscheinlich auch unsere Seelen. Wir versuchen, aufzusteigen, uns zu erweitern und zu erheben, um passende Fahrzeuge in das Goldene Zeitalter zu sein. Es wird viel über Transformation und ein Erwachen zu unserem höheren Selbst gesprochen, über den Übergang auf eine neue Bewusstseinsstufe, aber ich sehe es nicht. Wie«, fragte ich, »wie können wir (auch ich) über den Sog unseres Egos hinauskommen? Wie können wir über unsere nicht so schönen menschlichen Eigenschaften hinausgelangen?«

»**Du bist aus Liebe geboren**«, antworteten sie. »**Du bist in der Liebe geboren. Du kommst vom Göttlichen, und das Göttliche ist nur Liebe. Das ist es, was du bist. Alles andere ist eine Lüge**«, sagten sie. »**Tritt** zurück und sieh zu«, sagten sie, und ich sah sie überrascht an. »Wenn du verwirrt bist, wenn du von den Belangen und Ansprüchen anderer oder von den Belangen und Ansprüchen deines eigenen Egos zugeschüttet wirst, tritt einfach zurück und schau es dir an.

Tue nichts in so einem Moment. Lass den Fluss der Zeit fließen, und sieh dabei zu. Sieh einfach zu«, wiederholten sie und nickten bedächtig. »Das Ego will etwas unternehmen. Es will tun, tun, tun! Sei misstrauisch gegenüber diesem voreiligen Wunsch zu ›tun‹. Meistens kommt er aus dem Ego. Es gibt eine gewisse Aufgeregtheit in dem Wunsch zu ›tun‹, das ist eines seiner Markenzeichen.

Das Göttliche bewegt sich aus deinem Inneren, und es bewegt sich mit großer Zielgerichtetheit. Wenn der Wunsch zu ›tun‹ aus dem Göttlichen kommt, wirst du dich zu etwas hingezogen fühlen. Du kannst es als ›geführt werden‹ erleben«, sagten sie. »Wenn das Göttliche die Zügel führt, wie ihr sagt, geht alles ohne Anstrengung.

Wir sehen jetzt, wie Erregung dich umgibt«, sagten die Großmütter, »während individuelle Egos versuchen, mit dir ihren Weg zu finden. Sie wollen nur für sich selbst etwas tun, und in ihrer Gier arbeiten sie gegen dich und andere. Sei auf solches Verhalten gefasst. Das ist der Lauf der Welt.

Du bist in unsere Mission eingebunden«, sagten sie und warfen mir einen ernsten Blick zu. »Du arbeitest mit uns zusammen, um über diese Lebensweise hinauszugelangen und den Himmel auf die Erde zu bringen, wie du sagst. Das ist ein erstrebenswertes Ziel, und gemeinsam werden wir es erreichen, aber mache dir niemals vor, dass der Himmel bereits hier ist. Das ist er nicht«, sagten sie, die Arme vor der Brust verschränkt. »Lass dich nicht von süßen Worten und vom New Age-Jargon täuschen. Höre nicht auf ›mediale Durchsagen‹ und Prophezeiungen. Wissentlich oder unwissentlich werden fast alle vom eigenen Ego gesteuert.

Vertraue deinem Radar«, sagten sie. Ich hatte das so oft gehört – von ihnen und von Bär –, dass ich mich jetzt darüber wunderte. Ich meinte, ich hätte meinem Radar vertraut, aber als ich es sie erneut sagen hörte, fragte ich mich: »Habe ich das?« Dann blickte ich auf, und sie schüttelten die Köpfe: »**Nein.**« »Nun, das war's dann«, sagte ich. »Ich schätze, das tue ich nicht. Okay, Großmütter, warum vertraue ich dann *nicht* darauf?«

»**Puuh!**« antworteten sie aufgebracht. »**Warum, warum, warum?**« Sie wedelten abwehrend mit den Händen. »**Vergiss das Warum. Wir sagen dir, dass du deinen Instinkten vertrauen sollst, also achte auf das, was wir sagen, und tu es dann.**« »Okay, Großmütter«, schluckte ich, »das werde ich.«

»**Du darfst dir nie vormachen, dass eine bestimmte Gesellschaft, eine bestimmte Gruppe von Freunden oder ein Individuum wirklich ›gut‹ ist und frei vom Ego, weil es nicht so ist und sie es nicht sind. Der Himmel wartet noch draußen vor der Tür, also rechne mit Eifersucht, Konfusion und hinterhältigem Verhalten. Das alles wird vorkommen. Du bist zu naiv.**« »Ja, Großmütter«, antwortete ich, »ich weiß.« Ich war naiv. Nach all den Jahren mit ihren Enttäuschungen, die ich erlebt hatte, suchte und erwartete ich immer noch das Gute in allen. In gewisser Weise war ich wie ein Kind.

»**Jedes Mal, wenn du mit Menschen Schwierigkeiten hattest, lag es daran, dass du mehr in ihnen gesehen hast als sie waren.**« »Ja, Großmütter«, wiederholte ich, entschlossen, ihnen gut zuzuhören. »**Verbreite weiter unsere Botschaft, liebe weiterhin alle, aber stelle dich dem Leben und akzeptiere es so, wie es ist. Für jemanden wie dich kann die Erde ein einsamer Ort sein. Du bist immer bereit zu lieben, aber die meisten Menschen sind nicht so. Ihre Herzen sind noch nicht offen.**

Unterrichte weiter«, wiederholten sie. »**Tue dies persönlich und durch das Schreiben. Das ist deine Rolle, wenn es darum geht, die Dunkelheit auf der Erde in Licht zu verwandeln. Tue deinen Teil auf diese Weise, aber erwarte von anderen keine Unterstützung. Die meisten Menschen haben kein Verständnis für das, was du tust**«, sagten sie, und als ich zuhörte, schüttelte ich den Kopf und seufzte – es war ein tiefer Seufzer.

Sie sagten die Wahrheit. Manchmal verstand ich selbst nicht, warum ich die Arbeit mit den Großmüttern fortsetzte. Oft hatte ich das Gefühl, dass ich mich blind durchs Leben bewegte und irgendwo hingeführt wurde. Ich folgte einfach überall hin, wo mich die Großmütter und die

Geisthelfer hinlenkten. »Also«, murmelte ich vor mich hin, »wenn *ich selbst* nicht immer verstehe, wohin sie mich führen und warum, ist es dann ein Wunder, dass andere es auch nicht tun?«

Mir war bewusst, dass viele der Frauen, die an der Arbeit der Großmütter beteiligt waren, ebenso wie ich Schwierigkeiten hatten, in einer konsequent liebenden Haltung zu bleiben. Wir waren noch keine standfesten Eichen. Wie junge Bäume wurden wir zwar mit der Zeit immer größer, aber wir beugten uns immer noch unter den Winden, die immer wieder über uns hinwegfegten. In schwierigen Zeiten wie diesen konnte ich nur auf meine eigenen Wurzeln schauen, sie tiefer versenken und verbreiten; dann konnte mich kein Sturm der Kritik umwerfen.

Ich hatte nicht gemerkt, wie sehr ich in Gedanken vertieft war, bis die Großmütter meine Überlegungen unterbrachen. **»Diese ›Transformation‹ der Welt, von der wir euch erzählen, wird Zeit brauchen, aber allen ist sehr darum zu tun, dass sie *jetzt* stattfindet. Oftmals lehnen wir uns zurück und beobachten euch, wie ihr alle umherrennt«**, sagten sie und schüttelten fassungslos den Kopf. **»Es ist fast schon lustig. Ein solches Herumrennen ist vom Ego getrieben«**, sagten sie. **»Alle beeilen sich, eine Gruppe zusammenzubringen, zu einer bestimmten Stunde zusammen zu beten oder zu meditieren, sich etwas Bestimmtes vorzustellen oder zu singen. Viele dieser Aktivitäten, obwohl gut gemeint, sind lediglich Versuche, den Kosmos in irgendeiner Weise zu manipulieren. Das ist völliger Unsinn«**, sagten sie und rümpften ihre Nasen vor Abscheu. **»Der Kosmos kann nicht durch die mickrigen Bemühungen der Menschheit manipuliert werden. Wenn du betest und meditierst, lass deine eigene Agenda los und öffne dein Herz für das Göttliche. Der Kosmos dreht sich weiter und reagiert auf Liebe – auf reine Liebe und nichts anderes«**, sagten sie. **»Und wenn du dich in rasender Aktivität verlierst, wo ist dann der ruhige, stetige Fluss der Liebe?**

Langsam«, sagten sie und starrten mich über ihre Nasenspitzen an. **»Geh langsam und tief. Anstatt einer Erfahrung nachzujagen oder verzweifelt zu versuchen, etwas zu bewirken«**, dabei schüttelten sie ungläubig den Kopf, **»lass es lieber und tauche tief in dich selbst ein. Wenn du**

dich in das Energiereservoir von Yin in dir begibst, wird sich in deinem Leben alles verändern. Wenn du dieses Reservoir erreicht hast, wirst du es an dem Gefühl von Ruhe und Beständigkeit erkennen.

Lasse dich in dich selbst hinabfallen, lasse dich tief hinabfallen. Tauche ein in die Quelle der Weisheit und des Friedens in dir. Wenn nur einer von euch das tut, wird sich die Welt verändern. Du willst wissen, wie man den Himmel auf die Erde bringt?« fragten sie, hoben ihre Augenbrauen und stemmten ihre geballten Fäuste in die Hüften. »**Nun**«, sagten sie, »**so geht das.**«

Dieser Besuch bei den Großmüttern hatte eine ernüchternde Wirkung auf mich und machte mir klar, dass ich auch nach meiner jahrelangen Erfahrung mit ihnen immer noch dazu neigte, der Yang-Energie nachzugeben. Obgleich ich mich nur noch selten in hektischer Betriebsamkeit verlor, war ich doch nicht ruhig und still. »Es ist Yang«, sagte ich mir, »die Yang-Konditionierung meines Lebens und die von meiner Familie ererbte Tendenz zu schnellem Handeln.« Nichtsdestotrotz musste ich noch langsamer werden, in die Tiefe gehen, wozu die Großmütter mich drängten, und jetzt war ich dazu auch motiviert. Ich schwor mir, »langsam und tief zu gehen«, und eine Zeitlang nahm ich mir jeden Tag Zeit, die Großmütter zu besuchen, bei ihnen zu sitzen und mich tief in mich fallenzulassen. Und natürlich hatten sie Recht: Es half.

»Unsere Botschaft ist universell und unbegrenzt.«

Zu dieser Zeit bat ich die Großmütter um eine einfache Möglichkeit, wie die Menschen sie erreichen könnten. In den letzten zwei Jahren hatte ich die schamanische Methode gelehrt, musste aber feststellen, dass das Schamanische Reisen für manche zu schwierig war. Als ich die Großmütter um eine einfache Möglichkeit bat, sie zu erreichen, willigten sie gleich ein und sagten mir, ich solle sie in das neue Buch aufnehmen. **»Diese Methode wird vielen helfen und es ihnen ermöglichen, eine stärkere Beziehung zu uns aufzubauen. Die Schamanische Reise ist für jene, die sie anwenden wollen, in Ordnung, aber sie ist nicht für alle**«, sagten sie und sahen mich eindringlich an. »Ja, Großmütter, ich weiß, was ihr meint. Der Schamanismus ist für manche zu ›weit weg‹«, sagte ich, »und macht ihnen Angst.«

»**Um uns zu erreichen, müsst ihr diese Methode nicht mehr anwenden**«, sagten sie, »**es sei denn, ihr wollt es. Inzwischen sind so viele Menschen zu den Großmüttern gelangt, dass der Weg zu uns gut gebahnt ist. Ihr müsst euch nicht mehr mit einer Machete den Weg durch den Dschungel freihauen**«, lachten sie. »**Die Straße ist zu einer Autobahn geworden.**«

Schon über zwölf Jahre hatte ich ihre Botschaft und die Ermächtigung der Großmütter an andere weitergegeben. Ich hatte *Selbstermächtigung* geschrieben, und inzwischen waren so viele Menschen von diesen weisen Frauen angezogen worden, dass es Tausende auf der ganzen Welt gab, die eine persönliche Beziehung zu ihnen hatten. Als die Großmütter erstmals auftauchten, sagten sie mir, sie seien »leicht zugänglich«. Sie demonstrierten erneut, wie wahr das war.

»Großmütter«, fragte ich, »wie soll ich diesen einfacheren Weg, euch zu erreichen, beschreiben?« »**Gib weiter, was wir dir jetzt zeigen werden; benutze den Steinkreis.**« Kaum hatten sie »Steinkreis« gesagt, nahmen sie ihre Plätze auf dem Boden ein, jede Großmutter mit einem opaleszierenden Stein vor sich. Der Stein, vollkommen glatt und eiförmig, war in die Erde gebettet und erhob sich sanft, bis er an seiner höchsten Stelle zwanzig bis fünfundzwanzig Zentimeter aus dem Boden ragte. Fünfundvierzig bis fünfzig Zentimeter lang, etwa dreißig Zentimeter im Durchmesser, leuchtete jeder Stein in einer rosa-grauen Farbe.

Die Großmütter saßen einen Moment lang still, dann nickten sie mir zu und sagten: »**Dieser Kreis ist ein heiliger Raum, eine Öffnung für das große Unten und das große Oben.**« Als ich noch darüber nachdachte, was sie gesagt hatten, fügten sie hinzu: »**Lasst *uns* von diesem Raum aus die Geister, die ihr braucht, zu euch rufen. Das werden wir tun.**« Dann hießen sie mich, in ihren Kreis zu treten.

Als ich meinen Platz in der Mitte einnahm, wurde mir gewahr, dass sich dieser Punkt tatsächlich sowohl nach oben als auch nach unten öffnete.

Von hier aus konnte ich leicht sowohl in die Untere als auch in die Obere Welt gelangen und alles in der nichtalltäglichen Wirklichkeit erkunden. Ich sah die Großmütter fragend an, und sie sagten: »**Es besteht keine Notwendigkeit, die Grenzen zwischen den Ebenen der Oberen und Unteren Welt jetzt zu durchbrechen. Wir lesen dein Herz**«, sagten sie, »**und wenn deine Absicht lauter ist, werden wir deine Fahrt beschleunigen.**

Diese Arbeitsweise ist für viele Menschen einfacher, weil sie die Arbeit nicht allein tun müssen. Sie können selbst auf verschiedene Ebenen der Wirklichkeit reisen, wenn sie es wünschen, aber wenn sie die Methode anwenden, die wir dir zeigen, werden sie unter unserer Führung und unserem Schutz reisen. Wir zeigen ihnen den Weg und helfen ihnen, dorthin zu gelangen, wo sie hinwollen.

Die alte Art zu reisen war, ein Krieger zu sein und sich als würdig zu erweisen. Diese neue Arbeitsweise ist anders. Für diese Methode arbeitet ihr mit uns zusammen und lasst euch führen. Du wirst feststellen, dass es bei dieser Art zu arbeiten weniger Ego-Verstrickungen gibt.«

»Das sehe ich, Großmütter. Ich kann es schon sehen. Wenn wir so arbeiten, werden wir automatisch mit dem Göttlichen arbeiten. Hmm...« dachte ich, »ich verstehe. Mit dieser Methode werden wir sowohl *mit* dem Göttlichen als auch *für es* arbeiten.«

»**Sobald du uns oder irgendeiner Form des Göttlichen dein Herz gegeben und dich zur Liebe und zum Dienst verpflichtet hast, werden wir dich beschützen und leiten. Immer**«, sagten sie, »**in dieser und in jeder anderen Welt**«, betonten sie. »**Es besteht keine Notwendigkeit, jetzt alleine loszuziehen und Drachen zu töten. Es ist nicht nötig, so zu arbeiten, nicht wenn du bei uns bist.**«

Dann wandten sie alle ihre Blicke mir zu und sagten: »**Fühle deinen Platz, wenn du mit uns in diesem Kreis stehst. Wir werden mit dir zusammenarbeiten, du wirst mit uns zusammenarbeiten. Und denk daran**«, sagten sie, »**dass, wenn wir zusammenarbeiten, alle Formen des Göttlichen gegenwärtig sind.**« Ich blickte auf, als sie das sagten, und als ich sie anschaute, sah ich Gestalten, die über den Großmüttern schwebten, riesige Energiestrukturen schienen über den Kreis zu ragen. Die Gestalten waren undeutlich, so dass ich keine von ihnen erkennen konnte, aber sie strahlten ungeheure Kraft und Liebe aus.

»**Du bist ein integraler Bestandteil dieses Kreises**«, sagten die Großmütter, und als ich sie ansah, sagten sie: »**Unterweise andere darin. Die Tatsache, dass du Teil dieses Kreises bist, nicht getrennt von ihm, ist wichtig**«, sagten sie. »**Es darf jetzt keine Trennung mehr geben, keine Anbetung des Göttlichen mehr, sondern eine Verschmelzung. Verschmelzung**«, wiederholten sie. »**Du bist eins mit uns. Du bist eins mit dem Göttlichen. Das gilt für jeden, der sich für die Zusammenarbeit mit uns entscheidet. Vermittle das.**

Sobald du in unseren Kreis trittst, wirst du ein Erlebnis haben, eine Erfahrung machen, eine unmittelbare Unterweisung bekommen«, sagten sie. »**Sobald du in den Kreis trittst, wirst du zum Mittelpunkt des gesamten Kreises und deine Fragen werden beantwortet.**«

Ich nickte, und mir wurde klar, obwohl vieles von dem, was ich tun würde, wenn ich diese Methode benutzte, dem klassischen Schamanismus ähnelte (eine Frage pro Reise zum Beispiel), in diesem Fall würde ich von Anfang an mit den Großmüttern zusammenarbeiten. »**Ja**«, sagten sie als sie meine Gedanken lasen, »**stellt nur eine Frage, wenn ihr in unseren Kreis tretet. Und genau wie bei der Schamanischen Reise wird alles, was ihr hört, seht und erlebt, nachdem ihr eure Frage gestellt habt, Antwort auf das sein, was ihr gefragt habt. Achtet darauf, was euch geschieht, nachdem ihr gefragt habt, und bleibt bei eurer Frage.**« »Ja, Großmütter«, sagte ich, »ich verstehe.« Dies Arbeitsweise wäre viel schneller und einfacher. »**Ja**«, nickten sie als Antwort auf meinen unausgesprochenen Gedanken.

»Okay, ich werde es versuchen«, dachte ich, ging behutsam zwischen zwei Großmüttern hindurch und trat in die Mitte ihres Kreises. Zwölf Frauen schauten mich erwartungsvoll an, ihre Aufmerksamkeit ganz bei mir. Dann atmete ich tief durch und sagte: »Großmütter, ihr habt mit uns auf dieser Fahrt einen langen Weg zurückgelegt. Eure Botschaft verbreitet sich überall, und es gibt viele, die nur darauf warten, mit euch zusammenzuarbeiten. Während wir in diesem Moment voranschreiten«, fragte ich, »was möchtet ihr uns sagen?«

»**Unsere Botschaft ist universell und unbegrenzt. Sie ist nicht auf einen Schauplatz beschränkt, nicht auf eine Religion oder Kultur, so wird sie sich natürlich über die Erde ausbreiten. Wir sind überall präsent**«, sagten sie und hoben den Kopf. »**Wir lieben und umarmen alle Menschen, Tiere und Lebensformen. Wie wir euch schon oft gesagt haben: Jetzt ist die Zeit für die Rückkehr der Großen Mutter.**« Dann nickten sie und sprachen mit großer Würde: »**Wir, die Großmütter, sind gekommen, um sie einzuführen.**

Verschwende nicht deine Zeit damit, an den Rändern des Lebens herumzutrödeln. Das hast du viel zu lange getan.« Ich sah überrascht auf. »Trödeln? Ich?« Ich hätte mich nicht so beschrieben. Was meinten sie damit? Aber sie winkten ab und sagten: »**Wir meinen nicht nur dich, sondern alle.**« Aber aus ihrem Blick konnte ich entnehmen, dass diese Aussage gleichermaßen für mich und für alle wichtig war.

»**Es ist an der Zeit, ins Leben einzutauchen**«, sagten sie und unterstrichen es mit einer Geste, »**sich ein für alle Mal zur Liebe und für einander zu verpflichten. Ihr seid doch eine Familie**«, sagten sie mit einem glücklichen Lächeln, »**und da wir die Großmütter dieser Familie sind, wollen wir unsere Familie glücklich sehen.**«

Dann richteten sie sich zu ihrer vollen Größe auf, und sich zuerst nach links, dann nach rechts neigend, beugten sie sich über mich. »**Wir haben dir gesagt, dass dein Potential groß ist. Das Glückspotential der Menschheit ist ebenfalls groß**«, fügten sie hinzu, »**und beides ist miteinander verbunden. Um selbst ein hohes Maß an Glück zu erleben, musst du das Potential erfüllen, für das du geboren wurdest**«, sagten sie. »**Jeder Mensch, der dies tut**«, fügten sie hinzu, »**vergrößert den Glückspool für die Familie des Lebens.**

Alles, was du brauchst, um dieses Kunststück zu vollbringen (deinem Potential gerecht zu werden), ist, wie ein Familienmitglied zu denken – wie ein Mitglied unserer Familie. Frage uns zum Beispiel: Was kann ich für meine Familie tun? Dann werden wir es dir sagen«, sagten sie mit einem Kopfnicken und erhobenen Brauen, ihre Hände in die Hüften gestemmt. »**Frag einfach, und sobald du das getan hast, setz dich still hin und höre zu. Hör auf das, was wir in diesem Moment vermitteln, beobachte, was wir dir zeigen, und vor allem**«, sagten sie, »**achte darauf, wie die Dinge geschehen.**

Als Rat der Großmütter sind wir nicht von der Welt getrennt«, erklärten sie. »**Wir durchdringen die Welt. Und weil wir in jedem und allem präsent sind, kommunizieren wir mit dir durch das Leben um dich herum. Wir sind in den Bäumen in deinem Garten, wir sind in der Nahrung, die du anbaust, und wir schauen aus den Augen deiner Katze oder deines Hundes auf dich. Wir durchdringen alles**«, sagten sie und lächelten zufrieden.

»**Höre auf den Wind**«, sagten sie, »**achte darauf, wer anruft, und wenn der Anruf kommt, beachte die Vögel, die sich zeigen, schau, wer oder was auch immer deinen Weg kreuzt, und sei offen für die Botschaften der sogenannten Fremden. Wir, die Großmütter**«, sagten sie und reckten sich zu ihrer vollen Größe, »**bilden das Muster des Lebens auf Erden. Wir sind in allem in diesem Muster und drum herum, und auch du bist Teil des Musters.**« Sie betrachteten mich eine Minute lang oder länger schweigend und wiederholten dann: »**Achte auf die Art und Weise, wie die Dinge geschehen.**«

Ihre Worte hallten in meinem Kopf wider. Das hatten sie schon einmal gesagt. »**Auf die Art und Weise, wie Dinge geschehen**« bedeutete, auf Ereignisse zu achten und wie sie geschehen – auf die Ereignisse selbst und auf ihre Reihenfolge. Sie bestätigten erneut, dass unser Universum kein zufälliges Universum ist, noch gibt es in unserem Leben etwas Zufälliges. Allem liegt Sinn und Bedeutung zugrunde. Ich war mir dieser Wahrheit heute sicherlich mehr bewusst als früher, aber immer, wenn ich in die Dramen des täglichen Lebens verwickelt wurde, vergaß ich sie.

»**Wir versprechen dir: Wenn du uns um Hilfe bittest, werden wir sie gewähren. Wir werden dich begleiten. Wenn du dir von uns helfen lässt und anfängst, dein Leben der Liebe zu überantworten, wirst du eine Freude erleben, die du nie für möglich gehalten hättest. Es ist dein**

Geburtsrecht, in Freude zu leben«, sagten sie und sahen mich eindringlich an. Dann schüttelten sie langsam den Kopf, kicherten vor sich hin und sagten: »**Ist es nicht an der Zeit, dass du dein Geburtsrecht beanspruchst?**« Und als sie mich mit liebevollen Augen ansahen, sagten sie: »**Wir warten auf dich.**«

»Danke, Großmütter«, sagte ich und verbeugte mich. Dann drehte ich mich um und trat schnell aus ihrem Kreis heraus. »Oh mein Gott!« flüsterte ich mir selbst zu. »Sie hatten Recht, was diese Arbeit anbelangt. Das war wirklich einfach.«

»Wirf das Lichtnetz denen zu, die dienen wollen und nicht wissen, wie.«

In den nächsten Wochen dachte ich oft über die Worte der Großmütter nach: »**Wir warten auf dich.**« Ich erinnerte mich an die Blicke, mit denen sie mich bedacht hatten, als sie das sagten, und mir war klar, dass sie nicht allgemein gesprochen hatten. Sie warteten auf *mich.* Es gab etwas, das sie mir geben oder beibringen wollten. Zu diesem Zeitpunkt wusste ich, dass ich für den Rest meines Lebens von den Großmüttern lernen würde, aber nach diesen Blicken fragte ich mich, was sie *jetzt* für mich im Sinn hatten.

Als ich das nächste Mal zu ihnen ging, benutzte ich wieder den Steinkreis, und als ich in ihre Mitte trat, fragte ich: »Großmütter, gibt es etwas, das ihr mir beibringen möchtet? Etwas, das ich zu dieser Zeit wissen muss?« Und sobald ich fragte, erschien das Lichtnetz vor mir. »**Ja**«, sagten sie. »**Hör uns zu. Das ist wichtig.**« Ich beugte mich vor – ich wollte kein Wort verpassen.

»**Es gibt in dieser Zeit jene auf der Erde, die sich danach sehnen, dem höchsten Guten zu dienen, aber sie wissen nicht, wie. Viele von ihnen haben keine Möglichkeit, sich mit dem Göttlichen zu verbinden. Sie sind durch das Strikte der einen oder anderen Religion von ihr entfremdet worden, und so abgeschnitten konnten sie den Weg zum Göttlichen nicht finden. Sie sind voller Mitgefühl**«, sagten sie und schüttelten *bedächtig ihren* Kopf, »**sie sehen das Leiden von Mutter Erde, das Leiden des Lebens auf diesem Planeten, und sie wollen helfen.**

Wir bitten dich, das Lichtnetz jetzt jenen zuzuwerfen, die dienen wollen und nicht wissen, wie«, sagten sie, »**damit auch sie am Aufstieg und an der Segnung des Planeten mitwirken können. Noch können sie den Weg zum Göttlichen nicht finden**«, sagten sie, und einen Augenblick lang sahen sie schrecklich verzweifelt aus. Dann schüttelten sie den Kopf, holten tief Luft und sagten: »**Das Lichtnetz wird sie auf den Weg bringen, der für sie der passende ist.**«

»Ja, Großmütter«, antwortete ich. Ich war mir der Schmerzen bewusst, unter denen die Menschen litten, die sich nach Gott sehnten. Viele Jahre lang war ich einer von ihnen. Und jetzt, viel später, wenn ich auf mein Leben zurückblicke, sehe ich, wie das Göttliche mich in jeder Phase meiner Reise gehalten hatte. Ich war auf einen damals für mich schmerzhaft umständlichen Weg geführt worden, aber so blind, wie ich damals gewesen sein mochte, war ich doch immer zur Quelle geführt worden. Allerdings hatte ich bisher noch nie an das Lichtnetz als Mittel gedacht, um anderen zu helfen, dieselbe Quelle zu finden.

Schon früh hatten die Großmütter darum gebeten, jedes Mal, wenn wir ein Großmüttertreffen abhielten, das Netz aus Licht jenen zuzuwerfen, die nichts von der göttlichen Verbindung wussten, die wir alle teilen. Und in den letzten zwölf Jahren waren alle, die mit den Großmüttern zu tun hatten, ihrer Führung gefolgt und hatten das Netz jenen zugeworfen, die körperlich, emotional, mental oder spirituell litten. Wir haben auch die Tier-, Pflanzen- und Mineralreiche einbezogen und unsere Meditation mit dem Gebet beendet: »Mögen alle auf der ganzen Welt glücklich sein.«

Jetzt baten sie uns, unseren Radius zu erweitern. »**Gib allen die Möglichkeit, mit uns mitzufahren**«, sagten sie und kicherten. »**Es ist Zeit für Verstärkung.**« Viele suchten nun den Zugang zum Göttlichen, und das Lichtnetz würde ihren Weg erleuchten.

Kurz nachdem mir die Großmütter diese Anleitung gegeben hatten, tauchten sie mitten in der Nacht auf. Ich war gegen zwei Uhr morgens aufgewacht, und als ich mich hin und her wälzte und nicht wieder einschlafen konnte, entschied ich mich, einfach dazuliegen und mit dem Lichtnetz zu arbeiten, es insbesondere jenen zuzuwerfen, die sich nach einem Weg zum Göttlichen sehnten. Als ich dort lag, folgte ich den Anweisungen der Großmütter und warf den Leidenden das Netz zu und jenen, die dienen wollten, aber nicht wussten, wie, als sie plötzlich erschienen.

»**Das ist alles gut und schön**«, sagten sie, als sie über mir schwebten, »**aber was ist mit dir?**« »Mit mir?« fragte ich verblüfft. »Was meint ihr damit, Großmütter?« »**Umpf**«, grunzten sie und zeigten mir, dass das Lichtnetz auch in meinem Körper war. Das Netz durchdrang alles und jeden auf dem Planeten, mich eingeschlossen. »Oh«, stieß ich hervor, fasziniert von dem Anblick. »**Lass das Lichtnetz auch dich halten. Mach weiter**«, drängten sie, »**bewege dich in deinem Körper und erlebe das Netz. Es ist direkt in deinen Organen.**«

Ich zögerte einen Moment, aber dann tat ich wie geheißen. Zuerst spürte ich, wie ich das Lichtnetz hielt, und dann, wie es mich hielt, und dann fing das Netz an, mich zu wiegen, worauf ich bald in seiner Weite dahinglitt. Es war äußerst seltsam. Auf der einen Seite war ich es, die das Wiegen verursachte, und zugleich war ich es, die gewiegt wurde. Ich wurde vom Lichtnetz gehalten und getragen, und zugleich *war* ich das Lichtnetz. »Wie ist das möglich?« fragte ich und schüttelte verwundert den Kopf, aber in diesem Moment sprudelte mein Körper über, und plötzlich war ich mir des Musters der Schönheit, das in meinem Blutkreislauf floss, genauso gewahr wie des Musters von Sternenlichtern am Himmel über meinem Haupt. Gewiegt und wiegend, haltend und gehalten. – Ich war das Lichtnetz und das Lichtnetz war *ich*!

Scheinbar eine lange Zeit wurde ich von einer Welle in den Kosmos hinausgetragen und dann wieder in meinen Körper hineingezogen – hinausgetragen und wieder hereingezogen von einem wogenden Meer aus Licht. Hinaus und wieder hinein, hinaus und hinein, bis endlich das durch diese Bewegung erzeugte Vibrationsgefühl nachließ und ich einfach nur dalag und in meinem Bett leuchtete. Bevor ich mich versah, schlief ich fest, aber als ich morgens aufwachte, spürte ich noch immer diese wiegende, wogende Bewegung.

Diese Erfahrung offenbarte mir eine größere Tiefe im Lichtnetz, wie ich sie bisher nicht kannte. Die Großmütter hatten oft gesagt: »**Du hast keine Ahnung von der Großartigkeit des Lichtnetzes.**« In dieser Nacht bekam ich eine kleine Ahnung davon.

Seitdem habe ich mehrmals das Lichtnetz eingeladen, sich in meinem Körper zu offenbaren, indem ich mich bewusst in es hineinbegab, um die glückselige wiegende Bewegung wiederzufinden, die ich in jener Nacht gespürt hatte. Mehrmals empfand ich den Rhythmus und zweimal fühlte ich es ein wenig, aber nie so wie beim ersten Mal. Ich weiß, dass das Lichtnetz in den Zellen meines Körpers liegt und auf mich wartet, aber ich kann es nicht allein durch Willenskraft beschwören. Eines Tages werde ich vielleicht wieder seine Glückseligkeit erleben oder auch nicht, aber ich werde nie vergessen, wie es war, so innig mit ihm eins zu sein. Jetzt weiß ich, was es bedeutet, jede Zelle in meinem Körper in Liebe zu halten. *Wir sind das Netz aus Licht.*

»Rufe deinen Stamm.«

Ein paar Wochen darauf hatte ich einen Traum, in dem ich von einem Wolf verfolgt wurde. Verzweifelt lief ich in ein Haus und schlug die Tür zu, bevor er hereinkonnte, aber als ich das tat, schlug ich sie auch vor meinem Golden Retriever zu. War mein Hund sicher? Wenn ich die Tür öffnete, wäre ich dann sicher? Würde der Hund hereinkommen oder der Wolf? Dann wusste ich nicht mehr, welches Tier der Wolf war und welches mein Hund. Das Gefühl, hin- und hergerissen zu sein zwischen der Liebe zu meinem Hund und der Angst vor dem Wolf, erzeugte eine derartige Spannung in mir, dass davon ich erwachte, und sobald ich meine Augen öffnete, wurde mir klar: »Aha, Wolf. Wolf ist gekommen.«

Ich lag in einem traumartigen Zustand im Bett und fragte ihn, warum er gekommen sei. »Wolf, was willst du?« fragte ich, aber er lächelte nur sein freundliches Lächeln und sagte nichts. Ich würde also etwas unternehmen und zu ihm gehen müssen, um es herauszufinden. Also tat ich es morgens als erstes, und um ihm die Ernsthaftigkeit meiner Absicht zu demonstrieren, verzichtete ich sogar auf das Frühstück.

»Wolf«, sagte ich, sobald ich sein Antlitz sah, »du bist letzte Nacht in meinem Traum erschienen, und ich habe die Tür zugeschlagen. Das werde ich jetzt nicht tun. Ich will wissen, warum du gekommen bist.« Er schwieg, sah mich bloß an und musterte mich, also fragte ich noch einmal: »Wolf, warum bist du gekommen?« »Ich vermisse dich«, sagte er, und ich war verblüfft. Ich wusste nicht, was ich dazu sagen sollte. Ab und zu vermisste ich ihn auch, aber ich konnte nicht sagen, dass ich mich nach ihm gesehnt hätte. Ich seufzte, als ich seine Worte vernahm und antwortete: »Das ist wunderbar, Wolf«, und nach einer Pause fragte ich: »Bist du noch aus einem anderen Grund gekommen, außer mich zu vermissen?«

Er fing meinen Blick auf, und wir brachen beide in Gelächter aus. Er hatte mich zum Narren gehalten, als er sagte, er würde mich vermissen. Wir lehnten unsere Köpfe aneinander, lachten glucksend über seinen Witz und saßen eine Weile nur so da und genossen unser Zusammensein. »Wir haben unsere Köpfe zusammengesteckt«, sagte ich zu ihm, aber als er nicht antwortete, fragte ich erneut: »Wolf, warum bist du gekommen?«

Jetzt fing er an, aus tiefer Kehle zu knurren. Aber statt Angst davor zu haben, mochte ich es irgendwie und kam mit ihm und dem Knurren in Harmonie – mein Körper wurde ganz natürlich von ihm mitgenommen. Ich mochte dieses Grummeln, genoss es, wie es sich in mir anfühlte. Dann hob er unvermittelt den Kopf, bog ihn nach hinten und begann zu heulen. Überraschenderweise gefiel mir das noch besser als das Knurren, und meine Reaktion auf beides überraschte mich.

Als er weiter heulte, wurde mir klar, dass er andere Wölfe rief, und in diesem Augenblick kamen sie auch schon herbeigerannt , um sich zu uns zu gesellen. Ein ganzes Rudel fand sich ein, sammelte sich, schnüffelte an uns beiden, dann setzten sich alle auf ihre Hinterläufe und warteten. Ich beobachtete sie, als sie sich hinkauerten, und beobachtete auch mich selbst. Als ich diese riesenhaften, hundeartigen Geschöpfe sah, kamen mir schreckliche Geschichten in den Sinn, die ich von umherziehenden Wolfsrudeln gelesen hatte – wie sie Reisende in Sibirien angriffen oder Höfe im Irak. Um meinen unberechenbaren Verstand im Zaum zu halten und zu verhindern, dass ich in Panik geriet, erinnerte ich mich daran, dass dies schließlich die nichtalltägliche Wirklichkeit war, und endlich hörte ich einen der Wölfe sagen: »Rat der Wölfe«.

»Wir sind gekommen, um dir Rat zu geben«, verkündeten sie mit einer Stimme, und als ich das hörte, setzte ich mich sehr gerade hin. »Danke, danke«, sagte ich, »ich will euren Rat hören«, und aus meinen Worten sprach eine tiefe Empfindung. Ich wollte ihren Rat hören. Die Wölfe nickten verstehend, behielten mich im Blick und vermittelten mir schweigend, dass sie so zu mir sprechen konnten, weil ich jetzt nicht mehr so stark verletzt war und nicht mehr so sehr versuchte, alles in meinem Leben zu kontrollieren. Das ergab für mich irgendwie Sinn, und ich sagte wieder: »Danke, danke. Ich bin bereit«, und lehnte mich erwartungsvoll nach vorne, begierig darauf zu hören, was sie zu sagen hatten.

Als nichts geschah und mehrere Minuten vergangen waren, fragte ich mich, ob ich sie vielleicht missverstanden hatte. Vielleicht hatten sie nicht gemeint, dass sie *jetzt* mit mir reden würden. Vielleicht wollten sie eine Verabredung für später vereinbaren. Mein Verstand begann zu rotieren, bis einer von ihnen mir direkt in die Augen sah und sagte: »Ruf deinen Stamm.« Ich war so verblüfft, dass ich eine Minute brauchte, um zu antworten. Schließlich stammelte ich: »Uh... uh, uh, bitte erklär es mir. Was soll das heißen, meinen Stamm rufen?« Und während ich auf eine Antwort wartete, fiel mir aus irgendeinem Grund wieder ein, was am Vortag unserer Großmüttergruppe stattgefunden hatte.

Wir hatten uns verpflichtet, mit dem Lichtnetz zu arbeiten, wie es die Großmütter von uns erbeten hatten, und das Netz Menschen zuzuwerfen, die das Leiden auf der Erde mitnahm und die dem abhelfen wollten, aber nicht wussten, wie. Sobald ich mich daran erinnerte, sagten die Wölfe: »Rufe sie.« Sie bestätigten, was die Gruppe beschlossen hatte. »Ja, ja, ja«, antwortete ich dem Rudel, »wir haben uns entschieden, uns darauf auszurichten.«

»*Du* rufst sie«, sagte Wolf und warf mir einen strengen Blick zu, und ich erkannte, dass nicht nur die Gruppe diese Arbeit machen würde, sondern ich sollte auch etwas tun. »Das werde ich«, sagte ich und fragte mich, was er vorhatte. Aber er hielt mich mit diesem wilden Blick weiter fest, bis ich schließlich so nervös wurde, dass ich sagte: »Ich werde sie rufen. Okay«, sagte ich, als er mich weiter anstarrte, »ich werde sie gleich rufen.«

Ich stand auf und sagte: »Komm, mein Stamm. Kommt«, und als ich sprach, vernahm ich den Klang meiner Stimme und war überrascht, wie kraftlos sie war. »Was ist das?« dachte ich. »Kommt«, sagte ich wieder und fragte mich erneut, warum ich so schwach klang. »Wartet nicht länger«, sagte ich. »Kommt schon«, versuchte ich es noch einmal. »Ihr werdet gebraucht… Jetzt!« rief ich endlich, und diesmal lag Kraft darin. Als mir der Gedanke kam, dass diese Menschen für diese Arbeit gebraucht wurden und sie es jetzt tun mussten, gewann ich weiter an Kraft und meine Stimme auch. »Haltet das Lichtnetz für die Erde«, rief ich meinem Stamm zu, »und lasst es euch halten.«

Später, als ich diese Sitzung abhörte, brach an dieser Stelle die Hölle los. Hunde begannen zu bellen, ein Müllwagen klirrte und rumpelte auf der Straße, und ich hörte die Haustür zuschlagen. »Ich habe meine Brieftasche vergessen«, schrie mein Mann die Treppe hinauf und lachte laut auf dem Band. Aber nach ein paar Sekunden ließ alles nach und wieder war alles, was ich hörte, meine ruhige Atmung, als ich mich wieder darauf konzentrierte, mit Wolf und dem Rudel zusammenzusein. Und beim Hören dachte ich: »Wow, sieh dir das an. Ich kann an zwei Orten gleichzeitig sein. Ich kann mit Wolf in der nichtalltäglichen Wirklichkeit sein und zugleich bei den alltäglichen Dingen. Zur gleichen Zeit ein Fuß in jeder Realität.«

Nach einer kurzen Stille hörte ich mich wieder mit meinem Stamm sprechen und sagte: »Ich habe euch bitter nötig. Kommt!« befahl ich. Danach gab es eine Pause, und dann sagte ich: »Wolf, wie soll ich das machen? Bitte gib mir praktische Ratschläge. Wie soll ich sie rufen?« »Lass den Ruf ertönen«, riefen die Wölfe unisono, und aus irgendeinem Grund irritierte mich ihre Antwort. (Ich glaube, es lag an meinen Assoziationen mit ihrer bildhaften Sprache. Die schien mich immer wieder zu verwirren.) »Ja, ja, ja«, antwortete ich, »aber kommt zur Sache. Werdet konkret«, sagte ich. »Wie?« fragte ich. »Wie?« wiederholte ich.

»Newsletter«, antworteten sie. »Ja«, antwortete ich, »ich werde es in den nächsten Großmütter-Newsletter aufnehmen, aber was sonst?« »Artikel über das Lichtnetz«, antworteten sie, »Zeit, es zu halten, aufgerufen sein, es zu halten.« Ich holte tief Luft und stieß sie mit einem Schnaufen wieder aus. Das machte mir keine Freude; ich habe nie gerne Artikel geschrieben. »Schicke es an alle Kontakte, die du hast«, sagten sie, »und informiere die Leiterinnen der Großmüttergruppen.« »Okay«, sagte ich endlich und seufzte resigniert, »ich mache das«, und mit einem zischenden Laut ließ ich meinen inneren Widerstand gegen dieses Vorhaben los.

»Was sage ich ihnen, wenn ich sie rufe?« fragte ich. »Sag ihnen, dass *jetzt* die Zeit ist!« antwortete Wolf und bleckte die Zähne. »Okay, okay«, antwortete ich kleinlaut, und dann gab es nur noch Stille. Schließlich sprach er wieder. »Es werden mehr Menschen gebraucht, um das Lichtnetz zu halten. Wenn sie eine Resonanz verspüren, wenn es eine Sehnsucht in ihnen gibt, dann werden sie für diesen Dienst gebraucht. Sag ihnen, sie sollen das Lichtnetz anrufen und ihren Platz in ihm einnehmen. Bitte sie, es zu halten, ihren Platz im Netz zu halten und von dort aus weiter auszuwerfen. Wo immer es Leiden gibt«, sagte er, »und wo immer es Menschen gibt, die sich danach sehnen zu dienen und nicht wissen, wie – werft es ihnen zu.«

»Oh…« rief ich aus. Denn als er sagte: »Werft es ihnen zu«, kamen mir Jesu Worte: »Ich will euch zu Menschenfischern machen«, in den Sinn. Auch Wolf bat uns, Fischer von Männern und Frauen zu werden. »Wenn ihr über die täglichen Nachrichten verzweifelt seid«, sagte er, »wie etwa die jüngsten Tragödien in Afrika, dann werft es aus, werft es aus. An alle!« sagte er, und dann wandte er sich von mir ab, schlenderte zu seinem Rudel hinüber und setzte sich.

Ich trat einen Schritt zurück, und als ich die versammelten Wölfe anschaute, spürte ich das Herz des Wolfes – die gesammelte Kraft, die von ihm ausging, und die innewohnende Kraft; die Tapferkeit und der außergewöhnliche Adel des Wolfsstammes. Und dann kam mir in den Sinn, dass ich, wenn ich die Menschen zu diesem Werk aufrufe, dieselben Eigenschaften in ihnen würdigte, indem ich diese Eigenschaften zum Vorschein brachte: die außergewöhnliche Tapferkeit und den Adel, die in ihnen allen liegen. Denn es zeugt von Mut, in einer Welt wie der unseren, die derartige innere Arbeit als irreal abtut, einen solchen Standpunkt einzunehmen.

»Ich würdige euch«, sagte ich zu all diesen bisher unbekannten Freunden, »weil ihr den Mut habt, Stellung zu beziehen. Erzählt anderen vom Netz aus Licht«, sagte ich, »verwendet es, verwendet es jeden Tag, und gemeinsam werden wir es stärken. Dies ist das große Lichtnetz, von dem die Großmütter gesagt haben, es würde die Erde in diesen Zeiten des Wandels, in denen wir uns befinden, stabil halten.«

»Huuuh«, rief ich mit einem kraftvollen Ausatmen aus. Mir war gerade klargeworden, wie diese Botschaft zustandegekommen war. Es hatte mit der Anregung in der Großmüttergruppe begonnen, der Welt zu dienen. Wir sprachen darüber, wie wir etwas tun konnten, und beschlossen, auf die Bitte der Großmütter einzugehen, das Lichtnetz zu verwenden, um die Menschen auf ihren lichten Pfad zu rufen. Nach diesem Treffen war Wolf in meinem Traum erschienen und danach in dieser Reise. Eines kam zum anderen, ohne dass ich gewusst hatte, wohin es führen würde. »Es ist wahr, das Göttliche wirkt auf unergründliche Weise«, sagte ich mir. »Und hier bin ich jetzt, wie schon so oft – und stolpere ins Paradies.«

Ich tat, um was Wolf mich gebeten hatte – seine Botschaft an so viele Verteiler zu senden, wie ich konnte, und die Antworten darauf überwältigten mich. Menschen aus allen Teilen der Welt schrieben mir, sie würden mit dem Lichtnetz arbeiten. Einige von ihnen beschlossen sogar, Großmüttergruppen zu gründen. Offensichtlich wusste Wolf, was er tat, als er mir sagte: »Ruf deinen Stamm.«

»Dies sind die Zeiten des Wandels. Sie sind jetzt da, und sie werden weitergehen.«

Kurz darauf reiste ich zu den Großmüttern. Wieder war ich in Sorge. »Großmütter«, sagte ich, »ich bin gekommen, um euch zu fragen, was zu tun ist. In Südafrika verbrennen sie Menschen bei lebendigem Leib. Eine Freundin, die dort lebt, fragte, ob die Großmütter bitte helfen würden. Und während dies und andere Schrecken in Afrika geschehen, verlieren die Menschen in unserem Land ihre Arbeitsplätze und Häuser, es gibt verheerende Erdbeben und Überschwemmungen in Asien, und der Krieg im Nahen Osten geht immer weiter. Die Zeiten des Wandels, von denen ihr gesprochen habt, sind definitiv gekommen. Großmütter«, sagte ich, »ihr habt uns das Lichtnetz gegeben, und wir sind froh und dankbar, mit ihm arbeiten zu können, um die Erde zu unterstützen, aber könnt ihr uns etwas sagen, das uns hilft, diese Veränderungen zu verstehen, die sich so schnell und dramatisch vollziehen?«

Als ich vor ihnen stand, wurde mir die Macht ihres Kreises bewusst. Die Großmütter saßen auf dem Boden, ein vertrauter Stein aus dem Steinkreis stand vor jeder von ihnen, und als ich in ihre Mitte trat, begannen sich kugelige Wellen um mich herum zu drehen; sie zogen mich in eine immer engere Verbindung mit ihnen. Jemand begann mit dem Lied: »**Wo ich stehe, ist es heilig; heilig ist der Boden.**« Die Großmütter sangen es, und dann sprachen sie: »**Verankere dich, dieser Kreis wird dich verankern.**« »Ja, Großmütter«, antwortete ich, und als ich sprach, spürte ich die Schwingungen der sich drehenden Wellen, die mich in eine tiefere Verbindung mit ihnen und der Erde zogen. Aus den Augenwinkeln sah ich etwas, das aussah wie ein Korkenzieher, der sich im Uhrzeigersinn drehte, als er sich in die Erde schraubte, und als ich sah, wie er sich drehte, wurde mir klar, dass ich dieser Korkenzieher war und immer tiefer an die Mutter angebunden wurde.

»**So verankert, wirst du immun gegen die Panik sein, die einen Großteil der Welt erfasst. Es gibt wirtschaftliche Angst in deinem Land und auch in anderen. Instabilität überall. Wie das Feuer, das du in Südafrika erwähnt hast, wächst die Angst. Sie lodert in allen Kulturen und Kontinenten der Welt**«, sagten sie, »**aber sie wird dich nicht betreffen, solange du bei uns verankert bleibst. Fühle dich tief in Mutter Erde und betrachte alles von dort aus.**

Auf diese Weise wirst du nicht davongefegt und nicht auf die Veränderungen in der Welt reagieren«, sie nickten mir aufmunternd zu, »**und du wirst dich auch nicht in einem falschen Gefühl der Sicherheit wiegen und das Offensichtliche ignorieren. Du wirst dich der ›Realität‹ stellen,**

dich bewegen und realistisch handeln können, ohne von der Schwere der Last erdrückt zu werden. Du wirst in der Lage sein, dein Leben zu genießen, bei dieser Umstellung wach zu bleiben und anderen zu dienen. Nun, hört sich das nicht gut an?« fragten sie und schenkten mir ein offenes Lächeln. Augenscheinlich waren sie nicht so aufgebracht über die Veränderungen auf der Erde wie ich.

»**Dies sind die Zeiten des Wandels. Sie sind jetzt da, und sie werden weitergehen. Ganz gleich, wie sehr du dich nach Vergangenem sehnst, es wird keine Rückkehr zu den alten Wegen geben.**« Und kaum waren diese Worte gesprochen, wirbelten Wind und Wasser heftig, durchwogten und durchkämmten die Erde. Es war eine Sturzflut, und ich sah Palmen, die sich bis zum Boden bogen, als ein Hurrikan sie niederriss.

Tatsächlich war dies eine Zeit, in der man sich tief in die Erde hineinbegeben musste. Nur hier würden Frieden und Sicherheit zu finden sein. »Großmütter«, fragte ich, als ich das wilde Toben des Wetters beobachtete, »ist das, was ich hier sehe, bildlich oder wörtlich gemeint? Ich meine«, fuhr ich fort, meine Stimme bebte vor Schrecken, »wird die Erde so in Aufruhr geraten, oder zeigt es, was in unserem Bewusstsein geschehen wird?« Die Großmütter lächelten milde, schüttelten aber nur den Kopf und sagten nichts.

Endlich sprachen sie. »**Versuch nicht, dich selbst zu retten.**« Sie hatten meine Gedanken gelesen; ich hatte fragen wollen, ob es irgendwo einen sicheren Hafen gibt. »**Trenne dich nicht vom Leben ab, indem du versuchst, etwas Besonderes zu sein oder dich abzusondern. Du bist nicht getrennt. Ihr alle seid eins; ihr versteht noch nicht, was das bedeutet, aber das werdet ihr noch.**

Arbeitet mit dem Lichtnetz, das euren Planeten hält und erhält. Sendet Licht und schenkt einander Liebe, und dann schenkt mehr davon. Bejaht eure Gemeinschaft mit allem, was lebt, und wo es eine Möglichkeit gibt, dem Leben zu helfen, ergreift sie«, sagten sie inbrünstig. »**Das wird euch mit Freude erfüllen und eure Lebenskraft steigern.**

Wenn die Zeiten des Wandels kommen, werden die Menschen schauen, wie sie sich selbst retten können, was sie horten müssen, wo

sie sich verstecken können, wie sie sich vorbereiten können – und so weiter, und so weiter«, sagten sie und zuckten die Achseln. »Wir sagen dir«, sprachen sie und sahen dabei so streng aus, dass ich mich aufrichtete, »du kannst dich nicht selbst retten. Es liegt nicht in deiner Macht, dies zu tun, also gib es auf«, sagten sie und warfen ihre Hände in die Luft. »Solches Denken ist Torheit. Es ist Unsinn. Wie entfernt sich ein Faden aus dem Gobelin, von dem er ein Teil ist, um sich selbst zu ›retten‹? Unsinn«, wiederholten sie.

»Sendet Liebe«, sagten sie und nickten nachdrücklich, »schenkt Liebe. Taucht ein ins Leben und dient, wo immer ihr könnt. Ihr werdet nie herausfinden, was jetzt auf eurem Planeten passiert, ganz gleich, wie lange ihr lebt oder wie sehr ihr es versucht. Was sich ereignet, übersteigt euer Verständnis. Und«, sagten sie und musterten mich unter gehobenen Brauen, »das Tempo der Veränderung beschleunigt sich so rasant, dass euer Verstand dem nicht folgen kann.« Sie schüttelten die Köpfe und sagten: »Macht es einfach. Liebt und dient, liebt und dient.

Wir haben euch das Lichtnetz gegeben«, sagten sie. »Verwendet es! Haltet das Netz ruhig, während es euch hält, und werft es aus, wo immer es nötig ist. Wenn ihr das tut, wird euer Gefühl der Einheit mit dem Göttlichen immer weiterwachsen und euch die Freude eures Lebens schenken.« Dann traten sie zurück, begutachteten mich und lächelten. »Das ist die Freude, für die ihr geboren seid. Knüpft das Lichtnetz«, befahlen sie. »Ihr seid für diese Zeit geboren. Zieht euch jetzt nicht zurück, um euch ängstlich im Dunkeln zusammenzukauern. Taucht ein!«

KAPITEL 18

Das Arbeitsbuch der Großmütter

»Dies sind Werkzeuge zur Förderung der individuellen Ermächtigung.«

»Über etwas« zu wissen, ja sogar, es zu »wissen«, ist nicht dasselbe wie es zu leben. Die Meditationen der Großmütter sind daher so eingerichtet, dass sie ein intuitives Verständnis der Wahrheiten vermitteln, die sie mit uns geteilt haben. Einige der Meditationen in diesem Buch sind hier noch einmal zusammengetragen, damit ihr den direkten Zugang habt.

Diese Lehren haben mehrere Bedeutungsebenen und sind »Werkzeuge zur Förderung der individuellen Ermächtigung«. Unabhängig davon, ob du dich für die Ermächtigung der Großmütter entschieden hast oder nicht, werden dir diese Werkzeuge helfen, ihre Arbeit in die Praxis umzusetzen. »**Diese Meditationen verankern unsere Lehren, so dass unsere Lektionen tief ins Innere deines Körpers und Geistes dringen und dort bewahrt werden können. Dann können sie zu deiner eigenen Wahrheit werden. Wenn du diese Wahrheiten aufgenommen hast und in dir trägst, werden sie nicht mehr nur Gedanken sein, die durch deinen Geist gehen, sondern in der Tiefe verankert.**«

Die Meditationen der Großmütter führen zur Veränderung. Es sind keine intellektuellen Übungen, sondern Möglichkeiten, eine andere Art des Seins zu erleben. Dieser Teil des Buches ist als Arbeitsbuch für jene gedacht, die eine aktive Rolle bei dieser Arbeit spielen möchten. Einige Meditationen sind einfach, während andere komplexer sind, aber alle sind so konzipiert, dass sie dir helfen, dein Gewahrsein und dein Bewusstsein zu heilen, ins Gleichgewicht zu bringen und zu erweitern. Und während dies geschieht, wirst du durch dein eigenes Dasein alles Leben auf Erden segnen. Du kannst, wenn du willst, diese Meditationen aufzeichnen, damit du direkt auf die Kraft in den Worten der Großmütter hören kannst.

VORBEREITENDE ENTSPANNUNGSÜBUNG

Wenn du mit dem Meditieren nicht vertraut bist, bringt dich diese einfache Methode in eine Entspannung und bietet einen Einstieg in die Arbeit mit den Großmüttern. Benutze sie nach Bedarf vor den jeweiligen Meditationen.

Finde zunächst einen Ort, an dem du allein sein kannst, nimm Platz und denke darüber nach, warum du diesen Platz eingenommen hast. Was erwartest du von dieser Erfahrung? Du bist vielleicht nur neugierig auf diese sogenannten Großmütter, oder du möchtest dich der Gegenwart des Göttlichen öffnen. Sei dir darüber im klaren, was du willst, wenn du an diese Arbeit herangehst. Deine Klarheit ehrt sie und dich. *Das ist deine Absicht.*

Sobald du dich hingesetzt hast, lasse deinen Körper eine offene Haltung einnehmen. Deine Arme und Beine sind gerade, es sei denn, du sitzt im Schneidersitz auf dem Boden. Nimm dir einen Augenblick, um wahrzunehmen, wie perfekt der Stuhl oder der Boden dich trägt. Sie tragen uns zu jeder Zeit, auch wenn wir es selten wahrnehmen. Fühle deinen Kontakt mit dem Stuhl oder dem Boden und nimm wahr, wie angenehm oder weniger angenehm du dich fühlst.

Wie nimmt dein Körper den Raum ein? Wo ruht sein Gewicht? Achte auf alle Teile deines Körpers. Sind deine Füße schwer auf dem Boden? Spürst du deine Füße? Nimm dir die Zeit, die du brauchst, um anzukommen, und beobachte, was in dir vorgeht, mit einer gewissen Distanz, etwa wie bei einer Inventur. Schlägt dein Herz schnell oder langsam? Ist der Atemrhythmus regelmäßig oder unregelmäßig? *Nimm es einfach wahr.*

Nimm einen langsamen, tiefen Atemzug, und wenn du ausatmest, denk daran, wie du das Alte loszulässt (alte Gedanken, alte Einstellungen, alte Luft), und wenn du einatmest, denk daran, wie du das Neue aufnimmst. Schließe die Augen und mache das drei- bis viermal. Spüre, wie sich dein Atem in einem tiefen, langsamen Rhythmus ein- und auswärts bewegt. *Das Alte loslassen, sich dem Neuen öffnen.*

Beobachte, wie dein Herz schlägt, und nimm seinen Rhythmus wahr. Wird er langsamer? Beschleunigt er sich? Wie ist die Temperatur deines Körpers? Dein Herz kann schnell oder langsam schlagen. Dein Körper kann sich warm oder kühl anfühlen. Du bist vielleicht angespannt oder entspannt, wenn du beginnst, aber versuche nicht, etwas an dir zu ändern. Dränge dich nicht, »bemühe« dich nicht, dich zu entspannen. Beobachte einfach, ohne dich zu beurteilen. *Beobachte und nimm dir Zeit.*

Achte darauf, wo dein Körper angespannt ist und wo er sich weicher anfühlt, wenn du den Atem anhältst oder schnell oder langsam atmest. Kein Urteilen. Keine Eile. *Beobachte einfach weiter,* ohne dich zu bewerten. Wenn du dich schließlich entspannt hast, kannst du die Großmütter wissen lassen, dass du bereit bist, mit ihnen zu arbeiten.

Meditation über ein Leben als das Gefäß, das du bist.

Vielleicht ist eine der stärksten und aussagekräftigsten Eigenschaften der Yin-Energie ihre Fähigkeit, das, was da ist, zu halten, anzunehmen und zu nähren. Wenn wir nicht gegen etwas angehen, nichts ausschließen oder verurteilen, sondern stattdessen das, was uns in den Schoß fällt, dort halten, damit es zur Ruhe kommen und seinen Platz finden kann, erlauben wir Yin, durch uns zu arbeiten: nicht die Herausforderung des Augenblicks dramatisieren, nicht vom Schrecken des Augenblicks gebannt sein, sondern einfach *mit* dem Augenblick *sein.* Diese Qualität der nährenden Akzeptanz gehört zur Mutter, und so können wir uns selbst dem weiblichen Prinzip öffnen und uns auf diese Weise mit Menschen, Ideen und Situationen – kurz gesagt: mit allem, was ist – auseinandersetzen:

Es annehmen, alles annehmen. Zunächst mag dir diese Idee seltsam vorkommen, fremd – aber nur, weil dieses Konzept in unserer Welt schon so lange fehlt.

Eine Position der Offenheit und Annahme schafft ein Kraftfeld der Harmonie. Es gibt eine unbestreitbare Größe in dem, was die Großmütter das Gefäß nennen. »Die, die hält«, akzeptiert, was ist, und diese Annahme erlaubt es jedem und allem, sich zu entspannen und zu sein, wer und was sie sind. Von und mit dem Gefäß gehalten, werden wir »real«. Und weil das so ist, schafft diese Meditation eine Grundlage für harmonische Beziehungen. Es harmonisiert Frauen und Männer, scheinbare Gegensätze, Yin und Yang.

»**Es ist Zeit, das Gefäß zu erleben, das du bist**«, sagen die Großmütter. »**Du bist das Gefäß, das die Liebe enthält, das das Leben enthält und alles in sich trägt, was lebt. Dein Fassungsvermögen ist unermesslich. Werde dir deiner selbst gewahr.**«

Um sich als dieses Gefäß zu erleben, von dem sie sprechen, beginne, dich in einen Zustand der Entspannung zu versetzen, indem du mit unverschränkten Armen und Beinen und gerader Wirbelsäule dasitzt. Lege deine Hände mit den Handflächen nach oben auf deinen Schoß und spüre, wie es ist, in einer so offenen Haltung dazusitzen. Wie fühlt sich dein Körper an, wenn du so sitzt? Wie fühlst du dich? Beurteile dich dabei nicht und versuche auch nicht, etwas an dir zu ändern – spüre es einfach. Wenn du so dasitzt, wirst du in einen tief empfänglichen Zustand fallen, zum Gefäß werden: offen und empfänglich für das, was kommt. Diese Haltung erinnert an die Gegenwart der Großen Mutter – sie, die alles Leben annimmt und alles hält. Wenn du so dasitzt, kannst du dir gewahr werden, dass sie bei dir ist, dich hält und zur gleichen Zeit in dir wohnt. Nimm dir ein paar Minuten Zeit, um deine kraftvolle Verbindung mit der Großen Mutter zu genießen, indem du offen und empfänglich bist.

Beim Sitzen kannst du dir auch des Stuhls unter dir und der Unterstützung, die du sowohl vom Stuhl als auch vom Erdboden erhältst, gewahr werden. Genau in diesem Augenblick bist du am richtigen Platz.

Nimm dir jetzt eine kleine Weile, um das einzuladen, was auf der Leinwand deines Denkens erscheint. Lasse es so kommen, wie es will, und wenn etwas erscheint, halte es ruhig. Halte einfach, was sich zeigt. Bewege dich nicht darauf zu und nicht davon weg. Lass es zu dir kommen und so lange bei dir sein, wie es will, und wenn es aufsteht und geht, nimm es hin und halte dann, was immer als nächstes kommt.

Du wirst feststellen, dass du dies kannst, weil du ein Gefäß bist und es das ist, was ein Gefäß tut. Es hält. Ein Gefäß wird in keiner Weise von dem beeinflusst, was es enthält. Wenn du Wasser in einen Topf gießt, bleibt der Topf unverändert. Wenn du Milch hineingibst, ist er immer noch derselbe. Werde dir gewahr, wie es sich anfühlt, einfach so zu halten – nur für diesen Augenblick, unbeeinflusst von dem, was dir in den Sinn kommt. Kein Urteil, keine Bewertung, und wenn ein Urteil auftauchen sollte, dann halte auch das Urteil auf diese nicht wertende Weise.

Die Großmütter führen dies mit dir zusammen durch– halten dich und halten mit dir, damit du lernst, wie es ist, das Gefäß zu sein, das du tatsächlich bist. »**In der Weite deines Seins kannst du das tun**«, sagen sie. »**Du bist groß genug, um alles zu halten.**« In diesem Moment könnt ihr euch der Wahrheit in ihren Worten bewusstwerden: dass ihr gerade jetzt alles annehmen und halten könnt.

Eine Reihe von Menschen, Problemen und Geschichten können dir durch den Kopf gehen. Lass sie kommen. Du kannst da sitzen, und wenn du weißt, dass die Großmütter bei dir sind und dich halten, kannst du dich entspannen und alles beobachten. Du wirst vielleicht, wie ich, entdecken, dass es wie im Kino ist. Szenen kommen und gehen, steigen auf und versinken wieder, und sollte eine Szene für eine Weile dableiben, in der Hoffnung, vielleicht zum Hauptfilm zu werden, lasse es so sein. Einfach halten. »**Halten, halten, halten**«, sagen die Großmütter, solange es nötig ist; und während du hältst, achte auch auf deinen Körper und beachte, wie du dich fühlst. Wie ist es, ein Gefäß zu sein?

»**Wenn ihr durchs Leben geht**«, sagen die Großmütter, »**bleibt im Gewahrsein des Gefäßes, das ihr seid, und haltet alles, was zu euch**

kommt. Haltet es, wie ein Becken Wasser hält oder wie ein Pflanzgefäß Erde hält. Wasser verändert nicht die Form oder Farbe eines Beckens. Die Erde verändert nicht die Größe oder Form eines Topfes. Ein Gefäß *ist*. Es hält. Du hältst. Du kannst all dies umfassen, weil es in deiner Natur liegt, das Gefäß zu sein. Das«, sagen sie, »**ist Yin.**« Fühle es.

MEDITATION ÜBER DAS BLÜHEN ALS DIE BLUME, DIE DU BIST

Wie bei all diesen Meditationen solltest du dir zuerst genügend Zeit nehmen, einen entspannten Zustand zu erreichen. Dann bitte die Großmütter, zu dir zu kommen, damit du weißt, dass sie da sind, denn sobald du diese Bitte stellst, kommen die Großmütter zu dir und sind bei dir.

Sie sind jetzt um dich herum: vor dir, hinter dir, über dir, unter dir und zu deinen Seiten, und sie umfangen dich in ihrer liebevollen Umarmung. Unter den Großmüttern sind auch alle Gestalten des Göttlichen: Kwan Yin, Jesus, Maria, Zoroaster. Alle Formen des Göttlichen sind in erfreulich großer Zahl bei dir. Lade die Gestalten ein, die deinem Herzen lieb und teuer sind, sich dir zu nähern, und beim Atmen, atme mit dem Göttlichen, so dass der Rhythmus deines Atems ein tiefes Eintauchen in die Einheit mit der Quelle wird. Während du das tust, wird Liebe deinen Körper durchfließen, deine Haut und deine Organe durchdringen.

»**Das ist dein natürlicher Zustand**«, sagen die Großmütter. »**Du wurdest geboren, um zu lieben und geliebt zu werden. Alles andere ist nur Ablenkung davon. Freudiges, glückliches Dasein ist dein Zuhause, und in einer Zeit mit so viel Dunkelheit und Schrecken auf der Erde ist es pure Freude, mit dem Wirklichen eins zu sein.**

Hier ist eine freudige Blüte der Liebe. Du blühst auf. Jedes Mal, wenn du mit dem Göttlichen atmest wie jetzt, dehnst du dich aus, wirst durchlässiger und mehr zu der, die du wirklich bist. Nicht diese angreifbare, stets beschäftigte Person, wie der Verstand dir einredet, sondern die, die du wirklich bist. Du bist der Kern in dir, der grenzenlos ist, das, was die Wahrheit kennt und fühlt.«

Nachdem du ein paar Minuten lang mit dem Göttlichen geatmet hast, werden die Großmütter in dein Herz kommen und dort ihre Wohnstatt nehmen. Du kannst sie sehen oder spüren, wie sie in deinem sich weitenden Herzen sitzen. »**Wir kommen in dein Herz**«, sagen sie, »**und dabei öffnet sich dein Herz immer weiter. Es blüht auf.**«

Achte auf das, was du an dieser Stelle fühlst, und wenn du willst, kannst du sie einladen, vollständiger in dein Herz einzutreten, und wenn du dazu Ja sagst, werden sie es tun. Wenn sie ihre Energie in dir verankern, wirst du spüren, wie eine Veränderung beginnt. All das unsinnige Zeug, von dem dein Verstand plappert, wird schnell wegfallen. Alle Sorgen, Ängste und Etikettierungen, die der Verstand dir geben möchte, werden sich gleichfalls auflösen. Die Anwesenheit der Großmütter wird ein solches Kraftfeld schaffen, dass es dafür keinen Platz mehr geben wird.

Atme mit ihnen, während sie in deinem Herzen sitzen. Du atmest mit ihnen und sie atmen mit dir, und mit jedem Atemzug, den du tust, ziehst du sie tiefer in dich hinein. Und jedes Mal, wenn du ausatmest, werden alte Blockaden, die dich in der Vergangenheit daran gehindert haben mögen, sie in dich aufzunehmen, mühelos verschwinden.

In diesem Moment beginnt die Liebe in deinem Herzen zu erblühen. Achte darauf, wie du dich fühlst und wie es ist, hier zentriert zu sein, sieh zu, wie dein Herz sich weiter ausdehnt und vertieft. Dieses wunderbare Organ formt nun ein Muster in Form einer Blume. Sieh sie dir mit zurückhaltender Neugier an und genieße die Verwandlung, die sich in dir vollzieht.

Wenn dein Herz zu einer Blume wird, achte auf die Farbe, die es annimmt. Es wird ein Farbton sein, der bei dir Widerhall findet. Und wenn sich die Blütenblätter bilden, sieh auch die Bewegung, Form und Richtung, die sie annehmen.

Wenn sich die Blume deines Herzens ausdehnt, werde dir ihrer Zartheit und Lebendigkeit bewusst, wie groß sie ist und wie sie mitschwingt. Zart und doch stark, wird sie anschwellen und überströmen, und in diesem Ausdehnen fallen die harten und schmerzenden Stellen von dir ab.

Im Laufe unseres Lebens haben sich die meisten von uns vieles zu Herzen genommen, und diese Dinge haben zu Blockaden geführt, die den Fluss der Liebe in uns behindern. Wenn sich dein Herz öffnet, lösen diese Blockaden sich auf – keine Notwendigkeit, sie festzuhalten, und keine Notwendigkeit, etwas zurückzuhalten. Mit jedem Augenblick wird dein Herz stärker und weicher, und aus der Mitte deines Herzens, wo sie sich niedergelassen haben, lächeln dich die Großmütter an.

Achte wieder darauf, wie du dich fühlst. Warm? Kalt? Weich? Eng? Traurig? Friedvoll? *Schau einfach alles an* und öffne dich für die Freiheit und Freude, die jetzt durch dein Herz strömen. Neue Energie säumt nun die Wände deiner Zellen. Viel Altes wird entfernt, so dass neue Energie an Stellen fließt, die schon lange nicht mehr das Tageslicht erblickt haben. Du füllst dich mit Freude. Tatsächlich erfüllt sich sogar der Raum, in dem du sitzt, mit Freude. Wie fühlst du dich? Achte auf deinen Körper und auf die Art und Weise, wie du atmest. Schau es einfach an.

Du kannst auch Farbe sehen und spüren, wenn die Blume, die du bist, in voller Blüte steht. »**Jede Blume, jede Blüte ist vollkommen**«, sagen die Großmütter. Wenn du also die Blume in der Mitte deiner Brust wahrnimmst, lege deine Hände darauf, um sie zu ehren – dein Herz – dieses schöne Organ. Es gibt hier eine große Anmut: Anmut und Tiefe.

Immer wenn du so arbeitest, wirst du dir auch schmerzhafter Stellen gewahr. Kleine Stellen, an denen die Energie blockiert ist, melden sich. Mache dir keine Sorgen um diese Schmerztaschen, sondern lasse sie sich offenbaren und wisse: Dies ist ein normales, vorübergehendes Ereignis und ein Zeichen deiner Herzöffnung.

Die Kapazität deines Herzens wächst. Jetzt kann es mehr Liebe empfangen. Weil du den Ort, an dem die Liebe lebt, vergrößerst, wächst auch deine Ausstrahlung und deine Schönheit. Diese Eigenschaften leben in deinem Herzen und verbreiten sich in deinem Körper, in deinem Geist und dann in der Welt. Hier liegt der Kern deiner Schönheit-gleich-Macht, und sobald du sie erkennst, wirst du sie spüren. Macht und Schönheit *sind* eins, und *das ist es*, was du bist. Tatsächlich ist das alles, was du wahrhaft bist. Alles andere ist eine vorübergehende Show. Die Blume deines Herzens ist vollkommen, und in diesem Augenblick beginnst du, sie zu erleben.

Wende deine Aufmerksamkeit auf die besondere Schönheit der Blume in dir – ihre Farbe und Bewegung, ihre Form und Blütenblätter. Wie ist sie? Nimm dir jetzt einen Augenblick Zeit, um deinem Herzen Dankbarkeit auszusprechen dafür, dass es solch eine Herrlichkeit beherbergt. Und wenn du das tust, wirst du spüren, wie dankbar dein Herz dafür ist, dass es wahrgenommen wird. Darauf hat es lange gewartet. Jetzt gibt es einen schönen Fluss der Liebe und Dankbarkeit zwischen dir und deinem Herzen, zwischen deinem Herzen und dir.

Die Großmütter sagen: »**Wenn du dich auf dein Herz ausrichtest, ermöglicht jeder Atemzug, den du tust, diesem Organ, in Schönheit zu wachsen. Die Blütenblätter deines Herzens – dieser Blume – öffnen sich immer weiter, während ihre Farbe tiefer und lebendiger wird. Jede von euch ist einzigartig in ihrer Schönheit-gleich-Macht, einzigartig in ihrem Ausdruck des Göttlichen. In einem Garten ist jede Blume einzigartig, also erlebe mit Ehrfurcht vor dieser göttlichen Entfaltung im Inneren die Qualität dieser Blume, die du bist.**«

Bleibe lange genug bei dieser Erfahrung, um wahrzunehmen, wie du dich fühlst, und sieh dann, wie du groß dastehst und in deiner dir eigenen unverwechselbaren Schönheit voranschreitest. Wenn du vortrittst, sieh, wie das Leuchten deines strahlenden Herzens dir vorausgeht. Eine Helligkeit geht vor dir, und wenn du vorbeigegangen bist, hinterlässt dieses Strahlen ein Nachleuchten. Das ist deine Signatur, die spezifische Art und Weise, wie Gott sie durch dich ausdrückt. Empfinde es und spüre es, und wenn du vorwärts gehst, achte auf die schimmernde Spur, die du zurücklässt. Dies ist eine Möglichkeit, wie sich die Blume, die du bist, auf der Erde ausdrückt.

Atme tief durch und verbeuge dich beim Ausatmen ehrfürchtig vor deiner eigenen Kostbarkeit. In diesem Moment blühst du tatsächlich als die Blume, die du immer warst und immer sein wirst. Wie fühlt es sich an, *sich selbst zu* erkennen? Achte auf deine Antwort und *fühle sie.*

Die Großmütter sagen: »**Wir grüßen die Schönheits-Macht, die Macht-Schönheit, die du bist.**«

MEDITATION ÜBER DAS HALTEN EINES HEILIGEN RAUMES

»**Das ist es, was jede von euch tun muss**«, sagen die Großmütter. »**Sag allen, die mit uns arbeiten, dass sie einen heiligen Raum halten, ihn beanspruchen und halten sollen.**« Sie bitten uns, dies immer und überall zu tun und damit nicht nur unser Leben, sondern auch die Erde selbst wieder zu heiligen. »**Es gibt keine weltliche Welt**«, sagen sie. »**Diese Welt ist heilig, und die Verpflichtung, einen heiligen Raum zu halten, ist alles. Es ist das erste.**«

Zuerst brauchen wir unsere Festlegung, den heiligen Raum zu halten und zu beanspruchen, also gib dir zum Beginn dieser Meditation die Erlaubnis, dich zu entspannen, und wenn du es getan hast, rufe die Großmütter. Setz dich aufrecht hin, ohne Arme oder Beine zu verschränken, und lege deine Hände auf die Knie. Wenn du diese Haltung einnimmst, drückst du damit deine Bereitschaft aus, diese Verpflichtung einzugehen. Während du ruhig dasitzt, denk an deinen Wunsch, diesen Schritt zu tun, und dann lasse die Großmütter wissen, dass du bereit bist, dein Leben im heiligen Raum zu leben, in Verbindung mit und eins mit dem Göttlichen – nicht nur manchmal, sondern die ganze Zeit.

Als die Großmütter mir zeigten, wie man den heiligen Raum beansprucht, standen sie direkt vor mir und traten vor, zuerst mit dem linken Fuß und dann mit dem rechten. Als ich das sah, erinnerte ich mich daran, dass die linke Körperseite die weibliche oder empfängliche ist, also war es sinnvoll, diese Bewegung mit links zu beginnen.

»**Beim Vortreten denk daran**«, sagen die Großmütter, »**durch den Fuß Energie nach unten zu schicken, damit sie in die Erde sinkt. Tu nur einen Schritt mit jedem Fuß**«, sagen sie, »**und dabei denke und sage: ›Hier halte ich einen heiligen Raum.‹ Du kannst auch sagen: ›Ich halte einen heiligen Raum zum Wohle von mir und allen Wesen.‹**«

Es ist Zeit für dich, es jetzt auch zu tun. Nachdem du dich in einen entspannten Zustand versetzt hast, rufe die Großmütter an und lasse sie wissen, dass du einen heiligen Raum halten willst, dann steh auf, und wenn du dein Gleichgewicht gefunden hast, tritt mit dem linken Fuß vor. Während dein Gewicht sich verlagert, denk an Energie, die durch deine Fußsohle in die Erde fließt, in die unterirdischen Schichten des Planeten taucht und dich tief in Mutter Erde verankert. Hinab, hinab, tief hinab sinkt die Energie. Du beginnst, einen heiligen Raum zu halten.

Nachdem du diesen ersten Schritt gemacht hast, kehre dein Gewahrsein nach innen und sieh, wie du dich fühlst. Wie wird diese Handlung in deinem Körper wahrgenommen? Wie fühlst du dich und wo fühlst du es? Beobachte, was in dir passiert, und bitte dein Gehirn, den Vorgang aufzuzeichnen.

Nun ist es Zeit, mit dem rechten Fuß das gleiche zu tun, und nachdem du es getan hast, stehe ruhig da und achte wieder darauf, wie du dich fühlst. Was sagt dir dein Körper? In diesem Moment bist du in der Erde verwurzelt. Diese Stellung verankert Macht, und wenn du sie fühlst, wirst du überrascht feststellen, dass alle Angst von dir gegangen ist. Angst kann der Macht des heiligen Raumes nicht standhalten.

Atme tief ein und nimm den Raum ein, den du beansprucht hast. Du bist in der Mutter verankert, beständig und sicher. Fühle es und sprich es aus. Du kannst sagen: »Hier halte ich einen heiligen Raum«, oder »Ich tue dies zu meinem Wohle und dem aller Wesen«. Lass dies dein Gelübde sein, denn du besitzt die Macht der heiligen Verbindung.

»Vergiss nicht, diesen Schritt zu tun«, sagen die Großmütter. **»In den kommenden Zeiten werden viele in Panik geraten, aber das brauchst du nicht. Entscheide dich einfach dafür, einen heiligen Raum zu halten, und tue es dann. Warte«**, sagen sie, **»und sag anderen, sie sollen dasselbe tun. Jetzt ist es an der Zeit, vorzutreten und den heiligen Raum einzunehmen. Sobald du diese Verpflichtung bewusst eingegangen bist, ganz gleich, was um dich herum passiert, ganz gleich, wo du dich befindest, wirst du immer wissen, dass du einen heiligen Raum hältst.«**

Diese Übung nennen wir eine aktive Meditation– eine, die sowohl den Körper als auch den Geist einbezieht. Du kannst sie natürlich nur in deinem Geist ausführen, ohne deinen Körper zu bewegen, aber die meisten von uns finden, dass es intensiver ist, den Leib mit einzusetzen. Viele sagen, dass es auch ihre Hingabe stärkt. Und aus diesem Grund ist das In-Anspruch-Nehmen und Halten des heiligen Raumes eine starke Übung für eine Gruppe.

»**Der Schritt, einen heiligen Raum zu halten und es vor anderen zu tun, wird deine Entschlossenheit stärken und dich dazu bringen, Stellung zu beziehen**«, sagen die Großmütter. »**Es ist die Entscheidung, sich nicht in den vergänglichen, oberflächlichen Aktivitäten des täglichen Lebens zu verfangen, sondern jetzt und für immer heiligen Raum einzufordern – für dich selbst und alle Wesen. Dieser Schritt kann nur in selbstloser Liebe getan werden.**« Diejenigen von uns, die diese Meditation praktizieren, finden, dass sie uns stärkt. Es ist auch ein Darbringen.

»**Das ist es, was es heißt, eine Großmutter zu werden**«, sagen die Großmütter, »**und das ist es, was jetzt gebraucht wird.**«

ARBEITEN MIT DEM STEINKREIS

Als die Leute mir sagten, dass sie Schwierigkeiten hatten, nach der schamanischen Methode zu den Großmüttern zu reisen, bat ich die Großmütter um eine leichte, sichere und einfache Vorgehensweise, wie die, die es wollten, mit ihnen in Kontakt treten konnten. Damals gaben sie uns den Steinkreis.

Um mich mit dem Steinkreis bekanntzumachen, setzten sich die Großmütter auf den Boden und bildeten einen Kreis, jede der Großmütter mit einem großen, glatten Stein vor sich. »**Dieser Kreis ist ein heiliger Raum, eine Öffnung für das große Unten und das große Oben**«, sagten sie. »**Du brauchst nicht mehr auf die bisherige Art zu reisen, es sei denn, es gefällt dir besser**«, sagten sie. »**Stattdessen kannst du uns die Geister zu dir rufen lassen.**

Diese Art zu arbeiten wird vielen Menschen leichterfallen, weil sie die Arbeit nicht allein tun müssen, sondern unter unserer Führung und unserem Schutz auf verschiedene Ebenen der nichtalltäglichen Wirklichkeit reisen können. Wir werden dort sein, um ihnen den Weg zu zeigen und ihnen zu helfen, dorthin zu gelangen, wo sie hinwollen. Für diese Methode«, erklärten sie, »**werden wir mit dir arbeiten und du mit uns.«** Was hier folgt, ist keine Meditation, noch ist es eine Lektion im schamanischen Reisen. (Dieses Thema würde ein ganzes Buch erfordern.) Was folgt, ist eine einfache Arbeitsweise, die du nutzen kannst, um mit dem Großen Rat der Großmütter zu kommunizieren.

Um zu erfahren, wie es ist, mit den Großmüttern zu reisen, denk daran, dass sie direkt vor dir in dem oben beschriebenen Steinkreis sitzen. Dann geh vor, bis du in ihrer Mitte stehst. »**Fühle deinen Platz in diesem Kreis«**, sagen die Großmütter, »**und erinnere dich, dass alle Formen des Göttlichen bei uns sind, wenn wir zusammenarbeiten. Du bist ein integraler Bestandteil dieses Kreises, und die Tatsache, dass du Teil dieses Kreises bist und nicht von ihm getrennt, ist wichtig. Du bist eins mit uns«**, sagen sie, »**eins mit dem Göttlichen, und das gilt für jeden, der sich entscheidet, mit uns zu arbeiten. Wenn du in diesen Kreis trittst, wirst du zum Mittelpunkt des gesamten Kreises. Deine Fragen werden hier beantwortet.**

Stelle jedes Mal nur eine Frage, wenn du in den Kreis trittst, und wie im Schamanismus üblich«, sagen sie, »**ist alles, was du nach deiner Frage hörst, siehst und erlebst, die Antwort. Also gib acht, was passiert, nachdem du gefragt hast, und halte dich an deine Frage.«** In den Jahren, in denen ich es praktiziert habe, habe ich gelernt, dass man zum monotonen Schlag einer Trommel, zum Hin und Her der Scheibenwischer oder zu jedem anderen eintönigen Geräusch reisen kann. Und etwa zwischen zehn und dreißig Minuten sind genügend Zeit für eine Reise.

Um deine Frage an die Großmütter zu formulieren, frage nach etwas, in das du bereits etwas Energie gesteckt hast, und stelle keine Ja-oder-nein-Frage, denn die Antwort auf eine Ja/Nein-Frage wird dir nicht viel sagen. Wir reisen in die nichtalltägliche Wirklichkeit, um etwas zu lernen, also frage die Großmütter nach etwas, das du *wirklich* wissen willst. Wir könnten lange darüber reden, wie wichtig es ist, die Frage an sie auszufeilen, aber fürs erste möchte ich vorschlagen, dass du deine Reise zu den Großmüttern in Demut beginnst und etwas fragst, das neben dir selbst auch anderen helfen wird. Das Göttliche *ist* Mitgefühl und arbeitet daher mit Mitgefühl. Wenn sich deine Frage also auf das Dienen in der Welt bezieht, ist es viel wahrscheinlicher, dass sie beantwortet wird.

Von der Mitte des Steinkreises aus kannst du sowohl in die Obere als auch in die Untere Welt gelangen. Aber da das Reisen nicht das Thema dieses Buches ist, werde ich nicht darauf eingehen, wie die Arbeit in diesen Welten ist. Diejenigen von euch, die etwas Erfahrung mit der schamanischen Methode haben, können jedoch die Route der Großmütter ausprobieren, um zu sehen, wie es ihnen gefällt. Der Steinkreis wurde entwickelt, um das Reisen leichter, sicherer und einfacher zu machen, und wie ich bereits erwähnte, kann alles in der nichtalltäglichen Wirklichkeit erforscht werden, indem man von der Mitte des Kreises aus beginnt.

Sobald du deine Frage formuliert hast, tritt zwischen zwei Großmütter, die in deiner Nähe auf dem Boden sitzen, und gehe in die Mitte ihres Kreises. Begrüße die Großmütter, dann stelle demütig und aufrichtig deine Frage. Nachdem du das getan hast, achte auf das, was zu dir kommt. Was siehst du? Hörst du? Berührst du? Fühlst du? Denkst du? Riechst du? Schmeckst du? Die Großmütter können dir etwas sagen, dir etwas zeigen oder dich etwas erleben lassen. Diese Reisen zu und mit den Großmüttern können emotionale Ereignisse und auch Überraschungen sein. Die Großmütter wissen, wie sie die Grenzen deines Verstandes umgehen und direkt in dein Herz gelangen. Sie wissen genau, was nötig ist, um dich zu einem Verständnis der Frage zu bringen, die du gestellt hast, und das ist es, was sie dir geben werden.

Nachdem du gefragt hast, öffne deinen Geist weit und *beobachte.* Sei neugierig auf den Vorgang, an dem du teilhast, und während du wahrnimmst, was auch immer du wahrnimmst, denke daran, diese Erfahrung, die Großmütter oder auch dich selbst nicht zu beurteilen. *Beobachte ein-*

fach. Die Großmütter sind vollendete Lehrer und wissen, was sie tun, also sei ein guter Schüler und richte dein Bewusstsein auf das, was kommt. Vielleicht findest du es hilfreich, deine Reise auf Band zu sprechen, dann fällt es dir leichter, dich an alles zu erinnern, was mit den Großmüttern geschieht. Wenn du es aufnimmst, kannst du dir später auch noch einmal anhören, was sich bei deinem Abenteuer ereignet hat.

Wenn du dich entscheidest, in den Kreis der Großmütter zu treten, betrittst du das Reich der nichtalltäglichen Wirklichkeit, und wenn du aus ihrem Kreis hinaustrittst, gehe bewusst wieder in die Alltagswirklichkeit zurück. Wenn deine Reise also vorbei ist, danke den Großmüttern, dass sie sich diese Zeit mit dir genommen haben, und dann tritt respektvoll aus dem Steinkreis hinaus.

Wenn wir zu den Großmüttern und mit ihnen reisen, tun wir das, um zu lernen, wie wir uns in der Welt, in der wir leben, besser einbringen können. Die Arbeit mit den Großmüttern ist nicht als Flucht vor dem Schmerz der Welt gedacht, sondern als ein Mittel, um *in* und *für* diese Welt und alle Welten zu dienen. Um in der Welt wirksam zu sein, musst du mit den Füßen auf dem Boden bleiben, also schlage ich vor, dass du nicht mehr als zwei- bis dreimal pro Woche zu den Großmüttern reist.

MEDITATION ÜBER DIE KRAFT IN DEN FLÜGELN

Die Kraft der Yin-Energie unterscheidet sich völlig von der Kraft des Yang, die für die meisten von uns die einzige »Kraft« ist, die wir kennen. Da unsere Welt seit mehreren Tausend Jahren von Yang beherrscht wird, fällt es uns schwer, unsere Konditionierung hinter uns zu lassen und Yin-Kraft zu erfahren. Aber indem sie uns beibringen, wie man mit Symbolen und damit mit unserem Unterbewusstsein arbeitet, zeigen uns die Großmütter neue Wege, Yin zu erleben. Wenn sie die Kraft unserer »Flügel« aktivieren, wecken sie die Macht und Würde, die in uns steckt.

Um die Macht in diesen Flügeln zu erfahren, beginne diese Meditation wie immer. Nimm dir Zeit, dich in einen entspannten Zustand zu versetzen, und wenn du es getan hast, fange an, an die Macht von Adlern und anderen Greifvögeln zu denken. Wie mag es sein, in die Luft aufzusteigen und auf mächtigen Flügeln dahinzugleiten? Stell es dir vor.

Jetzt denke dir, ein solches Flügelpaar zu besitzen, Flügel, die an deinen Schultern und am Rücken befestigt sind. Denke nur den Gedanken, und dann – spielerisch und mit viel Neugierde – öffne dich für die Vorstellung, eigene Flügel zu haben. Konzentrieren dich auf den Bereich deiner Schulterblätter. »**Wenn du dich auf deine Flügel konzentrierst**«, sagen die Großmütter, »**wirst du spüren, wie unser Licht durch sie hindurch schimmert und strahlt. Wir unterstützen dich bei deiner Arbeit und freuen uns, dass du dein Potential ausschöpfst.**

Was wir jetzt tun, ist Spielen, aber es ist kein müßiges Spielen. Denn unsere Arbeit ist Dienen«, erklären sie, »**und darum wird die Kraft in diesen Flügeln dem Wohl des Ganzen dienen. Die Flügel, von denen wir sprechen, sind Träger von Kraft und Fürsorge auf der Erde. Wir freuen uns, dass du diesen Aspekt von dir kennenlernst.**

Nur wenige Menschen haben diese innere Kraft gespürt«, sagen sie. Wenn wir mit anderen Menschen darüber sprechen würden, sich für die Kraft der Flügel zu öffnen, kannst du dir bei den meisten ja vorstellen, wie sie das aufnehmen würden. Die Großmütter erklären jedoch, dass nur bestimmte Menschen von ihrer Arbeit angezogen werden, und da sie uns angezogen haben, werden wir dorthin gehen, wo sie uns hinführen. Um die Kraft der Flügel zu erleben, fordern die Großmütter dich auf, tapfer zu sein und für ein oder zwei Minuten auf die Winde achtzugeben. Experimentiere. Wir werden mit dem Symbol der Flügel arbeiten, um sie als Gefährt von Macht zu erleben.

Denke an einen großen Greifvogel, und wenn du ihn vor Augen hast, stehe auf und strecke deine Arme seitwärts aus, so weit, wie du kannst; bilde ein T mit deinem Körper. Probiere diese Haltung möglichst groß aus und schau, wie es sich anfühlt, so dazustehen. Achte darauf, deine Füße so weit auseinander zu halten, dass du dich ausgewogen und angenehm fühlst, wenn du dich in dieser Stellung befindest.

Als ich mir die Kraft meiner Flügel aneignete, streckte ich meine Arme aus und bewegte sie dann auf und nieder wie ein Vogel im Flug. Aber für mich ging diese Bewegung mehr hin und her und nicht auf und ab. So oder so ist es gut. Ich merkte, dass jedes Mal, wenn ich mich so bewegte, die Mitte meines Rückens geschmeidiger wurde und sich weiter zu öffnen schien, während mein Hals vor und zurück schwang und einen anmutigen Bogen formte, und als all dies geschah, wurde mir die Gnade und Kraft in dieser Bewegung bewusst. Also nimm dir jetzt ein paar Minuten Zeit, um mit *deinen* Flügeln zu spielen. Auf und ab, vor und zurück – spiele.

Atme im Rhythmus deiner schwingenden Flügel, und während du atmest, wird ein Lichtnimbus in und um dich herum zu leuchten beginnen. Dein Rücken wird sich weiter dehnen, bis sich die Reichweite deiner Arme riesig anfühlt. Die Großmütter sagen uns: »**Es ist Macht in den Flügeln; diese Arbeit wird deine Vorstellung davon, wer du bist, erweitern. Sie wird dir deine Großartigkeit zeigen.**«

Nachdem du für ein oder zwei Minuten deine Flügel ausgebreitet und deine Vorstellung davon, wer du bist, erweitert hast, ruh dich aus und beobachte deinen Körper. Wie fühlst du dich jetzt? Wie atmest du? Wenn du beschreiben würdest, wie das für dich ist, was würdest du über den Zustand sagen, in dem du dich gerade befindest?

Wenn du ein Gefühl für diese Flügel hast, versuche etwas anderes. Stehe mit seitlich ausgestreckten Oberarmen und beuge deine Ellbogen so, dass deine Hände seitlich deines Kopfes nach oben zeigen. Halte deine Wirbelsäule gerade und deinen Kopf hoch erhoben. Aus dieser gebieterischen Haltung spricht die Hoheit einer Königin. Du hast es vielleicht schon gesehen: Dies ist die Haltung der alten Göttin von Kreta, jene mit Schlangen, die sich um ihre Arme winden.

Spüre die Macht in dieser Stellung. Diese Haltung ist ein weiteres Zeugnis für die Aussage der Großmütter: »**Da ist Macht in den Flügeln.**« Es ist schwierig, vielleicht sogar unmöglich, sich schlecht oder klein zu machen, wenn man diese Haltung einnimmt. Eine solche Haltung fordert dich heraus, die Große zu sein, als die du geboren bist.

MEDITATION AUF DAS LICHTNETZ

Wir schließen dieses Kapitel und dieses Buch mit einer Meditation über das Netz aus Licht ab. Die Großmütter bitten uns, diese Meditation oft durchzuführen, um die Gnade dieses leuchtenden Tragwerks auf alle und alles auf der Erde auszudehnen.

»Beginne mit dem Netz aus Licht zu arbeiten«, sagen sie, **»indem du an ein riesiges leuchtendes Fischernetz denkst, das sich über die Erde und in die Ferne erstreckt so weit das Auge reicht. Dies ist das große Lichtnetz, das die Erde und alles Leben auf diesem Planeten während der kommenden Zeiten des Wandels halten und tragen wird. Das Lichtnetz bedeckt die Erde von oben, es bedeckt sie von unten, und es durchdringt die Erde wie ein großes Gitternetz, das in allem ist, es berührt und hält. Dies ist das Netz aus Licht, das die Erde halten wird, wenn sich die Energien von Yin und Yang verschieben. Und sie werden sich verschieben«**, sagen die Großmütter, **»der Wandel hat bereits begonnen.**

Geh vorwärts und nimm deinen Platz im Lichtnetz ein. Irgendwo, wo sich zwei der Stränge zu einem X oder T verknüpfen, ist ein Ort, der sich für dich genau richtig anfühlt. Tritt vor und nimm dort deinen Platz ein. Hier kannst du dich ausruhen und dich vom Lichtnetz halten und tragen lassen, während gleichzeitig du es hältst und trägst.

Wir haben dir immer wieder gesagt, dass das Lichtnetz vom Juwel des Herzens erleuchtet wird. Und das ist wahr«, sagen die Großmütter. **»Erlebe jetzt, wie sich das strahlende Juwel deines Herzens zu öffnen beginnt und sein Licht entlang der Stränge des Netzes ausstrahlt. Jeder Mensch, der mit dem Lichtnetz arbeitet, ist im Licht mit anderen verbunden, die ebenfalls mit ihm arbeiten. Erlebe deine Vereinigung mit Menschen auf der ganzen Welt, die jetzt durch das Lichtnetz verbunden sind. Einige von ihnen nennen es ein Lichtnetz, andere nennen es ein leuchtendes Gitter, wieder andere nennen es Indras Netz, aber wie auch immer sie es nennen, es ist das gleiche Gebilde. Dies ist das Netz aus Licht, das die Erde in diesen Zeiten der Veränderung, die auf euch lasten, sicher halten wird.**

Wenn du das Netz anrufst und deinen Platz im Netz findest«, sagen sie, »denk daran, Licht aus diesem riesigen Netzwerk zu empfangen und in es hineinzuschicken. Und wenn du diesen Gedanken denkst, wird ihm sofort eine Energie folgen, und du wirst das Lichtnetz spüren, das in dir und durch dich wirkt.

Erlebe deine Vereinigung mit uns und mit all denen, die mit uns arbeiten. Es gibt Tausende von euch auf der ganzen Erde. Erlebe auch deine Vereinigung mit den geweihten und heiligen Orten auf diesem Planeten und den geweihten und heiligen Wesen, die in dieser Zeit gekommen sind, um die Katastrophe abzuwenden, die die Erde bedroht – die großen Heiligen, Weisen und Avatare, die jetzt gekommen sind und im Dienst gerne ihr Leben geben. Erlebe deine Vereinigung auch mit jenen Gutherzigen, die nach dem höchsten Guten für das Leben auf der Erde streben. Erkenne und fühle die Kraft dieser Vereinigung und lass deinen Körper diese Kraft des Guten und die Kraft für das Gute erleben.

Sobald du diese Kraft deutlich gespürt hast, beginne, das Netz aus Licht jenen zuzuwerfen, die noch nichts von ihm wissen. Wirf es aus, wo immer es auf Erden Leid gibt«, sagen sie, »wirf es Menschen und Tieren zu oder Zuständen, wirf es allen Lebensformen und Mutter Erde selbst zu. Wirf es auch Menschen zu, die dienen möchten, aber noch keinen Zugang zum Göttlichen gefunden haben, denn wenn du das Lichtnetz auswirfst, werden viele, die bis heute nichts von der grundlegenden Verbindung, die wir alle teilen, wissen, allmählich erwachen und den Funken der Göttlichkeit in sich spüren, der zum Leben erwacht. Bitte nun das strahlende Lichtnetz, alles Leben in seiner Umarmung zu halten, und wisse, dass du jedes Mal, wenn du so arbeitest, zur Ausdehnung und Macht des gewaltigen Netzes beiträgst.

Wirf das Netz allen Frauen und Männern überall zu«, sagen sie. »Wirf es den Führern dieser Welt zu, um sie daran zu erinnern, dass sie ein wertvoller Teil des Lichtnetzes sind, das das Leben trägt und hält. Wirf es dem Tierreich zu und bitte darum, dass jedes Tier das bekommt, was es am meisten braucht; desgleichen mit dem Pflanzenreich und auch mit dem Mineralreich. Wirf es allem zu, was lebt«, sagen die Großmütter, »und wenn du das getan hast, bitte: ›Mögen alle auf der ganzen Welt glücklich sein.‹

So«, sagen sie, »arbeitet man mit dem Lichtnetz. Es gibt keinen größeren Dienst, den du leisten könntest. Wir bitten dich, von Herzen zu geben und jeden Tag mit dem Lichtnetz zu arbeiten. Tue es für dich selbst und tue es für alles, was lebt.

Wir segnen dich.«

Über die Autorin

SharonMcErlane ist seit mehr als drei Jahrzehnten Lehrerin und Ehe- und Familientherapeutin und unterrichtet Techniken zur spirituellen und emotionalen Integration, um Menschen auf ihrem Lebensweg zu begleiten. Sie ist auch eine versierte Künstlerin und Gärtnerin und hat in ihrem Haus und Garten eine Umgebung geschaffen, die viele als heiligen Raum betrachten. Sie ist verheiratet, hat zwei erwachsene Kinder und lebt mit ihrem Mann in Laguna Beach, Kalifornien.

Abschlusshinweis der Autorin

Meine Arbeit mit den Großmüttern geht weiter, und so gebe ich jede Lektion weiter, wenn sie mir eine neue erteilen. Jetzt teilen Menschen auf der ganzen Welt die Lehren der Großmütter, treffen sich, um ihre Lektionen zu studieren und ihre Ermächtigung an andere weiterzugeben. Während die Heiligkeit, die im Kern dieser Menschen lebt, erwacht, öffnen sie sich für ihre liebevolle Verbindung untereinander und mit dem Göttlichen und beginnen, die Botschaft der Großmütter zu leben. Viele von ihnen sind bei der Weitergabe der Ermächtigung der Großmütter aktiv, und eine Liste der Ermächtigungsgruppen findet sich unter www.netoflight.org.

Ich weiß nicht, wohin mich die Arbeit der Großmütter als nächstes führen wird, aber die Reise mit ihnen war so erfüllend, dass ich dorthin gehen werde, wohin sie mich führen. Wie die Großmütter sagen: »**Es ist eine große Freude, mit uns unterwegs zu sein.**«

Bereits erschienen:

Sharon McErlane
Selbstermächtigung
Die Offenbarung des zutiefst Weiblichen
Die Lehren der Großmütter
Klappenbroschur, 240 Seiten
ISBN 978-3-89060-771-9

Yang, die männliche Energie ist außer Rand und Band: Machen, Tun, Kontrolle, Verstand, das Zählbare. Und auch viele Frauen leben das Yang. Um Yin, dem Wachsenlassen, dem Sein, der liebevollen Zuwendung wieder Geltung zu verschaffen, sind die Großmütter gekommen. Sie wollen die Frau wieder in ihre eigene Macht bringen, sie wieder mit der wahren Weiblichkeit und der Großen Mutter verbinden.

Sharon McErlane
Das Lichtnetz wirken
…das uns halten wird in diesen
Zeiten des Umbruchs
Die Lehren der Großmütter 3
Klappenbroschur, 256 Seiten
ISBN 978-3-89060-783-2

Die Zeiten des Umbruchs sind jetzt da! Die Welt, die lange unter dem Übergewicht von Yang gelitten hat, der männlichen Energie von Machen und Unterwerfen, muss wieder ins Gleichgewicht kommen: Das Weibliche muss Macht gewinnen. Die Macht des Weiblichen ist die Liebe, das Halten, die Fürsorge und das Gedeihen. Dafür sind die Großmütter gekommen, die uns wieder mit dem Lichtnetz – dem Gewebe des Lebens – in Verbindung bringen wollen, damit wir durch es und mit ihm wirken.

Im Frühjahr 2022 erscheint:

Sharon McErlane
Die Rückkehr der Mutter
und die Wiederkehr der Liebe
Die Lehren der Großmütter 4
Klappenbroschur, ca. 288 Seiten
ISBN 978-3-89060-800-6

In diesem vierten und abschließenden Band der Lehren der Großmütter begegnet uns die Große Mutter selbst. Haben die Großmütter bislang die Frauen ermutigt, in ihre Eigenmächtigkeit einzutreten und das weibliche Prinzip, das Yin, die nährende Kraft des Haltens und Tragens zu leben; haben sie Frauen (und auch Männern) die Bedeutung des Lichtnetzes aufgezeigt und wie wir uns mit diesem universellen Lebensnetz verbinden, so tritt uns in diesem Buch die Erden- und Himmelsgöttin entgegen und mit ihr erscheinen die alten Götter, die Emanationen der großen Allmutter sind.

In diesem Buch berichtet Sharon McErlane von weiteren Reisen durch Europa und wie sie gemeinsam mit vielen anderen das Lichtnetz hier verankert. Hier sind wir alle aufgefordert, uns mit dem Lichnetz zu verbinden, das wir halten und von dem wir gehalten werden.

»Es gibt große Risse und Brüche im Netz aus Licht. Das ist besonders im Nahen Osten der Fall, aber das Netz ist auch in der nördlichen Hemisphäre geschwächt – in Nordeuropa und Russland. Wo immer das Muster aus Licht und Liebe, das den Planeten hält, geschwächt wurde«, erklärten sie, **»gibt es Terror, Gewalt und böse Taten. Diese Gebiete sind verwundet worden«**, sagten sie, **»und deshalb bitten wir euch, dort etwas zu tun.**

Das Lichnetz selbst ist vollkommen«, sagten sie, **»aber weil es eine Schnittstelle zur Menschheit hat, kann es durch die Taten der Menschen zerrissen werden.«** Sie hatten mir das schon früher gesagt, aber angesichts dessen, was jetzt in der Welt geschah, gingen mir ihre Worte besonders zu Herzen. **»Es ist ein Schaden am Netz entstanden«**, sagten sie mit ersten Gesichtern, **»und was der Mensch zerstört hat, muss *der Mensch* reparieren. Das ist das Gesetz«**, verkündeten sie und nickten mit den Köpfen, während sie mich eindringlich ansahen. **»Wir bitten euch, jetzt bereit zu sein und das Netz aus Licht zu stärken, das euren Planeten hält. Viele von euch arbeiten schon lange auf diese Weise«**, sagten sie. **»Bitte macht weiter und bittet andere, zu helfen. Das Lichtnetz wird jetzt mehr denn je gebraucht.«**

Hier kann man sich zum **Neue Erde-Newsletter** anmelden:
newsletter.neueerde.de/anmeldung

NEUE ERDE im Buchhandel

Neue Erde ist ein kleiner unabhängiger Verlag, und der unabhängige Buchhandel ist unser natürlicher Partner. Wir unterstützen die Initiative »buy local«.

Sollte es Lieferschwierigkeiten bei den Büchern von NEUE ERDE geben, lassen Sie immer im VLB (Verzeichnis lieferbarer Bücher) nachsehen, im Internet unter **www.buchhandel.de**

Alle lieferbaren Titel des Verlags sind für den Buchhandel verfügbar.

Sie finden unsere Bücher auch auf unserer Homepage **www.neue-erde.de** oder in unserem Gesamtverzeichnis, welches Sie gerne hier anfordern können:

NEUE ERDE GmbH
Cecilienstr. 29 · 66111 Saarbrücken
info@neue-erde.de